U0534851

西北民族大学中国民族语言文字信息技术教育部重点实验室，西北民族大学民族语言智能处理甘肃省重点实验室资助。

现代维吾尔语动态腭位研究

凯丽比努·阿不都热合曼　王建斌 ◎ 著

中国社会科学出版社

图书在版编目(CIP)数据

现代维吾尔语动态腭位研究/凯丽比努·阿不都热合曼,王建斌著.
—北京:中国社会科学出版社,2022.7
ISBN 978-7-5227-0144-8

Ⅰ.①现… Ⅱ.①凯…②王… Ⅲ.①维吾尔语(中国少数民族语言)—发音—研究 Ⅳ.①H215.1

中国版本图书馆 CIP 数据核字(2022)第 070932 号

出 版 人	赵剑英
责任编辑	郭晓鸿
特约编辑	杜若佳
责任校对	师敏革
责任印制	戴 宽

出　　版	中国社会科学出版社
社　　址	北京鼓楼西大街甲 158 号
邮　　编	100720
网　　址	http://www.csspw.cn
发 行 部	010-84083685
门 市 部	010-84029450
经　　销	新华书店及其他书店
印　　刷	北京明恒达印务有限公司
装　　订	廊坊市广阳区广增装订厂
版　　次	2022 年 7 月第 1 版
印　　次	2022 年 7 月第 1 次印刷
开　　本	710×1000　1/16
印　　张	22
插　　页	2
字　　数	340 千字
定　　价	128.00 元

凡购买中国社会科学出版社图书,如有质量问题请与本社营销中心联系调换
电话:010-84083683
版权所有　侵权必究

序　言

　　随着现代科学的飞速发展，语音学在社会各个领域中所起的作用越来越大，在医学领域中的言语矫治，信息领域中的通信工程和自动控制以及人工智能等方面的研究工作越来越离不开语音学，可以毫不夸张地说，语音学已经成为文理学科不可缺少的一部分，其中实验语音学起着非常重要的作用。

　　尽管实验语音学属于边缘性学科，但它所涉及的领域非常广，涵盖许多学科的知识内容，在语言教学与研究中显示了实践性功能。可以说，凡是与人类语言有关的学科，都有实验语音学的参与，都离不开实验语音学的内容。其中，生理语音学作为实验语音学的重要分支，不断发挥其工具性功能，在社会各个领域发挥着重要作用。

　　实验语音学研究领域较为广泛，从其发挥的功能来看，主要从以下三个方面进行研究：一是生理语音学，包括人类的神经系统，发音时的肌肉活动，声腔、口腔、鼻腔和声带的发音动作等内容；二是声学语音学，即语音的物理特性，包括语音的音段音位和超音段特征，分别为音色、音高、音强、音长等；三是感知语音学，这是语音通过传递，传入人的听觉器官后通过神经系统来理解的过程。

　　比较以上三个方面的研究，最有成果的领域是语音的声学研究，声学语音学研究成果使人工合成语音成为可能。目前语言学各个领域的研究者对人脑控制的语言现象进行穷尽性研究的同时，对电脑控制的语言研究展开了深入的探讨，使人工智能更加智能化，因此许多有关语言的研究课题已成为不同学科专家共同参与、合作开发的新领域。简单来说，声学语音学成果的实际应用带来了每个个体独特语音特征即（声纹）（voiceprint）的辨认，并且在计算机输入和输出方面取得了人工合成和语音识别的巨大成功。然而，语音声波的产生过程不仅仅是一个物理现象，它还具有结构上的复杂难题性，并导致在自然语音合成和语音识别方面仍存在一些难题，使其结果无法让人满意。这就使许多研究领域的学者不得不把注意力转向语音的生理属性方面，用科学的实验仪器来探究语音的发音特点，通过区别性参数来弥补传统语音学研究的不足。

在语音的发音部位特征研究领域中，有早期使用的动态腭位仪、电磁发音仪、唇位图像处理，也有更先进的核磁共振成像、CT 三维成像、高速核磁共振声道成像技术等。其中，英、美、日等国相继建立各自的数据库系统，Engwall 等曾结合 MRI、EMA、EPG 三者重建瑞士语音的三维舌体运动模型；在英语和日语的言语产生和多模态人机交互方面取得了大量的研究成果。

从语音学理论和言语生理特征的研究来看，在以动态腭位为基础的语言研究方面，国内众多语言研究单位集中对普通话和汉语方言进行言语生理研究，并取得了一系列成果。

目前，由于研究条件不足和缺乏高层次人才，国内外少数民族语言的语音生理研究还处在萌芽阶段，空白点较多，理论层次和应用水平都亟待提高。从以动态腭位为基础的国内少数民族语言的语音生理研究来看，对蒙古语和藏语的研究较为突出。内蒙古大学与中国社会科学院民族学与人类学研究所合作，对蒙语辅音的时长、腭化、协同发音以及复辅音等进行了深入研究。近几年，西北民族大学建立了教育部和民委共建重点实验室后，积极开展了藏语、蒙语语音生理相关的研究，取得了一定的研究成果。

国内对少数民族语言的实验研究比较落后，资源设备和研究力量相对薄弱，缺乏相关的技术标准。近年来，北京大学、内蒙古大学和新疆大学等开始了民族语音研究，先后建立了关于民族语音的数据库，如"藏语拉萨话语音声学参数数据库"、"哈萨克语语音声学数据库"和"蒙古语语音声学参数数据库"。这些数据库的建设大大推进了我国少数民族语音研究的发展。内蒙古大学教授呼和在"蒙古语元音的声学分析"中用声学语音学的理论和方法对蒙古语标准元音进行了定性分析。石峰教授在"普通话元音再分析"中以吴宗济对普通话单元音声学分析为基础，结合音系学的原则，从元音格局的角度对普通话10个单元音的声学元音图进行了再分析，考察了普通话元音的定位特征、内部变体的表现以及整体的分别关系。

我国维吾尔语语音研究有悠久的历史，但现代维吾尔语语音研究始于20世纪。在近百年的时间里，现代维吾尔语语音研究已经有了许多成就。现代维吾尔语语音学在语音的区别性特征研究、韵律特征（如元音和谐律研究）等方面有着突出成就，主要集中在语音的传统描写、语音识别、语音合成等领域。

现代维吾尔语语音学研究在1985年之后得到了快速发展，整个社会背景促进了维吾尔语语音学研究学术氛围的改观。这个时期，现代维吾尔语的描写语音学进入萌芽阶段。哈米提·铁木尔先生的《现代维吾尔语》（1987）是我国第一部研究现代维吾尔语语音、词汇、语法的著作。国内外语言学家用传统语音学的方法来研究维吾尔语语音的发音特征、音变和重音等方面的问题。始于19世纪的语音研究实际上也是主要从腭位特征来探寻舌的位置和元音产生的关系，或从发音部位的角度对发音方法进行较为客观的描述来对辅音进行研究的。Bell（1867）利用元音舌高点的位置来描述基本的两维元音空间。Lbyd和Russell较早地使用X光影像技术来研究元音发音。Jones利用舌高点的位置来绘制元音舌位图，与其他人不同的是他将自己的理论建立在广泛的X光元音图像的基础上，并由此提出基本元音舌位的示意图形。从20世纪开始，元音的研究角度从生理逐渐转向了声学，也就是要找到元音舌位与元音共振峰之间的对应关系，从而将根据舌的位置画出的元音舌位图转化为利用共振峰绘制的声学元音图。

传统语音学研究尽管从腭位出发，但主要依据"口耳之声"特征。不管是在维吾尔语语音教学还是在维吾尔语言语工程中，加强对维吾尔语语音生理特征的了解是一项主要任务，而系统利用生理特征信息是提高语音教学效果和语音自然度效率的有效途径。

纵观国内外基于腭位语音学的研究，已经有了前所未有的发展。但维吾尔语实验语音学分析，尤其是新概念意义上的发音部位方面的研究工作与其他民族语言相比仍处于落后状态。维吾尔语语音研究主要体现在对维吾尔语方言和语音的以口耳为主的传统式研究，譬如瑞典学者Gustaf Richard Raquette 和 Gunnar Jarring 对喀什、莎车维吾尔语莎车方言的语音进行研究；Hartmann N. Katanov、S. E. Malov 对阿克苏、和田以及于田等地的维吾尔语的方言研究取得了相关成果；国内出现了一批在吾守尔·斯拉木院士带领下的优秀学者，在维吾尔语语音合成、语音识别等领域开辟了新的道路。

倘若现在不抓紧时间进行各项基础研究，维吾尔语的言语生理特征工程落后于其他民族的差距将越来越大。国内外语言学家用传统语音学的方法来研究维吾尔语语音的生理特征、语音和谐规律和长短语音特征等。他们主要是从听音、记音入手来研究语音，也就是凭耳听辨语音并加以分析。由于他们所采用的是传统的"口耳之学"，所以其研究难免存在失准、遗漏等一些问题，尤其存在缺乏可操作性、演绎性和理据性等难题。本研究内容不仅对提高语言教学、言语矫正效果具有重大意义，而且对提高维吾尔语语音合成、语音识别效果、机器翻译、医学，乃至人工智能等方面的维吾尔语言语声学工程的构建具有重大意义和学术价值。同时，本研究成果在检验前期研究成果的科学性和普遍性方面具有一定的可检验性和可操作性。

发音语音学即语音的生理特征研究在语音教学，特别是在维吾尔族内部的标准音教学中起着很重要的指导作用，其表现主要有以下几个方面。

一是学习过发音语音学教师的示范作用。教授语音知识的教师不仅是能够讲授正确发音的教师，而且应该是能将正确的发音动作尽可能直观地向学生进行示范的引导者。教师示范性作用在分析语音的最小单位时尤其重要，教师要能适当地拉长每一个音，加强声音的长度以取得更好的直观效果，使学生较容易掌握发音特征。也就是说，教师的发音实际上既能满足夸张的表达，也能实现恢复发音动作的准确性。教师在学生发音过程中不仅要能指出对或错，而且要能对许多不合要求、似是而非的发音现象做出准确分析，引导发音动作得到调整。

二是听辨语音修养的提高。能够把语音同音标表写法联系起来并不等于听辨能力的真正提高。在语音教学的实践环节中，教师必须通过听写练习，把各种最小语音单位加以不同的组合，让学习者分析记写。在听写内容中还应该加入学习者可能发生的发音错误，让学习者在对语音内容的分析比较中加强对所学语音的听觉记忆，不断完善发音步骤，逐渐达到准确而熟练的程度，因为在提高听辨语音修养的过程中，语音听辨能力是学好语音的前提和基础。

三是发音器官活动的操练。发音器官活动的有意识的操练分为基本动作训练和实践语音练习两种。不论哪一种操练，都必须在发音语音学的理论指导下有意识地进行。基本动作训练，如八个标准元音的反复比较练习就是为了使学习者真正体会到如何发出不同的舌位和唇形的元音。学生在教师直观教学实践的帮助下，不断模仿，从而改善发音动作，最后达到靠自觉的肌肉控制来区分不同的舌位和唇形等。当然，实际语音训练尽可能地要同音标标音法的掌握相结合，并贯穿由慢到快、由少到多、由易到难的原则，最后达到正确而熟练地发单音以及不同音节组合的地步。

四是设计适合因人施教的辅助教学方法。任何一部语音学教材都不能完全涵盖所有学习者需求的学习方法，在实际的语音学习中，每个学习者都会寻求较适合于自己特殊需要的具体学习方法。学习发音，顾名思义就是学习克服发音难点的小窍门，独特的掌握手段，往往是以具体学习者需求为目的，解决他们在学习方面的问题或解除所遇到的障碍而设计的。例如有人在学习维吾尔语等语音中的舌尖齿龈颤音［r］（又称搭设颤音）时，总也学不会，原因在于用力过大，最多偶尔能发出［dr］音，而不是正确的［r］音。这时应指示他主要发音要领是尽量少用力，发音时仅仅让舌尖轻轻地靠近齿龈，让气流通过，舌尖就可以轻而易举地颤动起来。这是因为颤音一般是利用发音器官的某一部位的弹性而形成的，当学习者发音时肌肉紧张，此时的舌尖便容易失去弹性而变得僵硬，所以只有让肌肉松弛下来恢复到自然弹性，颤音才能颤动起来。为个别学习者设计的学习方法或措施仍是发音语音学对腭位特征分析的产物。

　　总的来说，维吾尔语在实验语音学方面的研究与国外语音学研究相比是一个较为薄弱的环节。虽然部分学者对维吾尔语的辅音、元音以及语音的韵律特征等做了一系列的分析和研究，但在信息化迅速发展和市场经济繁荣的今天，这些研究远远不能满足社会发展的要求。况且这些研究主要集中在元音的和谐格局方面，对辅音生理特征的研究主要停留在"口耳之学"层面上，从实验的角度对维吾尔语语音生理属性的研究几乎处于空白。维吾尔语语音合成研究结果表明，在语音合成自然度问题上显得还不是很成熟，其主要原因就是对维吾尔语的声学和生理特性了解不深，针对维吾尔语元音特征即共振峰模式的研究甚少，从而严重影响了合成自然度。因此对维吾尔语语音生理特征的研究已是刻不容缓。

目 录

第一章 现代维吾尔语语音研究概况 ………………………………… 1
  一 维吾尔语语音的传统研究 …………………………………… 2
  二 维吾尔语的现代语音学研究 ………………………………… 4

第二章 研究背景及分析说明 …………………………………………… 10
  第一节 研究背景 ……………………………………………………… 10
    一 研究意义 ………………………………………………………… 13
    二 研究价值 ………………………………………………………… 13
  第二节 本研究实验仪器简介——动态腭位仪 …………………… 14
    一 腭位研究仪器的发展与改进 ………………………………… 14
    二 假腭类型及电极分布 ………………………………………… 17
    三 动态腭位仪的局限性及应对 ………………………………… 20

第三章 现代维吾尔语语音及其特征 ………………………………… 21
  第一节 现代维吾尔语音位及其变体 ……………………………… 21
    一 音段音位及其变体 …………………………………………… 22
    二 超音段音位及其特征 ………………………………………… 31
  第二节 元辅音和谐律 ……………………………………………… 35
    一 元音和谐形式的特点 ………………………………………… 36
    二 中性元音和谐特点 …………………………………………… 36
    三 舌位前后和谐特点 …………………………………………… 38

四　唇状和谐特点 ………………………………………… 38
　　五　元辅音和谐 …………………………………………… 39
第三节　音位组合 …………………………………………… 40
　　一　组合特征 ……………………………………………… 40
　　二　音节 …………………………………………………… 40
第四节　语流音变 …………………………………………… 43
　　一　同化 …………………………………………………… 43
　　二　弱化 …………………………………………………… 44
　　三　脱落 …………………………………………………… 45
　　四　增音 …………………………………………………… 46
　　五　长化 …………………………………………………… 46

第四章　现代维吾尔语语音动态腭位研究 ………………… 48
第一节　符号与标识 ………………………………………… 48
　　一　本文音位及相关符号使用情况说明 ………………… 48
　　二　维吾尔语元音及其符号对应形式 …………………… 48
　　三　其他符号说明 ………………………………………… 49
第二节　基于动态腭位仪的现代维吾尔语语音腭位数据库 … 49
　　一　数据库音节构成 ……………………………………… 49
　　二　基于动态腭位仪的现代维吾尔语信号处理系统 …… 51
　　三　基于动态腭位仪的现代维吾尔语音位变体 ………… 61
第三节　现代维吾尔语元音发音生理特征分析 …………… 69
　　一　元音及其变体 ………………………………………… 69
　　二　元音和谐规律 ………………………………………… 83
第四节　现代维吾尔语辅音发音生理特征分析 …………… 88
　　一　舌前辅音发音生理特征分析 ………………………… 89
　　二　舌后辅音发音生理特征分析 ………………………… 112
　　三　舌尖辅音发音生理特征分析 ………………………… 125
　　四　辅音发音生理特征对比 ……………………………… 168

第五章 现代维吾尔语动态腭位的语音学讨论 ……………… 178
 第一节 维吾尔语语音演变及其争论 ………………… 178
  一 音位发展脉络及其争论 ………………………… 179
  二 音位组合规则的演变 …………………………… 181
 第二节 音位分布及其讨论 …………………………… 185
  一 元音 ……………………………………………… 186
  二 辅音 ……………………………………………… 193
 第三节 音位组合及其讨论 …………………………… 210
  一 单音节组合 ……………………………………… 210
  二 双音节组合 ……………………………………… 212
 第四节 音位关系及其讨论 …………………………… 250
  一 音位合并 ………………………………………… 250
  二 音位重现 ………………………………………… 252
  结 语 ………………………………………………… 262

参考文献 ………………………………………………… 265

附录1 维吾尔文字母和国际音标的对照表 ……………… 272

附录2 现代维吾尔语动态腭位词表及其音标对照表 …… 273

附录3 现代维吾尔语单辅音腭位图 …………………… 297

附录4 现代维吾尔语音位组合腭位图 ………………… 301

后 记 …………………………………………………… 340

第一章 现代维吾尔语语音研究概况

目前国内外学者对维吾尔语语音的研究主要通过描写方法、预测或解释维吾尔语元音及辅音在语流中存在的若干音变问题；或通过几种语言的对比分析研究，试图发现与之相关的亲属语言语音的发展规律和变化等问题。但不管是哪一类研究，国内外研究者们对维吾尔语语音的实证性研究主要涉及语音生理特征的一部分，缺乏系统性和全面性。时至今日，运用纵向研究的方法将语音生理属性与物理属性结合起来研究的成果非常少见。

我们知道，对语音生理特征的了解会直接影响话语信息的产生及获得，因此，有必要对维吾尔语语音生理特征和规律进行实证研究，以期发现影响语音信息构成、传递及语言信息交流的原因。尽管传统语音学大多是从语音的发音部位和发音方法这两个角度来研究语音的生理特性，然而早期的语音学研究由于受到科研条件的客观制约，没有能够从实验科学的角度对语音的发音部位和发音方法进行检验，只是单凭个人经验或者模糊的图谱进行推测，这样是不科学、不严谨的，很容易产生偏差。而实验语音学的出现则从技术上弥补了这一层面的问题。所以在今后的研究中，一定注意要将更多的理论与实验相结合，以更加科学、严谨的方式研究语音问题。

目前已有的维吾尔语语音研究成果可以分为两大类型：第一类是关于维吾尔语语音传统研究的成果；第二类则是关于维吾尔语的现代语音学研究方面的成果。

一　维吾尔语语音的传统研究

这一大类既包括著作也包括论文。

首先是著作类。从研究方法、研究范围和研究模式来看，这类成果大致又可以分为三种不同的类型。

第一种是简单举例，概括介绍。这种著作大多是综合性的教辅用书，主要有亚热·艾白都拉的《现代维吾尔语》（新疆人民出版社2003年版）、W.科特维奇的《阿尔泰诸语言研究》（哈斯译，内蒙古教育出版社2004年版）和陈宗振的《维吾尔语史研究》（中国社会科学出版社2016年版）。这些综合性的教辅用书，都是立足于整个大的语言系统或者维吾尔语系统来论述维吾尔语语音的基本概况，其中也从发音部位和发音方法两方面简单介绍了维吾尔语语音的发音特征；这一系列图书要么是描写现代维吾尔语、方言、维吾尔语土话发音特征的著作，要么是教授专业人员正确发音的科普类著作。而这些科普类著作往往是从正音目的出发，规范维吾尔语的发音，将直视性强的图谱与丰富的语音理论知识相结合，或是从现代维吾尔语标准语的角度去学习现代维吾尔语语音的发声技巧，或是以构架普通语言学为目的而进行解析的专业性较强的著作。比如陈宗振《维吾尔语史研究》一书，将维吾尔语的语音单列为一个部分，从维吾尔语元音的发展演变、辅音的发展演变、音节类型的发展演变、多音节词重音的发展演变、元音辅音搭配规律的发展演变和语音变化的发展演变等六个方面以历时的视角梳理了维吾尔语语音演变的基本状况，为学界后人的深入研究提供了很多的素材和研究思路。

第二种是举例丰富，详尽阐述。这种著作多是以研究语音为主的专门性著作，主要有再娜甫·尼牙孜的《现代维吾尔语概论——语音和句法》（中央民族大学出版社2008年版）和哈力克·尼亚孜、木哈拜提·喀斯木的《语音学与语言调查》（新疆大学出版社1988年版）。这些著作时间跨度较大，基本上是从普通语音学的角度详细讲解了现代维吾尔语语音的基础、分类、节律、变化和功用等方面内容，其中再娜甫·尼牙孜的《现代维吾尔语概论——语音和句法》从语音的物理基础、生理基础和社会基础这三个方面对现代维吾尔语语音的基本特征做了较为详尽的论述。

第三种是专业性、实用性强的一些应用型著作。主要有张洋的《汉维语语音对比研究与维吾尔语语音析辨》(新疆大学出版社1999年版)、米尔苏里唐·乌斯曼诺夫的《现代维吾尔语罗布泊方言》(新疆大学出版社1999年版)和《现代维吾尔语和田方言》(新疆人民出版社2004年版)。张洋《汉维语语音对比研究与维吾尔语语音析辨》一书中,在维吾尔语语音和汉语语音的对比研究方面,把理论研究成果转化为了应用研究,提出了一些较为新颖独特的观点。

其次是论文类。近年来有关维吾尔语语音研究方面的论文非常多,根据研究所涉及的范围,主要分为整体研究和部分研究。

第一种是整体研究。主要有元音和谐律、复辅音研究、音节结构、韵律研究等。如张洋的《现代维语复辅音》(1997),是在统计维吾尔语复辅音的基础上,描述了维吾尔语复辅音的出现位置,并对复辅音做了基本分类,归纳了复辅音的排列规律。张洋《汉维语音对比研究与维吾尔语音析辨》(1999)则研究了现代维吾尔语复辅音,提出了现代维吾尔语辅音的发展规律和发展趋势。李军在论文《论现代维语语音紧缩及其对音节结构的影响》(2000)中就对现代维吾尔语口语语音紧缩的共时表现形式及其对音节结构的影响做了初步探讨,并分析总结了其成因及演化的有序性；华锦木、张新春在《维吾尔语谚语的韵律特征》(2012)中,通过归类描述,对维吾尔语谚语的押韵和节律特征进行了较为深入的探究。

此外,相关研究文献还有塔依尔·塔希巴也夫的论文《塔城地区维吾尔语的语音特点》(1989),吐尔逊·卡得《维语柯坪土语中的辅音变化及其音系学分析》(2011),木再帕尔、高莲花的《维吾尔语乌什话语音特点》(2015)等,而这些文献开始侧重维吾尔语方言土语的语音特点研究,对维吾尔语方言学做出了一定的学术贡献。

第二种是部分研究。主要涉及单个音位、单个词或一组音位的研究。如力提甫·托乎提的论文《论维吾尔语动词 tur-在语音和语法功能上的发展》(1997),重点提及对维吾尔语动词 tur-的语音和语法功能演变的历时研究,说明该动词在维吾尔语不同历史时期中语音特征上表现为主动词、助动词附着词尾、词缀和零形式变化等状况;易坤琇在《现代维吾尔文学语言中 a、ε 变 e、i 的问题》(1985)中,论述了维吾尔文学语言中 a、ε 变 e、i 的问题;阿·巴克、杨承兴在《现代维吾尔文学语言的语音和谐律》(1989)中,探讨了维吾尔语文学语言的语音和谐律及相关的语音变化问题;池明喜也在《浅谈维吾尔语元音的弱化现象》(1996)中,利用自己在给汉族学生教授维吾尔语的过程中遇到的例子,对维吾尔语元音的弱化与不弱化现象进行了简要的论述和说明;李燕的《论维吾尔语元音/i/和/e/的定位及其音位变体》(2010),主要讨论了维吾尔语元音 i 和 e 的音位归纳及其音位变体。

二 维吾尔语的现代语音学研究

这一类也可以大致分为三种不同的类型。

第一种是生理学方面的研究。这方面的研究成果非常少,比如徐辉所撰写的以医学治疗为目的的研究论文《新疆维吾尔族腭裂患者术后病理性语音特点的研究》(2012),通过对新疆维吾尔族正常儿童与腭裂术后儿童元音共振峰进行对比分析,揭示了新疆维吾尔族腭裂患者病理性语音的语音学特征,并通过维吾尔语元音共振峰的数据,观察维吾尔族腭裂术后患者的舌位及开口度变化,从而提出了维吾尔族腭裂术后患者发音时与维吾尔族正常儿童相比存在舌后缩现象,在发音开口度方面维吾尔族腭裂术后患者与维吾尔族正常儿童相比并无显著性差异的观点。

第二种是声学方面的研究。主要的著作和论文如下。

易斌著《现代维吾尔语元音的实验语音学研究》(2012),作者有学习维吾尔语的经历,后又师从南开大学石锋教授系统学习了实验语音学的理论知识和研究方法,因而在该书中她对现代维吾尔语的主要元音逐一进行了声学实验,以实验数据为依据,对元音的音值进行了系统的分析和描写,并从元音格局的角度探讨了元音和谐律的语音内部机制。

从发表的论文情况来看,主要有江海燕、刘岩、卢莉的《维吾尔语词重音的实验研究》(2010),该文用实验语音学的方法考察了维吾尔语中双音节和三音节词的音强、音长和音高等声学特征；阿里木·玉苏甫的《维吾尔语口语中辅音脱落现象的实验分析》（2012）则通过实验语音学的方法对维吾尔语口语中的辅音脱落现象做了实验分析，得出维吾尔语口语中辅音脱落是维吾尔语产生长元音的一个重要原因的结论；孜丽卡木·哈斯木等的《维吾尔语词首音节元音声学分析》（2009）利用"维吾尔语语音声学参数数据库"，统计分析和归纳了维吾尔语词首音节元音的共振峰模式及其分布格局；王海波、阿布力克木的《维吾尔口语里元音长短的听辨与声学分析》（2010）重点以新疆和田方言为研究对象，通过对维吾尔语口语中长短区别的元音进行语义、重音感知实验与分析，试图考察元音长短中维吾尔语语音系统中的作用和表现。

在《维吾尔语长元音的实验语音学研究》（2010）中，艾斯卡尔·肉孜等首次从实验语音学的角度出发，对维吾尔语中的长元音进行了声学分析；哈妮克孜·伊拉洪等的《维吾尔语单音节词复辅音声学分析》（2009）通过语音分析软件研究了维吾尔语复辅音的组合规律和声学规律、复辅音中两个辅音声学特征之间的声学区别等问题；王奖的《现代维吾尔语的辅音声学特征研究》（2012）对现代维吾尔语的辅音中单独发音与中音节中不同位置的时长、音强，及音高分布模式进行了深入探讨，实验结果证明了传统语音学所描述的"维吾尔语的词重音一般落在词的最后一个音节上"的结论是正确的。

此外，易斌在《维吾尔语"q（ʁ、x）+i+c"式音节中元音 i 的声学分析》（2003）中，用实验语音学的基本原理和方法对维吾尔语"q（ʁ、x）+i+c"式音节中元音 i 的声学特点进行了考察，在传统语音学对维吾尔语元音 i 所做研究的基础上对该结构中的元音 i 进行了声学语音学讨论，认为该音节结构中，元音 i 在不同的语音环境中有四种不同的音值，并且在《现代维吾尔语元音/i/的实验分析》（2006）中对维吾尔语元音 i 进行软腭实验分析，将实验结果与传统语音学的研究成果相结合，对元音 i 的音值进行了再讨论，认为元音有五种音值。

赛尔达尔·雅力坤的硕士学位论文《维吾尔语塞音的声学特征分析》（2012）中，作者根据现代维吾尔语的语音特点，综合应用语言学、语音学、计算机信息处理等科学知识，采用工程语言学和统计学的理论与方法，对标准维吾尔语中的辅音做了基础性的声学分析，利用"维吾尔语语音声学参数库"，提取包含浊塞音和清塞音的单音节及多音节词的声学参数，做统计分析，归纳七共振峰、音强和音长无声段和噪音起始时间分布模式，并进行浊塞音和轻化现象的探讨，通过浊塞音和清塞音的声学比较，提出了浊塞音和清塞音的区别规则。

刘向晖的《现代维语的核心音节与边际音节》（2000），将现代维吾尔语语音的响度衡分为十个等级，并根据响度顺序原则确定了现代维吾尔语的核心音节与边际音节的结构模式；刘韶华的《不同语速下维吾尔语无声停顿的形式和功能》（2008），通过产出实验对比维吾尔语中无声停顿的出现频率与时长中三种语速下的不同变化，以此来研究无声停顿中维吾尔语韵律格局中的形式和功能。

易斌在《现代维吾尔语元音格局分析》（2006）中提出，在元音系统中，维吾尔语的元音具有双层面相对独立运作的特点，并重点探讨了维吾尔语元音音集的层次性，即不同层级上的元音音集具有不同的结构格局，分别按照不同的和谐规则构成不同类型的元音和谐，它们既互相区别又互相联系，共同构成维吾尔语元音的整体格局。

江海燕、刘岩、卢莉在合著论文《维吾尔语语音韵律的方言差异》（2009）中，从乌鲁木齐维吾尔语与和田维吾尔语韵律差异的角度来展示维吾尔语韵律的一些特征，通过声学分析的方法探究乌鲁木齐维吾尔语与和田维吾尔语的韵律差异，找出其差异具体表现中音高走势、语音停顿、韵律单元切分以及音质等方面的特征。

第三种是信息处理方面的研究。这方面的研究以应用型成果为主。

王昆仑、樊志锦、吐尔洪江、方晓华、徐绍琼、吾买尔的《维吾尔语综合语音数据库系统》（1998）从维吾尔语的语音特点出发，详细介绍了一个适用于维吾尔语声学特征研究、非特定人语音识别研究和识别系统评测的维吾尔语语音数据库，给出了它的库料设计、逻辑结构和管理程序特点等。建设语音数据库系统是进行实验语音学研究的基础，有了数据库，再对语音进行识别研究就有了充足的资料。王昆仑在《维吾尔语音节语音识别与识别基元的研究》（2003）一文中，在CDCPM和维吾尔语语音数据库的基础上，对维吾尔语元音、辅音和音节进行了识别并对识别结果进行了分析，提出了以维吾尔语音节为识别基元的合理性以及要解决的问题和方法；王昆仑等在《维吾尔语元音的声频特性分析和识别》（2010）中抽取 160 个元音语料，分男声、女声和男女声混合三组测量了八个元音的五个共振峰频率值（F1、F2、F3、F4 和 F5），与语音识别相结合分析了元音的格局问题。

阿依努尔·努尔太在《维吾尔语双音节词元音格局研究》（2013）一文中，运用语音格局理论对维吾尔语标准语音元音进行了系统的分析和统计，在串行优选论（Harmonic Serialism）的理论框架下，分析解释了维吾尔语中性元音以及外来词的不和谐性。

魏玉清在《维吾尔语和谐现象的音系学研究》（2010）一文中对维吾尔语元音和谐现象进行了系统而全面的音系学研究，并在对维吾尔语和谐现象详尽描述的基础上，根据对立性特征层级理论（contrastive hierarchy）解读了维吾尔语元音系统底层特征赋值，从而揭示了维吾尔语和谐现象的形成机制与实现方法。

鲍怀翘和阿西木在《维吾尔语元音声学初步分析》（1988）中只用 232 个多音节词指出了维吾尔语八个元音的格局，但是没有将词首和词尾分开讨论。

诺明花在《维吾尔语孤立词和连续数字语音识别系统的设计与实现》（2006）一文中，完成了维吾尔语特定人员小词汇量孤立词语音识别（采用 DTW 模型），用 jawa 基本实现了小型引擎，在此基础上用 Matlab 6.2 对维吾尔语连续数字识别中的数字录音、HMM 模型训练和识别算法进行了仿真。

杨雅婷、马博、王磊、吐尔洪·吾司曼、李晓的研究成果《维吾尔语语音识别中发音变异现象》（2011）中，针对维吾尔语同化、弱化、脱落、元音和谐律等语流音变难点进行分析，对维吾尔语语音、韵律特性进行知识融合与技术创新，运用给予数据驱动和给予专家经验相结合的方法对维吾尔语方言、口语中存在的发音变异现象进行了研究。

李鹏飞在硕士学位论文《基于深度学习的维语语音识别研究》（2016）中，对基于深度学习的网络模型及其建模方法做了详细分析，并将基于深度学习的语音识别技术用了在维吾尔语的语音识别上。通常来说，语音的识别和转换是相辅相成的，因此也就有了有关转换系统的研究，其中有李莉的硕士学位论文《维语文语转换系统的研究与实现》（2004），该文主要探讨如何根据维吾尔语语音特征建立一个清晰、自然的、适用范围广泛的文语转换系统。马欢也在硕士学位论文《基于不定长拼接单元的维吾尔语文语转换系统的研究与实现》（2006）中，从自然语流韵律规则的总结、语料库的设计、合成方法的研究等几个方面入手，实现了一个基于不等长拼接单元的维吾尔语文语转换系统。

力提甫·托乎提在《电脑处理维吾尔语语音和谐律的可能性》（2004）一文中，从电脑处理角度，根据维吾尔语的语音和谐规律，探讨用电脑处理多变体附加成分与词干结合时自动选择其中最合适的变体的可能性。随后，阿力木江·托乎提的硕士学位论文《维吾尔语语音和谐规律处理及其软件设计》（2007），也论述了维吾尔语语音和谐规律以及语音和谐例外及其原因，探讨了研制开发维吾尔语语音和谐规律处理软件的过程，以及软件的总体设想、代码解析等，最后指出了此软件存在的不足并提出了改进方案。

库尔班·吾布力、艾斯卡尔·艾木都拉的《基于量化模型的维吾尔语调曲线 F_0 的合成技术研究》（2007）则根据维吾尔语的特点，对 Fujisaki 量化模型进行了修改，使之用于分析维吾尔语语调，以及它在通过规则合成 F_0 曲线方面的应用，构造了一套规则，能够捕捉语言与说话者相关的特征，并能为目标语句形成人工语调曲线，进行了有效的测试。

曹亮的硕士学位论文《维吾尔语可视语音合成中声视同步和表情控制研究》（2014）中探讨了唇声同步和表情强度控制问题，结合维吾尔语特点，提出了一个唇声同步且能够进行表情强度控制的可视语音合成框架，并在此框架基础上生成了一个与 MPEG 标准兼容的原型系统。

在《维吾尔语语言合成系统前端文本处理技术研究》（2012）中，帕丽旦·木合塔尔、吾守尔·斯拉木根据维吾尔语的语音特征，提出一套准确可行的前端文本处理策略，很好地分析与描述了维吾尔语语言层的信息，并将之映射到语音层上。

除了以上研究内容外，还有应用语音学研究，主要表现在中学教学上的研究成果，比如提力瓦尔地·斯地克在《初中维吾尔语文课程中有关语音学知识的难点初探》（2016）中探讨了初中维吾尔语课程语音系统的特点，为初中维吾尔语教学提供了有价值的语料基础，此外还对学生在习得维吾尔语语音、词汇、语法过程中的一些规律性问题进行了分析。

　　从整体来看，对语音的声学特征、生理特征进行研究是未来语音研究发展的新趋势，其中通过动态腭位仪等实验仪器对语言的生理属性进行动态研究是获取语言生理属性的主要手段之一。实验语音学不仅能论证以往传统语音学的观点、探索并论证语音学成果的理据性，而且可以应用于开拓新的领域，提供新的渠道，用新的方法解决新旧问题，为揭示人类语音的产生原理及运用机制发挥其独特的作用。

第二章　研究背景及分析说明

第一节　研究背景

维吾尔语语音研究有悠久的历史、优秀的研究成果，其内容涉及古今维吾尔语语音的各个方面，同时也存在较多争议，涉及语音演变过程中所呈现的不同音位形式、音位分类、音位组合搭配关系等。纵观整个维吾尔语语音演变进程，我们不难发现，几乎每一种语音演变现象都与舌位的动态特征有关，即不管是哪一类语音问题都离不开一个焦点：舌位的前后特征对于整个维吾尔语来说具有核心价值；古今维吾尔语语音演变进程都以舌位为发声依据不断循环，舌头在发音运动过程中的前后位置成为维吾尔语语音变化的核心因素，带动维吾尔语语音的发展脉络。当然这也是我们选用动态腭位来对现代维吾尔语发音系统进行深入舌腭接触研究的初衷。

纵观阿尔泰语系诸语言的语音特征，最有特色、最具代表性的就是其共有特征之一的元辅音和谐律。元辅音和谐律一直是阿尔泰语系诸多语言的核心问题，其发展变化因语言不同而呈现出不同的演变形式，例如现代蒙古语言的元音和谐在一些同源词中表现为元音的弱化和脱落，有些词语还出现了元音的替换，元音和谐不太完整；蒙古语中这种元辅音变化规律的内在形式已被打破，除了固有词的内部组合搭配上具有其特点外，大部分词具有非和谐趋势。再如现代哈萨克语书面语的和谐系统里，第一音节是展唇元音，后面的音节也是展唇元音；元辅音和谐律的发音特征在唇状上的表现是，其和谐程度较之于其他和谐显得较弱，与其他阿尔泰语系诸语言相比较，又具有口语性特征，因为哈萨克语书面语只有展唇元音与展唇元音的和谐、圆唇元音与展唇元音的和谐。当然也有在唇状上和谐程度较之于其他语言具有高度一致性的语言，例如柯尔克孜语，因为柯尔克孜语元音和谐模式中有后元音－后元音［a-ə］、［ə-ə］、［o-o］、［u-u:］、［a-u:］、［u-o:］的和谐模式，也有前元音与前元音的和谐模式［e-e］，如：/emne/（什么）、/ene/（母亲）。

现代维吾尔语元辅音和谐律也有自己独特的表现，其中有大量外来词的借入，也有音位相邻时所具有的内部协同发音影响，然而不管受影响程度多高或多深，维吾尔语元辅音和谐律的演变始终遵循其内部的组合规律，具有舌位特征在动态腭位上所表现的延续性特征。从古到今维吾尔语语音的发展演变，无一例外地围绕发音在舌位上的前后特征来延续，不管从音位的分布、音位的增减、音位和音位之间的组合搭配，还是以和谐律著称的元辅音组合模式的发展脉络来观察，其演变轨迹具有舌位在内部规则上的演变痕迹。

从声学角度对辅音所做的研究主要是分析语音的三维语图。在语图上，大响度使元音格局表现得既简单又清晰可见，表现得很规整，因此在分析中常用到的参数为时长、音强、前三个共振峰值及其前后过渡时长等；辅音在语图上表现得较为复杂，原因主要来自人类特殊的声腔形状中的各种阻碍。在发音过程中所出现的不同阻碍将由声腔分成长短大小不同的很多区域，尽管这样特殊分区产生的各种共鸣在语图上杂乱无章，但还是有一定规律可循的。比如从发音方法上来看，塞音由于气流阻塞突然爆破总会在语图上表现出冲直条；擦音由于气流从时有时无的阻碍间隙冲出会在语图上表现出乱纹；送气音的声带源振动的起始时间VOT在语图上表现出与不送气音不一样的长短；由声带振动而形成的浊音的在语图上表现出同由声带不振动而形成的清音不一样的低频段的共振峰模式。辅音在发音时所产生的复杂性，使声学对辅音的研究往往较多采用辅音参数，如表征辅音特征的无声段长度、嗓音起始时间、语音时长、语音强度、语音强频集中区的中心频率、语音谱重心、语音分散度等。

语音在声学方面的研究主要表现在语音声学方面的特征表现，所得出的结论还是一定程度上凭借了人们的感知，不能反映出语音在发音过程中所呈现的不同特征，即在发音过程中，各个发音器官的动作具有生理上的差异，在发音部位以及发音方法上，总会有一定的局限性。因此，借助空气动力学和生理特征等手段对语音进行进一步的分析研究很有必要。

言语空气动力学是有关发声动力的一门学科，它的研究目的就是阐释言语发声的原理，对于解释人类言语发声的产生机理和语言声学研究的进一步深化具有重要的理论价值和现实意义。当前，言语空气动力学研究主要借助于气流气压等实验设备采集人体在不同言语状态下产生的气流气压信号，探索发音过程中发音器官展现的不同变化，尤其是对声带、声腔等不易被人们观察的发声器官进行直观的探索。气流是声音产生的前提，因此气流在言语产生过程中的不同变化代表着声音产生的不同变化，不同语音的产生离不开肺部气流的不同变化。说话所引发的声音是多种多样的，其中发音部位和共鸣腔的作用是必不可少的重要条件，因为通过发声只能发出言语声音的一部分，而其他声音通过发音器官的不同协调和共鸣腔的调节来实现，当然，还有一部分声音则需要改变发声时用气的方式、强度和持续时间长短产生。在发音时，气流从肺部呼出时产生的连续性气流受到声门等狭窄发音部位的阻碍，如塞擦音和擦音在成阻时发音部位的接近，但气流并不完全闭塞，中间留有狭缝，持阻时气流由发音部位之间的狭缝通过摩擦成声；塞音发声时发音部位紧闭，气流暂时停蓄在阻碍部分之后，除阻时气流突然爆发而出，因爆发或破裂成声。

生理特征研究是对语言进行的本质性研究，是研究语音的重要方式。早期生理研究主要是静态研究，如静态的腭位照相记录音段的舌腭接触和利用 X 光技术拍摄发音过程，它们均揭示了辅音的静态舌部与上腭接触时的不同关系和侧视图的动态口腔发音姿态；国外学者利用以磁原理为基础 Electro Magnetic Articulumetry（EMA）采集主动发音器官舌头在言语中的运动方式，揭示了舌头运动对辅音发音的重要作用；同时 Ultrasound 也被利用到了辅音的生理研究中，通过复杂的图像处理分析口腔内部发音器官的运作同辅音的关系。

一 研究意义

语言由文字和语音共同组成,文字发展变化较为缓慢,而社会经济中的各种因素的影响首先反映在语音中,其次才是文字。因此语音的发声和音变是语言研究中的一个非常重要的内容。任何语言的语音都是由元音和辅音等音素共同拼合而成的。人类声腔的特殊调制使人类能够发出比其他动物更多的音,各种辅音就是在声腔的调制过程中产生的。因此研究声腔调制过程中的辅音产生对揭开言语产生的奥秘意义重大。

传统语音学由于受到一定的研究方法和研究设备的限制,仅依据人的声音感知对语音进行静态研究,进而论述元音的变化和辅音的发音部位和发音方法。但是,言语产生是动态的过程,静态的研究只能是片面的,人耳听辨语音的能力总是有一定限度的,所记录的结果也只能是他所听到的声音的主观印象。我们通过对维吾尔语语音发音时舌腭接触状态的研究,细致地分析了维吾尔语元音的变体形式、演变轨迹和辅音从单音到语流的过渡过程,并从动态角度描述了语音的发音部位和发音方法。

动态腭位仪通过记录发音时舌腭接触状态,能够更客观、精确地记录和描写语音,丰富和修正了传统语音学的若干解释和理论。揭示发音时舌腭接触状态的复杂性,从而使维吾尔语研究更加科学、准确。同时也为研究维吾尔语方言之间的相互影响变化提供一定的参考。利用电子腭位技术将维吾尔语发音时的舌腭接触状态作为调查研究的对象,通过计算机软件的实现和电子腭位仪的使用将维吾尔语元音变体的形成过程和辅音丛发音时的舌腭接触动态过程揭示出来,为少数民族地区语言的研究提供了一种全新的方法。这不但有利于我们更好地了解维吾尔语语音的发展变化,也为其他民族地区语言的研究提供了参考与借鉴,更有利于研究亲属语言的关系。

二 研究价值

本研究是基于言语生理以及计算机科学相互交叉的边缘学科研究。通过计算机软件的实现和电子腭位仪的使用将维吾尔语元音音位变体的形成、变异过程和辅音发音时的舌腭接触动态过程揭示出来，使维吾尔语舌位运动可视化，该研究不仅能提高我国民族语言研究的理论水平，而且能促进和语音相关领域学科的发展，极大地提高维吾尔语语音的研究层次和智能化应用水平，进而推动民族语言的深入研究。

从学科的微观角度来看，建立维吾尔语语料库及腭位参数数据库，进行语音和腭位信号处理，根据舌腭接触情况，研究不同音位的舌位和共振峰之间的关系，建立舌位运动模型。

从学科的宏观角度来看，维吾尔语的多模态研究能够更加客观、准确地揭示维吾尔语的发音机理及言语产生过程，为基础理论研究提供参考数据。同时研究语音和腭位生理信号之间的关系，有助于丰富语音产生各相关层面的理论与方法研究。主要应用体现在以下几方面。

（1）维吾尔语语音生理教学系统的开发和应用，更好地展示言语产生的过程和生理机制，用于母语或者第二语言教学。

（2）用于言语疾病的诊断和治疗及听力障碍者的语音学习，动态腭位仪提供的视觉反馈帮助腭裂术后儿童学习正确的舌腭相对位置，纠正错误发音。

（3）舌腭接触模型的研究为维吾尔语语音合成、语音识别、情感研究、动态 Talking-Head 模型、多模态人机交互系统的实现，奠定了良好的技术基础。

（4）用于音位变体的形成、变异过程和辅音发音时的舌腭接触动态过程，动态腭位仪提供的言语产生和语音演变规律研究将促进我国民族语言研究理论水平，并推进与语音相关领域学科的发展。

第二节　本研究实验仪器简介——动态腭位仪

一　腭位研究仪器的发展与改进

在早期的传统语言研究中，口腔内部的发音器官的研究是一个空白。后来语言学家们想出各种办法或是创制新的研究工具来探索口腔内部的发音器官在言语产生过程中的作用。

相关文献中记录的关于腭位研究最早的先是将某种较软的物质放入

发音人口腔内部，然后再进行发音。发音过程中该物质会随着发音器官的运动而发生形状上的改变，发音结束后研究者通过观察物质外形变化情况来推测发音器官的动作。比如，20世纪70年代，有语言学家尝试将某种有颜色的无毒物质（多是拌了面粉的树胶或中国丹砂）涂在发音人的上腭后，再让发音人进行发音，发音过程中舌头会同上腭接触，接触的舌头部分会沾上来自上腭的有颜色的物质，在发音结束后再观察舌头上有颜色的区域的分布状态，从而推测某些人的舌位。

1877年，外国语言学家Kingsly手工制作了假腭，原料取自物理性质较软的橡胶膜片。Kingsly利用其制作的假腭进行语音实验，解释舌腭接触状况。Kingsly的做法为后来的舌腭接触研究开创了方法上的可行性。30年代，我国有的语音学家以牙模为参照、宣纸为材料手工制作了假腭（颜色为黑色），涂上面粉后，发音人将假腭放入口中再发音，发音过程中黑色假腭上的面粉会被接触上腭的舌头扫掉，发音结束后观察假腭上露出的黑色部分，推测发音过程中舌头与上腭的接触位置。

50年代末60年代初，我国语言学家吴宗济结合前人的方法和设备，研发了一套能真实记录舌腭接触状况的装置，原理大致是这样的：发音人佩戴上涂有墨汁的假腭再发音，发音过程中舌头接触假腭，假腭上的墨汁就会沾在与假腭接触的舌头上，再利用装置上的相机记录下舌头上墨汁的分布状况。

后来周殿福和吴宗济先生将腭位照相的方法同医学上的X光照技术相结合进行语言研究，二人合著了普通话的简单音节的图谱，第一次以可视化的形式向人们展示了汉语拼音字母的发音。图2-1为k的发音时的舌位接触状况和舌面的曲直状况。其中右上为X光透视得到的侧面口腔图，展示了发音时嘴唇的开度、宽度以及圆展状况，右下为仰视上腭图，黑色的区域为发音过程中的舌腭接触区域。

随着科学技术的发展，研究者们不再满足于静态的腭研究，而是慢慢转向动态研究。30年代，Shiling创造性地将电子嵌进以赛璐珞质为材质的假腭里，结合电子学研发出了新型假腭。70年代末，Shibata、Fugii和Samuel Flecher等对Shiling的设计进行改进和创新，使语图和腭图能同步播放显示，初步实现了"实时地看语言"（Flecher，1982）。

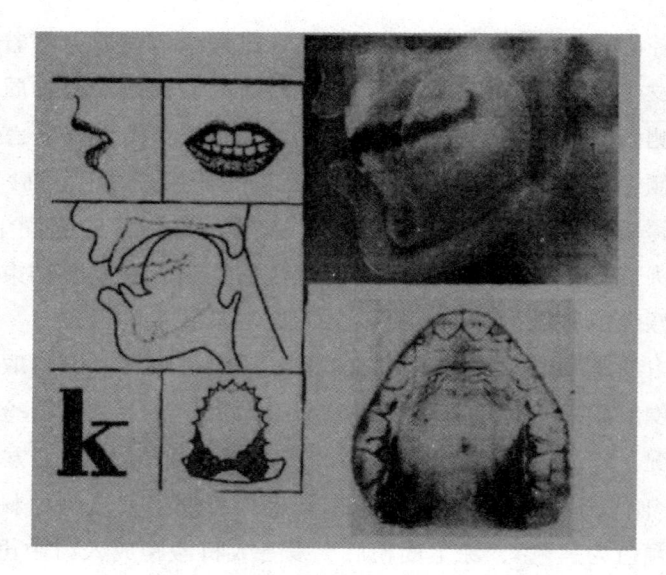

图 2-1　辅音 k 的 X 光照相和腭位照相
（周殿福、吴宗济，1）

20世纪70年代以来，动态腭位研究取得了突破性进展，主要归功于假腭制作工艺的成熟和计算机软件处理的进步。研究者们开始广泛利用动态腭技术对言语生理进行研究，如音节与音节之间的协同发音以及因舌面抬高至硬腭附近而发辅音时的腭化现象等。假腭制作工艺的成熟使动态腭位成为一种非侵入性且无损伤的言语生理检测手段，被广泛地运用到语言障碍病人言语康复训练语言教学和言语产生研究之中。计算机软件处理的进步使动态腭位成为一种能连续、直观、客观、同步地反映整个言语过程中舌腭接触过程的得力工具。目前，世界上多个国家都在利用动态腭位进行各种相关研究，研究已经扩展到英语、法语、德语、日语、荷兰语、西班牙语、匈牙利语、芬兰语、朝鲜语等20多种主流语言以及部分少数民族语言，研究者们在语言教学领域、病理研究以及语言恢复、言语产生等多个方面，取得了一定的研究成果。

动态腭位仪（Electro palatograph），主要由扫描仪（EPG 3Scanner）、铬制的手柄（Chrome Handgrip）、复用器（Multiplexer）、假腭（EPG palate)、SPI、转换器（MedicalIsolation Transformer）构成。

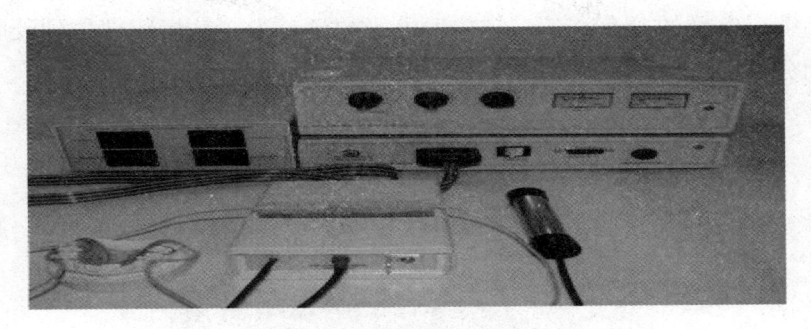

图 2-2　EPG 硬件组成示意

给发音人定制的假腭是由一种非常薄的材质所制成，所以佩戴在口中的时候并不会影响发音人的实际发音。假腭上嵌有多个电极，发音人发音时舌头本应与上腭接触，但因佩戴了假腭，所以发音时舌头接触的不是上腭，而是假腭。此时假腭上的电极会收集舌头与假腭的模拟信号并将其传递到腭位扫描仪上，最终转换成数字信号存储于计算机上。

动态腭位仪上配有多种扩展接口，可配合其他语音生理实验仪器同时使用。能与动态腭位仪搭配使用的是基频计（F Meter）、压力传感器（Pressure transducer，用于测算口腔内压力）、呼吸速度描记仪（Pneumotachograph，用于测算呼吸节奏等有关数据）、鼻流鼻压计（用于测算口鼻的空气流动速度）、喉头仪（用于测算声门阻抗信号）、加速计（Accelet Rometer）、气流气压计等。

二　假腭类型及电极分布

前面已经讲过动态腭位仪假腭的制作原理，这里要讲一下其类型及构造。国际上通用的假腭主要有两种，两者的主要区别在电极在假腭上的分布方式以及电极的总数量，电极的分布方式同电极的数量密切相关。从数量上来说，一种为 96 个电极，另一种为 62 个电极。

96 电极的假腭主要产自美国的 KAY 公司，整个电极的分布相对较密，假腭的两侧外沿第一圈同发音人的牙齿密切镶嵌，且两侧的外沿仍有电极分布，第二圈电极正对人的齿龈部位。从电极前后分布的方式来看，整个电极的分布靠前，越往后电极数量越少，从齿龈部位到硬腭电极的分布最为密集。

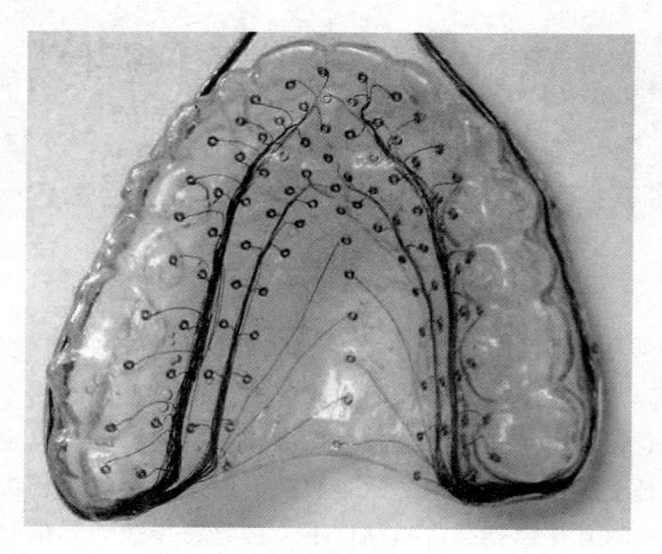

图2-3 96点阵电子假腭正面

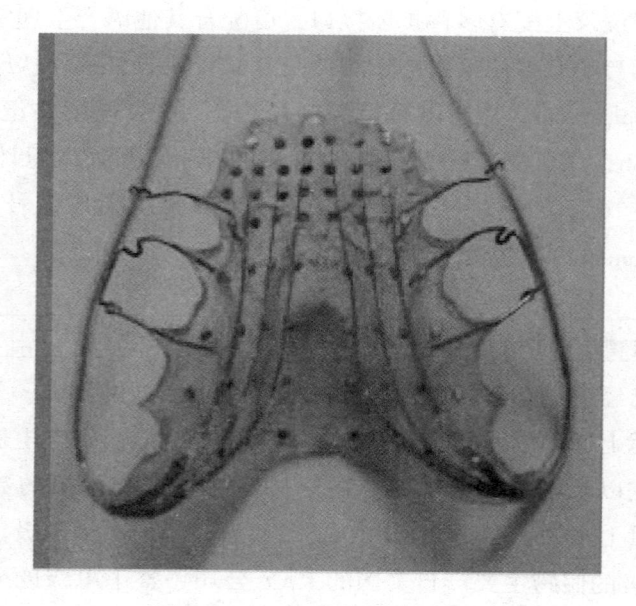

图2-4 62点阵电子假腭正面

国际上用语音研究的主要为 62 个电极的假腭，这主要在于 62 个电极的假腭电极分布较为规整（从整体上看近似于一个等腰梯形），便于计算和研究。本研究当中使用的假腭产自英国的 Reading 大学。电极总共有八行八列。除第一行只有 6 个电极之外，其余各行均为八个电极。第一行电极开始于牙腭侧缘，第八行电极结束于软硬腭交界处，62 个电极的整体分布特征仍为前密后疏。

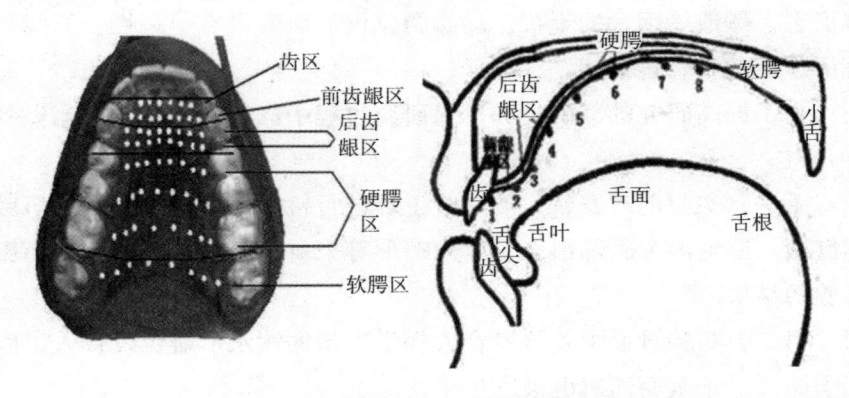

图 2-5 腭位点阵图与其口腔位置侧视图

为了进一步认识假腭电极分布同人口腔生理的相互关系，本研究中对发音人佩戴假腭的口腔进行了拍照，并将其同人的口腔侧视图进行比较。从图 2-5 和表 2-1 中可以看出 62 个电极的假腭并不像 96 个电极的假腭一样，62 个电极的假腭在牙齿上并没有电极分布。从电极分布的区域的分量上来看，硬腭区的电极数量最多，点到了 24 个电极。

表 2-1　　　　　　　62 电极的覆盖范围以及分布

行数	第 1 行 R0	第 2 行 R1	第 3—4 行 R2	第 5—7 行 R3	第 8 行 R4
覆盖范围	门牙内侧	前齿龈区	后齿龈区	硬腭区	软腭区
电极数量	6	8	16	24	8

从图 2-5 中可以看出，62 个电极的假腭设计具有其合理性，因为在实际发音过程中，若假腭将唇也覆盖，势必会影响到人的正常发音，所以假腭并没有覆盖人的嘴唇。另外，在软腭区域也没有电极分布，因为软腭需要在发音过程当中下降或者升高。

三　动态腭位仪的局限性及应对

从前面的介绍和分析中可以看出动态腭位仪假腭并不是覆盖了口腔的全部。由于假腭的覆盖面积是有限的，动态腭位仪有着不可避免的局限性：动态腭位仪不能用于唇音的研究；也不能用于发音部位靠后的音的研究；另外，动态腭位仪用于口腔内部的研究，容易受牙齿畸形、腭部形态、唾液等因素的干扰；动态腭位仪的研究具有单一性，不能说明言语产生的整个过程。

为了提高研究的准确性和排除研究过程中的各种干扰，应当做到以下几点。

第一，实验前对发音人的口腔生理进行检测，确保发音人的口腔生理健康。避免因为腭部形态、牙列畸形等来自发音人自身的因素而影响实验的结果。

第二，实验过程中要给发音人提供适当的饮水。避免发音人口腔过于干燥或过于湿润而对电极产生干扰。

第三，实验过程中配合其他生理仪器采集的言语产生生理和语音信号，弥补动态腭位生理信号采集不全的状况以及研究的单一性。

第四，实验前，需要让发音人提前适应假腭并熟悉实验过程和发音字表。尽管假腭非常薄，但对刚佩戴上的人来说，仍有一些不习惯，会对人的发音造成一定的影响，因此提前适应和熟悉很有必要。

第三章　现代维吾尔语语音及其特征

每一种自然语言的音位都具有乐音和噪音两种类型的语音，按照这两种特征，音位可以分为具有乐音特征的元音和具有噪音特征的辅音两类（除了少部分辅音）。这两种特征主要以下面几条标准来获得。

第一，从肺部发出来的气流到达口腔或咽腔时，以是否受到阻碍来划分元音和辅音。如果气流受阻，那就是辅音，如果气流不受到任何阻碍，那就是元音。

第二，发音器官参与发音时，其各个参与部位的发音动作平稳而顺畅，这个音就是元音；发音紧张状态出现在产生气流阻碍的发音部位上，那么这个音就是辅音。

第三，发音器官参与发音时，其发音部位保持有规则的颤抖性特征，且产生的颤动频率具有一定的规律可循，那么这个音就是元音；如果其产生的音不规则，且气流较强，那么这个音就是辅音。

第一节　现代维吾尔语音位及其变体

任何一种语言中的元音都是由四个物理要素构成，即音色、音高、音强和音长；在这四种要素中，音色要素具有非常重要的区别性特征作用。也就是说，对应每一种具体的语言或方言而言，语音的音色特征是必不可少的。因此音色是对语音进行描写的首要要素，由音色来区别意义的音位叫作音段音位。

下面我们探讨一下现代维吾尔语音段音位及其主要特征。

一 音段音位及其变体

（一）元音

从生理特点来观察，元音的发声过程相比于辅音较为简单，即气流从一开一闭的声门通过，成为浊音流，经过咽腔、口腔、鼻腔形成共鸣。发元音时声带颤动，同时软腭和小舌上升，挡住通往鼻腔的通路，因此，声带音只能从口腔出去；由于元音从口腔发出，其形成要素主要与咽腔、口腔、鼻腔的关系较密切，其中口腔是最主要的，因为元音的大部分分类或变化主要靠口腔中舌位位置的改变来达到，而且口腔也是引起前后声腔形状改变的主体，产生不同的共振，形成不同的元音音色，它们的变化在很大程度上与口腔的前后、大小等变化有关。

在发音部位共同参与的基础上，生理器官发元音时，口腔各部位均衡的紧张，肺部传过来的气流不受任何阻碍，一般来说，只因为没有阻碍，所发出的声音清晰响亮。

在元音的分类上，常把元音分成舌面元音和舌尖元音两种，其中舌面元音根据舌面位置的高低、前后和唇形的圆展进行区别分类；舌尖元音可根据发音时舌尖在口腔内的前后位置和唇形的圆展形状进行分类。

舌面元音根据舌位的高低，分成七种类型，分别为：高元音、次高元音、半高元音、中元音、半低元音、次低元音、低元音。舌面元音同样根据舌位的前后可分为前元音、央元音（或叫中元音）和后元音三类。舌面元音又可根据唇形圆展分为圆唇元音、不圆唇元音两种。

舌面元音根据以上三方面的发音部位特征进行命名。比如最高、最前元音，唇形不圆，可以叫作前高不圆唇元音；如果舌位不前不后也不高不低，而且唇形也不圆，就叫作央中不圆唇元音。再比如［u］的舌位最高，靠后，唇形也最圆，所以叫作后高圆唇元音。

元音也可根据发音时参与发音的各发音器官肌肉的松紧情况分为松元音和紧元音。还可以根据软腭的上升或下降等生理变化分为非鼻化元音和鼻化元音。

为了描写更佳清晰的元音特点，区别不同音色之间的细微区别，需要用符合元音特点的分类标准对元音进行分类。元音的特点均可以从语音的生理特征、物理属性和听觉特征三个方面来考虑，并提出元音的分类标准。从听觉特征上来讲，听觉是一种主观印象，因此往往很难对元音做出听觉上的细致描述。从物理属性来看，相比于听觉特点自然会很精确一些，但是过于细致，既不方便描写也不利于教学，因此，从生理特征来区分元音是语音研究长久以来的传统，因为生理特征的描述既简单又可靠（当然传统意义上的元音生理特征描写也就是根据舌头在口腔中的大概位置和嘴唇在发音时的不同形状对元音进行分类）。

每一种语言都有自己的元音音位系统。现代维吾尔语标准语语音系统有三十二个音位，其中元音音位有八个。

舌前元音：/ø/，/y/，/ɛ/

舌后元音：/ɑ/，/o/，/u/

舌中元音：/e/，/i/

有二十四个辅音音位。

双唇辅音：/b/，/p/，/m/

唇齿辅音：/f/，/w/

舌尖前辅音：/s/，/z/

舌尖中辅音：/n/，/d/，/t/，/l/，/r/

舌前辅音：/dʒ/，/tʃ/，/ʒ/，/ʃ/

舌面辅音：/j/

舌后辅音：/k/，/g/，/ŋ/

小舌辅音：/ʁ/，/x/，/q/

舌根辅音（喉辅音）：/ɦ/

从元音的分布情况来说，舌头在口腔中的位置起到重要的作用，发音时可以根据舌头在口腔中的不同位置，即发音时舌头在口腔中隆起的最高点，在口腔中所处的位置的高低和前后来确定，嘴唇的形状同样可以口腔开度的大小以及嘴唇的圆展程度来确定。这样，我们对元音的分类可以确定以下三个标准：

舌位的高低——舌位高的是高元音，舌位低的是低元音；

舌位的前后——舌位前的是前元音，舌位后的是后元音；

嘴唇的圆展——嘴唇圆的是圆唇元音，嘴唇不圆的是展唇元音。

一般情况下（不考虑语音变体）可以从这三个方面概括任何一个元音的元音音色。

从实用性角度来说，在确定元音音色的这三个标准中，嘴唇的活动只有圆展之分，而且从外观上又是可以看得见的，比较容易描写，因此在语音学研究领域中存在的问题较少。舌头的活动就非常灵活，从外部又完全无法看见，要说明舌头在口腔中的位置就不太容易，而且在听觉上相似度较高的语音实际上是舌位在口腔中的细微差异决定的，因此仅仅采用元音舌位图来确定舌位在口腔内的位置尽管便于描写，但描写以及解构元音体系的微妙差异仍存在问题。当然，从描写的直接性和可操作性角度来看，元音的动态腭位描写具有非常重要的意义，它基本满足了元音分类上的所有需求。舌位分类法按照发元音时舌位所处的位置，一般把舌头的纵向活动位置分为五度，即：高、半高、半、半低、低；前后元音各分五度，前、半前、央（中）、半后、后等。

舌位只能确定元音的高低和前后，但不能反映元音发音时嘴唇的状态。一般来说，大部分语言不管是哪一种的舌位都会有相应的圆唇和不圆唇元音。从多数语言现象来看，前元音和后元音的圆唇程度具有普遍性特征，即前元音不圆唇的较为常见，而后元音圆唇的比较多。同时，其圆唇程度往往与元音发音时舌位的高低有密切相关，舌位越高唇越圆。随着舌位的降低，圆唇的程度也就降低。

按照舌头在口腔中的高低位置或口腔的宽窄，通常把现代维吾尔语元音分为低元音、半低元音、半高元音、高元音四个类型。

①低元音：/ɑ/
②半低元音：/ɛ/
③半高元音：/e/、/o/、/ø/
④高元音：/i/、/u/、/y/

元音发音时按照双唇的圆展形状，分为圆唇元音和非圆唇元音两个类型。

①圆唇元音：/o/、/ø/、/u/、/y/
②非圆唇元音：/ɑ/、/ɛ/、/e/、/i/

元音发音时按照舌头在口腔中的前后位置，分为舌前元音和舌后元音。

①舌前元音：/ɛ/、/ø/、/y/、/e/、/i/

②舌后元音：/ɑ/、/o/、/u/

表 3-1　　　　　　　　　现代维吾尔语发音舌位

高低—前后	圆展—前	央	圆展—后
高	y	i	u
半高	ø	e	o
半低	ɛ		
低			ɑ

注：[e][i]两个元音独音时舌头在口腔中的位置靠前，但实际的语流中因受前后音的影响，表现为有时舌位靠前、有时舌位靠后的特征，这种靠前或靠后性取决于它所处的前后音的靠前靠后性特征，需要通过协同发音来区分它的靠前和靠后性特征，以此来判定它的变体，相关内容在各章节的实验分析和动态腭位特征及语音学讨论部分进行深入探讨。

（二）辅音

1. 辅音分类方法

辅音——在各主动和被动发音器官共同参与发音时，从肺部传出来的气流在某一个发音器官受到一定的阻碍而产生的音叫作辅音。气流常常在鼻腔、咽腔或最重要的共鸣腔——口腔中被堵塞，因此所传出来的声音往往没有元音悦耳、响亮，因此辅音一般叫作噪音（不包括半元音）。这些不同的共鸣腔又由不同的发音器官组成，如口腔内唇、舌、软腭、小舌、声带这些可以自由活动的器官。只因它们参与发音时生理上具有相对的自由性，故叫作主动发音器官。像齿、齿龈、硬腭等发音时不能主动参与发声活动的器官叫作被动发音器官。

辅音一定在口腔或其他的共鸣腔中受到一定的阻碍。发音器官发出任何一个辅音，都要经过三个辅音发声阶段，即成阻——形成阻碍、持阻——持续阻碍、除阻——用某种方法解除阻碍等三个与阻碍密切相关的发声阶段，因此这三个阶段是辅音研究的关键，也是语音学家对辅音描写分析时所要探讨的主要方面。这三个阶段通常叫作辅音的发音过程。

辅音一般可以以发音方法分类，也可以以发音部位分类。

以发音部位来分，辅音可以分成双唇、唇齿、齿间、舌面前、舌面中、舌面后、舌尖前、舌尖中、舌尖后、混合舌叶、小舌、喉壁、声门辅音等。

按照发音方法分类，是指通常当几个音在发音部位相同时需要进行再分类或者缺少一定的区别性特征时所要应用的一种辅音描写、分析手段。发音方法可以从声带状态分为清音［发音时声带不颤动的音，如/p/（̥）］和浊音［发音时声带颤动的音，如/z/（̬）］；从气流强弱可分为送气音（发音时气流较强的音，如［tʻ］）和不送气音（发音时气流较弱的音，如［t］）。

还可以从阻碍形成并克服阻碍的方式、方法的角度将辅音分为以下8种。

①塞音（可以叫爆音或爆破音）：这一类辅音主要是指以主动发音器官与被动发音器官首先紧密接触，然后突然打开，让气流冲出的方式，爆发而发声的音，如/b/、/p/、/k/、/g/、/t/等。

②擦音：由主动发音器官和被动发音器官非常接近，但不构成完全的堵塞而中间留一缝隙，让气流从缝隙挤着摩擦而成的音，如/s/、/ʃ/、/v/、/z/、/ʁ/等。

③塞擦音：发音部位相同，并且清浊特征一致的一个塞音和一个擦音结合在一个发音过程中而构成的音。发塞擦音时，气流首先在成阻阶段具有像发塞音一样的堵塞特征，因此主动发音器官和被动发音器官在这一阶段紧密接触，造成气流阻塞；其次气流在持阻阶段的阻塞轻轻松开，具有像发出擦音一样的擦滑特征，让中间留一缝隙，使气流从缝隙摩擦、挤出而成音。塞音与塞擦音的区别是，塞音的除阻是突然的发生，发生时间不能延长，而塞擦音的除阻是缓慢的进行，因此发生时间可以延长，如/dʒ/、/tʃ/。

④鼻音：发音时首先主动发音器官与被动发音器官接触，然后软腭下降，把气流先在鼻腔堵住，然后打开鼻腔通路，让气流出鼻腔流出所发出来的音，如/m/、/n/、/ŋ/。

⑤边音：首先主动发音器官与被动发音器官接触，并构成一定的阻塞，但让气流从舌的两边或一边流出所发的音，如/l/。

⑥颤音：以主动发音器官与被动发音器官互相多次快速接触又松开的方式，使气流中断，并同时使舌头两边流出通道，以忽而通顺、忽而

堵塞的状态发出的音，如/r/。

⑦闪音：主动发音器官和被动发音器官迅速地接触一下就松开，好像发了一个很软滑的塞音，如上海方言里的/ɾ/。

⑧半元音：摩擦成分较擦音轻，气流比擦音弱，介于元音和辅音之间的音，如普通话里的/w/和/j/。

除此之外，辅音按照所含乐音成分的多少又可以分为响音和噪音，如响音有鼻音、边音、颤音等乐音成分占优势的音。噪音有塞音、擦音、塞擦音等噪音成分占优势的音。

也可以按照发音时发音时间是否可以延长为标准，分为暂音和久音，不能延长的音叫暂音，如塞音；而擦音、塞擦音、鼻音、边音、颤音等能延长，因此叫久音。

除了以单独的发音部位或发音方法命名辅音外，还可以根据发音部位和发音方法的结合而命名，如：/b/，双唇浊塞音；/t/，舌尖中不送气清塞音。下面列出现代维吾尔语辅音类别表。

表3-2　　　　　　　　现代维吾尔语辅音

发音方法		双唇	唇齿	舌尖前	舌尖中	舌前	舌面	舌后	小舌	喉壁
塞音	浊	b			d			g		
塞音	清	p			t			k	q	
塞擦音	浊					dʒ				
塞擦音	清					tʃ				
擦音	浊		v	z		ʒ	j		ʁ	ɦ
擦音	清		f	s		ʃ			x	
鼻音	浊	m			n			ŋ		
边音					l					
颤音	浊				r					

2. 现代维吾尔语辅音的具体分类

辅音一般与其发音部位、发音方法和声带的振动与否有关，因此维吾尔语辅音通常也按照这三方面来进行分类。

第一，按发音部位。发音部位即发音时气流从肺发出来时所受阻的部位；按照发音部位的不同，现代维吾尔语辅音分布如下。

表3–3　　　　　现代维吾尔语辅音发音部位分布

名称	辅音
舌前音	/dʒ/、/tʃ/、/ʃ/、/ʒ/
舌尖中音	/d/、/t/、/n/、/l/、/r/
舌面音	/j/
舌后音	/k/、/g/、/ŋ/
双唇音	/b/、/p/、/m/
唇齿音	/v/、/f/
舌尖前音	/s/、/z/
小舌音	/ʁ/、/x/、/q/
喉音	/ɦ/

第二，按发音方法。发音方法就是发音时，当肺部发出来的气流遇到由不同发音部位产生的阻碍时，分析其产生的阻碍方式以及以何种方式除阻的过程。按照发音方法，维吾尔语辅音可以分为六类。

表3–4　　　　　现代维吾尔语辅音发音方法分布

名称	辅音
塞音	/b/、/p/、/d/、/t/、/k/、/g/、/q/
擦音	/s/、/z/、/ʃ/、/ʒ/、/v/、/f/、/j/、/ʁ/、/x/、/ɦ/
塞擦音	/dʒ/、/tʃ/
颤音	/r/
鼻音	/m/、/n/、/ŋ/
边音	/l/

第三，按照声带是否振动。声带的振动是区分辅音的另一种分类标准，有清浊之分。

表3–5　　　　　现代维吾尔语清浊辅音

分类	分布
浊辅音	/m/、/n/、/ŋ/、/dʒ/、/ʁ/、/j/、/ʒ/、/v/、/z/、/b/、/d/、/l/、/g/、/r/、/ɦ/
清辅音	/p/、/t/、/k/、/q/、/tʃ/、/s/、/f/、/x/、/ʃ/

3. 现代维吾尔语辅音的音素描写

第一，[b] 浊辅音，双唇音，塞音。在本族语词中该音出现的位置受到一定的局限，一般只出现在词首，不出现在词中或词末，如：[baʁaq]、[bɑlɑ]；但在借词中其位置不受任何局限，可以出现在词的任何位置，如：[abroj]、[bɛzmɛ]、[kulub]、[kub]。

第二，[p] 清辅音，双唇音，塞音。在本族语词中该辅音不受位置的局限，即可以出现在音首、音末、音中，如：[patqaq]、[qap]、[qapqa]。

第三，[d] 浊辅音，舌尖中音，塞音。在本族语词中位置受限制，只出现在词首（这里只考虑以词为单位的形式，不包含语法形态）。如：[dɑdɑ]、[dolqun]，但在借词中其位置不受限制，如：[dɛwr]、[ɛdʒdɑd]、[tɛnqid]。

第四，[t] 清辅音，舌尖中音，塞音。在本族语词中该音不受位置的局限，如：[tøt]、[ataq]。

第五，[g] 浊辅音，舌后音，塞音。该音在本族语词中的位置有时受到局限，即一般出现在模拟词的词首位置上，如：[ga-gu]、[gyr-gyr]、[gyp-gyp]；有时也出现的词中，如：[ɛmgɛk]、[tygmɛ]、[bɛg]、[tʃig]，但不出现在多音节词末，借词中不受位置局限，如：[gyl]、[gɑz]、[wagon]、[pedagog]。

第六，[k] 清辅音，舌后音，塞音。在本族语词中其位置不受限制，如：[køwryk]、[tɛkʃilimɛk]。该音通常与舌前元音相邻，少数时也可以与舌后元音相邻，如：[akɑ]、[uka]、[kokat]，在借词中可以与舌后元音相邻，如：[kombajin]、[kala]、[kainat]。

第七，[q] 小舌音，塞音，清辅音。在本族语词中不受位置的限制，如：[qulaq]、[qorqqaq]、[qaq]。

第八，[v] 浊辅音，唇齿音，擦音。在本族语词中该音的位置受到一定的局限，只在一些模拟词和感叹词的词首出现，如：[wal-wul]、[war-wur]、[wajjɛj]、[waj-wuy]，词中出现的极少，只有个别词，如：[qorʃaw]、[biraw]、[qowurʁa]、[tɛwrimɛk]。但在借词中其位置不受限制，如：[wogzal]、[waqit]、[dɛwa]、[dɛwr]；该音不管是出现在舌前元音还是舌后元音均表现出唇齿、软腭、半元音特征，如：［waqit］、［wεkil］、［wεzir］、［dεwr］、［tεwεlik］、［wil-wil］、［wisal］。

第九，［f］清辅音，唇齿，擦音。该音在本族语词中不出现，只在欧洲语借词中出现，如：［fabrika］、［fonetika］、［telefon］；阿拉伯语或波斯语借词中的［f］在借入本族语时由［p］替换，如：［fajda］ → ［pajda］、［saf］ → ［sap］、［dεftεr］ → ［dεptεr］。

第十，［z］浊辅音，舌尖前音，擦音。该音在本族语词中的位置受到一定限制，只出现在本族语词少数模拟词词首音节中，如：［zi-zi］，但多出现在词末或词中，如：［qazan］、［sizik］、［søz］、［køz］、［syzmεk］。

第十一，［s］清辅音，舌尖前音，擦音。不受本族语词位置的局限，如：［samsaq］、［salmaq］、［tεs］、［barmas］、［susiz］、［tosalʁu］。

第十二，［ʃ］清辅音，舌前音，擦音。在本族语词中其位置具有一定局限性。主要出现在本族语词模拟词的词首和其他词类的前、中和后面，如：［ʃar-ʃur］、［ʃir-ʃir］、［baʃ］、［taʃ］、［aʃliq］、［oʃuq］、［qoʃuq］、［ʃam］、［ʃota］、［ʃair］、［ʃagirt］。

第十三，［ʒ］浊辅音，舌前，擦音。该音在本族语词中的位置受到一定的局限，一般不出现在词首，其他位置也较少出现，少量出现在模拟词词末，但在借词中其位置不受限制，如：［gaʒ-guʒ］、［piʒ-piʒ］、［miʒ-miʒ］、［ʒurnal］、［ʒanir］。

该音位一般在维吾尔语方言语流音变中代替［j］，但［j］后面必须相邻高元音［i］、［u］、［y］，这是一种方言语音流变现象，只有在口音中发音，在文字上不显示，如：［jil］ → ［ʒil］、［julʁun］ → ［ʒulʁun］、［jyrεk］ → ［ʒyrεk］，但有些时候也不替换，如：［jilim］、［jumq］、［jyz］。

第十四，［j］浊辅音，舌面音，擦音。在本族语词中该音位置不受限制，可以出现在词首、词中和词后任何位置，如：［jεr］、［jol］、［jajlaq］、［aj］。

第十五，［x］清辅音，小舌，擦音。较少出现在模拟词首和其他词中，不出现在词末，而主要出现在借词中，如：模拟词有［xir-xir］、［xor-xor］，其他词有［axtur］、［toxu］、［tuxum］、［toxta］，借词有［xεwεr］、［bεxt］、［xεlq］、［axir］。

第十六，［ʁ］浊辅音，小舌，擦音。该音在本族语词中的位置少受限制，主要出现在模拟词词首、双音节词词中或单音节词词末，如：［ʁaʒ-ʁaʒ］、［ʁiʒ-ʁiʒ］、［beʁir］、［oʁul］、［tʃaʁ］、［taʁ］。

第十七，［ɦ］浊辅音，喉音，擦音。在语流中也具备清辅音特征，但其浊辅音特征较普遍，该音只出现在少量本族语模拟词和感叹词中，多出现在借词中，如：模拟词有［aɦ］、［paɦ］、［ɦaw-ɦaw］，借词有［ɦesab］、［maɦir］、［izaɦ］、［gunaɦ］、［panaɦ］。

第十八，［tʃ］清辅音，舌前，塞擦音。在本族语词中其位置不受限制，如：［tʃatʃ］、［atʃqutʃ］。

第十九，［dʒ］浊辅音，舌前，塞擦音。其在本族语词中的位置稍受限制，主要出现在模拟词词首和阿拉伯－波斯语借词中，如：模拟词有［dʒaq-dʒaq］、［dʒaraŋ-dʒuruŋ］，借词有［dʒɛnub］、［badʒ］、［adʒiz］。

第二十，［m］浊辅音，双唇，鼻音。其在本族语词中的位置稍受限制，较少出现在本族语词词首，如：［mɛn］、［munu］、［muz］、［tamtʃɛ］、［bilim］、［ɛmgɛk］、［qamaq］、［barma］。

第二十一，［n］浊辅音，舌尖前，鼻音。该音较少出现在词首，如：［nemɛ］、［nɛgɛ］、［kyn］、［tyn］、［yn］、［intʃikɛ］、［intilmɛk］。

第二十二，［ŋ］浊辅音，舌后，鼻音。其位置有限，不出现在词首，主要出现在词末，如：［tɛŋ］、［ɛŋ］、［jɛŋ］、［bizniŋ］、［kɛŋ］。

第二十三，［l］浊辅音，舌尖中，边音。该音除了只出现在本族语模拟词词首外，其他词类不受位置的限制，如：模拟词［lip-lip］、［løm-løm］，其他词类［bala］、［altun］、［qol］、［ɛl］、［jol］。

第二十四，［r］浊辅音，舌尖中，颤音。该音不出现在本族语词首，如果该音出现在词首，一般肯定是借词，如：［tar］、［qarlar］、［tɛr］、［rɛŋ］、［ras］、［rawap］、［rawa］。

二 超音段音位及其特征

对语音的分析方面，音色起着非常重要的作用，然而除了音色以外，语音的其他三个物理要素同样具有区别性作用，只是不同的语言对这三种物理要素的选取有一定的差异性；如果仅从语音的音色出发对语音进行描写，将不够充分，尤其是对语调等现象的认识和把握不够准确。因此对超音段特征的分析也是音位学研究的主要内容。超音段音位在语言中主要构成重音、长短元音、声调、语调（句重音、停顿和句调）等方面起着非常重要的作用。以下是现代维吾尔语中具有一定区别意义的超音段音位及其特征。

（一）重音

重音包括词重音和句重音，因句重音所涉及的面较广，其动态腭位特征具有复杂性和层次性等特征，故本书主要探讨词重音。

由两个或两个以上音节构成的词中，通过重音的方式来突出某一个音节的语音现象叫作词重音。词重音与音强有关，词重音按照其稳定性分为固定词重音和自由词重音两种。现代维吾尔语的词重音就属于固定词重音，因为词重音在现代维吾尔语中表现为固定的，即总是出现在最末尾的音节上，并且随着词缀缀加而产生移位。尽管固定词重音不具有区别词汇和语法意义的功能，但在现代维吾尔语中有保证语言纯净性和标准性的重要意义。如：

[kɑlɑ']（牛）（重音在第二音节中的/ɑ'/上）

[sɑmɑ']（天空）（重音在第二音节中的/ɑ'/上）

[bøʃy'k]（摇篮）（重音在第二音节中的/y'/上）

[polo']（抓饭）（重音在第二音节中的/o'/上）

[ɑrisidi'n]（从中间）（重音在最后一个音节中的/i'/上）

[sɛpɛ'r]（旅行/旅途）（重音在第二音节中的/ɛ'/上）

（二）长短元音

从发音方法的角度来说，在维吾尔语中，原则上塞辅音以外的所有语音都可以发声为长音，然而长短特征的区别性作用一般在元音中实现。古代维吾尔语元音有长短之分，这一特征尽管在部分阿尔泰语系语言中仍存在，不过在现代维吾尔语元音的表层结构中已渐渐失去其区别性色彩，主要保留在部分固有词和元辅音和谐律等深层组合关系中。维吾尔语元音的长短特征主要在同形同音词中出现（尽管这类词并不多），这类词主要通过元音的长短发声来区别意义，因此不属于词重音问题（与该说法有关的论述将在第五章语音讨论部分进行探讨）。如：

[bɑlɑ]（孩子）   [bɑlɑː]（灾难）
[ɑrɑ]（中）   [ɑrɑː]（农具）
[tøʃyk]（洞）   [tøːʃyk]（女人）
[ɑtʃɑ]（岔口）   [ɑtʃɑː]（姐姐）
[bolɑq]（发酵包子）   [boːlɑq]（量词）
[pɑtʃɑq]（碎碎）   [pɑːtʃɑq]（小腿）
[dʒɑzɑ]（惩罚）   [dʒɑːzɑ]（架子）
[pɑʃɑ]（蚊子）   [pɑːʃɑ]（职称）
[tɑmɑ]（滴）   [tɑːmɑ]（指望）
[tɑmɑq]（饭）   [tɑːmɑq]（腭）
[ɑtɑ]（父亲）   [ɑtɑː]（奉献）
[tʃɑq]（叮人）   [tʃɑːq]（车轮）
[tolɑ]（多）   [tolɑː]（编绳）
[dɑwɑ]（惩罚）   [dɑwɑː]（治疗）
[ɑdɑ]（完成）   [ɑdɑː]（怜悯）

（三）节奏

口头信息能力不仅包括元音和辅音的标准发音，更应该包括超音段音位知识的教授与训练，其中节奏是超音段音位习得的重要内容，因为节奏在处理口头话语信息时发挥重要作用，它不仅提供结构信息，而且帮助听话人判断一段口头语流中的焦点信息。

我们以上探讨的词重音、长短元音的发生是词内部发生的现象，而节奏所涵盖的内容较多，它负责语句调的高低、快慢、长短、强弱等变化，其中音高特征较突出。节奏是语言的内部规律。语言节奏是语言各要素之间的内部组合规律。任何一种自然语言都有节奏上的共性和差异，维吾尔语主要以元音辅音和谐律为基础、以词末重音为表现形式来实现节奏特征。

维吾尔语在节奏表现方面有两个较突出的特点。

第一个特点是在维吾尔语连贯元音音节之间时距大致相等，所以维吾尔语一般被称为以元音计时的语言，也就是元音音节之间无论隔有多少辅音，音节以大致相等时差出现。比如：

u mɛk/tɛp/kɛmang/gi/li ik/ki sɑ/ɛt bol/di.

现代维吾尔语节奏的第二个特点是重音一般在词末出现。维吾尔语连贯语篇中的词末重音是维吾尔语节奏的基础，词末重音包括意义重音、逻辑重音和情感重音。意义重音的分布取决于说话人要表达的意义。逻辑重音要看说话人想要强调的词，往往蕴含对比意义，带有逻辑重音的词根据说话人的意愿，可以位于词首和词末。说话人利用情感重音强调强烈情感或要强调的内容，但不隐含对比意义。

现代维吾尔语节奏包括句重音、停顿和句调三个方面。

1. 句重音

句重音区别于词重音，它不具有固定性，因说话者的意图而有所变化。如：

（1） **ular** jamanlap kɛtti. （重音在/ular/）

（2） ular **jamanlap** kɛtti. （重音在/jamanlap/）

（3） ular jamanlap **kɛtti**. （重音在/kɛtti./）（粗体代表句重音部分）

2. 停顿

停顿不仅涉及句子和句子之间的关系，还关系词和词之间的停顿，它与所表达的意义密切相关。停顿在口语中的表现形式为长停顿和短停顿，其中长停顿具有一定书写形式，有逗号、句号、冒号、分号等标点符号形式来记录其停顿长短。如：

（4） Sɛn ɛski, adɛm ɛmɛs. （你坏，不是人。）

Sɛn ɛski adɛm ɛmɛs. （你不是坏人。）

（5） Bu muɛllim, ɛmɛs. （不是这个老师。）

Bu, muɛllim ɛmɛs. （这不是老师。）（意义由逗号即停顿来表达）

以上停顿具有区别意义的功能，当然也有不少不区别意义的停顿，这些停顿以发音标准为主要的目的和任务。如：

（6） Oquʁutʃilar bizniŋøjgɛkɛldi. （Oquʁutʃilar/bizniŋ øjgɛ/kɛldi. 同学们来我们家了。）（斜杠表示短停顿，不具有区别意义的功能）

3. 句调

发音时句子构成的声音高低、长短和强弱不同的句调形式，其中音高具有一定的代表性，它在构成具体的句调方面起着重要的作用。句调有句法作用，因为句子没有一定的句调就会与词组相当，每一个句子都有一定的句调构成其区别特征，因此句型往往按照其句调特征进行分类。句子因为有了一定的句调而区别于词和词组，如果词或词组具有一定的句调特征，那么它们就有句子的功能，比如表示惊讶或激动往往由上升的句调来完成。通过句调，可以加强语句的表达效果，同样一个句子改变了句调也就改变了句型。如：

（7） U mɛktɛpkɛ mɛŋiptu.（他去学校了）（陈述）

（8） U mɛktɛpkɛ mɛŋiptu?（他去学校了）（疑问/惊讶）

（9） U mɛktɛpkɛ mɛŋiptu!（他去学校了）（感叹/提醒）

（10） U mɛktɛpkɛ mɛŋiptu.（他去学校了）（不屑一顾/瞧不起）

实际上，说出来的一句话是否标准，是否具有本族语风格，句调的作用与音段音位一样重要。

第二节　元辅音和谐律

不管是从听觉上还是从视觉方面看，维吾尔语的语音美离不开元辅音和谐律，进而或许还会想到元音的同化、异化、弱化、增音、脱落以及辅音的浊化、清化等音变现象问题，但这些还只局限于词的内部。随着人们对语音合成自然度和音质要求的提高，语音研究对韵律参数调整能力和协同发音研究的需求越来越强，因此，人们又对维吾尔语元音和谐律提出了新的课题要求。

维吾尔语属于黏着语，作为阿尔泰语系特征较突出的语言之一，它同其他诸多语言一样，具有元音和辅音的和谐规律，也就是同一词语内部的所有元音原则上都要求拥有发音部位和方法上的一致性特征。例如维吾尔语元音和谐律要求构成词内部的元音在组合搭配上具有表现为［＋后位性］或［＋前位性］特征要求，即一个词（包括词缀）的元音，或都是前元音，或都是后元音。维吾尔语辅音和谐律同样要求辅音在构成词内部的组合搭配时表现形式为［＋浊辅音］特征或［＋清辅音］特征。当然，在维吾尔语词汇中存在大量不符合以上元辅音和谐律要求的"不和谐"的词，除了少部分外来词中的前后不一致以外，其主要表现形式为舌位趋中性特征，即词内部的组合要素多以中性元音为主。例如在现代维吾尔语词内部的组合搭配上，在元辅音和谐律的构成中，维吾尔语中性元音/i/和/e/既有和后元音共现的组合形式，也有与前元音共现的组合形式。无论在词根音节中起和谐律因素的元音为前元音还是后元音，后缀中性元音始终不会交替变化。从表层组合上看，中性元音在维吾尔语和谐律的表现中，既不触发和谐过程，也不阻断其他元音和谐过程，因此，中性元音在维吾尔语中的特点是透明的（transparent）。中性元音一直是元音和谐研究中的难点。有关这方面的论述我们将在后面的章节中重点探讨。

一 元音和谐形式的特点

现代维吾尔语元音和谐律具有以下主要特点。

（1）特征一致性。无论双音节或三音节元音和谐形式均受舌位和谐和唇状和谐律的要求来完成彼此之间的组合关系，一组元音按照一定匹配关系排列而成的元音组合序列来实现音节之间的一致性。舌位和谐是前前或后后特征一致性组合要求的表现。

（2）层次性。元音和谐律的两个方面，即舌位和谐和唇状和谐在资格上存有等级关系，即它们之间有前后关系，首先要满足舌位和谐，其次再完成唇状和谐。也就是说，元音的唇状和谐是在舌位和谐的基础上实现的，唇状和谐对舌位和谐具有依附性，因此它是舌位和谐的伴随特征。其伴随性表现为唇状和谐是元音在满足了前前或后后特征一致的条件之后才实现圆圆或展展特征的一致。

（3）对称性。对称性是元音舌位和谐的特点。我们把由前或后元音构成的12种双音节和谐形式按前前和后后特征的不同划分为两组，可以得到下面的结果：A. 舌位和谐。如：[ɛmgɛk]（劳动）、[qujruq]（尾巴）；B. 唇状和谐。如：[otun]（柴火）、[køzym]（我的眼睛）。

二 中性元音和谐特点

双音节或三音节词干内，音位和音位组合在表层上不考虑中性元音的前后搭配问题，即中性元音在满足元音和谐律方面是不受中性元音既可以与前元音共现又可以与后元音共现的约束。如：ilɑn、tirɑk、beliq、qezɑ。

当词干后面需要接加某一词缀时，其中的中性元音 i 不受词干元音的制约，既不改变所加音节中元音的舌位属性，也不改变自己，可接加在任何元音构成的词干后面。如：qɑnni、tɑrni、qilni、erini、qolni、gylni、tulni。

中性元音 i 既不受其前面音节元音特征的影响，也不决定后续元音特征的影响，后续元音的特征由 i 前元音的特征决定。如：ɑmirlɑr,"诏令"（复数标记），ɑlimlɑr"阿里木等人"（复数标记）。

由中性元音构成的词干，有的接加前元音构成的词缀，有的接加后元音构成的词缀。如：bizgɛ、sizlɛr、yillɑr、itqɑ、qerilɑr、gezitlɛr。

在元音和谐、辅音和谐、元辅音和谐中，k/g 只跟前元音组合，γ/q 只跟后元音组合。

关于元音和谐，学术界有不同的观点。由于元音和谐是按照前音节元音来选取后音节元音的舌位特征的组合规则要求，与同化现象有相似之处，一种观点认为，元音和谐是一种同化现象。如《辞海》"元音和谐律"条解释为：贯串在一种语言全部固有词语中的元音与元音高度同化现象。[①] 另一种观点则认为，"元音和谐律是词的各音节中的元音搭配上所存在着的一种模式"[②]。元音和谐律是一种全部词汇和语法形态的普遍而又特殊的现象。同化和元辅音和谐律都是一种音变现象，但其各自的构成条件、实现语域以及表现形式和手段都不同，前者是"无意"的，而后者是"有意"的；前者是可以避免的，而后者是必须实现的；前者的存在语域主要在口语中（口语中出现的变化在长期使用中可能固化），而后者不仅表现在口语中，在书面语中也是必须实现的硬性要求。

[①] 辞海编辑委员会编辑：《辞海》，上海辞书出版社 1979 年版，第 1499 页。
[②] 胡振华：《柯尔克孜语中的元音和谐——兼论元音和谐不等于同化作用》，《中央民族大学学报》1981 年第 1 期。

三 舌位前后和谐特点

现代维吾尔语元音舌位前后和谐分为全和谐和半和谐两种类型，其中前后元音和谐中的［ɛ-ɛ］、［y-y］、［ɑ-ɑ］、［u-u］、［ɛ-ɛ-ɛ］、［y-y-y］、［ɑ-ɑ-ɑ］、［u-u-u］等八组和谐组合保持严整的同性元音和谐①，构成了舌位前后的完全和谐。除了全和谐以外，其他都是半和谐。它们都是在部位和谐的基础上实现的。像［ɛ-y］、［y-ɛ］、［ø-ɛ］、［ɑ-u］、［o-u］、［u-ɑ］等中组合的元音在结构搭配上存在前元音和前元音彼此排斥的现象，即前元音［ɛ］或［o］后不能出现［ø］。这不仅是词干元音之间的和谐要求，也是词干与附加成分之间在构成和谐律时必须遵守的硬性规则。

根据《现代维吾尔语元音格局分析》（易斌，2006）一文的分析结果和部分研究成果，我们发现现代维吾尔语元音舌位前后和谐规则具有前前、后后特征；即同一个词中前后音节中出现的元音必须是前前或后后，即前元音跟前元音同时出现，后元音跟后元音同时出现，前元音和后元音不能同时出现。除此之外，根据《维吾尔语简志》（赵相如、朱志宁，1985）的研究，后元音［ɑ］后不能出现［o］。但是在现代维吾尔语中因外来词大量借入，也存在一些不和谐现象，例如存在前元音［ɛ］可以跟后元音［u］搭配（［mɛsturɛ］女孩子的名字）、后元音［u］可以跟前元音［ɛ］搭配（［turɛ］请站起来）的现象，也就是说，在现代维吾尔语中的某些词结构中存在同一个词内部前元音跟元音同时出现的现象。同样，后元音［ɑ］后出现［o］的组合也存在，如：［aptor］作者、［atom］原子、［janfon］手机、［balon］外胎、［balkon］阳台、［parol］暗号、［rashot］开支。因此，这种元音组合搭配中的"不和谐"存在也是研究维吾尔语元辅音和谐律的重要问题之一。

四 唇状和谐特点

现代维吾尔语唇状和谐跟舌位前后和谐一样也分为两类，一类是全

---

① 赵相如、朱志宁：《维吾尔语简志》，民族出版社1985年版，第18页。

和谐，另一类是半和谐；[ɛ-ɛ]、[y-y]、[ɑ-ɑ]、[u-u]、[ɛ-ɛ-ɛ]、[y-y-y]、[ɑ-ɑ-ɑ]、[u-u-u] 等八组元音组合模式保持严整的同性元音和谐，剩下的组合搭配属于半和谐。唇状和谐的首要满足条件是舌位前后的一致性，其次才是满足唇状一致性要求，即唇状和谐要在部位和谐的基础上实现，这一标准不仅应用于词干内部而且必须应用于词干与附加成分之间的和谐形式中，舌位前后和谐跟唇状和谐都是性质相同的一组元音根据一定的搭配关系组成的，它们在特点上表现为局部对称性。

五 元辅音和谐

维吾尔语语音和谐律除了元音和谐、辅音和谐以外，在元辅音搭配上还存在着保持一致性规则。比如当辅音 [q]、[ʁ] 相邻于舌后元音时，除了在外来语借词中可以与 [ɛ] 相邻外（主要是阿拉伯语－波斯语借词），不与舌前元音相邻，也不与前元音 [ø]、[y] 相邻。与以上例子相同，辅音 [k]、[g] 不与舌后元音相邻，只有在外来词中稍有变化，如：[ʁɛzɛb] 愤怒、[ʁɛlibɛ] 胜利、[qɛwɛt] 层、[qɑʁɛz] 纸张、[gɑzir] 瓜子、[guruppɑ] 组、[kɑdir] 干部、[konɑ] 旧。

归纳维吾尔语语音和谐现状可以得出：在以上几种和谐律组合搭配中，保持最为和谐规律的是元音的舌位和谐特征，其次是唇状和谐和辅音和谐，其中比起词干内部元辅音和谐，词干加词缀形式的元辅音和谐具有典型性，这种和谐规律的不规则性可能是由以下几点因素造成的。

第一，现代维吾尔语中的词缀变体相比于古代维吾尔语简单一些，数量上有所减少，甚至只有一个单个选项可选，例如名词宾格形式 [ni]；而有些仍保留古代特征，变体具有多样性特征，可选择范围广，能满足元辅音和谐律的所有条件，例如名词所处格 [dɑ]、[dɛ]、[tɑ]、[tɛ]，即一种语法形式具有多个变体，因此能满足和谐规律要求，而单个词缀无法满足这一和谐需求。

第二，由于大量外来语借词的借入，现代维吾尔语元辅音和谐规律较之古代维吾尔语元辅音和谐规律具有弱化趋势，但其内部仍具有和谐律表现可寻。

第三节　音位组合

每一种语言都有一套音位组合规则，其中有的组合规则与其他语言具有很强的相似性；而有的组合规则具有典型性特征，它们区别于其他语言的组合方式，它们的差异和独特性在外来词的借用和造词、构词方面尤其凸显。

一　组合特征

（1）辅音依赖于元音，即不存在没有元音的辅音组合；相反，元音不出现在同一个音节内，有几个元音就表示有几个音节；而辅音可以相邻出现在一个音节中，只是这一类复辅音只出现在词末，而不出现在词首。

（2）圆唇元音/ø/、/y/不出现在小舌音/ʁ/、/x/、/q/和唇齿音/v/后面。

（3）圆唇元音/ø/不出现在小舌音/ʁ/、/x/、/q/和舌根辅音（喉辅音）/ɦ/、双唇辅音/b/和舌尖中音/d/前面。

（4）圆唇元音/y/不出现在小舌音/ʁ/、/x/、/q/和双唇辅音/b/、/p/和舌面辅音/j/的前面。

（5）舌后元音/u/不出现在双唇辅音/b/、/p/的前面。

（6）舌中元音/e/（在本研究中，按照舌腭动态特征，我们把/e/归入舌前元音）不出现在双唇辅音/b/、舌根音/ɦ/和舌尖前辅音/z/前面。

二　音节

音节是在听觉感觉上具有自然感知特征的语音片段，即发音时，自然断开的语音单位。如：

[ɛmɛl]（官吏）（两个音节）；

[pɛsildin]（从季节）（三个音节）；

[ɛmgɛktʃilɛr]［劳动者（们）］（四个音节）；

[adillarniŋki]（阿迪力他们的）（五个音节）；

［bɑrmɑjvɑtidiʁu］（不知道为什么就没有去）（六个音节）；

［kørmɛjdiʁanliʁini］（把见不到的情况）（七个音节）。

音节可以由一个音位构成，也可以由多个音位构成。每一个音节都以发音器官、发音部位组织上的一次紧张来完成，因此一个音节的动态腭位特征为：先渐强，后达到强高度，最后减弱。每一个音节开始于一个逐渐强的音位，结束于一个减弱的音位，而强度达到最高点的是元音，因此元音被看作构成音节的音位，它处在音节峰，而辅音不具有构成音节的特征。然而，不是每一个音节都要经历这三个发音过程，当音节为单音位时，它承载所有的发音过程，因此比几个音位构成的音节时位较为短。每一种语言的音节结构具有其特性，现代维吾尔语音节结构主要有以下特点。

第一，每一个音节只包含一个元音，看有多少个元音就可以判断有多少个音节，相邻的两个元音代表两个音节。

第二，双辅音或三辅音不出现在音节首音位置。

第三，只有元音［u］单独构成音节词，其他的元音或辅音单独不能构成音节词，只有在多音节中才能构成音节。

（一）维吾尔语音节的属性

现代维吾尔语音节按照所构成的音位属性，有时由元音结尾，有时由辅音结尾；当音节由元音结尾时，因嘴唇往往是开着的，故命名为开音节；相反，当音节由辅音结尾时，因嘴唇趋于封闭状态，故命名为闭音节；从现代维吾尔语中的音节现状来看，闭音节多于开音节。

（二）维吾尔语音节类型

第一，V，由一个元音构成的音节。

第二，CV，由一个辅音和一个元音组合构成的音节。

第三，VC，由一个元音和一个辅音组合构成的音节。

第四，CVC，由一个辅音、一个元音、一个辅音序列组合构成的音节。

第五，VCC，由一个元音、两个辅音序列构成的音节。

第六，CVCC，由一个辅音、一个元音和两个辅音序列构成的音节。

（注：本书主要涉及现代维吾尔语本族语词音节结构的探讨，故不涉及

或不重点探讨外来词音节结构，外来词音节结构不在本书罗列）

（三）维吾尔语音节切分方法

第一，一个词中有几个元音就有几个音节，如果在两个元音之间出现一个辅音，该辅音与后一元音组合构成音节。如：[ø-lym]、[o-ʁul]，如果在语流中该音属于第一音节，出现在第一元音之后，那么在书面语中必须在辅音之后标隔音符，且在读音中也表示出来。如：

[mɛs'ul]（负责）；

[ɛs'ɛt]（人名"艾塞提"）；

[dʒyr'ɛt]（人名"居莱提"）。

第二，两个元音中间出现两个辅音，前一个属于前一音节，后一个属于后一音节。如[mɛk-tɛp]（学校）、[sal-qin]（凉快）。

第三，两个元音中间出现三个辅音，前两个属于前一音节，后一个属于后一音节。如：[dɛrs-lik]（课本）、[dost-luq]（友谊）。

第四，在本族语词里词中或词末不出现两个元音相邻出现的情况，但在借词中出现的两个元音属于两个音节。如：[ma-a-rip]（教育）、[pa-a-li-jɛt]（活动）。

第五，词干或词根缀加构词或构形词缀时音节界限发生变化。闭音节缀加元音时，其元音前的辅音属于的前音节界限受到影响，变为第二音节音首。如：[jurt+um]（故乡）= [jur-tum]、[art+ip]（背/承载）= [artip]。

第六，某些后音节由高元音构成的双音节词后缀加名词人称范畴时，该词第二音节中的元音脱落。如：[isim+im]（我的名字）= [is+mim]、[oʁul+um]（我的儿子）= [oʁ-lum]。

第七，动词 [dɛ]（说）、[jɛ]（吃）、[ju]（洗）缀加有些词缀时，由元音结尾的一些名词后缀加人称范畴时，该音节出现变音、增音和音脱落现象。如：动词 [dɛ+ʃ]（我说）= [de-jiʃ]（ɛ变成e，增音j和i）、[ju+p]（洗）= [ju-jup]（增音j和u）。

第八，在口语中，有些人名后接 [aj] 时，其前音节音末的辅音变为后音节音首，但书面语中不显示。如，口语：[tur-su-naj]（人名"图尔荪娜依"），书面语：[tur-sun-aj]。

第四节 语流音变

语流即我们日常说出来的话。说话是一连串的音位组合过程，在这一过程中，音位和音位不是孤立的存在，它们因前后的相邻关系而彼此影响，有些可以在听觉上有明显的标记，有些则常被忽视。不管是被发现的还是没有被注意到的这些音位之间的变化叫作语流音变。导致语流音变的因素虽然较复杂，可能与发音速度、音节重音、发音音高或音强等有关，但总的来说，与相邻音位的动态腭位特征有关。现代维吾尔语语流音变现象主要有以下几种。（注：本书分析材料均为词，即由 CV、VC、CVC、VCC、CVCC、CVCV、CVCVC、CVCCVC 等音节结构构成的词，故本书不讨论词以上的单位之间发生的语流音变现象）

一 同化

不管是从发音部位还是发音方法上都不具有相似性的两个相邻音位在语流中，因某种动态腭位上的影响，作用于相邻音位而使它与自己保持动态腭位上的一致性叫作同化现象，其同化程度可能是全面的，包括发音部位和发音方法上的完全一致性，也可能是部分的，只从发音部位或发音方法上保持一致；按照影响范围的大小，现代维吾尔语同化现象有完全同化和部分同化两种类型。

（一）完全同化

从发音部位和发音方法上，没有共同动态腭位特征的两个音位因相邻而产生彼此的影响，一个音位使另一个音位同时在发音部位和发音方法上进行让步，使自己与相邻音位保持相同的音变现象。如：

/mɛn/（我）+ /mu/（也）= /mɛnmu/（我也是）[mɛmmu]（完全同化也包括两个音位可能本身存在某一个方面的一致性的现象，要么具有发音方法上的相似性，要么具有发音部位上的一致性。相关内容将在语音学讨论部分探讨）。

（二）部分同化

不管是从发音部位还是发音方法上不具有相似性的两个相邻音位因

彼此产生的影响而一个使另外一个从发音方法上或者从发音部位具有相似性的音变现象叫作部分同化。如：

/iʃtan/（裤子）+/baʁ/（绑）=/iʃtanbaʁ/（腰带）[iʃtambaʁ]

二 弱化

语流中，如果音强出现减弱情况，在音色上具有一定的变化，这种导致音色上的音强变化叫作弱化。弱化现象的产生与动态腭位有关，由于音位在相邻线性组合时，发音器官具有一定的紧张减弱性，其特征以元音、辅音的弱化为表现。

（一）元音弱化

现代维吾尔语音节中，非重音音节上的元音往往受到相邻音位的弱化影响，改变其柔和、响亮的动态腭位特征，变为发音部位接近的其他音位。现代维吾尔语中的元音弱化现象较复杂，涉及词类问题，即名词上的弱化变化和动词上的弱化变化有区别，但都与动态腭位有关，而且主要涉及后元音/ɑ/和前元音/ɛ/的弱化。

1. 后元音/ɑ/

后元音/ɑ/具有两种弱化形式：一种为弱化式音位/e/形式，常出现在名词及名词性词类中，其音节结构为开音节且处在词首位置上。如：

/at/（马/名字）+/i/（第三人称单数）=/eti/（他的马/名字）（第一个音节元音/ɑ/弱化为/e/）

另一种弱化形式为/i/，常出现在名词及名词性词类的开音节上，且弱化位置为词中。如：

/ɑnar/（石榴）+/i/（第三人称单数）=/ɑniri/（他的石榴）（第一个音节元音/ɑ/弱化为/i/）

2. 前元音/ɛ/

前元音/ɛ/也具有两种弱化形式：一种为弱化式音位/e/形式，常出现在名词及名词性词类和动词中，其音节结构为开音节且处在词首位置上。如：

/sɛn/（你）+/i/（第三人称单数）=/seni/（"你"的宾格）（第一个音节元音/ɛ/弱化为/e/）

/kɛs/（剪）+ /iŋ/（祈使语气词缀）= /kesiŋ/（你剪）（第一个音节元音/ɛ/弱化为/i/）

另一种被看作前元音/ɛ/的弱化现象是元音/i/，但我们在本研究中发现，这种变化未必是弱化现象，而是音位/i/的变体呈现（这里的/i/具有舌后特征，而且有关元音弱化方面的现象较复杂，其音变结构具有交叉性，故相关内容将在语音学讨论章节里探讨）。如：［qara］+［maj］=［qar + maj］（石油）

（二）辅音弱化

辅音的强弱由相邻时的功能来决定。在相邻时，辅音按照其强弱分为强辅音和弱辅音；相邻时其阻碍程度较强的辅音叫作强辅音，阻碍强度较弱的辅音叫作弱辅音。因此当谈到辅音的弱化时，辅音的弱化就是阻碍程度较强的音变为阻碍程度较弱的音的过程。总的来说，塞音和清辅音的阻碍程度较强，擦音和浊辅音的阻碍强度较弱；相比于塞音，塞擦音的阻碍程度较弱；相比于塞擦音，擦音的阻碍程度较弱。因此塞音变为塞擦音或者擦音，塞擦音变为塞音，清辅音变为浊辅音的语音现象叫作辅音的弱化现象。如：

/sixmɑ/（不要挤）［不要挤 =/siqmɑ/（口语）（第一音节末尾辅音/x/变为/q/］

/qiziʁi/（书写形式）（有趣的那个/热的那个）= /qiziqi/（口语）（第一音节末尾辅音/ʁ/变为/q/）（具体分析及其动态腭位原理将在语音学讨论里进行探讨）

三 脱落

在语流中，因种种原因，某些音位甚至整个音节脱落，这种现象叫作脱落现象。现代维吾尔语中既有元音的脱落现象，也有辅音的脱落现象。

（一）元音的脱落

在双音节词中，第二音节为高元音/i/、/u/、/y/，且缀加人称词缀时，第二音节中的这三个高元音会脱落，而且其发音变化也由书写形式来表现。如：

/isim/（名字）+/im/（第一人称）=/ismim/（我的名字）（第二音节中的元音/i/脱落）

（二）辅音的脱落

辅音的脱落主要指舌前中音/r/、/l/、/t/，舌根音/ɦ/的脱落现象。如：

（1）/jamʁur/（雨）（书写形式）→/jamʁu/（口语）（第二音节中的辅音/r/脱落了）

（2）/salsa/（如果放）（书写形式）→/sasa/（口语）（第一音节中的辅音/l/脱落了）

（3）/rast/（真）（书写形式）→/ras/（口语）（词末位的辅音/t/脱落了）

（4）/sijaɦi/（墨水）（书写形式）→/sija/（口语）（第二音节末尾的辅音/ɦ/脱落了）

四 增音

增音指在语流中或者在形态变化中出现音位增加的情况。同样，增音的产生原因较复杂，一般多为发音顺畅为准。元音和辅音都会产生增音现象，但出现频率较低。如：

（1）/kitʃikrɛk/（"小一点""小"的比较级）（书写形式）→/kitʃikɛrɛk/（口语）（第三音节中增加了一个元音/ɛ/）；

（2）/adʒizraq/（"弱一点""弱"的比较级）（书写形式）→/adʒizaraq/（口语）（第三音节中增加了一个元音/ɑ/）；

（3）/imza/（签名）+/im/（第一人称单数）→/imzajim/（口语）（第二音节中增加了一个辅音/j/）；

（4）/dɛrja/（河）+/iŋ/（第二人称单数）→/dɛrjajiŋ/（口语）（第三音节中增加了一个辅音/j/）。

五 长化

当元音单独发音时其发音特征为长音，但与辅音相邻构成音节时，其发音长度缩减，但它们不具有区别意义的特征；然而，在语流中，因种种原因，元音具有通过长读来构成区别意义功能，这种现象叫作元音的长化。如：

1./ε：tε/（明天）（"："表示长读）（第一音节中的/ε/单独构成音节，因此读音为长读，不区别意义）；

2./ɑ：ʧɑ/（姐姐）（第一音节中的元音/ɑ/长读）≠/ɑʧɑ：/（树杈）（第二音节中的/ɑ/长读）。

比较以上两个例子中的元音/ε/和/ɑ/的长短变化，我们可以了解现代维吾尔语元音的长短读音具有区别性意义，这种现象不多，主要存在于某些词结构中。

第四章 现代维吾尔语语音动态腭位研究

借助现代仪器动态腭位仪，在传统的维吾尔语语音发音描写的基础上，本章将从现代维吾尔语元音、辅音、音节类型、元音与辅音的搭配规律以及语音变化等几个方面进行探讨。

第一节 符号与标识

在论述现代维吾尔语语音特征之前，我们应该对本书所用音标、符号作一些说明。

一 本书音位及相关符号使用情况说明

因为本书涉及音位变体的描述，所依据或参考的论著采用的音标不同，为了与文献语言研究成果中所使用的音标统一而便于理解，使同一音标所表示的音位相同，采用以下音标手段。

在描写古代维吾尔语语音面貌时直接采用无记号形式的符号，与前期相关语音研究保持一致，即不用任何形式的括号标记，在描写现代维吾尔语语音分布和音位组合时采用有记号的符号形式，即音位音值用宽式国际音标//来表示，音位变体音值则用国际音标［ ］来表示。

二 维吾尔语元音及其符号对应形式

（一）元音

维吾尔语元音　　و　نو

常用转写符号　a　ä　e　i/ï　o　ö　u　ü
国际音标符号　/ɑ/　/ɛ/　/e/　/i/　/o/　/ø/　/u/　/y/

（二）辅音

维吾尔语辅音　ژ پ ش ي ت ۇ چ گ ف ل ك ق د س ھ ج م ن ب
ز ش غ

国际音标符号　/b/　/p/　/m/　/v/　/f/　/z/　/s/　/d/　/t/
/n/　/r/　/dʒ/　/tʃ/　/ʒ/　/ʃ/　/j/　/k/　/g/

维吾尔语辅音　گ ۋ

长元音在元音音标后加长元音符号（ː）表示，如：/iː/等。

三　其他符号说明

除一般标点符号外，本书还会使用以下符号：

"→"处在两个单位相加后的位置表示"构成"或"组成"，当处在一个单位后的位置表示"变为"；

"＋"表示"加附加成分"；

"／"表示"其前后位作用相同的附加成分"或"其前后位可以变换的单位"或"其前后位互相对立，可以比较的单位"；

"（　）"表示"汉译"。

第二节　基于动态腭位仪的现代维吾尔语语音腭位数据库

数据库是研究的重要支撑，而本书中的所有研究都是以现代维吾尔语音腭位数据为依据的。这一部分内容会在介绍到库中所涉及维吾尔语元音、辅音及相关音节前提下，说明研究中信号处理系统的构成和相关参数设置。另外，对基于动态腭位仪的现代维吾尔语音位变体也会进行分析。

一　数据库音节构成

现代维吾尔语共有32个字母，其中有8个元音/a、ɛ、e、i、o、u、ø、y/，24个辅音/b/，/p/，/t/，/d/，/g/，/k/，/ʁ/，/q/，/l/，/r/，/s/，/ʃ/，/z/，/ʒ/，/n/，/ŋ/，/x/，/m/，/h/，/dʒ/，/tʃ/，/f/，/j/，/v/。

表 4-1　　　　　　　　　　　　　维吾尔语字母

	维吾尔语字母	国际音标	数量
元音	ئا、ئە、ئى、ئې、ئو、ئۇ、ئۆ、ئۈ	a, ɛ, e, i, o, u, ø, y	8
辅音	ب、پ、ت、د、گ、ك、ق、غ、ك、ل、ر、س、ش、ز、ژ、ن、ڭ、خ、م、ھ、ج、چ、ف、ي、ۋ	b, p, t, d, g, k, ʁ, q, l, r, s, ʃ, z, ʒ, n, ŋ, x, m, h, ʤ, ʧ, f, j, v	24

为了系统地研究现代维吾尔语发音生理特征，我们首先建立现代维吾尔语语音动态腭位语料库，录音文本部分包括单元音 V、单音节 CV（所有辅音同元音 a、i、u 组合而成的有意义的单音节）、单音节 VC（所有元音 a、i、u 同音节后辅音组合而成的有意义的单音节）、单元音 CVC（所有的单音节 CV 同音节后辅音组合而成的有意义的单音节）、双音节 C1V1C2V2 等（所有包含搭配元音 a、i、u 的单音节 CV 两两相配的有意义的双音节）。通过基本的单音节结构和双音节、多音节结构全面反映维吾尔语标准语发音时动态的生理特征。

对音节进行的统计结果表明，"维吾尔语语音腭位数据库"总共包含 4146 个音节，各音节类型具体的分布情况如表 4-2 所示。

表 4-2　"维吾尔语语音腭位数据库"各音节类型分布情况（部分类型）

音节类型	例子
V	u
VC	ut
VCC	ejt
CV	du
CVC	tut
CVCC	qurt
CVCV	dada
CVCVCV	roʃɛn
CVCVCVC	mɛlumat
…	…

考虑到 CVC 等由两个或两个以上的辅音构成的音节结构特殊型（CVC 型音节 = 辅音1 + 元音 + 辅音2），本章节分别对每一个辅音（例如构成 CVC 型音节的第一和第三个辅音音素）和每一个元音（即

构成 CVC 型音节的第二个音素）的时长、音强以及整个音节的时长、音强、音高进行参数提取和统计分析。下面是维吾尔语各音节类型和例词表。

表4-3　"维吾尔语语音腭位数据库"各音节类型分布情况（例词表）

音节类型	词表单音节例词	国际音标	数量
VC	ناڭ,ناغ,ناق,نال,ناش,ناز,ناق,ناھ	at, aʁ, aq, al, as, aʃ, az, aŋ, ah…	56
CV	پا,دە,قى,لا,سو,سۈ,شۈ	pa, po, dɛ, qi, la, so, su, ʃu…	30
CVC	باپ,يوپ,بەت,بوت,پۈت,بەگ	bap, bop, bɛt, bot, but, bɛg…	400
VCC	نارت,ئەرت,نىپق,ئۆيت,ئەرز	art, ɛrt, ejiq, ujt, ɛrz…	5
CVCC	دوست,تارت,تۈرت,پىرت,پۇرت,پۆرت,دارت,دەرت	pirt, port, purt, dart, dɛrt…	54
CVCV	دادا,ھەدە,موما,ھاسا,كاسا,شوتا,تاغا,ساما,جوزا	dada, hɛdɛ, moma, hasa, kasa, ʃota, taʁa, sama, ʤoza…	166

二　基于动态腭位仪的现代维吾尔语信号处理系统

腭位信号的采集设备不带有分析功能，按照不同的需要和分析目的，研究者需要编写信号处理和分析系统，系统主要用于处理和分析 WinEPG 的 62 电极动态电子腭位信号，主要功能包括腭位信号的读写和保存；信号的标注和参数批量提取，最终输出维吾尔语语音动态腭位采集数据。

（一）信号读取保存

动态腭位仪腭位文件内码 epg 由 16 进制的 N×16 的矩阵构成，矩阵的行数 N 恰为腭位信号帧数的一半，因此可能推出矩阵每一行的 16 列 16 进制数代表着两幅帧腭位信号（后来经过反复演算证明设想为真）。每帧腭位图由 62 个电极构成，除了第一行只有 6 个电极外，其余各行都为 8 个。在内码中的每一行的 16 个 16 进制数对应着两帧腭位信号的 16 行，任意一个 2 位 16 进制数都可转换为一个 8 位 2 进制数（"0"代表舌腭不接触，"1"代表舌腭接触）。

表 4 – 4　　　　动态腭位仪文件四帧腭位的十六进制内码

| EF | EF | E7 | 63 | 03 | 06 | 00 | 00 | EF | EF | E7 | E3 | 03 | 06 | 00 | 00 |
| EF | EF | E7 | E3 | 03 | 06 | 00 | 00 | EF | EF | E7 | E3 | 43 | 06 | 00 | 00 |

需要注意的是每行腭位的 8 个二进制数与实际的腭位图是逆向关系，即 EF（16 进制）对应 11101111（二进制），但实际的腭位电极为 11110111（二进制），所以在腭位画图前要将每个 2 位十六进制数左右颠倒再画图。表 4 – 5 是动态腭位的十六进制内码和腭位图关系内容。

表 4 – 5　　　　内码进制转换和二进制与腭位的逆向关系

十六进制	二进制	十六进制	二进制	十六进制	二进制	十六进制	二进制
00	00000000	00	00000000	00	00000000	00	00000000
00	00000000	00	00000000	00	00000000	00	00000000
06	00000110	06	00000011	06	00000110	06	00000110
03	00000011	03	00000011	03	00000011	03	00001011
63	11100011	63	11100011	63	11100011	63	11100011
E7	11100111	E7	11110011	E7	11100111	E7	11100111
EF	11101111	EF	11101111	EF	11101111	EF	11101111
EF	11101111	EF	11101111	EF	11101111	EF	11101111

为了实现对所描写语音和相对应的腭位信号的处理功能，首先必须实现对录入语音及其腭位信号的读取。Matlab（由美国 Mathworks 公司开发）是用语音信号处理、图像处理和工程计算的一种先进编程工具。Matlab 内置了语音工具箱，提供了很多最基本的语音处理函数，能够实现对 wav 语音文件的读取和保存。然而，Matlab 并没有开发对于对应于语音的腭位信号的读取处理功能，需要自行编辑相关函数。

　　［signal，fs］＝wavread（"wav 文件"）　　％ signal 是从 wav 文件中读取出来的语音信号，fs 为频率。

　　fid ＝ fopen（'epg 文件'，'rb'，'b'）；　　％以 16 进制文本形式打开 epg 文件。

T = dec2bin（fread（fid，inf））;   % T 为与左右颠倒腭位信号的二进制矩阵。

W = fliplr（T）;   % W 为正常顺序腭位信号的二进制矩阵。

bing =（reshape（bin，64，[]））';   % bing 为'0'和'1'构成的腭位信号的每一帧。

saveas（gcf，'bmp'）;   % 将显示的腭图保存为 bmp 格式的图像。

（二）信号的标注与参数提取

1. 标注系统

语言学家已经证明上腭在人类言语产生中的重要作用，是参与发音活动最多的发音器官之一，因此舌头与上腭的接触情况成为研究语音的关键，尤其是辅音。舌头与上腭的接触是一个动态变化的过程，所以对语音发音生理上的研究必须设计一个合理的标注系统；由于阻碍性是辅音的主要发音特征，且其生理特征在腭位上比较突出，我们用到的标注系统的设计是以辅音产生的生理阶段为基础的。

塞音的生理过程可以概括为以下几个阶段：一是来自肺部的气流从没有阻碍到口腔里的阻碍形成（成阻）的阶段；二是口腔里的阻碍继续保持（持阻）的阶段；三是口腔里的阻碍慢慢消失（解阻）的阶段。在下面连续的腭位图中，第65—67帧为辅音/t/的成阻过程，第68—86帧为其持阻过程，第87—93帧为其解阻过程。

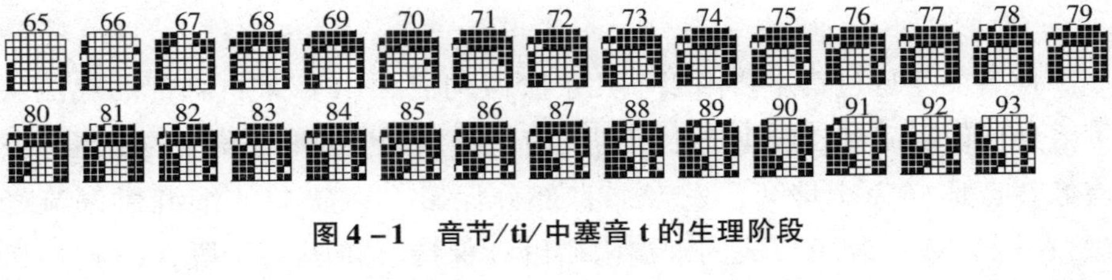

图 4-1 音节/ti/中塞音 t 的生理阶段

边音生理过程的产生阶段是：（1）来自肺部的气流不受任何阻碍到口腔里的舌尖与齿龈部分后构成阻碍（成阻）；（2）在口腔里的舌尖与齿龈构成部分构成的阻碍在这一区域继续保持（持阻）；（3）口腔

里舌头的两边与上腭从不接触无阻碍到接触形成阻碍（成阻2）；（4）舌头的两边与上腭阻碍继续保持（持阻2）；（5）口腔里形成的所有阻碍慢慢消失（解阻）。在下面连续的腭位图中，第59—63帧为1的成阻1，第64—79帧为持阻，第73—77帧为成阻2，第78—79帧为持阻2，第80—84帧为解阻。

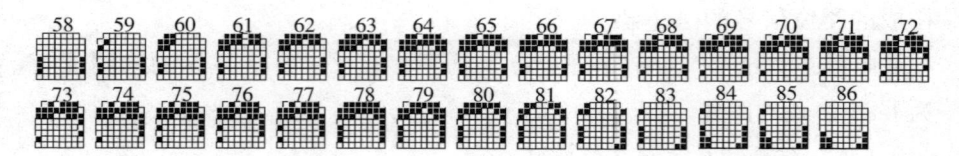

图4-2 音节/lu/中边音 l 的生理阶段

鼻音的生理过程因气流的聚集部位和呼出部位不同，涉及口和鼻两个腔体，其中口腔部分主要包括以下几个阶段：（1）来自肺部的气流从顺畅流入口腔里后形成阻碍的阶段（成阻）；（2）口腔里产生的阻碍继续保持（持阻）的阶段；（3）口腔里的阻碍慢慢消失的阶段（解阻）。在下面连续的腭位图中，第45—49帧为鼻音［n］的成阻过程，第50—71帧为其持阻过程，第72—74帧为其解阻过程。

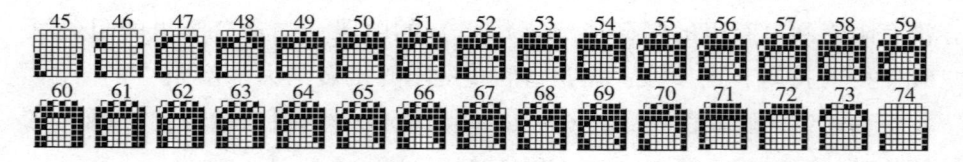

图4-3 音节/na/中鼻音 n 的生理阶段

擦音的生理过程主要由以下几个阶段构成。（1）来自肺部的气流从不受到任何阻碍到口腔里产生阻碍的阶段（成阻）（此时发生的阻碍并没有像塞音那样完全堵死，发音器官部分保留一条狭窄的细缝供气流经过）；（2）在口腔里形成的细缝阻碍继续保持（持阻）阶段；（3）在口腔里形成的细缝阻碍慢慢消失（解阻）的阶段。在下面连续的腭位图中，第60—72帧为 ş 的成阻过程，第71—76帧为其持阻过程，第77—80帧为其解阻过程。

塞擦音的生理过程具有塞音和擦音的两种特征，主要由以下几个阶

图 4-4 音节/ṣa/中塞擦音 ṣ 的生理阶段

段构成：（1）来自肺部的气流从不受任何阻碍到口腔里的形成阻碍（成阻）的阶段；（2）在口腔里形成的阻碍继续保持（塞持阻）的阶段；（3）在口腔里形成的阻碍变为塞擦音中后面的擦部分的狭窄细缝并继续保持（擦持阻）阶段；（4）在口腔里形成的细缝阻碍慢慢消失的（解阻）阶段。在下面连续的腭位图中，第 10—15 帧为 tsh 的成阻过程，第 16—48 帧为其塞持阻过程，第 49—53 帧为其擦持阻过程，第 54—57 帧为其解阻过程。

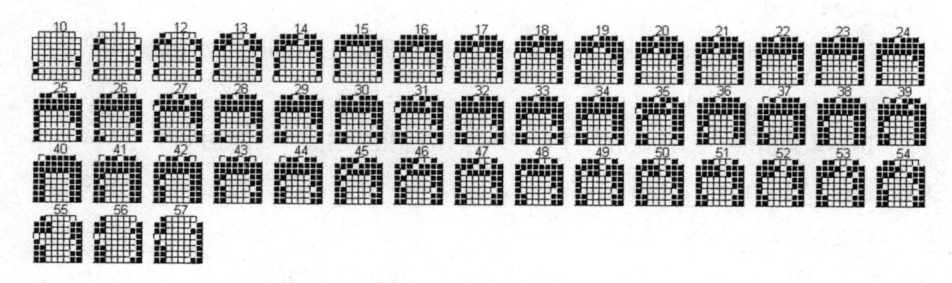

图 4-5 音节/tshu/中塞擦音 tsh 的生理阶段

相比于以上辅音的发音过程，颤音的生理阶段较为特殊，在此不再详细叙述。从上面各种生理阶段来看，辅音的标注系统的设计不仅与辅音发音方式，而且与元音辅音的前后搭配问题以及元辅音和谐律等语音现象的生理密切相关。基于辅音的上述发音特点，我们将标注系统的设计归纳为表 4-6。

表 4-6 标注系统的设计与辅音发音的生理阶段

塞音	边音		鼻音	擦音	塞擦音
成阻	舌尖-齿龈成阻		成阻	细缝成阻	塞成阻
	舌两边-上腭成阻				

续表

塞音	边音		鼻音	擦音	塞擦音
持阻	舌尖－齿龈持阻		持阻	细缝持阻	塞持阻
	舌两边－上腭持阻				擦持阻
解阻	解阻		解阻	细缝解阻	控解阻

2. 标注系统的实现

从上面的标注系统的设计可以看出，每一个阶段都会有起始帧和结束帧。于是在标注系统实现的时候，只需找到起始帧和结束帧，将其中音段用相应颜色勾勒即可。

postion_ = get（handles. pic｛4｝，'position'）;% position refers to the whole frames' coordinate.

try if a ~ = handles. line_ position｛1｝; handles. line_ position｛1｝= a; end

if b ~ = handles. line_ position｛2｝; handles. line_ position｛2｝= b; end; catch; end

handles. line_ position｛1｝= a; handles. line_ position｛2｝= b; hold on;

if a（2） ~ = b（2）

mark. line（1） = plot（[a（1） -4, handles. eachrank * 10 - 0.5], [a（2） -0.4, a（2） -0.4], 'g', 'MarkerFaceColor', 'g',）;

mark. line（2） = plot（[a（1） -4, a（1） -4], [a（2） -0.4, a（2） -10.4], 'g', 'MarkerFaceColor', 'g',）;

mark. line（3） = plot（[0, a（1） -4], [a（2） -10.4, a（2） -10.4], 'g', 'MarkerFaceColor', 'g',）;

mark. line（4） = plot（[0.5, 0.5], [a（2） -10.4, b（2） -10.4], 'g', 'MarkerFaceColor', 'g',）;

mark. line（5） = plot（[0, b（1） +6], [b（2） -10.4, b（2） -10.4], 'g', 'MarkerFaceColor', 'g',）;

mark. line（6） = plot（[b（1） +6, b（1） +6], [b（2）, b（2） -10.4], 'g', 'MarkerFaceColor', 'g',）;

mark.line(7) = plot([b(1) +6, handles.eachrank * 10 -0.5], [b(2), b(2)], 'g', 'MarkerFaceColor', 'g',);

mark.line(8) = plot([handles.eachrank * 10 -0.5, handles.eachrank * 10 -0.5], [a(2), b(2)], 'g', 'MarkerFaceColor', 'g',);

else

mark.line(1) = plot([a(1) -4, b(1) +6], [a(2) -0.4, a(2) -0.4], 'g', 'MarkerFaceColor', 'g',);

mark.line(2) = plot([a(1) -4, a(1) -4], [a(2) -0.4, a(2) -10.4], 'g', 'MarkerFaceColor', 'g',);

mark.line(3) = plot([a(1) -4, b(1) +6], [b(2) -10.4, b(2) -10.4], 'g', 'MarkerFaceColor', 'g',);

mark.line(4) = plot([b(1) +6, b(1) +6], [a(2) -0.4, a(2) -10.4], 'g', 'MarkerFaceColor', 'g',);

end

3. 参数提取

在前面的参数设置中已介绍各参数的计算公式，下面只需将各公式输入到 Matlab 编辑器中即可完成参数的计算。下面为对计算好的参数的批量提取并存至批定表格中的 Matlab 代码：

mark.parameters = [handles.alv, handles.ant, handles.Ca, handles.Cc, handles.Cog, handles.Cp, handles.Lat, handles.Pal, handles.Pst, handles.Vel, handles.index_ TotalContact]

[mark.parametersmsg] = xlswrite(filename, pathname);

(三) 参数简介

1. 腭位参数设计

发音时从舌位和上腭的接触的发音生理特征出发，本书腭位信号处理平台主要用到的参数有舌腭接触面积指数、舌腭接触分布指数。

本书所采用的动态腭位的参数设置与动态腭位仪 62 个电极的点阵分布密切相关。本书从辅音发音时的舌位特征及其与元音组合时的不同舌腭接触的具体情况考虑，对假腭的覆盖范围进行不同的功能分区。可以从电极位置的前后分布状况来分，将假腭粗略地分成两个功能区：前腭区（前四行 30 个电极）和后腭区（后四行 32 个电极）；还可以更加细致地分为三个功能区：齿龈区（第 1—3 行 22 个电极）、硬腭区（第 4—6 行 24 个电极）和软腭区（第 7—8 行 16 个电极）。对动态腭位的参数设置有较多的处理方法，本书因研究需要所采取的参数主要为两类，即假腭功能区域接触面积指数和接触电极分布变化指数。

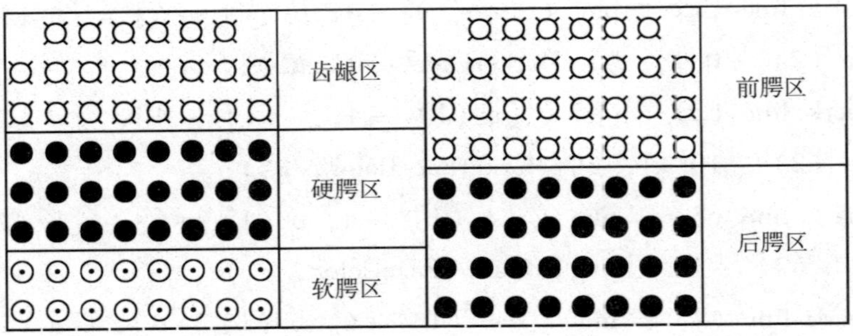

图 4 – 6 假腭的功能区域分区

2. 假腭功能区域接触面积指数

RCA（Representative Contact in Articulation，舌腭接触最大帧的接触总面积比）：在动态腭位仪中记录的每一帧腭位信号是由"0"（无接触）和"1"（接触）构成的矩阵。所以我们把 RCA 看作接触电极的个数占总电极的数量比例［计算公式为 RCA = 接触的电极数（n）/总电极数（62）］；

Alv（Alveolar Contact，齿龈区接触面积）：在发音时，动态腭位仪齿龈区接触电极的个数占该功能区总电极的数量比例［计算公式为 Alv = 齿龈区接触的电极数（n）/齿龈区电极总数（22）］；

Pal（Palatal Contact，硬腭区接触面积）：在发音时，动态腭位仪硬腭区接触电极的个数占该功能区总电极的数量比例［计算公式为 Pal = 硬腭区接触的电极数（n）/齿龈区电极总数（24）］；

Vel（Velar Contact，软腭区接触面积）：在发音时，动态腭位仪软腭区接触电极的个数占该功能区总电极的数量比例［计算公式为 Vel = 软腭区接触的电极数（n）/齿龈区电极总数（16）］；

Ant（Anterior Contact，前腭区接触面积）：在发音时，动态腭位仪前腭区接触电极的个数占该功能区总电极的数量比例［计算公式为 Ant = 前腭区接触的电极数（n）/齿龈区电极总数（30）］；

Pst（Posterior Contact，后腭区接触面积）：在发音时，动态腭位仪后腭区接触电极的个数占该功能区总电极的数量比例［计算公式为 Pst = 后腭区接触的电极数（n）/齿龈区电极总数（32）］。

3. 接触电极分布变化指数

我们把动态腭位仪接触电极分布的变化指数分为五个：CA、CP、CC、COG、CD。

CA（Contact Anteriority，靠前性指数）：该指数表示，发音时舌腭接触的趋前程度，范围在0—1之间，CA 越接近1舌腭接触就越趋前，计算公式为如下：

CA = log［1×（R8/R8t）+9×（R7/R7t）+81×（R6/R6t）+729×（R5/R5t）+6561×（R4/R4t）+59049×（R3/R3t）+531441×（R2/R2t）+3587227×（R1/R1t+1）］/log（4185099）

Ri/Rit 指第 i 行接触的电极数/该行总电极数的比例，Rit 依次为：8、8、8、8、8、8、8、6。

表4-7　　　　　　　　腭位图各列 CA 指数范围

	行	R1	R2	R3	R4	R5	R6	R7	R8
CA	最小值	0.87237	0.72827	0.58417	0.44019	0.29666	0.15801	0.49437	0.00773
	最大值	1	0.87238	0.72827	0.58422	0.44012	0.29657	0.15727	0.45461

以每帧腭位信号的靠前性指数为基础，还可以计算出某一帧腭位信号到另外一帧的靠前性指数标准差（CA Std），计算公式如下：

$$CA\ Std = \sqrt{\frac{\sum_{i=1}^{n}(CA_i - CA)^2}{n-1}}$$

CP（Contact Posteriority，靠前性指数）：该指数表示，发音时舌腭接触的趋后程度，范围在0—1之间，CP 越接近1舌腭接触就越趋后，计算公式为如下：

CP = log［1×（R1/R1t+1）+9×（R2/R2t）+81×（R3/R3t）+729×（R4/R4t）+6561×（R5/R5t）+59049×（R6/R6t）+531441×

（R7 + R7t） +3587227 × （R8 + R8t）］/log（4185099）

以每帧腭位信号的靠后性指数为基础，还可以计算出某一帧腭位信号到另外一帧的靠前性指数标准差（CP Std），计算公式如下：

$$CP\ Std = \sqrt{\frac{\sum_{i=1}^{n}(CP_i - CP)^2}{n-1}}$$

CC（Contact Centrality，靠中性指数）：该指数表示，发音时舌腭接触两边往中间靠拢的程度，范围在0—1之间，CC越接近1舌腭接触就越趋中，计算公式为如下：

CC = log {1 × ［（C1 + C8）/14］+17 × ［（C2 + C7）/16］+289 × ［（C3 + C6）/16］+4916 × ［（C4 + C5）/16］+1} /log（5220 + 1）

表4–8　　　　　　　　　腭位图各列 CC 指数范围

	列	C1	C2	C3	C4
CC	最小值	0.00806	0.08457	0.34434	0.66939
	最大值	0.08097	0.34396	0.66937	1

以每帧腭位信号的趋中性指数为基础，还可以计算出某一帧腭位信号到另外一帧的靠前性指数标准差（CC Std），计算公式如下：

$$CC\ Std = \sqrt{\frac{\sum_{i=1}^{n}(CC_i - CC)^2}{n-1}}$$

COG（Contact Center of Gravity，舌腭接触重心）：该指数表示，发音时舌腭接触的物理重心，计算公式为如下

$$Cog = 1 - \frac{[\sum_{m=1}^{8}(m - 0.5)](\sum_{n=1}^{8}Cm,n\ Wm,n)}{8\sum_{m=1}^{8}(\sum_{n=1}^{8}Cm,n\ Wm,n)}$$

CD（Constr Aint Degree，受限制程度）：该指数表示，发音时辅音在形成的过程中口腔中形成收紧点、阻碍或者阻塞的程度，即受舌腭接触形成的阻碍限制的程度，计算公式为如下：

CD = 1/（Ca Std + CC Std）

三 基于动态腭位仪的现代维吾尔语音位变体

为了获取元音和辅音腭位特征（由于元音的非阻碍性特征，本书采取依靠辅音的搭配来获取元音的发音生理特征），我们首先选取现代维吾尔语中单辅音 13 个：舌尖前辅音：س/s/，ز/z/、舌尖中辅音ن/n/，د/d/，ت/t/，ل/l/，ر/r/、舌前辅音ج/dʒ/，چ/tʃ/，ژ/ʒ/，ش/ʃ/和舌后辅音ك/k/，گ/g/，并与不同的元音进行前后组合搭配来获取元辅音的动态腭位数据（发辅音时必须同元音/e/拼读；实际上没有元音的相邻，辅音是发不出来的）。

为了获取单辅音数据，首先，每个辅音缀加后接元音/e/的组合来实现；其次，单辅音分别前后缀加八个元音来实现；在获取单辅音的腭位数据的同时，也可以获得单元音发音特征，为后期不同元辅音组合、不同音节结构中的元辅音组合中体现的元辅音腭位数据提供可比较数据；最后对单音节、双音节和多音节（大多三音节）中的元辅音腭位特征进行采集。

（一）辅音腭位数据

1. 舌腭接触最大帧的接触总面积比（RCA）

发音是一个连续的过程，来自肺部的气流会在辅音发音冲破口腔的阻碍。辅音发音过程中舌头腭收紧度最大的时刻在腭图上可体现为最大的接触面积。表 4-9 是现代维吾尔语 13 个单辅音后接元音/e/时，舌腭接触最大帧时的舌腭接触情况。

表 4-9　　　　　现代维吾尔语 13 个单辅音后接元音/e/时
舌腭接触最大帧时的舌腭接触情况

s	z	t	d	n	l	r	tʃ	dʒ	ʃ	ʒ	g	k

舌腭接触最大帧的接触总面积比（RCA）是舌腭接触最大的那一帧舌腭接触电极数除以总电极数，可以反映各个音在发音时舌腭接触的真实现状。图 4-7 是现代维吾尔语 13 个单辅音后接元音/e/时，舌腭

接触最大帧的接触面积比。

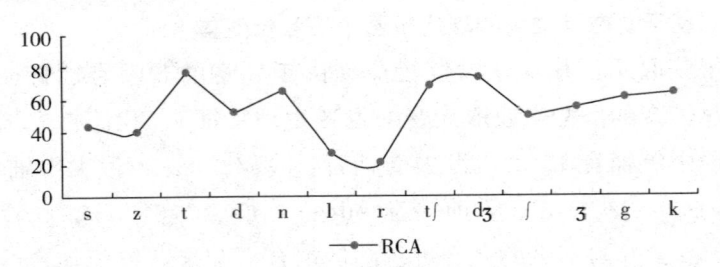

图 4-7　现代维吾尔语 13 个单辅音后接元音/e/的 RCA 参数

从舌腭接触最大帧的接触电极图中可以看出，舌尖前音/d/、/t/、/n/的 RCA 值比较大，原因是/d/、/t/、/n/这三个音发音部位主要在齿龈区，而且发音时舌尖抵住上齿龈。舌尖前擦音/s/、/z/由于发音时不存在完全的堵塞，通过在舌尖与齿龈间留出缝隙的方式，让气流通过，形成摩擦音，因此此时表现的目标帧的舌腭接触较小。舌前塞擦音/tʃ/、/dʒ/，擦音/ʃ/、/ʒ/发音时与擦音相同也不存在完全的堵塞，因此此时的目标帧的舌腭接触也不是很大，同时塞擦音/tʃ/、/dʒ/体现出有闭塞段，它要比擦音/ʃ/、/ʒ/舌腭接触略大。舌面后塞音/g/、/k/的舌腭接触最大帧的接触总面积比值小于/tʃ/、/dʒ/，原因是辅音/g/、/k/的发音部位靠后，而软腭并没有覆盖口腔的全部，基本没有覆盖软腭区。边音/l/发音时舌尖形成阻碍，气流只能从舌边流出，因而舌腭接触最大帧的接触总面积比值比较小。颤音/r/在发音时，因舌尖向上硬腭卷起，留一缝隙，所以气流冲击舌尖，使其连续颤动，因而舌腭接触最大帧的接触总面积比较小。

2. 假腭分三个功能区时各分区接触面积

为了更加清晰地分析语音的动态特征，我们还把假腭划分为齿龈区、硬腭区、软腭区三个功能区，这样就可以更加细致地切分其不同阶段中的阻碍程度来反映现代维吾尔语发音时在各个部位的分布状况，本书选取现代维吾尔语 13 个单辅音后接元音/e/，提取它们的 Alv、Pal、Vel 参数，并进行分析。

Alv 为齿龈区、Pal 为硬腭区、Vel 为软腭区舌腭接触面积比，从图

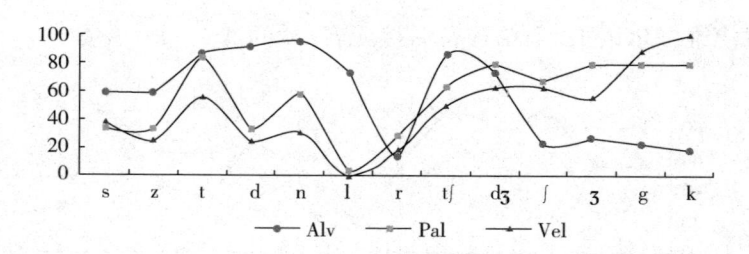

第四章 现代维吾尔语语音动态腭位研究 | 63

图 4-8 现代维吾尔语 13 个单辅音后接元音/e/的 Alv、Pal、Vel 参数

中可看出，舌尖中音/d/、/t/、/n/的齿龈区舌腭接触面积比很大，而硬腭区和软腭区舌腭接触面积比相对较小，原因是舌尖中音/d/、/t/、/n/在发音时主要是舌尖与齿龈接触，舌腭接触的部位主要在齿龈区。舌尖前擦音/s/、/z/发音时舌腭接触基本发生在齿龈区，由于擦音在发音时不完全受到阻塞，通过在舌尖与齿龈间留出缝隙通过气流，形成摩擦音，因此齿龈区舌腭接触面积比不是很大，硬腭区、软腭区舌腭接触面积比很小。舌前塞擦音/tʃ/、/dʒ/，擦音/ʃ/、/ʒ/发音时舌放平，舌叶抵住上齿龈后放开，在舌叶齿龈间留一缝隙，气流通过舌叶齿龈间缝隙发生摩擦，舌腭接触主要是在齿龈区，造成齿龈区比硬腭区、软腭区舌腭接触面积比大，同时塞擦音/tʃ/、/dʒ/有闭塞段比擦音/ʃ/、/ʒ/舌腭接触多。舌面后塞音/g/、/k/发音部位靠后，而软腭并没有覆盖口腔的全部，基本没有覆盖软腭区，因此软腭区舌腭接触面积比值很大，齿龈区舌腭接触面积比值很小。边音/l/的齿龈区舌腭接触面积比值较大，而硬腭区舌腭接触面积比接近0，软腭区舌腭接触面积比为0，原因是发音时舌尖形成阻碍（舌尖抵住上齿龈），因而在齿龈区有较多舌腭接触电极，软腭区没有接触。颤音/r/在发音时舌尖向硬腭卷起，留一条缝隙，气流冲击舌尖，使其连续颤动，总的舌腭接触电极指数较小，因而在各功能区里的舌腭接触也均比较小。

3. 假腭分两个功能区时各分区接触面积

通过把假腭分为三个功能区获得了较清晰的阻碍段进程，而要获得语音在发音时的相对前后倾斜性特征，就要将假腭分为前后两个功能区来研究，这样可以较容易地观察出发音时舌腭在前或后的接触情况，下面是现代维吾尔语 13 个单辅音后接元音/e/的 Ant、Pst 参数。

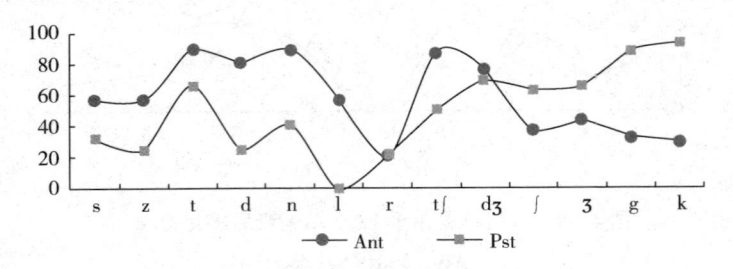

图 4 – 9　现代维吾尔语 13 个单辅音后接元音/e/的 Ant、Pst 参数

Ant 表示前腭接触面积指数，Pst 表示后腭接触面积指数，从图 4 – 9 中可以看出，舌尖前音/d/、/t/、/n/的前腭接触面积指数非常大，后腭接触面积指数较小，原因是/d/、/t/、/n/发音时舌腭接触部位主要发生在前腭部分。舌尖前擦音/s/、/z/发音时舌腭接触基本发生在齿龈区，同时擦音具有不完全阻塞的特征，生理需要在舌尖与齿龈间留出缝隙，让气流通过，形成摩擦音，前腭接触面积指数值不是很大，后腭接触面积指数值很小。舌前塞擦音/ʧ/、/ʤ/和擦音/ʃ/、/ʒ/发音时舌叶与上齿龈接触，主要的舌腭接触在齿龈区，造成前腭接触面积指数较大，后腭接触面积指数较小，由于塞擦音/ʧ/、/ʤ/具有闭塞段，因而发音时比擦音/ʃ/、/ʒ/舌腭接触要多。舌面后塞音/g/、/k/发音部位靠后，而软腭并没有覆盖口腔的全部，基本没有覆盖软腭区，因此后腭接触面积指数很大，前腭接触面积指数很小。边音/l/的前腭接触面积指数较大，而后腭接触面积指数为 0；这是因为边音/l/发音时舌尖形成阻碍（舌尖抵住上齿龈），因而在前腭区有较多舌腭接触电极，后腭区没有接触。颤音/r/在发音时舌尖向上硬腭卷起，留一条缝隙，气流冲击舌尖，使其连续颤动，总的舌腭接触电极指数较小，因而在前腭区和后腭区的舌腭接触均比较小。

4. 接触电极分布指数

（1）靠前性指数（CA）靠后性指数（CP）

通过对舌腭接触的靠前性和靠后性特征来区分其发音特征；靠前性指数指的是舌腭接触的靠前程度，取值范围在 0—1 之间，CA 越接近 1

舌腭接触就越靠前。靠后性指数指的是舌腭接触的靠后程度，取值范围在 0—1 之间，CP 越接近 1 舌腭接触就越靠后。图 4 – 10 是现代维吾尔语 13 个单辅音后接元音/e/的 CA、CP 参数。

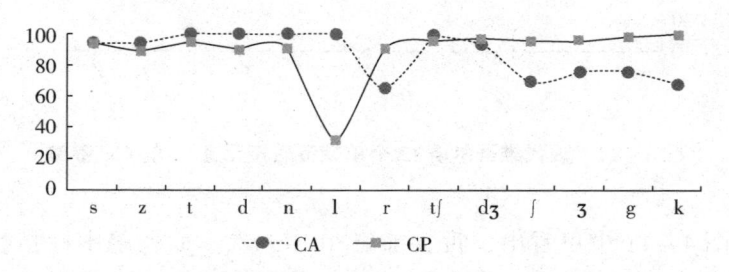

<chart: line graph showing CA (circles) and CP (squares) values for consonants s, z, t, d, n, l, r, tʃ, dʒ, ʃ, ʒ, g, k; y-axis 0-100>

图 4 – 10　现代维吾尔语 13 个单辅音后接元音/e/的 CA、CP 参数

CA 为靠前性指数，CP 为靠后性指数，取值范围在 0—1 之间，取值越接近 1 舌腭接触越靠前或者靠后。由图 4 – 10 中可看出，舌尖前音/d/、/t/、/n/的靠前性指数和靠后性指数值都很大，表明/d/、/t/、/n/的靠前性和靠后性都比较强，这是由于舌尖前音/d/、/t/、/n/后接元音/e/导致的，表现为在后腭也有较多的舌腭接触。舌尖前擦音/s/、/z/发音时舌腭接触基本发生在齿龈区，靠前性指数值要比靠后性指数值大。舌前塞擦音/tʃ/、/dʒ/发音时舌叶与上齿龈接触，主要的舌腭接触在齿龈区，造成靠前性指数较大、靠后性指数较小，塞擦音/tʃ/、/dʒ/有闭塞段，因此舌腭接触要比擦音/ʃ/、/ʒ/的多。舌面后塞音/g/、/k/发音部位靠后，而软腭并没有覆盖口腔的全部，基本没有覆盖软腭区，因此靠前性指数和靠后性指数都很大。边音/l/的靠前性指数很大，靠后性指数较小，这是因为边音/l/发音时舌尖抵住上齿龈，因而在前腭区有较多舌腭接触电极。颤音/r/在发音时舌尖向上硬腭卷起，留一条缝隙，气流冲击舌尖，使其连续颤动，总的舌腭接触电极指数较小，因而在前腭区和后腭区的舌腭接触也均比较小。

（2）趋中性指数（CC）

趋中性指数指的是舌腭接触的趋中程度，取值范围在 0—1 之间，CC 越接近 1 舌腭接触就越趋中。图 4 – 11 是现代维吾尔语 13 个单辅音后接元音/e/的 CC 参数。

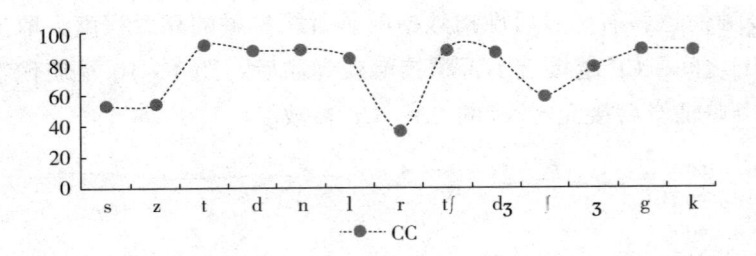

图 4 – 11　现代维吾尔语 13 个单辅音后接元音/e/的 CC 参数

　　从图 4 – 11 中可看出，舌尖前音/d/、/t/、/n/的趋中性指数较大，表明/d/、/t/、/n/的趋中性较强，原因是塞音发音时完全阻塞。舌尖前擦音/s/、/z/的趋中性指数值较小，这是因为舌尖前擦音/s/、/z/发音时不存在完全的阻塞，而是在舌尖与齿龈间留出缝隙，让气流通过，形成摩擦音。舌前塞擦音/tʃ/、/dʒ/和擦音/ʃ/、/ʒ/的趋中性指数值较大，它们的趋中性较强。舌面后塞音/g/、/k/发音时形成完全闭塞，趋中性指数值较大，趋中性比较强。边音/l/的趋中性指数值较大，表明它的趋中性比较强，/l/在齿龈区有较多的舌腭接触，且舌腭接触的部位比较集中于齿龈区的中部。颤音/r/的趋中性指数比较大，表明它的趋中性很强。

　　根据以上分析，我们把得出来的结论以表格形式表现如下（本书规定参数取值 81—100 为 + +，61—80 为 +，41—60 为 + -，40 以下为 -）。

表 4 – 10　现代维吾尔语 13 个单辅音后接元音/e/时，各个参数的情况

辅音类型	RCA	AC	PC	VC	Ant	Pst	CA	CP	CC
舌尖前音/d/、/t/、/n/	+	+ +	+ -	-	+ +	+ -	+ +	+ +	+ +
舌尖前擦音/s/、/z/	+ -	+ -	-	-	+ -	-	+ +	+ +	+ -
舌前音/tʃ/、/dʒ/、/ʃ/、/ʒ/	+	+	+	+ -	+	+ -	+ +	+ +	+
舌面后塞音/g/、/k/	+	0	+	+ +	+	+ +	+	+ +	+
边音/l/	-	+	+	0	+ -	0	+ +	+	+
颤音/r/	-	-	-	-	-	-	+ -	+	-

　　通过对比发现，舌尖前音/d/、/t/、/n/在前腭区有较多的舌腭接

触,这是因为其发音部位靠前,所以靠前性强,而且由于具有完全的阻塞特征,趋中性也较强。舌尖前擦音/s/、/z/由于不存在完全阻塞的属性,其靠前性比较强,并且因为舌腭接触基本发生在齿龈区,总的电极接触较少。舌前音/tʃ/、/dʒ/、/ʃ/、/ʒ/由于发音时舌叶与上齿龈接触,舌腭接触主要出现在齿龈区,因此靠前性比较强,但由于受到后接元音/e/的影响而出现靠后性特征,因此靠后性也比较强。舌面后塞音/g/、/k/发音部位靠后,能够采集到的舌腭接触不全,因而舌腭接触在前腭区表现少,在后腭区舌腭接触电极很多,靠后性很强。边音/l/发音时在舌尖部位形成阻碍,让气流从舌边流出,因而舌腭接触面积在齿龈区和前腭区的表现大,靠前性、趋中性强,靠后性比较弱。颤音/r/发音时,舌尖向上硬腭卷起,留一条缝隙,气流冲击舌尖,使其连续颤动,舌腭接触电极非常少,靠后性、趋中性也比较弱。

(二) 协同发音

1. 辅音/t/的变化

表4-11展示了辅音/t/在不同音节中被切分的关键矩阵,所有这些音节均以/ɑ/、/i/或/u/开头,以相同的辅音/t/结尾。从这些矩阵中,可以清楚地观察到,第一次发音和第二次发音在发相同音节时,似乎没有明显的差异,但是,在发不同音节时,却存在显著的差异,例如,在不同 VC 音节中的辅音/t/就有不同的位接触特征。

表4-11　　　　　　　　不同 VC 音节中的辅音/t/

at		it		ut	
第一次	第二次	第一次	第二次	第一次	第二次

在这些矩阵中,3个不同音节的辅音/t/舌腭收紧点均位于前半区,另外/it/中对应的后半区两侧的舌腭接触明显多于另外两个音节。

2. 辅音/s/的变化

在以相同的辅音/s/结尾的不同音节中辅音里,同音节第一次和第二次发音时/s/也表现出相同音节中的发音一致性，但是，在不同音节中，/s/也存在着显著的差别，这其中最大的差别在于舌头与软腭的接触。

表 4-12　　　　　　　　不同 VC 音节中的辅音/s/

as		is		us	
第一次	第二次	第一次	第二次	第一次	第二次

从辅音/s/的软腭区表明舌腭接触的电极数量来看，音节/us/的软腭分布接触电极要高于其他的音节。音节/us/比音节/as/和/is/在最后一行的舌腭接触要多：在关键矩阵的最后一行，音节/us/存在比其他音节更多的接触，含有三个电极，然而，在音节/as/和/us/中的最后一行则只有两个接触电极。

3. 辅音/l/的变化

在以相同的辅音/l/结尾的不同音节中辅音里，/l/的关键矩阵两次似乎不存在发音上的差异，但是在不同的音节中却存在明显的差异。最后四行电极的侧面在音节/il/中都有接触，而在音节/ɑl/和/ul/中却是完全不同的情况，尽管音节/ɑl/和/ul/中的接触模式几乎相同。

表 4-13　　　　　　　　不同 VC 音节中的辅音/l/

ɑl		il		ul	
第一次	第二次	第一次	第二次	第一次	第二次

表 4-13 展示了辅音/l/的后腭分布，可以明显观察到，在音节/il/中辅音含有较高的后腭分布。

4. 小结

在现代维吾尔语中，清辅音会传达其音节中前元音的发音部位和方法的信息。不同元音使相加其后的辅音改变自己原有的发音特征来与前面的元音构成协同性，甚至有时辅音改变其发音方法来与前置元音保持协同关系。这是因为元音的不同状况影响后置辅音，使后置辅音不得不通过细微的变化来改变自己原有的发音位置，以便与前置元音保持某种程度上的和谐性。然而，这种影响的程度还没有被分析，这将在未来的研究中进行挖掘。

第三节 现代维吾尔语元音发音生理特征分析

动态腭位仪能够采集在发音时出现的舌腭活动，即舌头与上腭接触时，对应的电极信号会被传送到计算机，这使口腔内原本难以察觉的舌腭发音生理变得可见。因元音发音时舌腭接触较少，嘴唇、软腭区的发音也受到仪器的采集限制，所以一般元音、唇齿音（发音不产生舌腭接触）、舌腭接触位置特别靠后的舌根音和半元音就不用动态腭位角度来分析。然而，我们从现代维吾尔语语音系统的内部结构来看，无一不是按照发音部位的前后特征及其一致性来构建；从音位分类、音位组合、元辅音和谐律到音位变体、语流音变都可以说是舌位发音前后特征的表现形式，也是产生其特征的内部规律。因此本书出于对以上特征的考虑，以单元音、单辅音以及各组合式的单音节、双音节和三音节词作为实验分析语料，通过元辅音音序转换手段，对不同元辅音组合时的元辅音发音生理进行分析和探讨，围绕音位及变体、音位组合规则、元辅音和谐律和语流音变等现象，提出了相关观点和见解。

前面章节已描写和分析元辅音在动态腭位上的不同发音生理表现，本节基于这一分析数据来探讨现代维吾尔语发音生理的语音形式表现，并探索其产生和发展规律。（注：因腭位图较占文本篇幅，且在第四节专门交代，故除非相关章节所需，一般不提供腭位图。有关单元辅音舌腭接触图、音位组合舌腭接触图、元辅音和谐律搭配腭位接触图等均以音频、视频和图片形式刻在光盘中）

一 元音及其变体

在动态腭位仪上，舌后元音因舌位太靠后，不产生任何意义上的舌腭接触，腭位图上是没有电极的，有腭位电极的是前元音和中元音系列，有前元音/y/、/e/（传统语音研究为中元音）、/ø/和中元音/i/四个，为了减幅，下面只提供有舌腭接触的以上四个元音腭位图。下面列出元音/i/、/y/、/ø/和/e/舌腭接触图。（注：为了便于在同页中进行对比，在下面列出的腭位图中，缩小了部分腭位图）

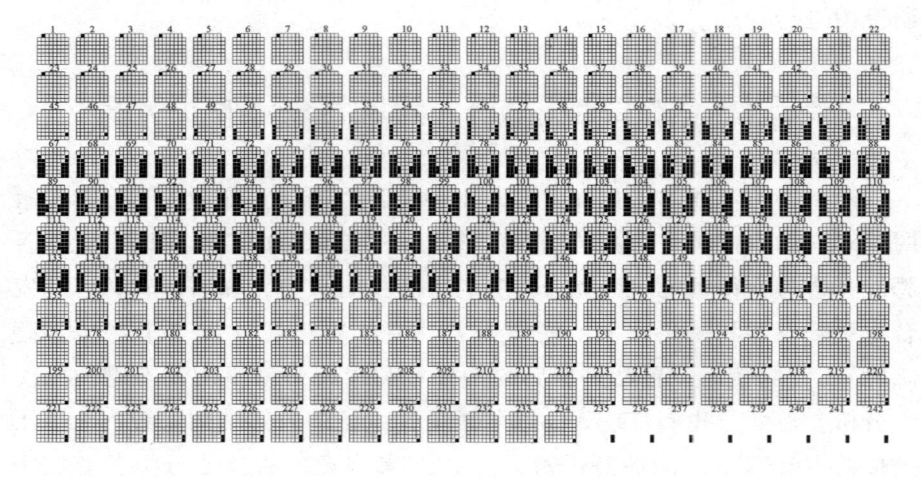

图 4–12 中元音/i/

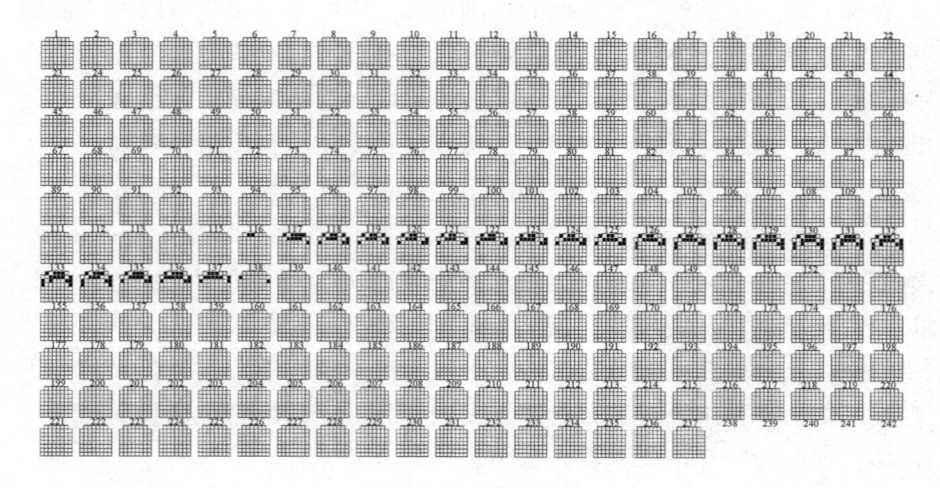

图 4–13 前元音/y/

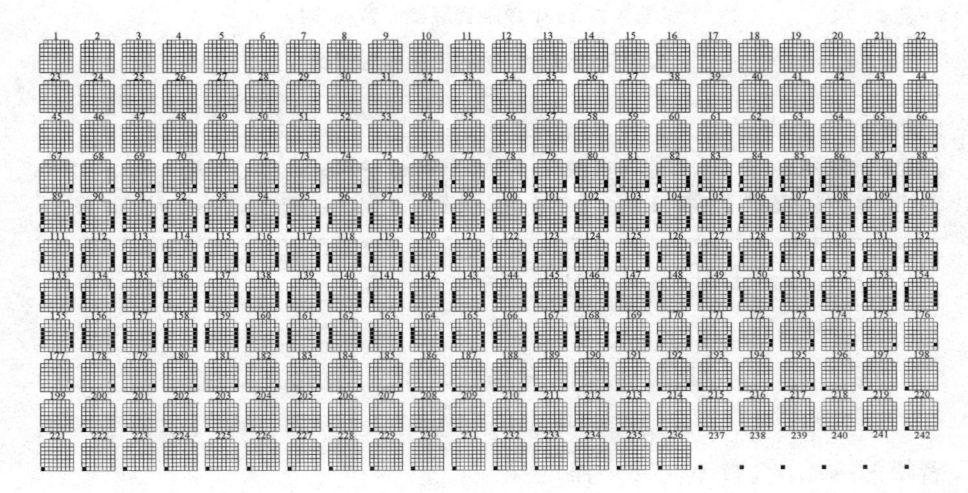

图 4 – 14 前元音 /ø/

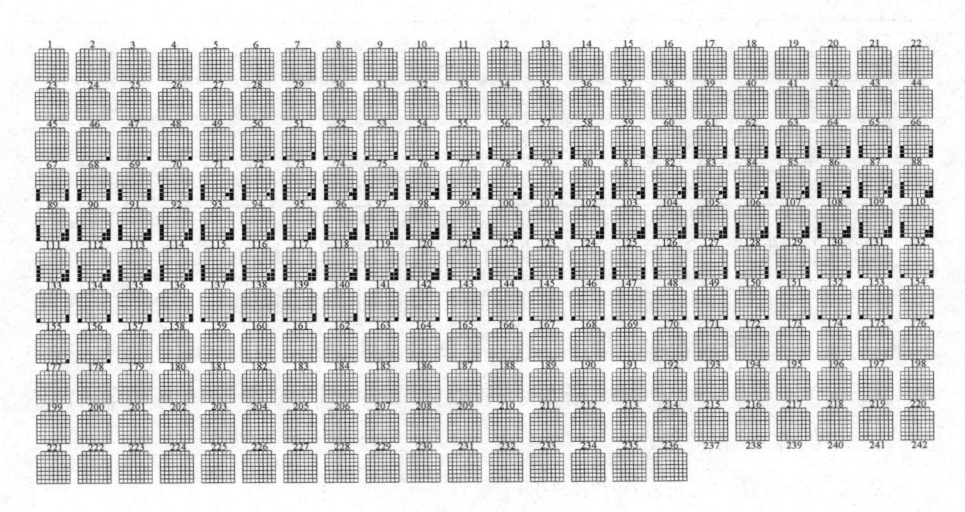

图 4 – 15 前元音 /e/

（一）获取前元音 /e/ 的腭位特征

通过对每一个辅音缀加一个 /e/ 来获得前元音 /e/ 的舌腭接触特征，并与单元音 /e/ 进行对比。

表 4 – 14　　　　　维吾尔语 13 个单辅音后接元音/e/时
舌腭接触最大帧时的舌腭接触情况

t	d	g	k	r	s	ʃ	z	l	ʒ	n	dʒ	tʃ

（二）获取其他元音腭位特征

1. 词表的设计

/ɑ/、/i/、/u/是最特殊的元音，其中，/ɑ/的开口度最宽，/i/的开口度最窄，而/u/的发音则更靠后。选择三个元音与维吾尔语里的辅音搭配构成 VC 音节（元 + 辅）。

表 4 – 15　　　　　　元音/ɑ/、/i/、/u/和辅音的搭配

辅音 元音	t	l	s	z	ʃ	q	h	j	tʃ	ŋ	ʁ	r	n
ɑ	ɑt	ɑl	ɑs	ɑz	ɑʃ	ɑq	ɑh	ɑj	ɑtʃ	ɑŋ	ɑʁ	ɑr	/
i	it	il	is	iz	iʃ	/	/	/	itʃ	/	/	/	/
u	ut	ul	us	uz	/	uq	uh	uj	utʃ	/	/	ur	un

在现代维吾尔语中，并非所有的辅音都可以同时置于/ɑ/、/i/、/u/这三个元音后面（这里考虑的是有意义的音节结构），除了少数几个辅音外，大部分辅音可以做到。本书将通过分析元音/ɑ/、/i/、/u/和辅音/t/、/l/、/s/之间的搭配，来放大具有相同元音或相同清辅音的音节之间的细微差别。

2. 维吾尔语 VC 音节中的协同发音

下面我们可以从不同的 VC 音节中分析元音对不同辅音协同发音的影响。

（1）VC 音节中元音对辅音"t"的影响

在前面探讨的辅音变化中展示了辅音/t/在不同音节中的变化形式（第四章现代维吾尔语语音动态腭位研究，第二节基于动态腭位仪的现代维吾尔语语音腭位数据库，三、基于动态腭位仪的现代维吾尔语音位变体，（二）协同发音，1. 辅音/t/的变化），即辅音/t/在不同音节中

被切分的关键矩阵特征，所有这些音节均以相同的辅音/t/结尾，以/ɑ/、/i/或/u/开头。从这些矩阵中，可以清楚地观察到，第一次和第二次在发相同音节时，似乎没有明显的差异，但是在发不同音节时却存在显著的差异。

表 4 – 16　　　　不同音节中辅音/t/的动态腭位前半区表现

at		it		ut	
第一次	第二次	第一次	第二次	第一次	第二次
▪▫▪▪▪ ▫▪▪▪▫ ▫▪▪▪▫	▪▪▫▪▪ ▪▪▪▪▪ ▫▪▪▪▫	▪▪▪▪▪ ▪▪▪▪▪ ▪▪▪▪▪	▪▪▪▪▪ ▪▪▪▪▪ ▪▪▪▪▪	▪▪▪▪▪ ▪▪▪▪▪ ▪▪▪▪▪	▪▪▪▪▪ ▪▪▪▪▪ ▪▪▪▪▪

在这些矩阵中，两个/ɑt/矩阵在前两行中并没有完全接触，而/it/和/ut/矩阵在前两行中则几乎全部接触。"第一次"表示音节的发音人第一次发音，"第二次"表示发音人第二次发音，它呈现了舌腭接触前部和齿槽的分布，分布主要包括矩阵图中的前三行。在音节/ɑt/中的发音时舌腭接触的趋前程度比音节/it/和/ut/相对较低，并且在齿龈区（腭位图前三行）接触的电极数量方面它们的差异更加明显：音节/ɑt/中/t/的发音收紧靠前程度比音节/it/和/ut/中/t/的程度要低。

（2）VC 音节中元音对辅音/s/的影响

通过对比研究发现，在以相同的辅音/s/结尾和/s/开头的不同音节中辅音/s/的关键矩阵，发音人的第一次和第二次发音也表现出相同发音一致性。

表 4 – 17　　　　不同音节中辅音/s/的动态腭位仪表现

as		is		us	
第一次	第二次	第一次	第二次	第一次	第二次

但是，在不同音节中，也存在着显著的差别，这其中最大的差别在

于软腭的接触。/sasa/中的/s/以第 93 帧为代表，腭位最后两行仅最两侧一行稍有接触；/sasu/中的/s/以第 84 帧为代表，尽管类似于/sasa/中的/s/，但其舌腭收紧度要更低一些；/sasi/中的/s/以第 97 帧为代表，其舌腭收紧度高于前两者，在腭位图上可看出腭位最后两行的左侧两行和右侧两行接触更多。

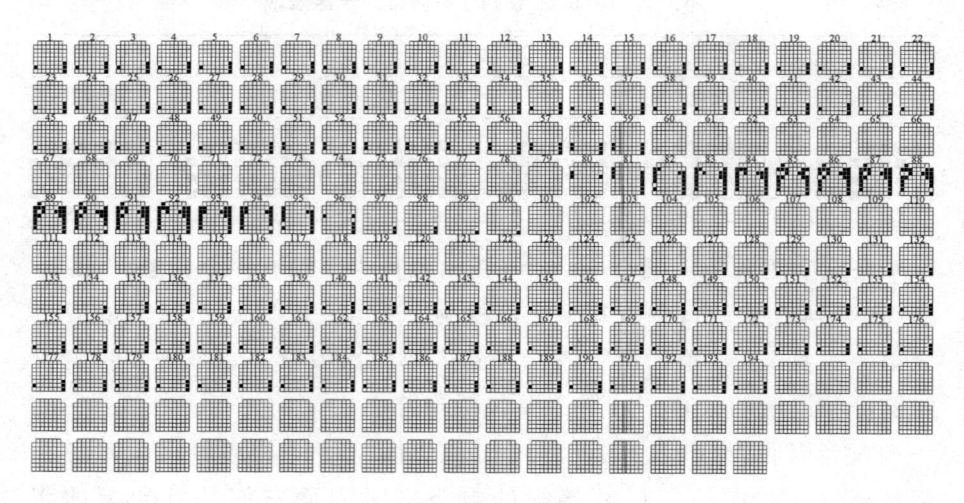

图 4 – 16　/sasa/中的/s/

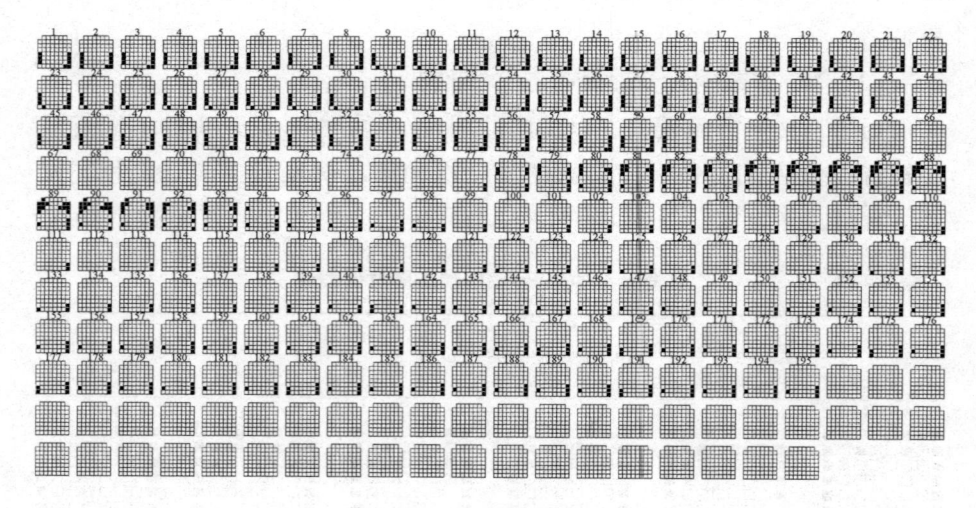

图 4 – 17　/sasu/中的/s/

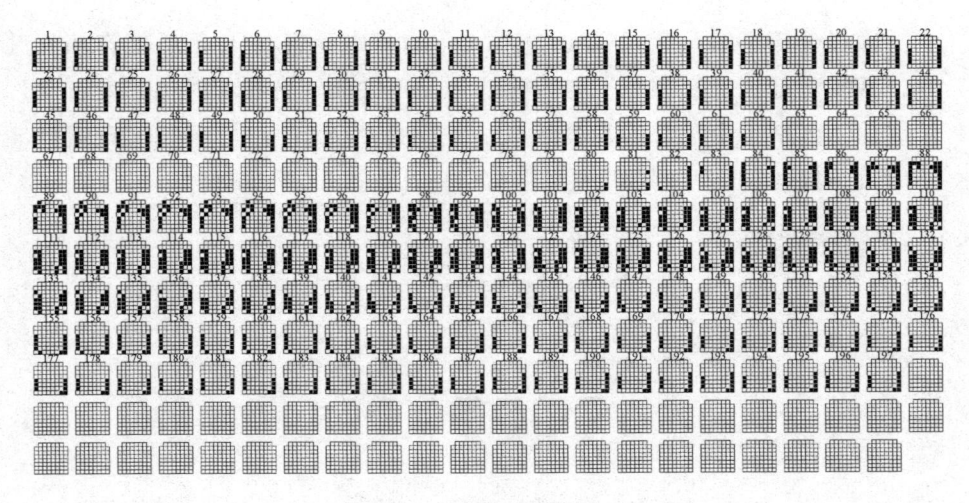

图 4 – 18　/sasi/ 中的 /s/

3. 维吾尔语 VC 或 CV 音节中的元音表现

当舌后元音出现在 VC 音节中时，其发音生理上的特征具有相邻辅音的部位特征，但仍保留其舌位的固定性，当相邻为舌后辅音时，其舌后特征被强化，而处于舌前辅音或舌尖前辅音时，其发音靠后性表现为趋中。由于末尾音起到收音作用，对相邻中的前置元音影响较大，因此在 VC 音节时所受相邻音位影响程度要比 CV 音节时强；当舌前元音出现在 VC 音节中时，其发音生理上的特征同样具有相邻辅音的发音部位特征，但仍然具有舌位上的靠前特征，当相邻辅音为舌前辅音时，其靠前性被强化，而相邻为舌后辅音时其舌位倾向于靠后，比单独时的发音部位表现靠后。然而，中元音具有双重性特征，既有靠前性也存在靠后性特征；中元音 /i/ 的发音生理位置不仅随着相邻的辅音有所变化，甚至与隔音在发音部位上也产生关系，其表现形式多为弱化、增音等。舌尖中辅音对前后元音的影响并不太大，反而较多地受前后元音的影响，尤其是 /ɑ/ 和 /ɛ/ 的影响，其发音生理上的表现形式为音变现象。

以上元音发音生理上的不同表现主要以元音和谐律和语流音变形式更具体的出现，下面重点探讨元音在元音和谐律、语流音变等形式中的发音生理表现。

通过分析了解，后元音/ɑ/、/u/、/o/和中元音/i/与舌后辅音相邻时，其发音部位确实靠后，与舌前辅音、舌尖前辅音相邻时，其发音部位靠前，区别于单独时的发音形式，下面是后元音/ɑ/与不同辅音组合中的舌腭接触图，罗列顺序为：[dɑdɑ]、[dɑdu]、[dɑdo]。

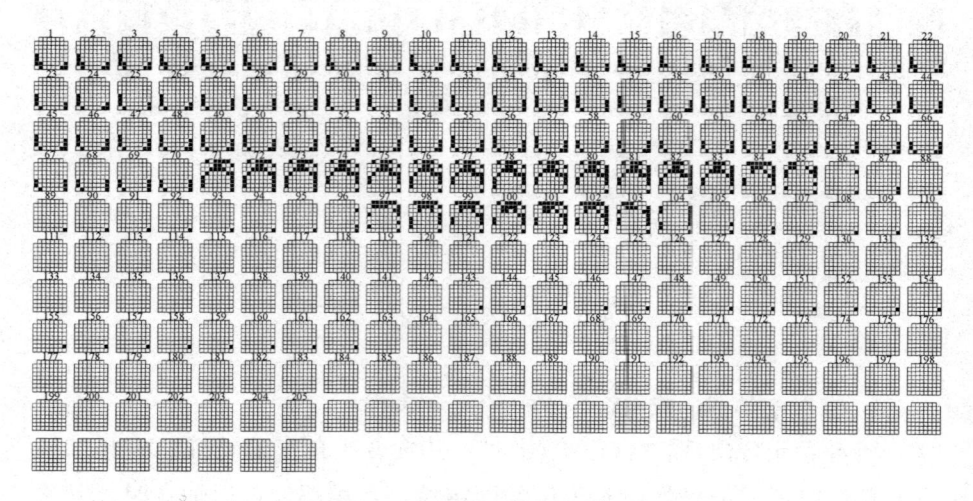

图4-19 例词/dɑdɑ/的腭位图

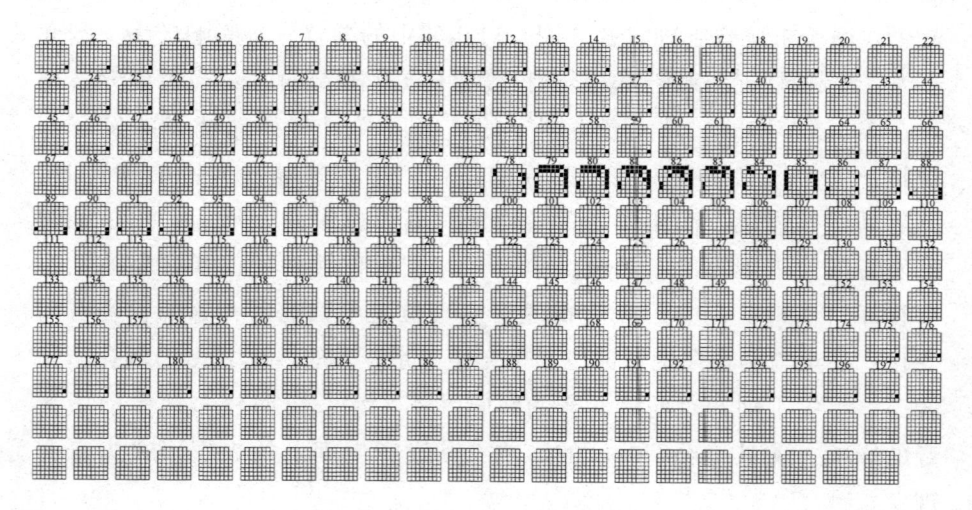

图4-20 例词[dɑdu] 腭位图

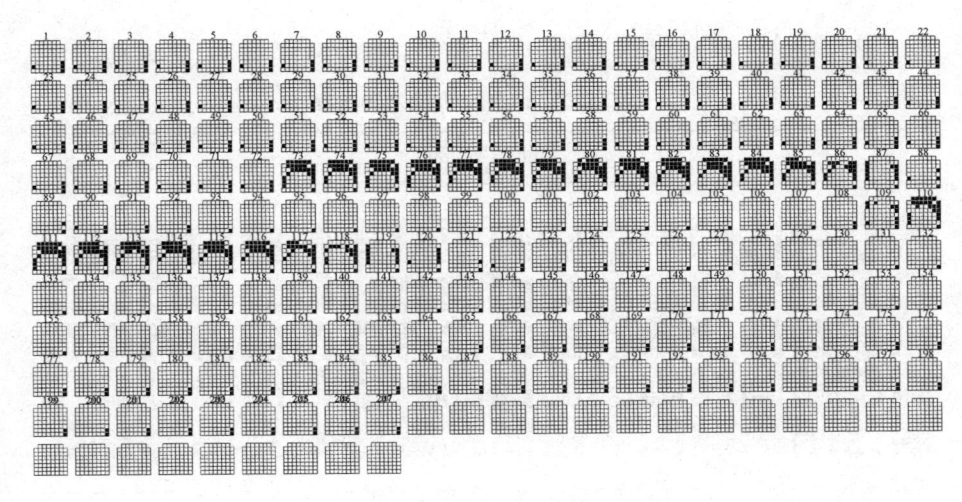

图 4 – 21　例词/dɑdo/腭位图

4. VC 音节中单元音/i/及其变体

为了便于比较，下面列出单元音/i/的腭位图及在辅音组合中的变体形式。

表 4 – 18　　　　　　　　单元音/i/的发音过程

形成气流通道	保持	解出气流通道
54—71	72—93	94—100

从单元音/i/发音过程中的细节可看出，/i/的发音过程可以分为三个步骤：成阻、持阻、解阻。

从第 54 帧到 71 帧表示第一步骤，即发音气流通道形成，并且在该阶段没有稳定的发音方式；从第 72 帧到 93 帧表示第二步骤，即发音气流通道保持，并且只有在这个步骤中，可以保持发音的方式而没有显著的变化；从第 94 帧到 100 帧给出发音气流通道逐渐解除的证据，在这个步骤中，发音的方式开始逐渐消退。下面从辅音组合中发现元音/i/的不同表现。

(1) 在 VC 音节 /it/ 中的 /i/

表 4–19　　VC 音节 /it/ 中的 /i/ 的发音过程

VC 音节 /it/

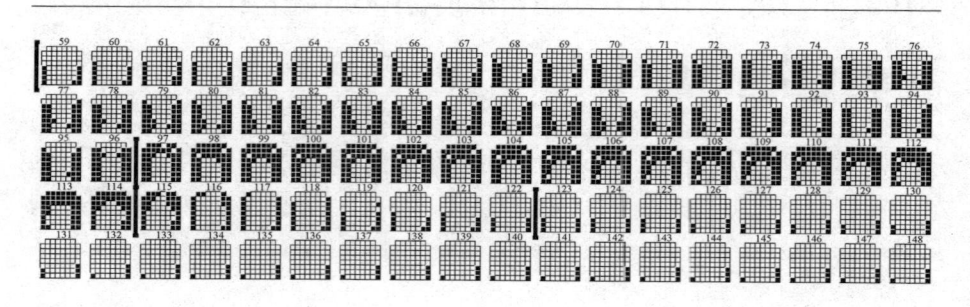

/i/			/t/		
形成气流通道	保持	解除气流通道	成阻	持阻	解阻
59—85	86—88	89—95	96—97	98—114	115—122

　　观察 VC 音节 /it/ 的详细发音过程，其中 /t/ 的发音过程通常可以分为三个步骤：成阻、持阻、解阻。根据上述标准的衔接过程分类：从第 96 帧到 97 帧表示成阻过程；从第 98 帧到 114 帧显现持阻过程；从第 115 帧到 122 帧给出了解阻过程的证据。

　　然而，这种划分不是特定的，高元音 /i/ 在 VC 音节 /it/ 的发音细节被故意省略。为了准确地和更好地理解高元音 /i/，一个更具体的划分方法是将 VC 音节的发音过程分为三个阶段：高元音 /i/、转换和延迟辅音 /t/。

　　上述两个发音过程相互联系。因为延迟辅音 /t/ 在 VC 音节 /it/ 的成阻过程中，说话者同时发音为高元音 /i/，因此，在第一次分裂中延迟辅音 /t/ 的成阻过程可以被视为高元音 /i/ 在 VC 音节 /it/ 中的整个发音过程。所以第二次分裂是更具体、更容易被理解的。

　　为了区分 VC 音节 /it/ 中的高元音 /i/ 和单元音 /i/，进行以下比较。

表 4-20　元音/i/的发音过程和 VC 音节/it/中的/i/的对比

	形成气流通道	保持	解除气流通道		
/i/	54	71	72	74	85
/it/	59	71	76	86	91

对比单元音/i/和/it/中的高元音/i/的发音过程，我们可以明显地得出结论，单元音/i/和/it/中的高元音/i/的接近过程彼此相似，从技术上讲，舌头强化了硬腭（其指第 4—6 行）和软腭（其指第 7—8 行）的界限。然而，单元音/i/和/it/中的高元音/i/的发音过程在第二个步骤即开始存在最明显的区别。更准确地说，/it/中的高元音/i/的第二个步骤的开始时间比单元音/i/更晚。因此，/it/中的高元音/i/是单元音/i/的音位变体。

(2) 在 VC 音节中的/i/的音位变体

通过以上分析我们可以发现，/i/与延迟辅音协同发音时/i/会发生某种改变。所以元音/i/值得进一步研究其音位变体。

在现代维吾尔语 VC 音节中，元音/i/可以与辅音/t/、/l/、/ʃ/、/z/和/tʃ/协同发音，以便探索/i/在 VC 音节中的音位变体，以及元音/i/在/il/、/is/、/iʃ/、/iz/和/itʃ/中的协同发音过程，正如上述所描述的/it/那样。下面我们通过对比，可以窥见元音/i/对不同 VC 音节组合中辅音影响的不同表现。

表 4-21　　　　　　与 /i/ 不同 VC 音节中辅音的发音过程

	成阻		持阻		解阻
/i/	54	71	72	74	85
/it/	59	71	76	86	91
/il/	68		76		83
/is/	43		52		60

第四章 现代维吾尔语语音动态腭位研究 | 81

续表

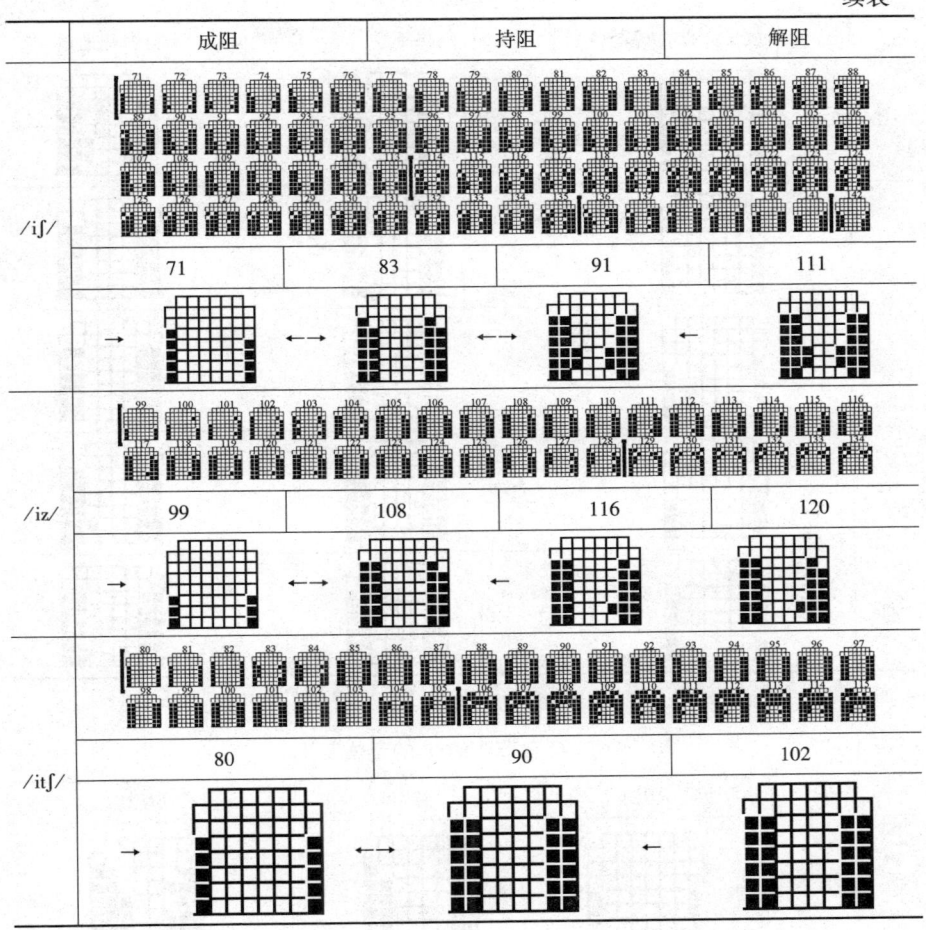

	成阻	持阻	解阻	
/iʃ/	71	83	91	111
/iz/	99	108	116	120
/itʃ/	80	90	102	

表 4–22　　　　不同 VC 音节中的 /i/ 与单独 /i/ 的对比

	形成气流通道	保持	解除气流通道
/i/			
/it/			

续表

	形成气流通道	保持	解除气流通道
/iʃ/	→ ←	→ ←	
/il/	→ ←	→ ←	
/is/	→ ←	→ ←	
/iz/	→ ←	→ ←	
/itʃ/	→ ←	→ ←	

表 4–23　　　　　　　　不同 VC 音节中的 /i/ 的音位变体

元音 /i/	成阻	持阻	解阻
/i/	→ ←	→ ←	
/it/, /iʃ/	→ ←	→ ←	
/il/, /is/, /iz/, /itʃ/	→ ←	→ ←	

通过比较和概括，可以得出结论：单元音 /i/ 的发音方式和位置会稍微改变以习惯于现代维吾尔语 VC 音节中的延迟辅音。另外，将两个

音位变体的发音方式和位置加以概括。单元音/i/的发音通过硬腭和软腭前部的收缩（从第5行到第7行）实现；/i/的第一个音位变体通过硬腭后部和软腭前部的收缩（从第6行到第7行）实现；/i/的第二音位变体在没有明显收缩的情况下实现。

简而言之，/i/的第一个音位变体与/it/、/iʃ/中的延迟辅音/t/、/ʃ/相关，其有着比单元音/i/更短的空气通道。然而/i/的第二个音位变体与/il/、/is/、/iz/、/itʃ/中的延迟辅音/l/、/s/、/z/、/tʃ/相关，其有着比单元音/i/及其第一个音位变体更宽和更长的空气通道。

二 元音和谐规律

同阿尔泰语系中的其他语言一样，现代维吾尔语元音和谐律在书写方面具有记录性特征，其在同一个单词中会有协同发音的标记，也即人们通常所认为的元音和谐。一些语言学家认为这种元音和谐属于同化现象，但这种理解没有被广泛接受。因为同化属于语流音变的现象，传统上认为语流音变只反映在口语中而不是书面语中。与同化现象不同的是，由于元音和谐必须在同一个单词中进行，所以它同时反映在口语和书面语中。根据发音部位和发音方法的不同，元音和谐总是与协同发音联系在一起，这就使我们必须通过考察协同发音的生理过程来探索和预测元音和谐的轨迹。

下面是元音和谐规律的搭配组合形式，表现为前后和谐与唇状和谐两种模式，但唇状和谐要受前后和谐的制约。双音节元音和谐包括双音节词干内部和单音节词干与词缀构成的元音和谐，它们的元音匹配关系一致，即第一音节为前元音 ä、ö、ŭ、e、i 时，第二音节多以元音 ä、e、i 与之匹配；第一音节元音为后元音 α、o、u 时，第二音节常以元音 α、u 与第一音节的元音匹配。中性元音 i、e 可与前、后元音以及中性元音较自由地匹配（固有词的元音 o、ö 不出现在第二音节）。

元音和谐的构成模式有：α-α、ä-ä、ä-ŭ、α-u、ŭ-ŭ、u-u、ŭ-ä、u-α、ö-ŭ、o-u、ö-ä、o-a 等 12 种。双音节元音和谐形式有：前—前、后—后、前圆—前圆、前不圆—前不圆、后圆—后圆、后不圆—后不圆、前—中性、后—中性、中性—前、中性—后、中性—中性，共 11 种。

三音节元音和谐是在双音节元音和谐的基础上构成的，通常第三音节元音由第二音节元音的特征决定，当第二音节为中性元音而第一音节为非中性元音时，第三音节元音由第一音节元音的特征决定。由于辅音和谐律除了部分的隐含式和谐律形式外，大部分较有规律，其结构较简单，因此下面主要探讨变化多样性的元音的和谐律。

（一）显性和谐律

现代维吾尔语元音的前后和谐律非常规整，只要有足够的选择余地，词根或词干有规则、有规律地构成前前、后后和谐的音节结构。表4-24就是以四个成对的词缀为依据构成的元音和谐的音节结构（它们同时也是辅音和谐的例子）。

表 4-24　　　　　　　　词根有四个词缀缀加式表现

音节序号	发音部位	词根	位格	意思
1	前	mɛn（我）	dɛ	mɛndɛ（在我）
	后	qɑn（血）	da	qɑnda（在血上）
2	前	mɛktɛp（学校）	tɛ	mɛktɛptɛ（在学校）
	后	ular（他/她/它们）	da	ularda（在他/她/它们）

现代维吾尔语元音和谐律从发音部位来看规则性非常明显，本族语词内部很少出现破坏性，因此我们主要探讨词缀少时的和谐律特征（本节内容只探讨实验分析结果，有关语音学探讨部分的内容，我们将在第五章深入探讨）。

（二）隐性和谐律

现代维吾尔语中有时出现单个词缀的情况，这时也需要按照元音和谐律构成音节结构。下面列举当只有一个词缀可缀加时所构成的元音和谐律音节结构并对维吾尔语元音/ɑ/、/u/和/i/进行和谐律分析。

表 4-25　　　　　　　　词根有一个词缀缀加式表现

序号	发音部位	词根	宾格	意思
1	前	tɛn（身体）	ni	tɛnni（把身体）
	后	par（暖气/贿赂）	ni	parni（把暖气/贿赂）
2	前	mɛktɛp（学校）	ni	mɛktɛpni（把学校）
	后	ular（他/她/它们）	ni	ularni（把他/她/它们）

1. 元音/ɑ/、/u/、/i/的和谐律

我们认为元辅音和谐是协同发音的一种，它是以发音生理为依据的语音规律；元音和谐律是在词干后面加词缀时，按照其舌位前与后的区别特征来选取可搭配的合理词缀；清与浊的区别特征是以元音和谐律为基础，以辅音的发音方法为主，即以清浊特点为标准选取可缀加的词缀形式。现代维吾尔语中的元音和谐律是按照/φ/、/y/和/ɛ/被认为是前元音，而/ɑ/、/o/和/u/被认为是后元音的前提进行的。单词内部和谐在现代维吾尔语中是相对较弱的，但是当词缀加在词干后面时，某些后缀元音或者辅音会与词干产生和谐。

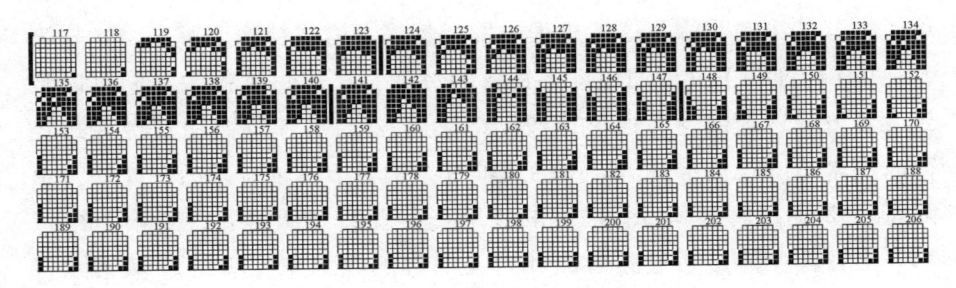

现代维吾尔语中的元音根据舌位的前后可以分为三对，且是相互对立的三对，其中会产生元音和谐的有两对：前元音/ɑ/、/o/、/u/和后元音/φ/、/y/、/ɛ/。中元音/e/、/i/舌位趋中，因此兼有前后协调功能，即随着前后相邻的辅音来调节自己的舌位保持前后一致性。不考虑单词构成的话，和谐可以发生在含有前元音或者后元音的单词中，这会使后缀产生两种变体：前元音变成前元音后缀，后元音变成后元音后缀。例如："/ɑt/+/qɑ/"（向马）、"tyn+dɛ"（在晚上）。简言之，即当一个词干位于前元音后面时候，将会用词缀的前一个变体；同样的，当一个词干位于后元音后面时候，则使用后元音后缀。

图4-22 单辅音/t/的发音过程

通过上述13个辅音和元音/ɑ/、/i/、/u/结合时的腭位特征数据，我们已获得有关/ɑ/、/i/、/u/的腭位数据，该数据证明/ɑ/具有最宽泛的开合性，/i/具有最狭窄的开合性，/u/则最具有拓展性（繁衍性），这几种体现了三个极端舌位的现代维吾尔语元音（/u/是前元音，/ɑ/

是后元音，/i/是中元音），由于电子腭位只能检测舌头与上腭的接触，而元音中除了/i/、/ɑ/、/u/很少发生此类接触，所以我们将辅音/t/等13个辅音分别搭配元音/ɑ/、/u/、/i/一起测试，展现出了舌腭的前部接触和齿槽区的分布，主要由前三行矩阵展示这一特点。

下面为了便于分析，我们以辅音/t/为例解析/ɑ/、/u/、/i/的发音生理特征。

表 4 – 26　　　　　　　辅音/t/在不同 VC 音节中的表现

ɑt	it	ut

表 4 – 26 中 ɑt 的/ɑ/具有最宽泛的开合性，it 的/i/具有最狭窄的开合性，ut 的/u/则最具有拓展性。

2. 中元音/i/的和谐律

表 4 – 27 解释说明了单元音/i/的发音位置细节，我们可以将/i/的发音过程分为三个步骤：形成气流通道，保持，解除气流通道。矩阵第 54—71 帧正是第一个步骤开始慢慢形成气流通道，矩阵第 72—93 帧表示了发音的第二步骤，这一过程中发音气流通道保持稳定不变。矩阵第 94—100 帧证明了气流通道逐渐瓦解的过程，在这一过程中我们可以看到发音方式逐渐回落。通过比较归纳辅音/i/的发音位置和发音方式轻微改变来适应现代维吾尔语中的元辅音结构音节的辅音延后。此外，单元音/i/是通过腭部和舌骨前部的收缩来实现的（从第五行到第七行）。第一个音位变体是通过腭后部和舌头前部的收缩来实现的（从第六行到第七行）。第二个音位变体却不需要明显的收缩过程来完成。简单来说，首先与延迟辅音/t/相关的/it/中的/ʃ/、/iʃ/，涉及比单元音/i/更短的送气音，第二部分是有关于延后辅音/l/、/s/、/z/、/tʃ/，在/il/、/is/、/iz/、/itʃ/中有着比/i/和它自己第一种音位变体更广更长的送气音。下面我们再通过对单元音/i/的发音过程和组合搭配中的发音表现进行对比。

表 4–27　　　　　　　　　单元音 /i/ 的发音过程

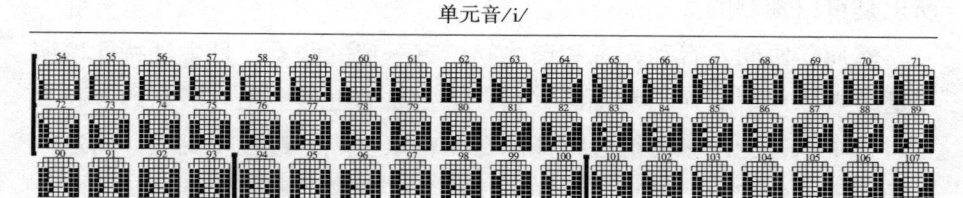

单元音 /i/		
形成气流通道	保持	解除气流通道
54–71	72–93	94–100

表 4–28　　　　　　　元音 /i/ 在不同 VC 音节中的音位变体

元音 /i/	形成气流通道	保持	解除气流通道
/i/	→	← → ←	→
/it/, /iʃ/	→	← → ←	→
/il/, /is/, /iz/, /itʃ/	→	← → ←	→

通过上述实验中对比单元音 /i/ 以及它的两种音位变体所反映，我们可以很好地解释它的双重特征的特点。在现代维吾尔语中，元音 /i/ 通常承担两种元音和谐，这也就是说它有时需要前元音后缀，而有时则需要后元音后缀。我们可以从实验中得出有关于元音 /i/ 和辅音关系的重要启示，即联合发音。根据联合发音的特征和上述实验的结果，我们现在可以很好地解释元音 /i/ 的难点：在元音和谐过程中，是否添加前元音或后元音完全取决于辅音。

我们的实验表明，现代维吾尔语中的元音和谐规律可能是一种协同发音现象，但它又与协同发音不同，因为它在语音发音之前就已经被编程了，换句话说，后者是在言语生成的过程中发生的，有时它是无法测量的，但每个音素在元音和谐中都有一个坚实的规律，它是有规律的，所以是可以预测的。

然而，协同发音和元音和谐之间也有一定的联系，且生理特征说明了这一点。众所周知，发音器官在言语生成的过程中是有限制的。在发音过程中，避免困难的惰性特征总是在言语生成的过程中发生，而进一步导致语变的变化，例如同化和异化现象，和谐的规则在某种程度上总依赖于生理特征，因此它也包含了某种懒惰的性格。

3. 小结

现代维吾尔语的元音和谐是一种协同发音的现象，这与生理特点息息相关，并且这种现象是有规律的且是可预测的。发音器官的局限性不仅反映在它的既定形式上，也反映在它的易碎现象中。现代维吾尔语中的外来词会有某些非和谐现象，但这也反映了生理特征，不论前一音节是前元音还是后元音，后者总是比较重要的，这在元音和谐中发挥着重要的作用。

在现代维吾尔语中，元音/i/也显示了音节中前辅音和后辅音的发音部位。也就是说，它会改变最初的发音部位，使其与前、后的辅音产生和谐律。

第四节 现代维吾尔语辅音发音生理特征分析

传统语言学以"口耳之声"为主，主要以辅音的听觉感知作为分析基础，对辅音的发音方式和部位进行静态描写，忽视了发音的动态过程。语言交流由音位和音位的前后搭配中动态地发生，而在人的言语产生过程中，与舌头接触得最多的被动发音器官是上腭。所以将定制的假腭佩戴在发音人的口腔中就能够精确模拟出舌头与上腭的前后等接触情况，这样我们可以使此时的舌腭接触间接地反映出发音人发出某个音的舌动特征。这就是后来出现的动态腭位，它弥补了传统语言学对语音（主要是辅音）静态研究的不足之处，能动态地反映言语产生时舌腭接触的动态变化。动态腭位早期研究内容多为语言教学，尤其是在腭裂术后病人的语言恢复方面起到重要的作用，后来逐渐引入语言研究中。从当前的现状来看，动态腭位的语言研究主要涉及基本辅音研究、协同发音研究以及韵律研究。到目前为止，关于动态腭位仪的研究有：McAuliffe 等使用动态腭位仪对英文辅音中/t/、/l/、/s/的发音时间进行定量分析，间接证实了发音时个体的舌腭接触的相对固定性；Ellis 等运用动态腭位证实了英语发音中软腭音（如/k/、/g/）和齿龈音（如/t/、/d/）的语音连续现象（Assimilation）；UCLA 的 Cecile Fougeron 等人利用动态腭位研究了美式英语词首、词中和词尾的不同舌腭接触状况并阐述了韵律对舌腭接触的影响规律；韩国汉阳大学的 TAehong Cho 等人结合 EPG 对韩语进行研究，得出韵律层级较高的词首辅音发音增强且舌腭接触增多，同时发音时间相对延长的结论；中国社科院民族所利用动态腭位仪揭示了韵律词边界存在的协调发音现象并提出了解决合成自然度问题的方案。为了揭示发音时舌腭接触状态的复杂性，使对维吾尔语标准语的研究更加科学、准确，本节通过前面提到的自编分析软件提取各个参数，对维吾尔语进行分析，以丰富和修正传统语音学的若干解释和理论。

维吾尔语中单辅音共有 24 个，发音时都必须同元音/e/拼读且有实际意义。其中舌后辅音ڭ/ŋ/，小舌辅音غ/ʁ/、خ/x/、ق/q/，舌根辅音（喉辅音）ھ/ɦ/发音部位靠后，双唇辅音ب/b/、پ/p/、م/m/和唇齿辅音ف/f/超出动态腭位仪采集范围，舌面辅音ي/j/和唇齿辅音ۋ/w/为半元音，有元音的性质，所以这些单辅音不在研究之中，其余 13 个辅音即舌尖前辅音س/s/、ز/z/，舌尖中辅音ن/n/、د/d/、ت/t/、ل/l/、ر/r/，舌前辅音ج/dʒ/、چ/tʃ/、ژ/ʒ/、ش/ʃ/和舌后辅音ك/k/、گ/g/均由舌腭接触造成阻碍或阻塞调音，因此本节主要研究这 13 个单辅音。

一 舌前辅音发音生理特征分析

（一）分析

下面我们通过腭位图依次对现代维吾尔语辅音进行分析。（注：在后面的表述中，为了便于对比，我们对部分表、图和文字进行了缩小处理。另外，对应的参数图的横坐标为帧，纵坐标为百分率×100）

1. ﺝ/ʤ/

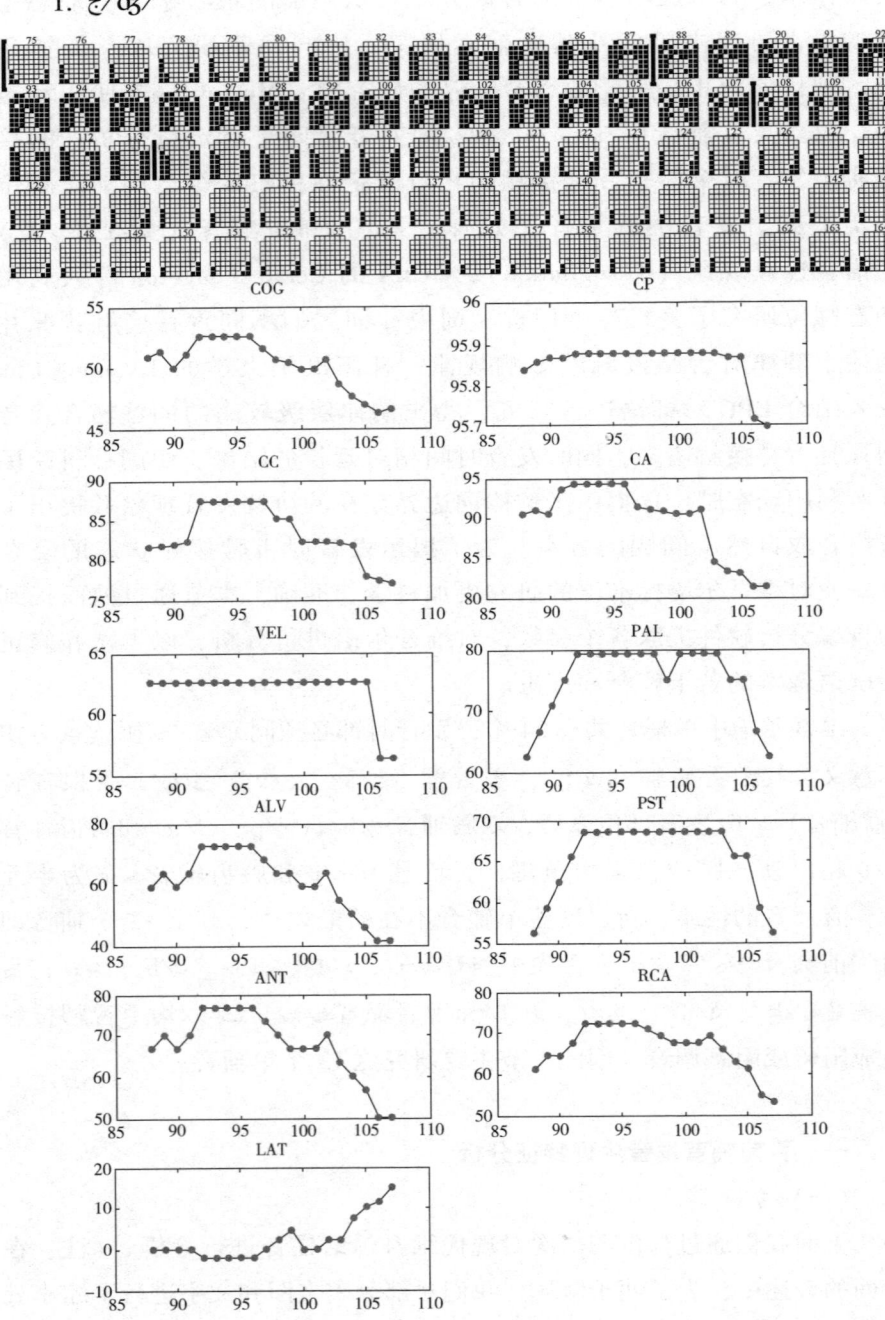

图4-23 辅音/ʤ/的发音过程

从图 4-23 中可观察出，辅音/ʤ/的舌腭接触情况如下：舌腭在第 75 帧时仅在后腭区产生少量的舌腭接触，从第 75 帧后舌头两边开始同上腭接触并逐渐使两侧形成封闭状态，其特点具体表现为假腭的第 1、2 列和第 7、8 列逐渐产生电极被舌腭接触所激活的现象；然后舌面开始收紧，其特征由腭位图前 4 行舌腭接触开始增多来表现；到第 87 帧时舌头两侧开始同上腭接触彻底形成封闭回路，舌头同上腭第 3 行接触形成口腔前端气流阻塞结构。根据此阻碍阶段的特征，我们将第 75 帧至第 87 帧的舌腭接触状况划分为塞擦音/ʤ/的成阻段。

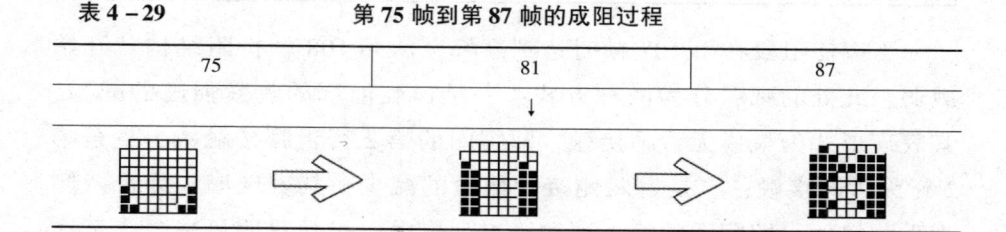

表 4-29　　　　　　　第 75 帧到第 87 帧的成阻过程

75	81	87

据表 4-30 显示，从第 87 帧至第 104 帧，舌头两侧开始同上腭接触，初步形成封闭回路与舌头同上腭第 3 行接触的图，可以发现这时舌腭接触形成口腔前端气流阻塞结构，此结构一直保持，且保持相对稳定性，所以我们把舌腭接触的第 87 帧至第 104 帧的状况划分为塞擦音/ʤ/塞持阻段。此时开始的阻碍持续状态呈现出细微的变化，即持阻结构在第 87 帧初步形成时，其结构特征为单薄，并且舌前端与上腭收紧程度也不够高，在舌腭接触中表现为仅在第 3 行舌腭完全接触；从第 87 帧到第 97 帧，收紧程度在持阻阶段明显增强，持阻接触的前部收紧程度明显增强，表现为腭图的第 2、3、4 行和第 3 列和第 6 列接触明显增多；从第 97 帧到第 104 帧，收紧程度开始减弱，持阻接触的减弱性表现为腭图的第 2、4 行接触明显减少。当第 104 帧到第 105 帧口腔前端时，受阻的气流阻塞结构破裂，仅留有 1 列开口供气流流出。从第 105 帧到第 107 帧，仅留有的 1 列开口仍然保持，所以我们将第 104 帧到第 105 帧的舌腭接触状况划分为塞擦音/ʤ/擦持阻段。此时的持阻接触在发音过程中有细微的变化，其特征表现为在第 105 帧到第 107 帧过程中，这时刚开始持阻结构两侧的第 6 行和第 7 行的第 3、6 列电极接触较多，但到第 107 帧时，第 6 行和

第 7 行的第 3、6 列电极接触明显减少，表明在后腭的舌腭收紧减弱。因此，将第 88 帧到第 107 帧划分为塞擦音/ʤ/擦阻段，其中第 88 帧至第 104 帧为塞持阻段，第 105 帧到第 107 帧为擦持阻段。

表 4-30　　　　　　第 87 帧到第 107 帧的持阻结构的变化

87	97	104	105	107
↓	↑	↑	↑	

当擦持阻段在第 107 帧时达到高峰，从第 108 帧持阻结构就开始减弱，此处的减弱分为两种方式：一是口腔前部的收紧强度的减弱，其表现形式为最终无舌腭接触，即腭图的第 2 行舌腭接触减少直至第 2 行无舌腭接触；二是舌两侧接触数量的减少，其表现形式为舌两侧无舌腭接触，即腭图的第 3 列和第 6 列接触电极数量明显减少直至这两行无舌腭接触。所以我们把第 108 帧至 113 帧的舌腭接触状况划分为塞擦音/ʤ/的解阻段。

表 4-31　　　　　　第 108 帧到第 113 帧的持阻结构的解除

108	113
↑	

因此，依据持阻结构的形成、保持和解除过程，可将腭图上/ʤ/的发音生理划分为以下三个阶段。

表 4-32　　　　　　/ʤ/腭位发音生理阶段

塞擦音	成阻	塞持阻	擦持阻	解阻
/ʤ/	75—87	88—107	88—107	108—113

通过/ʤ/的持阻段 RCA 指数、ANT 指数、CA 指数和 CC 指数在第 92、93、94、95、96 帧时达到了最大；此时发音舌腭接触特点为最靠前，

并且接触趋中程度也达到最高。通过对以上电极帧的对比发现，腭图的第92帧到第96帧舌腭接触完全相同，所以我们把第92帧作为/ʤ/发音部位的代表帧。表4-33为辅音/ʤ/代表帧的舌腭接触及其相关参数。

表4-33 /ʤ/腭位发音生理阶段的舌位特征

/ʤ/		ALV	ANT	CA	CC	COG	CP	LAT	PAL	PST	RCA	VEL
92		72.73	76.67	94.16	87.47	52.59	95.88	-2.22	79.17	68.75	62.50	72.58

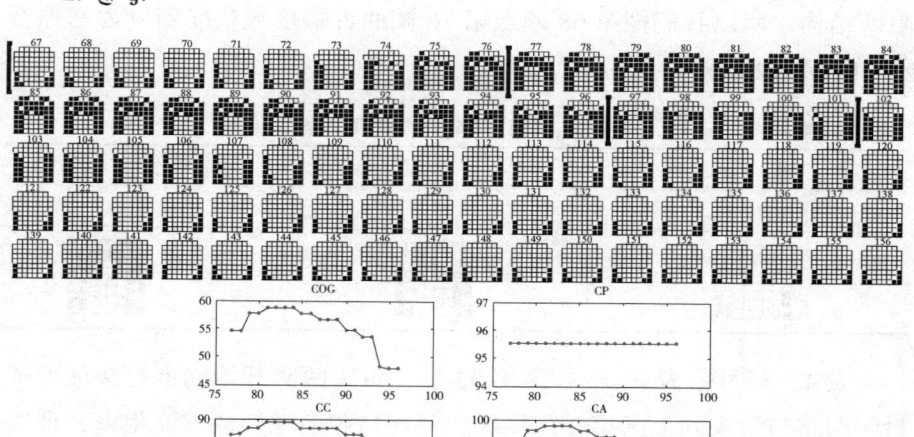

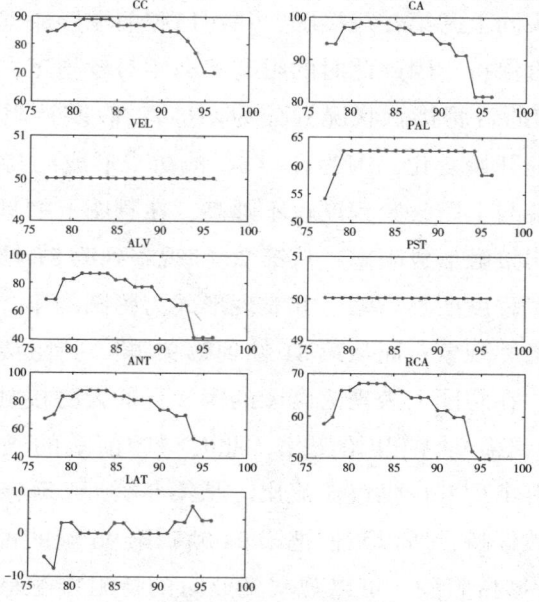

2. /ʧ/

图4-24 辅音/ʧ/的发音过程

依据图 4-24 中/ʧ/显示的舌腭接触的各个生理段所对应的帧数，可以观察出，/ʧ/仅在第 68 帧时在后腭有少量的舌腭接触，从第 68 帧后开始在舌头两边逐渐往前同上腭接触并使两侧形成封闭，具体表现在假腭的第 1、2 行和第 7、8 列，此行和此列有电极被舌腭接触所激活的痕迹；然后舌前端开始收紧，具体表现在腭图的前 4 行中，此行开始舌腭接触增多；到第 76 帧时堵塞彻底形成，具体表现为舌头两侧开始同上腭接触彻底形成封闭回路，舌头同上腭第 2 行接触形成口腔前端气流阻塞结构。所以我们把第 68 帧至第 76 帧的舌腭接触状况划分为塞擦音/ʧ/的成阻段。

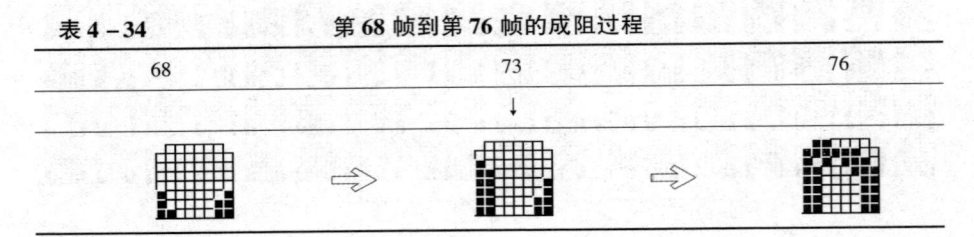

表 4-34　　　　　　　　第 68 帧到第 76 帧的成阻过程

68	73	76

表 4-35 中，从第 76 帧至第 93 帧，舌头两侧开始同上腭接触形成封闭回路与舌头同上腭第 2 行接触，并在口腔前端形成气流阻塞，此时其阻塞结构一直保持，因此此时的阻塞状态相对较稳定，所以我们把第 76 帧至第 93 帧的舌腭接触状况划分为塞擦音/ʧ/塞持阻段。我们发现此时的发音特征开始变化，因为在第 76 帧初步形成的持阻结构较为单薄，而且舌前端与上腭收紧程度也不够高，在腭图上的具体表现是腭图仅在第 2 行舌腭接触形成阻塞；从第 76 帧观察到第 81 帧时，发现持阻接触的前部收紧程度明显增强，其表现形式为腭图的第 2、3、4 行呈现出明显的接触增多现象；而从第 81 帧到第 93 帧，持阻接触的前部收紧程度明显减弱，在腭图上表现为腭图的第 2 行的舌腭接触明显减少。

从第 93 帧到第 94 帧开始变化，此时口腔前端的气流阻塞结构破裂，此处仅留有 1 列开口供气流流出。从第 94 帧到第 96 帧，仍留有 1 列开口，并仍然保持，所以我们把第 94 帧到第 96 帧的舌腭接触状况划分为塞擦音/ʧ/擦持阻段。可以观察到此时的持阻接触呈现虽然较细微但较明显的变化。在腭图中可以看到，在第 94 帧到第 96 帧过程中，在第 4 行的持阻结构刚开始时表现接触较多，但到第 96 帧时前腭的舌腭收紧减弱，表现为此行电极接触减少。因此，我们将第 77 帧到第 96 帧划分为塞擦音/ʧ/擦阻段，其中第 77 帧到第 93 帧为塞持阻段，第 94 帧至第 96 帧为擦持阻段。

表 4 – 35　　　　　　　第 76 帧到第 96 帧的持阻结构的变化

76	81	93	94	96
↓	↑	↑	↑	

从第 97 帧开始口腔前部的收紧强度出现减弱倾向，在腭图上表现为从第 97 帧开始的持阻结构开始减弱，即腭图的第 1、2 行舌腭接触减少。所以我们把第 97 帧至第 101 帧的舌腭接触状况划分为塞擦音/ʧ/的解阻段。

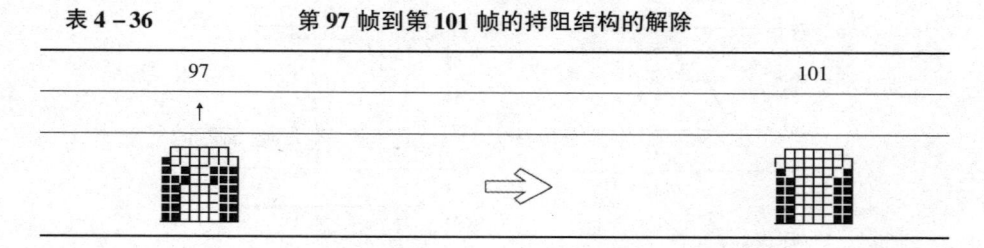

表 4 – 36　　　　　　　第 97 帧到第 101 帧的持阻结构的解除

97	101
↑	

最后，我们根据辅音/ʧ/在发音时呈现的持阻结构的形成，保持和解除过程，可将腭图上的辅音/ʧ/的舌腭发音生理划分为以下三个阶段。

表 4 – 37　　　　　　　　/ʧ/腭位发音生理阶段

塞擦音	塞持阻	擦持阻	解阻
/ʧ/	77—93	94—96	97—101

通过/ʧ/的持阻段，我们获得辅音/ʧ/的 RCA 指数、ANT 指数、CA 指数和 CC 指数在第 81、82、83、84、96 帧时达到最大；此特征说明此时辅音/ʧ/的发音舌腭接触最靠前，接触趋中程度最高。通过对比发现腭图的第 81 帧到第 84 帧舌腭接触完全相同，所以将第 81 帧作为/ʧ/发音部位的代表帧。表 4 – 38 为/ʧ/代表帧的舌腭接触及其相关参数。

表 4-38　　　　　　　　　/ʧ/腭位发音生理阶段的舌位特征

/ʧ/		ALV	ANT	CA	CC	COG	CP	LAT	PAL	PST	RCA	VEL
81		86.36	86.67	98.85	88.81	58.73	95.53	0.00	62.50	50.00	50.00	67.74

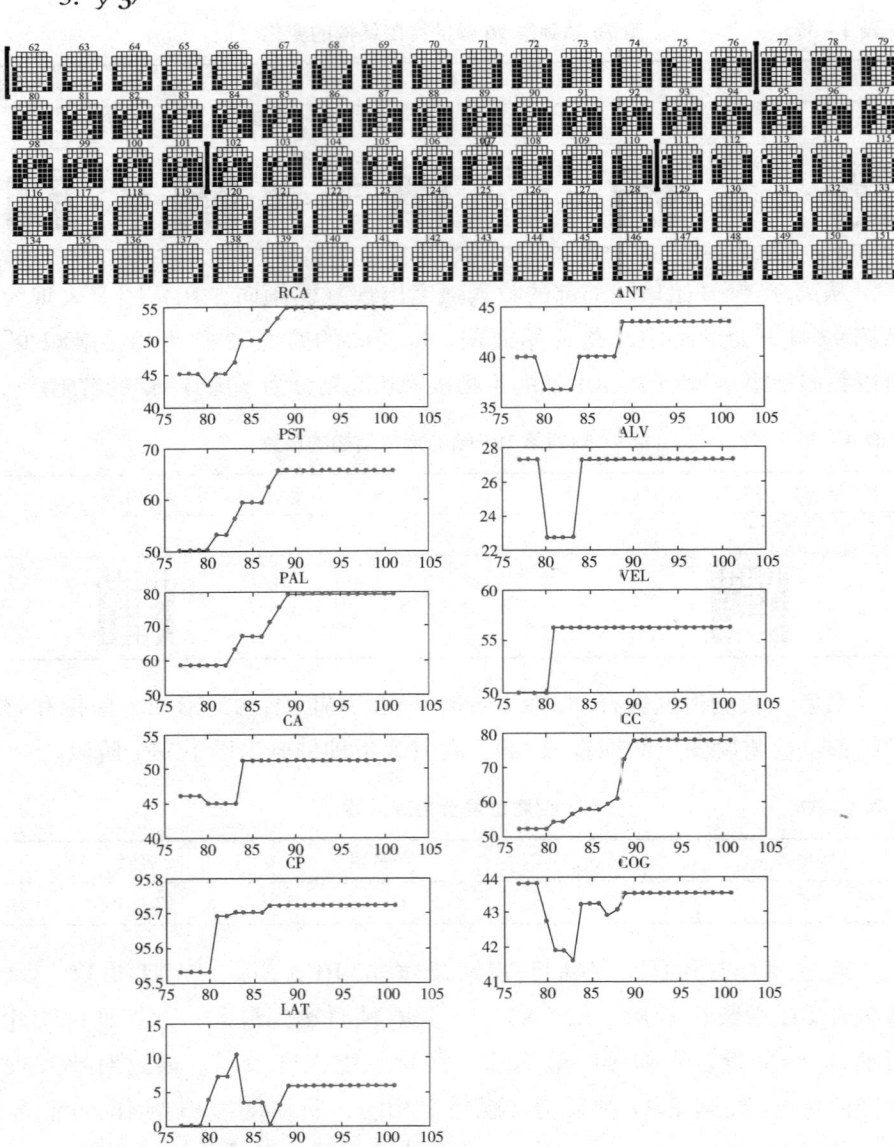

3. /ʒ/

图 4-25　辅音 /ʒ/ 的发音过程

从图 4-25 中可观察出，辅音/ʒ/在腭图的第 1 列和第 8 列的后五行有接触，舌腭接触表现为仅有舌后两侧同腭后部两侧产生接触；即舌腭接触从第 62 帧开始，此时舌头中部的两侧同上腭中部两侧开始接触，腭图上具体表现为腭图的第 1 列和第 8 列的第 3 行，并且腭图的第 2 列和第 7 列也开始有舌腭接触（如第 73 帧），这说明此时的舌腭接触从两侧开始收紧；从第 74 帧开始，舌面也逐渐收紧，腭图上具体表现为舌腭接触增多，即在腭图的第 3 行和第 4 行舌腭接触开始增多。然后到第 76 帧时，相接触的舌两侧和上腭再过渡到合作阶段与口腔前部合作使气流封堵，在口腔中仅留有 2 列的开口缝隙让气流从这一开口中流出口腔。所以我们将第 62 帧至第 76 帧的舌腭接触状况划分为擦音/ʒ/的成阻段。

表 4-39　　　　　　　第 62 帧到第 76 帧的成阻过程

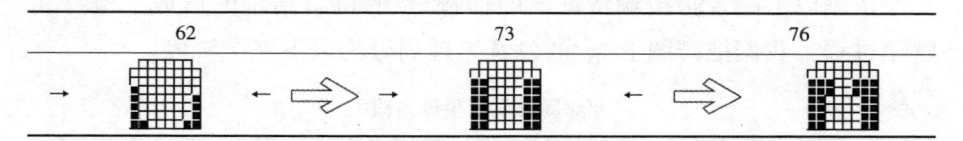

图 4-26 显示从第 77 帧至第 101 帧的过渡情况，从图中可以发现，此时口腔仅留有 1—2 列的开口让气流通过，在气流通过之前，被封堵的气流在口腔中一直保持，这时的接触相对稳定。所以我们把第 77 帧至第 101 帧的舌腭接触状况划分为擦音/ʒ/的持阻段。此时也出现了发音过程中的细微变化，即在第 77 帧到第 101 帧产生的持阻结构刚开始形成时（第 76 帧），其持阻结构表现为较单薄，舌前端与上腭收紧程度也不够高，在腭图上的具体表现为在第 76 帧腭图的第 1、2 列和第 7、8 列收紧，但在第 3 列和第 6 列仅有少量的舌腭接触，并且此时在口腔留有 2 列的开口供气流流出；到第 101 帧时，可以发现收紧程度有所加强，在腭图上的具体表现是电极数量在第 3 列和第 6 列明显增加，使气流通道变窄，长度也明显增加。

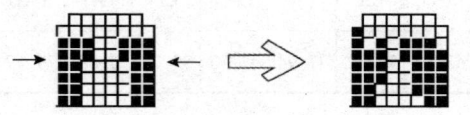

图 4-26　第 77 帧到第 101 帧的持阻结构的加强

而到了第 102 帧，持阻结构开始快速减弱，减弱方式表现为气流通道变宽，即在腭图上的表现是舌两侧同上腭的第 3 列和第 6 列接触电极数量明显减少，这使原先的气流通道变宽，直至最后的第 3 行和第 6 列时出现无任何电极接触。所以我们将第 102 帧至第 110 帧的舌腭接触状况划分为擦音/ʒ/的解阻段。

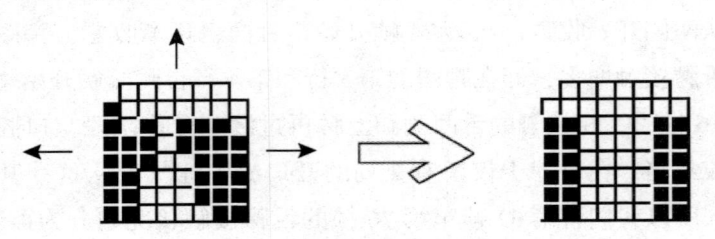

图 4–27　第 102 帧到第 110 帧的持阻结构的解除

依据以上的舌腭接触特征，即辅音/ʒ/的持阻结构的形成、保持和解除过程，我们把腭图上/ʒ/的发音生理划分为以下三个阶段。

表 4–40　　　　　　　　　/ʒ/腭位发音生理阶段

擦音	成阻	持阻	解阻
/ʒ/	62—76	77—101	102—110

通过对辅音/ʒ/的持阻段 RCA 指数、ANT 指数、CC 指数的观察可以快速看出在腭图第 89 帧到第 101 帧时接触值达到了最大；同时其靠前性指数在第 84 帧到第 110 帧达到了最大，这足够说明此时辅音/ʒ/的发音部位最前，所以到腭图第 90 帧到第 101 帧时同时满足 RCA、ANT、CC、CA 几个参数，其值达到最大（通过观测，可以发现第 90 帧到第 101 帧舌腭接触相同），因此我们将第 101 帧作为辅音/ʒ/发音部位的代表帧。表 4–41 为/ʒ/代表帧的舌腭接触及其相关参数。

表 4–41　　　　　　/ʒ/腭位发音生理阶段的舌位特征

/ʒ/		ALV	ANT	CA	CC	COG	CP	LAT	PAL	PST	RCA	VEL
101		27.27	43.33	76.12	77.94	43.53	95.72	5.88	79.17	65.63	56.25	54.84

4. ش /ʃ/

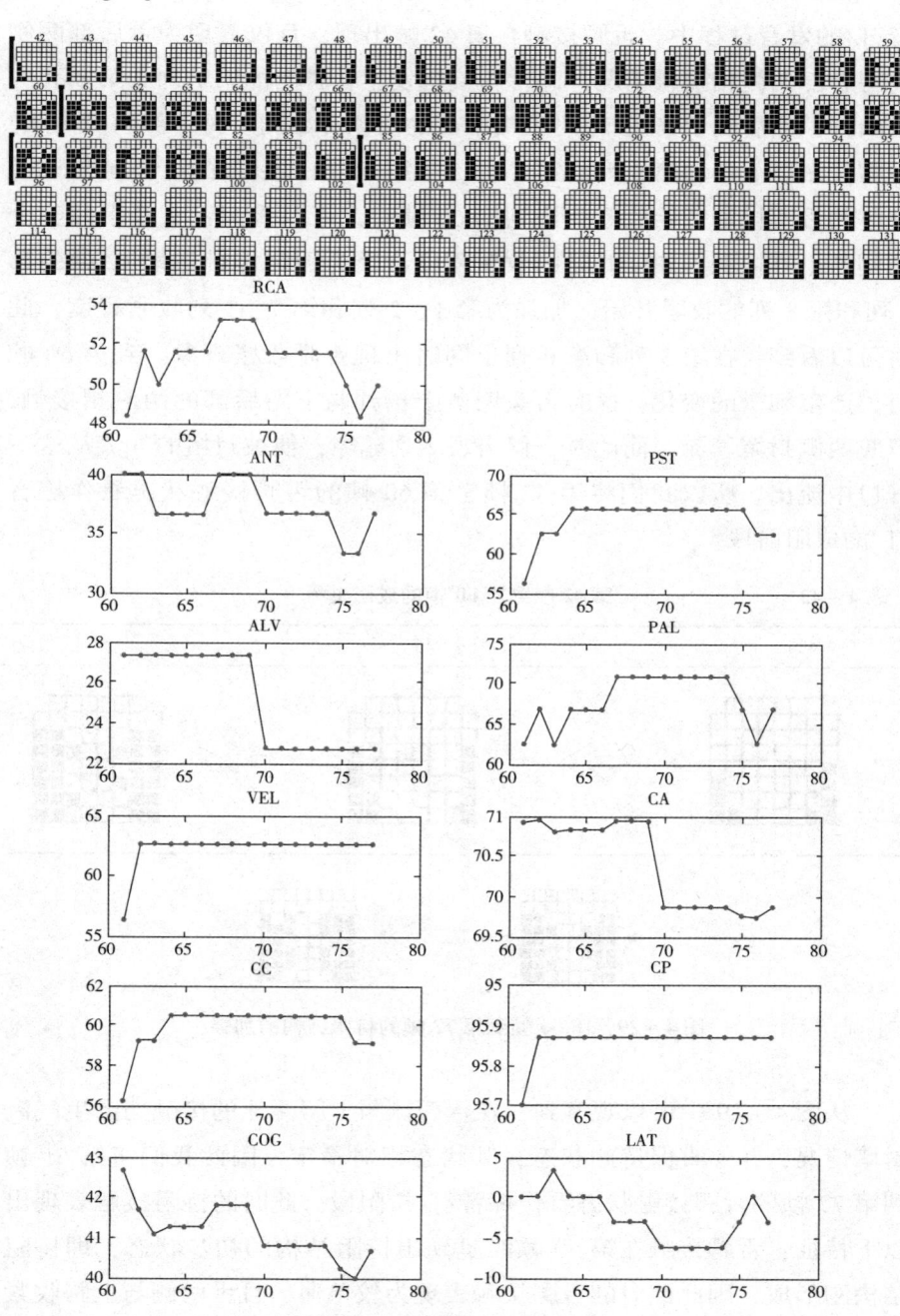

图 4-28 辅音 /ʃ/ 的发音过程

根据图 4-28 所示，我们可以发现辅音/ʃ/的舌腭接触情况：在辅音/ʃ/的发音过程中，舌腭接触在第 42 帧出现，且仅表现为舌后部两侧同腭后部两侧相接触情况，即舌腭接触发生在腭图的第 1 列和第 8 列的后四行；然后到了第 42 帧时舌头中部的两侧开始同上腭中部两侧接触，在腭位图第 1 列和第 8 列的第 3 行，从第 46 帧起呈现的电极足够说明这时的舌腭接触开始收紧；当到第 60 帧时，可以看到舌头几乎使整个两侧与上腭接触，加强此时的收紧程度，因为舌腭接触从第 42 帧的第 1 列和第 8 列的收紧开始，加强为第 1、2 列和第 7、8 列收紧程度，此时可以看到，在第 3 列和第 6 列也同时出现舌腭收紧现象。到第 60 帧时，产生细微的变化，这时舌头两侧上抬并与上腭后部的两侧相接触，口腔两侧封堵气流。而此时，仅出现 2 列缝隙，使被封堵的气流从这一开口中流出。所以我们将第 42 帧至第 60 帧的舌腭接触状况看作擦音/ʃ/的成阻阶段。

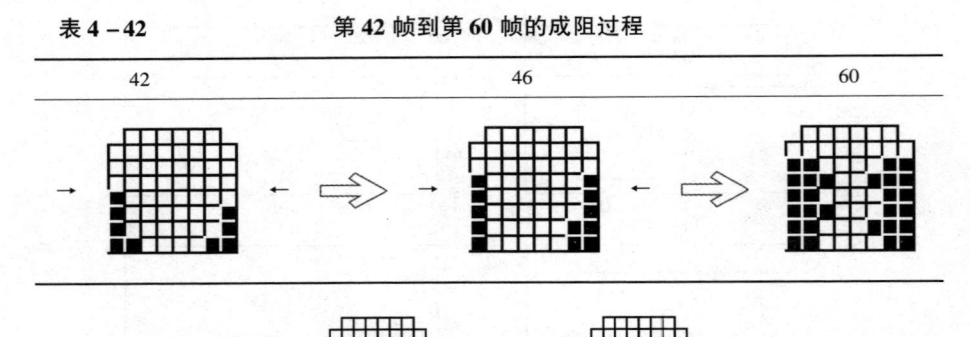

表 4-42　　　　　　　　第 42 帧到第 60 帧的成阻过程

| 42 | 46 | 60 |

图 4-29　第 60 帧到第 77 帧的持阻结构的加强

从图 4-29 中可以观察到，在舌两侧与上腭两侧的接触处产生气流封堵情况，并一直保持此状态，其状态相对稳定，因此我们将第 61 帧到第 77 帧的舌腭接触状态看作擦音/ʃ/持阻段。此时的持阻接触表现出以下特征：舌腭接触在第 60 帧时呈现出持阻结构的初步状态，即持阻结构刚形成，因此此时的舌腭接触表现为较单薄，且舌两侧与上腭收紧程度不够高，具体表现为腭图第 60 帧第 1、2 列和第 7、8 列收紧，而在腭图第 3 列和第 6 列仅有少量的舌腭接触；然后产生细微的变化，到第 77 帧时，收紧程度加强，其特征在腭图中的具体表现是在第 3 列和第 6 列，此时舌腭接触电极数量明显增加，其增加程度足够使气流通道变窄，此时的通道长度也明显增加。

图 4-30 所示，在第 78 帧开始的持阻结构出现快速减弱的情形，其减弱方式由舌两侧同上腭的接触电极数量的减少来表现，即在腭图第 3 列和第 6 列舌腭接触电极数量明显减少，这使气流通道变宽，变化一直持续到第 3 列和第 6 列，直至无任何电极接触，所以我们把擦音/ʃ/的解阻段由腭图第 78 帧至第 84 帧的舌腭接触状况来充当。

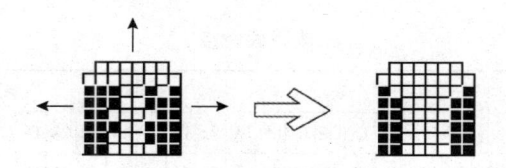

图 4-30　第 78 帧到第 84 帧的持阻结构的解除

根据以上探讨的三个方面，即擦音/ʃ/的持阻结构的形成、保持和解除过程，可将腭图上擦音/ʃ/的发音生理划分为以下三个阶段。

表 4-43　　　　　　　　/ʃ/腭位发音生理阶段

擦音	成阻	持阻	解阻
/ʃ/	42—60	61—77	78—84

通过擦音/ʃ/的持阻段 RCA 指数可以快速看出其舌腭接触程度在第 67、68、69 帧时达到了最大；同时其 ANT 指数在腭图第 61、62、67、68、69 帧上也显示此时达到了最大，这说明擦音/ʃ/在此时的发音部位最前；另外通过对擦音/ʃ/的 CC 指数观察，发现在腭图第 119 帧和第 77 帧收紧程度也达到了最大，这说明此时擦音/ʃ/的持阻结构的开口最小。另外其 CA 指数也在第 67、68、69 帧达到最大。所以我们可以总结，擦音/ʃ/同时满足 RCA、ANT、CC、CA 四个参数达到最大值，其腭位图上表现为第 67、68、69 帧。通过比较这三帧的状态，发现它们三者具有较相似的舌腭接触状态，因此我们将第 77 帧作为擦音

/ʃ/发音部位的代表帧。表 4-44 为擦音/ʃ/代表帧的舌腭接触及其相关参数。

表 4-44　　　　　　　/ʃ/腭位发音生理阶段的舌位特征

/ʃ/		ALV	ANT	CA	CC	COG	CP	LAT	PAL	PST	RCA	VEL
77	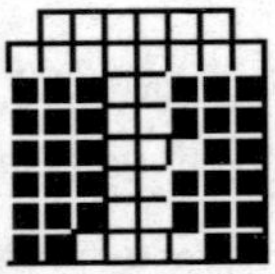	27.27	40.00	70.93	60.48	41.82	95.87	-3.03	70.83	65.63	62.50	53.23

（二）对比

1. 成阻段对比

表 4-45　　　　　　　成阻段特点

音标	成阻	持阻	解阻	关键帧	成阻开始参数										成阻结束参数									
					Alv	Ant	CA	Cc	Cog	Cp	LAt	PAl	Pst	Vel	RCA	Alv	Ant	CA	Cc	Cog	Cp	LAt	PAl	Pst	Vel	RCA
/tʃ/	67	76	77	96	97	101	81	0	0	21	18	17	95	11	8	28	44	15	59	60	94	81	53	96	-6	54	50	50	55
/dʒ/	75	87	88	107	108	113	92	0	0	21	15	17	95	0	8	25	38	13	68	70	91	78	52	96	-3	58	56	63	63
/ʃ/	56	60	61	77	78	84	77	0	0	31	15	20	95	-11	13	28	38	15	18	33	69	52	40	96	0	63	56	56	45
/ʒ/	62	76	77	101	102	110	101	0	3	45	16	26	95	-9	21	31	38	18	27	40	71	54	44	96	0	58	50	50	45

舌前音	塞擦音		擦音	
	/tʃ/	/dʒ/	/ʃ/	/ʒ/
成阻起点	→ ←	→ ←	→ ←	→ ←
成阻中舌腭收紧趋势转变	↓	↓	↓	↓
成阻终点				

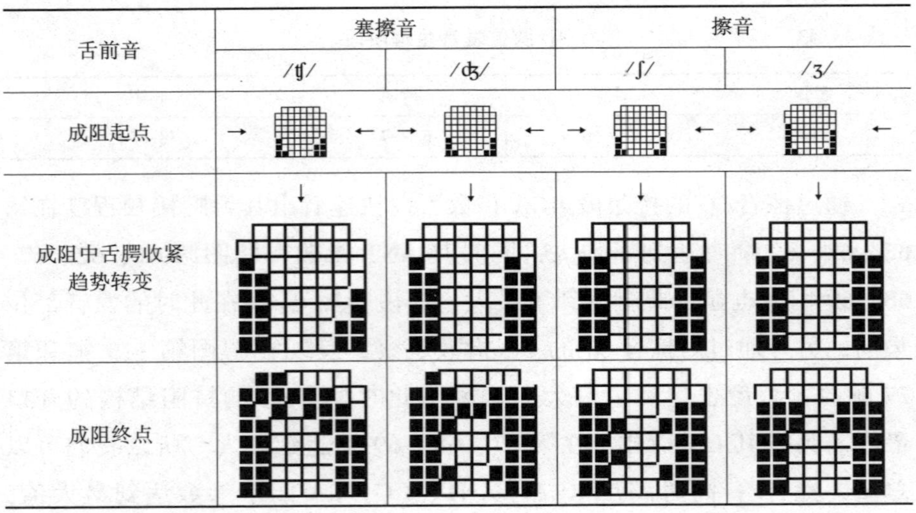

图 4-31　成阻段特点

从表 4-45 可以比较出，舌前音/ʧ/、/ʤ/、/ʃ/、/ʒ/在成阻段的成阻起点方面具有一定的相似性，它们一组成员都表现为腭图后半区两侧有电极被激活现象。该现象表明舌前音/ʧ/、/ʤ/、/ʃ/、/ʒ/发音的开始舌头后部微微上抬同软腭有接触；这是成阻过程中呈现的第一个阶段，其特征表现为舌头的两侧同上腭开始逐渐收紧并形成两侧的封闭气流的管道，这时舌头前部同上腭无收紧（成阻趋势中箭头均向内）；当舌腭接触第二阶段时，舌前部与上腭开始接触构成急剧收紧（成阻趋势中箭头均向下）。为了更直观地说明舌腭接触的这一动态趋势，下面引入/ʧ/、/ʤ/、/ʃ/、/ʒ/对应的接触面积指数进行分析。

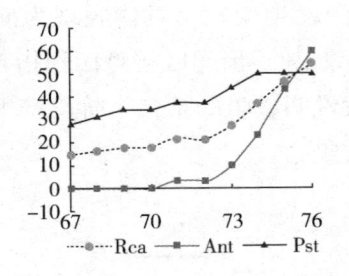

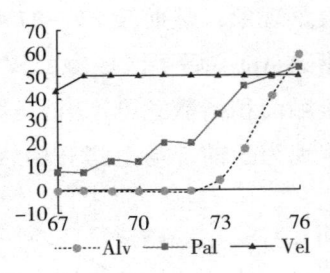

图 4-32　/ʧ/成阻段面积指数

舌前音/ʧ/在腭图第 67—73 帧间表现为，前半区接触面积指数 Ant 和后半区接触面积指数 Pst 出现逐渐上升趋势，这说明成阻段的第一个阶段形成，其特征为舌头的两侧同上腭开始逐渐收紧并形成封闭管道以便封堵气流，然而此时在齿龈区出现的舌腭接触面积指数 Alv 上升的幅度并不太大，而且其值均低于 10，这说明舌头前部同上腭无收紧；在第 73—76 帧间又出现了一系列的变化，表现为舌腭前半区接触面积指数 Ant、后半区接触面积指数 Pst、齿龈区接触面积指数 Alv 和硬腭区接触面积指数急剧上升，这可以说明成阻的第二个阶段已形成，其特征为舌前部与上腭开始急剧收紧。

舌前音/ʤ/的成阻阶段主要表现在第 75—81 帧间，此时出现前半区接触面积指数 Ant 和后半区接触面积指数 Pst 逐渐上升现象，这可以说明成阻的第一个阶段形成，其特征为舌头的两侧同上腭开始逐渐收

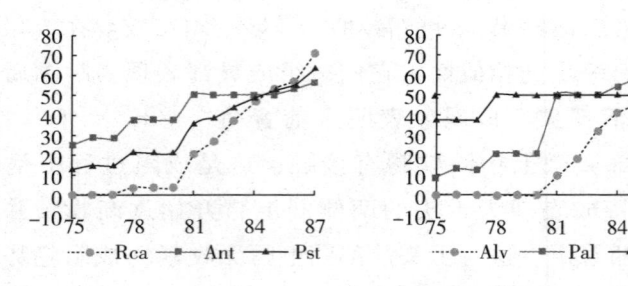

图 4-33　/ʤ/ 成阻段面积指数

紧，并形成气流两侧的封闭管道，但齿龈区接触面积指数 Alv 上升的幅度不大，其值也均低于 10，这说明舌头前部同上腭没有接触，因此没有产生收紧现象；然而第 81—87 帧间发生变化，具体表现为前半区接触面积指数 Ant、后半区接触面积指数 Pst、齿龈区接触面积指数 Alv 和硬腭区接触面积指数急剧上升，这就说明成阻的第二个阶段产生，此时的特征表现为舌前部与上腭开始急剧收紧。

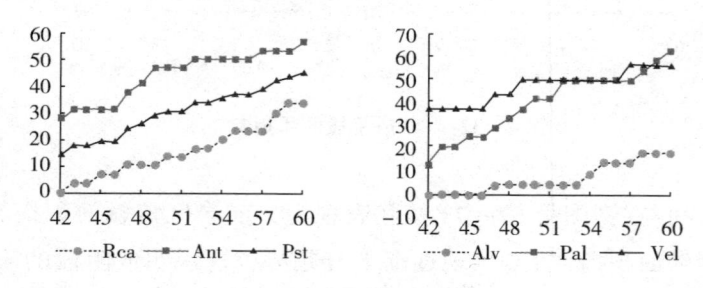

图 4-34　/ʃ/ 成阻段面积指数

舌前音 /ʃ/ 在第 42—54 帧间产生成阻段的第一个阶段，其特征表现为前半区接触面积指数 Ant、后半区接触面积指数 Pst 逐渐上升，这说明成阻的第一个阶段的舌腭特征是：舌头的两侧同上腭开始逐渐收紧并形成气流两侧的封闭管道，但齿龈区接触面积指数 Alv 上升的幅度不大，而且其值均低于 10，这说明舌头前部同上腭无接触、无收紧；在腭图第 54—60 帧间出现变化，前半区接触面积指数 Ant、后半区接触面积指数 Pst、齿龈区接触面积指数 Alv 和硬腭区接触面积指数呈现急剧上升趋势，这说明成阻的第二个阶段已形成，其特征为舌前部与上腭开始急剧收紧。

舌前音/ʒ/在腭图第 62—69 帧间开始出现变化，在前半区接触面积指数 Ant、后半区接触面积指数 Pst 逐渐上升，这说明成阻的第一个阶段由舌头的两侧同上腭开始逐渐收紧来呈现，同时形成气流两侧的封闭管道，但齿龈区接触面积指数 Alv 上升的幅度不大，并且其值均低于 10，说明舌头前部同上腭无收紧；在腭图第 69—76 帧间，前半区接触面积指数 Ant、齿龈区接触面积指数 Alv 和硬腭区接触面积指数出现急剧上升趋势，这说明成阻的第二个阶段为舌前部与上腭开始急剧收紧。

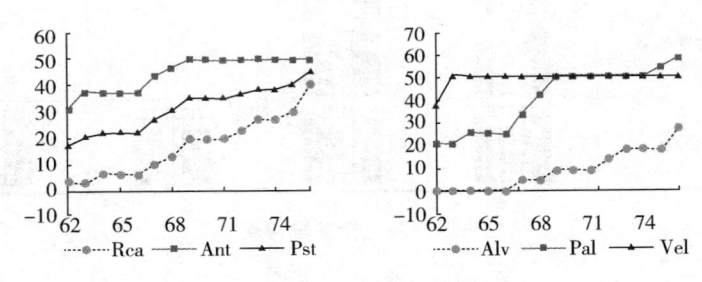

图 4–35　/ʒ/ 成阻段面积指数

2. 持阻段对比

表 4–46　　　　　　　　　持阻段特点

音标	成阻	持阻	解阻	关键帧	持阻开始参数											持阻结束参数									
					Alv	Ant	CA	Cc	Cog	Cp	LAt	PAl	Pst	Vel	RCA	Alv	Ant	CA	Cc	Cog	Cp	LAt	PAl	Pst	Vel	RCA
/tʃ/	67	76	77	96	97	101	81	59	60	94	81	53	96	-6	54	50	50	55	27	40	76	52	44	96	0	58	50	50	45
/dʒ/	75	87	88	107	108	113	92	68	70	91	78	52	96	-3	58	56	63	63	36	43	81	56	45	96	10	58	56	56	50
/ʃ/	56	60	61	77	18	33	69	52	40	96	0	63	56	50	54	70	58	41	56	0	67	56	48						
/ʒ/	62	76	77	101	27	40	71	52	44	96	0	58	50	50	45	27	43	76	78	44	96	9	75	63	56	53			

从表 4–46 中的持阻段特征对比来看，舌前音/tʃ/、/dʒ/、/ʃ/、/ʒ/在持阻过程中体现出两类共同特征，即一种为塞擦特征，另一种为摩擦特征。

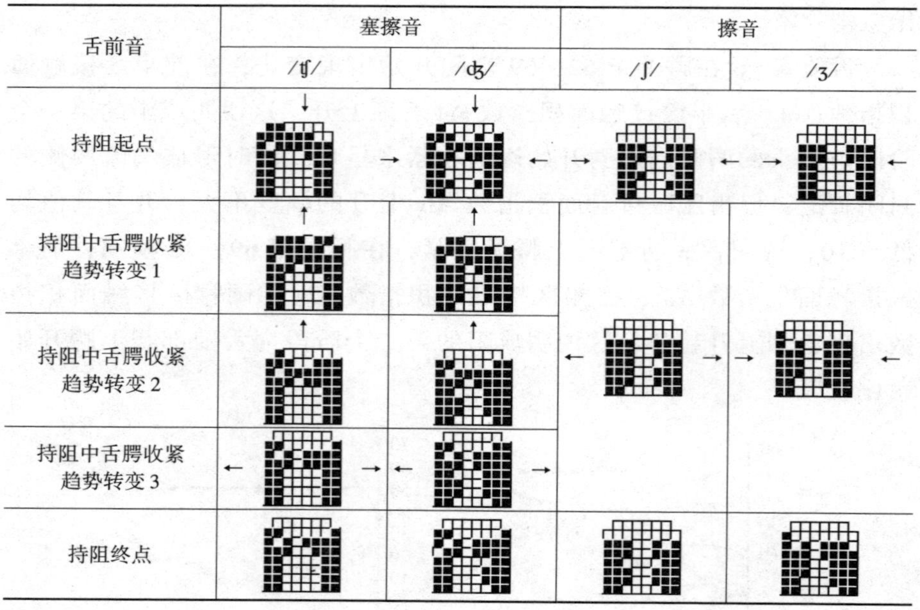

舌前音	塞擦音		擦音	
	/tʃ/	/dʒ/	/ʃ/	/ʒ/
持阻起点				
持阻中舌腭收紧趋势转变1				
持阻中舌腭收紧趋势转变2				
持阻中舌腭收紧趋势转变3				
持阻终点				

图 4-36 持阻段特点

塞擦特征：塞擦音/tʃ/、/dʒ/的持阻过程均可分为 4 个阶段。第一个阶段为持阻起点，此时舌头前部同上腭的收紧程度增强（持阻趋势中持阻起点箭头均向下）；第二个阶段为持阻进行点，此时持阻特征表现为收紧程度的减弱，即舌头前部同上腭的收紧程度减弱（持阻趋势中舌腭收紧趋势转变 1 箭头均向上），此时虽然收紧程度减弱，但仍保持气流封堵结构；第三个阶段为持阻减弱点，此时持阻特征表现为舌头前部同上腭的收紧程度继续减弱（持阻趋势中舌腭收紧趋势转变 2 箭头均向上），与第二阶段不同，这时气流封堵结构裂开；第四个阶段为持阻减弱加强点，此时持阻特征表现为舌头两边同上腭收紧程度减弱（持阻趋势中舌腭收紧趋势转变 3 箭头均向外）。第一阶段和第二阶段是塞擦音/tʃ/、/dʒ/的"塞"持阻段，第二阶段是其由"塞"向"擦"过渡持阻段，第四阶段是其"擦"持阻段。

摩擦特征：擦音/ʃ/、/ʒ/的持阻过程可分为 2 个阶段。第一个阶段为持阻起点，此时的持阻特征表现为舌头两边同上腭的收紧程度增强（持阻趋势中持阻起点箭头均向内）；第二个阶段为持阻减弱或加强阶段，此时擦音/ʃ/、/ʒ/均表现为舌头两边同上腭的收紧程度发生变化，但各有细微区别，即此时擦音/ʃ/减弱（持阻趋势中持阻起点箭头均向外），而擦音/ʒ/加强（持阻趋势中持阻起点箭头均向内）。

3. 解阻段对比

表 4-47　　　　　　　　　　解阻段特点

音标	成阻	持阻	解阻	关键帧	解阻开始参数										解阻结束参数									
					Alv	Ant	CA	Cc	Cog	Cp	LAt	PAl	Pst	Vel	RCA	Alv	Ant	CA	Cc	Cog	Cp	LAt	PAl	Pst	Vel	RCA
/tʃ/	67	76	77	96	97	101	81	27	40	76	52	44	96	0	58	50	50	45	14	20	66	30	38	96	9	46	50	50	35
/dʒ/	75	87	88	107	108	113	92	36	43	81	56	45	96	10	58	56	56	50	18	27	68	31	40	96	0	50	50	50	39
/ʃ/	56	60	61	77	78	84	77	23	37	70	58	41	96	0	67	59	56	48	9	20	64	29	37	96	0	50	50	50	35
/ʒ/	62	76	77	101	102	110	101	27	43	76	78	44	96	9	75	63	56	53	18	27	68	31	40	96	0	50	50	50	39

前音	塞擦音		擦音	
	/tʃ/	/dʒ/	/ʃ/	/ʒ/
持阻起点	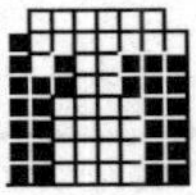	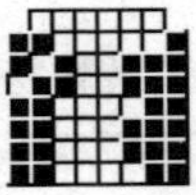	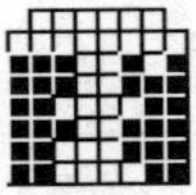	
持阻中舌腭收紧趋势转变1	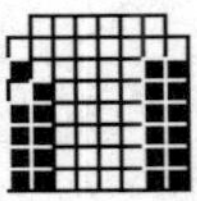	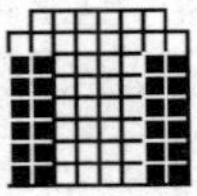	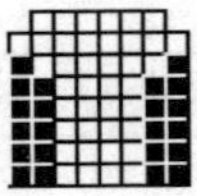	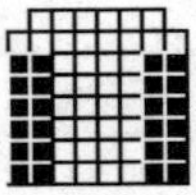

图 4-37　解阻段特点

从表 4-47 可以看出，这一组辅音的解阻段既有共性也有差异，其共性较明显：它们均有在解阻结束时的舌腭接触明显不同于解阻开始时的特点；并且从解阻开始到结束的动态过程中看，它们之间仍表现出了一定一致性，在腭图上的表现为舌头两边同上腭收紧程度逐渐减弱（解阻趋势中箭头均向外）。为了更科学合理地说明舌腭接触的动态趋势，下面引入/tʃ/、/dʒ/、/ʃ/、/ʒ/对应的解阻起点与终点的趋中性参数 Cc 进行对比分析。

如图 4-38 所示，辅音/tʃ/、/dʒ/、/ʃ/、/ʒ/在解阻段 Cc 参数中表现为收紧点程度趋于减弱化，在腭图上表现为舌前音在解阻段终点时趋

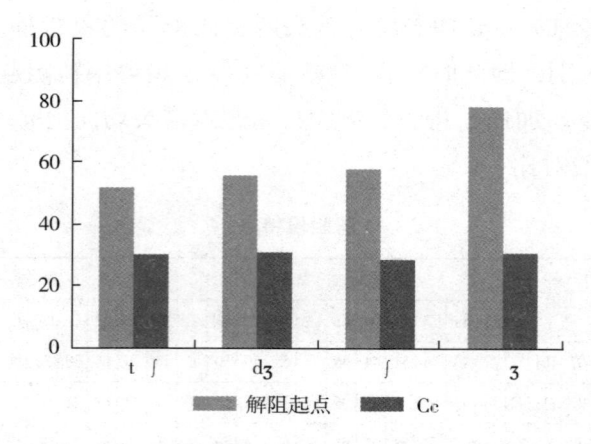

图4-38 解阻起点与终点

中性参数 Cc 均明显低于解阻终点 Cc，说明在解阻过程中舌头两边同上腭收紧程度减弱。

4. 关键帧对比

表4-48　　　　　　　　关键帧特点

音标	成阻	持阻	解阻	关键帧	关键帧参数										
					Alv	Ant	CA	Cc	Cog	Cp	LAt	PAl	Pst	Vel	RCA
/tʃ/	67	76	77	96 97 101	81	86.4	86.7	98.9	88.8	58.7	95.5	0	62.5	50	50	67.7
/dʒ/	75	87	88	107 108 113	92	72.7	76.7	94.2	87.5	52.6	95.9	-2.2	79.2	68.8	62.5	72.6
/ʃ/	56	60	61	77 78 84	77	22.7	36.7	69.9	59.1	40.7	95.9	-3.2	66.7	62.5	62.5	50
/ʒ/	62	76	77	101 102 110	101	27.3	43.3	76.1	77.9	43.5	95.7	5.88	79.2	65.6	56.3	54.8

舌前音	塞擦音		擦音	
	/tʃ/	/dʒ/	/ʃ/	/ʒ/
持阻起点				

图4-39 关键帧特点

从表4-48和图4-39数据可以看出，舌前音/tʃ/、/dʒ/、/ʃ/、/ʒ/

在腭图上体现了它们在关键帧特征上的共同属性,其腭图表现形式为收紧点都在上腭的前半区。但它们之间也有细微的差异,因为从舌头前部与上腭和舌两边向上腭收紧的趋势来看,舌前音/ʧ/、/ʤ/、/ʃ/、/ʒ/的关键帧发音舌腭生理类型可分为以下两种。

一种是向上性,即在腭图上表现为舌头前部与上腭收紧,并且舌两边向上腭收紧:/ʧ/、/ʤ/(箭头均向下,向内);另一种是向下性,即在腭图上表现为舌头前部与上腭不收紧,并且舌两边向上腭收紧:/ʃ/、/ʒ/(箭头均向内)。这种变化是由这两组辅音不同的发音方法而产生,即塞擦音和擦音的发音方法各有其特点。因此在腭图表现中,塞擦音/ʧ/、/ʤ/在舌腭接触发音特征为舌头前部与上腭形成阻塞,由于其收紧程度过高,致使舌头两边同上腭也有舌腭接触;而擦音/ʃ/、/ʒ/在发音过程中,在腭图上舌头两边同上腭收紧形成口腔两侧的气流封堵结构,舌头前部与上腭无刻意收紧,致使口腔前端留有1—2列的气流出口。

从辅音/ʧ/、/ʤ/、/ʃ/、/ʒ/的关键帧图也可分析出,尽管塞擦音/ʧ/、/ʤ/和擦音/ʃ/、/ʒ/从发音部位来看都属于舌前音,但因发音方法不同,在动态腭位图上也体现出了其各自的不同舌腭接触特征。为了清楚地观察其异同关系,下面引入/ʧ/、/ʤ/、/ʃ/、/ʒ/关键帧的靠前性参数 CA 进行对比分析。

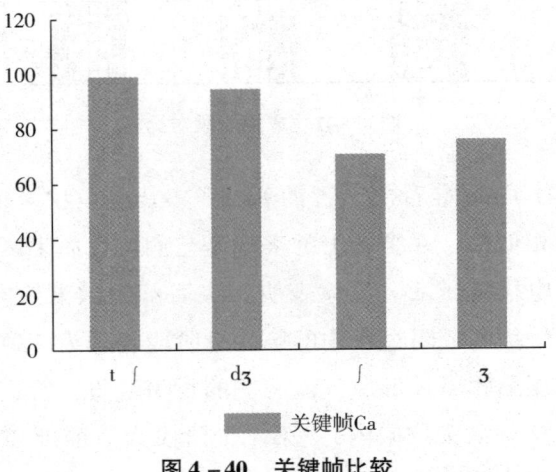

图 4-40 关键帧比较

在靠前性指数的比较中，我们可以清晰地发现，塞擦音/ʧ/、/ʤ/的靠前性指数高于90且接近100，而/ʃ/、/ʒ/却低于80。我们可能会有疑问，辅音/ʧ/、/ʤ/、/ʃ/、/ʒ/之所以是舌前音是因为它们的发音部位是相同的，但为什么在靠前性比较中它们却存在区别呢？要是结合这四个辅音的发音方法就不难分析这一差异的真正原因，这主要是由于发音器官的不同导致的，即尽管它们在主动发音器官方面具有共性，但在被动发音器官方面具有差异。塞擦音/ʧ/、/ʤ/和擦音/ʃ/、/ʒ/的主动发音器官相同（均为舌前），而被动发音器官却不同。因此在腭图表现上，塞擦音/ʧ/、/ʤ/收紧点的最前部位于假腭的第一行，这说明其被动发音器官为上齿龈，而擦音/ʃ/、/ʒ/收紧点的最前部主要集中于假腭的第三行，这就说明其被动发音器官为上齿龈与硬腭交界处。下面的图表更能明确指出它们在被动发音器官方面的差别。

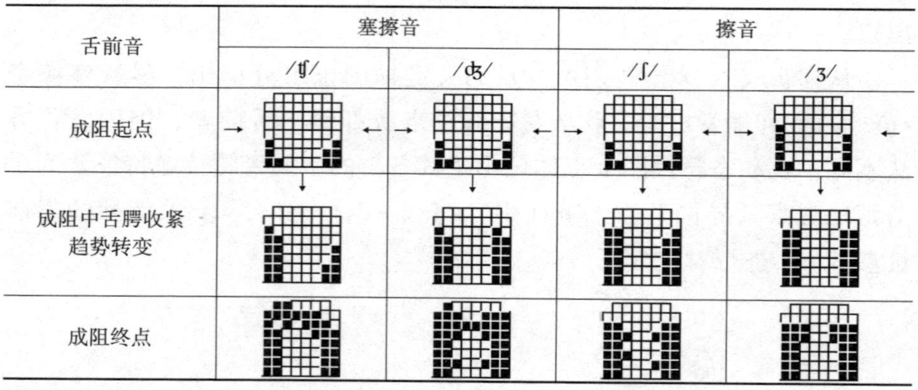

舌前音	塞擦音		擦音	
	/ʧ/	/ʤ/	/ʃ/	/ʒ/
成阻起点				
成阻中舌腭收紧趋势转变				
成阻终点				

图 4–41　成组阶段对比

从图 4–41 中不难看出，舌前音/ʧ/、/ʤ/、/ʃ/、/ʒ/在成阻段的成阻起点上有相似性：在腭图上的表现是它们均在后半区有电极，即仅后半区两侧有电极被激活。这就表明舌头后部微微上抬同软腭有接触；它们的舌腭接触均在成阻过程中的第一个阶段表现为一致，即舌头的两侧同上腭开始逐渐收紧并形成气流两侧的封闭管道，舌头前部同上腭无收紧（成阻趋势中箭头均向内）；第二个阶段为舌前部与上腭开始急剧收紧（成阻趋势中箭头均向下）。

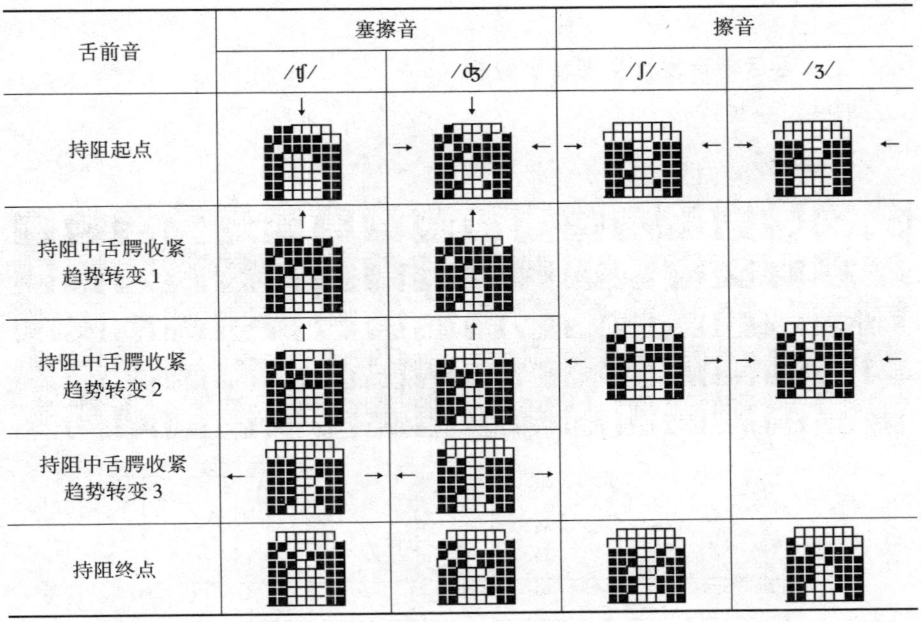

舌前音	塞擦音		擦音	
	/tʃ/	/dʒ/	/ʃ/	/ʒ/
持阻起点				
持阻中舌腭收紧趋势转变 1				
持阻中舌腭收紧趋势转变 2				
持阻中舌腭收紧趋势转变 3				
持阻终点				

图 4-42 持阻阶段对比

从图 4-42 可看出，舌前音/tʃ/、/dʒ/、/ʃ/、/ʒ/在持阻过程中体现出了两种不同的特点。第一种为发音方法为塞擦音的/tʃ/、/dʒ/；第二种为发音方法为擦音的/ʃ/、/ʒ/。图 4-43 重点指出这四个辅音在持阻阶段和舌腭接触收紧点趋势中的转变状态。

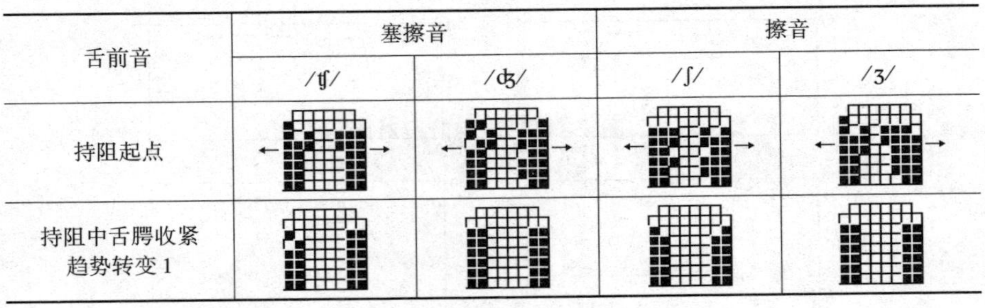

舌前音	塞擦音		擦音	
	/tʃ/	/dʒ/	/ʃ/	/ʒ/
持阻起点				
持阻中舌腭收紧趋势转变 1				

图 4-43 持阻起点与转变

从上面的几组图可以清晰地辨认，舌前音/tʃ/、/dʒ/、/ʃ/、/ʒ/在腭图上体现了它们的关键帧共同点，也体现了它们的关键帧差异。

二 舌后辅音发音生理特征分析

（一）分析

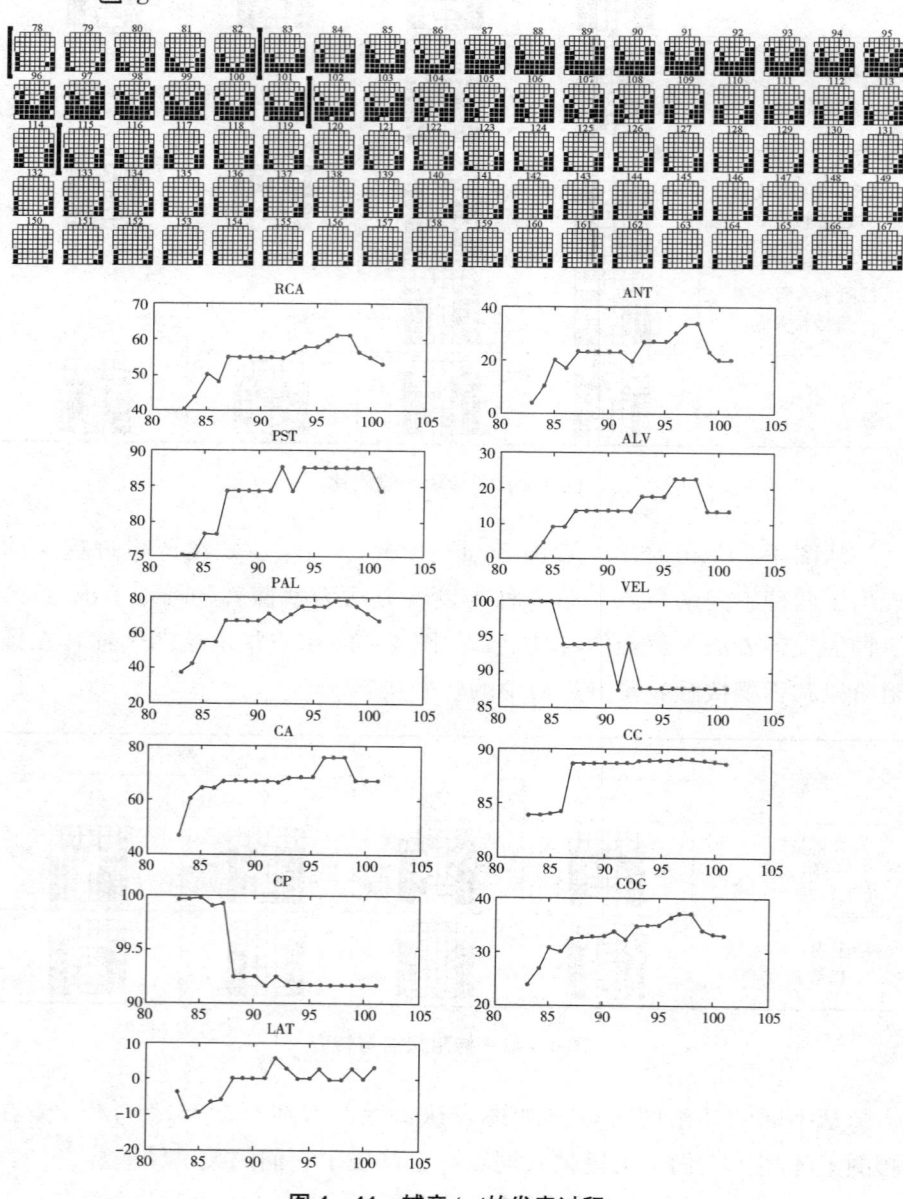

1. گ /g/

图 4-44 辅音 /g/ 的发音过程

图 4-44 所示，辅音/g/在舌腭接触中的各个生理段所对应的帧数可以从第 78 帧到第 105 帧观察，从舌腭所接触的第 1 帧，即在第 78 帧之前无明显的舌腭接触，从第 78 帧后才开始有舌腭接触，从第 78 帧起才出现舌头两侧面的细微变化，此处舌头开始微微地向上卷曲并与上腭两侧相接触形成口腔两侧气流阻塞的趋势。然后从第 79 帧舌后部分也开始变化，即舌后部也微微地向上卷曲并与后腭相接触形成口腔后部气流阻塞的趋势，该趋势一直到第 82 帧时出现变化，这时口腔两侧（舌两侧与上腭两侧）和后端（舌后部与后腭）的气流阻塞结构彻底形成。根据以上舌腭接触帧数及其特征，我们将第 78 帧至第 82 帧的舌腭接触状况划分为塞音/g/的成阻段。成阻阶段从第 83 帧出现变化，这一变化一直持续到第 101 帧，其在腭图上的表现为口腔两侧（舌两侧与上腭两侧）和后端（舌后部与后腭）的气流阻塞结构在这一阶段（第 83 帧到第 101 帧）一直保持，且阻塞状态相对稳定。所以我们将第 83 帧至第 101 帧的舌腭接触状况划分为塞音/g/的持阻段，其变化过程具有渐变性特征。

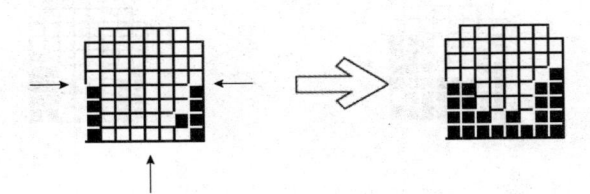

图 4-45　第 78 帧到第 82 帧的成阻过程

首先，变化产生在持阻结构刚形成时（第 82 帧），这时其特征表现为持阻结构较为单薄，仅由舌后部接触腭位的第 8 行，此动作使口腔后部气流封堵，并使舌两侧与腭的第 1 行和第 8 行构成口腔两侧气流封堵。其次的变化是从第 83 帧开始，即持阻到第 83 帧时其持阻结构逐渐加固，这时舌后部接触腭的第 7 行和第 8 行，然后再加固为舌后部接触腭的第 6 行、第 7 行和第 8 行；与此同时，舌两侧与腭的第 1、2 行和第 7、8 行构成的口腔两侧气流封堵加强为舌两侧与腭的第 1、2、3 行和第 6、7、8 行构成的口腔两侧气流封堵（第 100 帧）加强为舌尖接触上腭的前 3 行构成的口腔前部气流封堵，但是舌两侧与上腭的第 1 行和第 8 行构成的口腔两侧气流封堵结构并无明显加固。

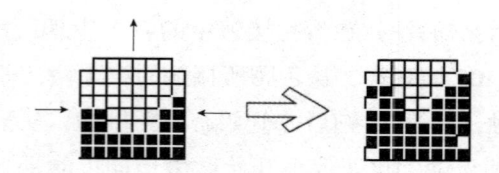

图 4-46　第 83 帧到第 101 帧的持阻结构的加强

持阻结构从第 102 帧开始出现减弱现象，其减弱方式表现为舌后部接触腭的最后 3 行构成口腔后部气流封堵逐渐变为舌后部接触腭的后 2 行（第 6 行和第 7 行），然后再减为 1 行（第 6 行）构成的气流封堵，此状态一直持续，直至最后持阻结构彻底解开（第 114 帧）；与此同时，舌两侧与腭的第 1、2、3 行（左侧）和第 6、7、8 行（右侧）构成的口腔两侧气流封堵结构无减弱表现，其特征为舌两侧与腭的第 1、2 行（左侧）和第 7、8 行（右侧）相接触。依据上述变化特征，我们将第 102 帧至第 114 帧的舌腭接触状况划分为塞音/g/的解阻阶段。

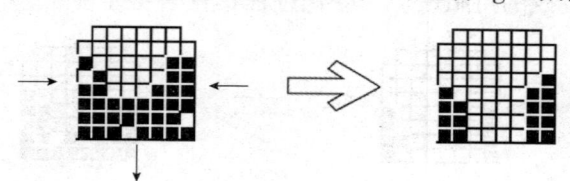

图 4-47　第 102 帧到第 114 帧的持阻结构的解除

通过以上几个阶段的舌腭接触特征，我们把辅音/g/在腭图上的舌腭接触发音生理阶段划分为以下三个阶段。

表 4-49　　　　　　　　　　/g/腭位发音生理阶段

塞音	成阻	持阻	解阻
/g/	79—82	83—101	102—114

我们通过辅音/g/的舌腭接触面积 RCA 指数可以快速看出舌腭接触面积在持阻段的第 97、98 帧时达到了最大，此表现相对稳定，无明显变化；与此同时，我们可以通过对其发音腭图观察到，辅音/g/的持阻结构集中在腭图后半区，PST 指数在第 94、95、96、97、98、99、101 帧达到最大；因此满足 RCA 和 PST 两个指数条件的有第 97、98 帧（这

两帧舌腭接触无差异），因此我们将第 97 帧选定为/g/发音部位的代表帧。表 4-50 为辅音/g/代表帧的舌腭接触及其相关参数。

表 4-50　　　　　　/g/腭位发音生理阶段的舌位特征

/g/		ALV	ANT	CA	CC	COG	CP	LAT	PAL	PST	RCA	VEL
97		27.27	40	76.05	52.02	44.29	95.53	0	58.33	50	50	45.16

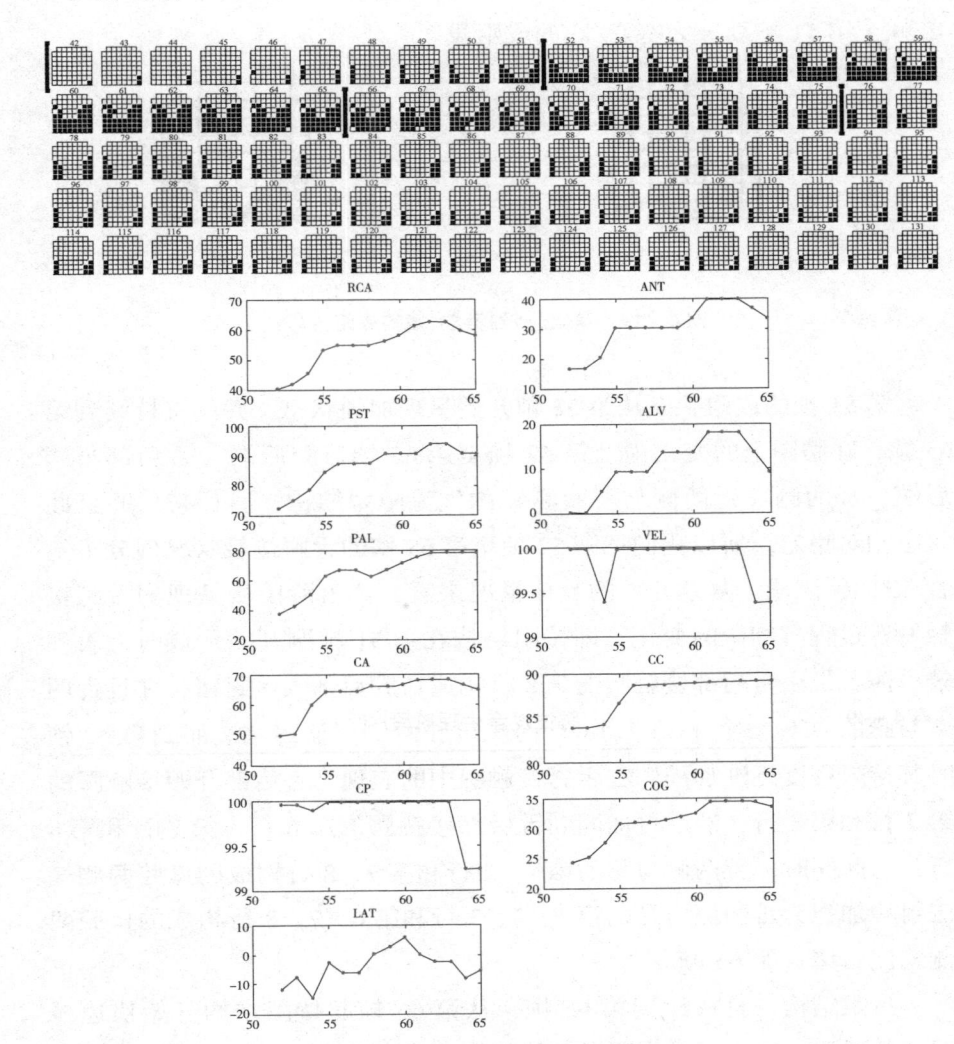

2. ك/k/

图 4-48　辅音/k/的发音过程

依据图 4-48 舌腭接触图，可以为塞音/k/写出舌腭接触发音生理中的各个生理段所对应的帧数，辅音在第 42 帧时产生舌腭接触，即辅音/k/在第 42 帧之前几乎无舌腭接触，从第 42 帧起舌腭才开始有接触，并从第 49 帧起舌尖与上腭开始接触，与此同时，第 49 帧舌头两侧面产生微微向上卷曲的变化，并与上腭两侧相接触从而形成口腔两侧气流阻塞的趋势，到第 51 帧时，口腔后端（舌后部与腭后端）和两侧（舌两侧与腭两侧）的气流阻塞结构彻底形成。所以我们把舌腭接触中的第 42 帧至第 51 帧划分为塞音/k/的成阻段。

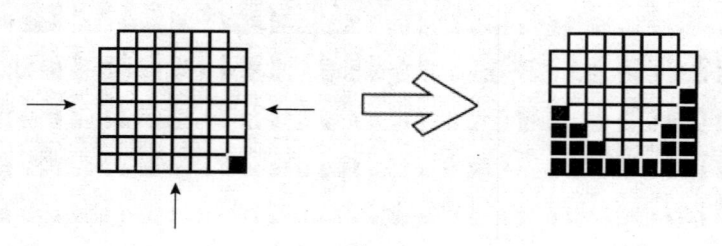

图 4-49　第 42 帧到第 51 帧的成阻过程

第 51 帧的成阻状态从第 52 帧开始呈现加强状态，并一直持续到第 65 帧，在腭图上的变化为从第 52 帧至第 65 帧口腔后端（舌后部与腭后端）和两侧（舌两侧与腭两侧）的气流阻塞结构一直保持，并且此状态相对稳定。所以我们把第 52 帧至第 65 帧的舌腭接触状况划分为塞音/k/的持阻段。从这几帧的具体情况来看，持阻阶段所呈现的舌腭接触发音过程有细微的变化，即持阻结构在第 51 帧刚开始形成时，表现较单薄，仅由舌后部接触腭的第 8 行构成口腔后部气流封堵，并且舌两侧与腭的第 1、2 行和第 7、8 行构成口腔两侧气流封堵。而到第 52 帧时其持阻程度逐渐加固，在舌腭接触图中的表现为舌后部开始接触腭的第 7 行和第 8 行，然后再加固到舌后部接触腭的第 6 行、第 7 行和第 8 行；与此同时，舌两侧与腭的第 1、2 行和第 7、8 行构成的口腔两侧气流封堵加强为舌两侧与腭的第 1、2、3 行和第 6、7、8 行构成的口腔两侧气流封堵（第 65 帧）。

持阻结构一直持续到第 65 帧，从第 66 帧起持阻结构开始快速减弱，其减弱方式为：首先舌后部接触腭的最后 3 行构成的口腔后部气流封堵逐渐变为舌后部接触腭的后2行（第6行和第7行），然后2行再减少为1行（第6行）构成的气流封堵，最后直至第114帧时持阻结构彻底解开；与此同时，舌两侧与腭的第1、2、3行（左侧）和第6、7、8行（右侧）构成的口腔两侧气流封堵结构呈现为无减弱现象，其特征表现为舌两侧与腭的第1、2行（左侧）和第7、8行（右侧）相接触。所以我们把第66帧至第75帧看作塞音/k/的解阻段。

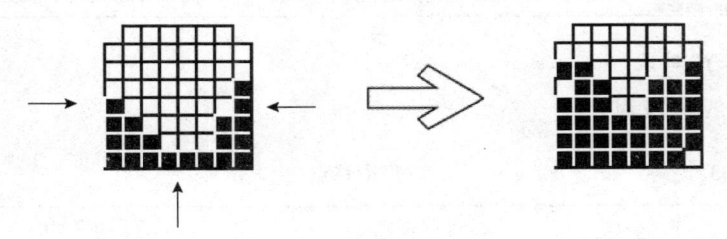

图4–50　第51帧到第65帧的持阻结构的加强

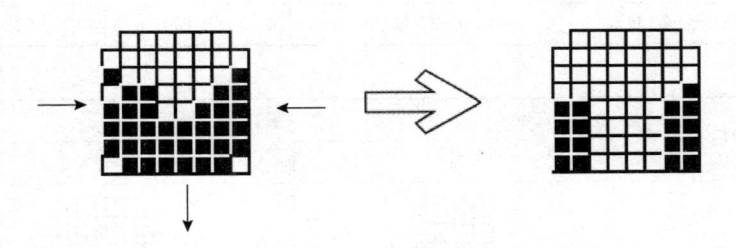

图4–51　第66帧到第75帧的持阻结构的解除

根据以上论述，我们可以把塞音/k/在腭图上的发音生理阶段的持阻结构的形成、保持和解除过程划分为以下三个阶段。

表4–51　　　　　　　　　/k/腭位发音生理阶段

塞音	成阻	持阻	解阻
/k/	42—51	52—65	66—75

通过对塞音/k/的RCA指数的分析，我们可以快速观察到它在舌腭接触面积上的最大值出现在第62帧和第63帧；除此之外，我们还通过对其发音腭图观察可以发现，塞音/k/的持阻结构主要集中在腭图后半区，此时的PST指数最大值出现在第62帧和第63帧。与此同时，满足

RCA 和 ANT 两个指数条件的为第 58 帧和第 62 帧（这两帧舌腭接触无差异），所以将第 62 帧选定为/k/发音部位的代表帧。表 4-52 为/k/代表帧的舌腭接触及其相关参数。

表 4-52　　　　　　　/k/腭位发音生理阶段的舌位特征

/k/		ALV	ANT	CA	CC	COG	CP	LAT	PAL	PST	RCA	VEL
62	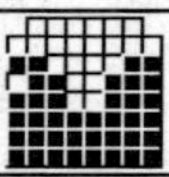	18.18	30	68.48	89.01	34.7	100	-2.56	79.17	93.75	100	62.9

（二）对比

1. 成阻段对比

表 4-53　　　　　　　　　　成阻段特点

音标	成阻	持阻	解阻	关键帧	成阻开始参数									成阻结束参数								
					Alv	Ant	CA	Cc	Cog	Cp	LAt	PAl	Pst	Vel	RCA	Alv	Ant	CA	Cc	Cog	Cp	LAt	PAl	Pst	Vel	RCA
/g/	79	82	83	101	102	114	97	0	0	0.77	0.81	6.67	85.8	100	0	3.13	6.25	1.61	0	3.33	46.7	80.5	24.1	99.8	-4.4	37.5	68.8	87.5	37.1
/k/	42	51	52	65	66	75	62	0	0	0.77	0.81	6.67	85.8	100	0	3.13	6.25	1.61	0	3.33	45.6	76.1	22	99.7	-10	29.2	59.4	81.3	32.3

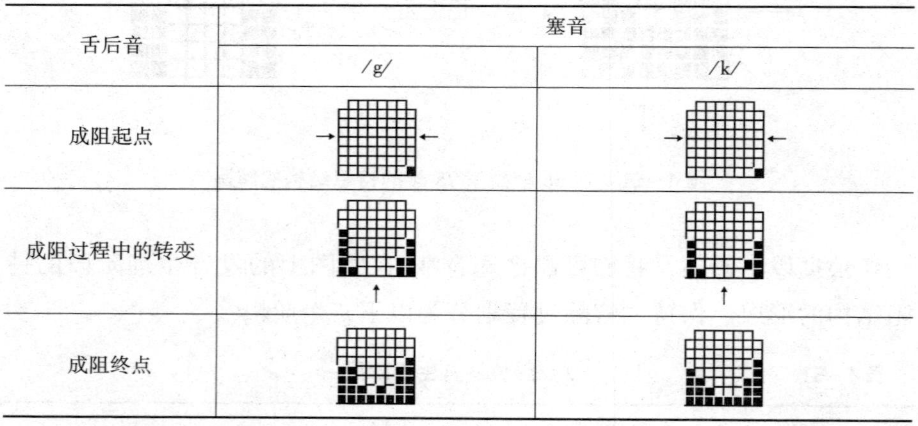

舌后音	塞音	
	/g/	/k/
成阻起点		
成阻过程中的转变		
成阻终点		

图 4-52　成组阶段起点到终点的对比

舌后音/g/、/k/成阻段由两个阶段构成，因为成阻开始时在软腭区出现一些微不足道的舌腭接触，可以被看作无舌腭接触，然而当成阻结束时软腭区舌腭接触增多。第一阶段为成阻起点，此时舌头后部两边开始向软腭收紧，逐渐形成口腔两边的气流封闭回路（成阻趋势中箭头均向内）；第二个阶段为收紧阶段，此时舌头后部向上腭收紧，逐渐形成口腔后部的气流阻塞结构，最终形成的气流阻塞结构表现为第 8 行电极被激活（成阻趋势中箭头均向上）。从成阻阶段的构成和结束过程来看，舌后音 /g/、/k/ 具有明显的一致性。通过上面的对比表可以很容易看出，舌后音 /g/、/k/ 成阻段均开始时仅表现为软腭区有微不足道的舌腭接触，均被看作无舌腭接触，但其成阻特征结束时均在软腭区产生舌腭接触增多的现象。

2. 持阻段对比

表 4-54   持阻段特点

音标	成阻	持阻	解阻	关键帧	持阻开始参数										持阻结束参数									
					Alv	Ant	CA	Cc	Cog	Cp	LAt	PAl	Pst	Vel	RCA	Alv	Ant	CA	Cc	Cog	Cp	LAt	PAl	Pst	Vel	RCA
/g/	79	82	83	101	102	114	97	0	3.33	46.7	83.9	23.7	100	-4	37.5	75	100	40.3	13.6	20	66.5	88.7	32.9	99.2	3.03	66.7	84.4	87.5	53.2
/k/	42	51	52	65	66	75	62	0	6.67	49.7	83.9	24.3	100	-12	37.5	71.9	100	40.3	9.09	23.3	64.8	89	33.3	99.2	-5.6	79.2	90.6	93.8	58.1

舌后音	塞音	
	/g/	/k/
持阻起点	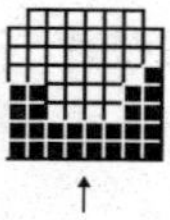	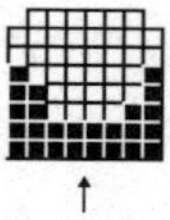
持阻终点	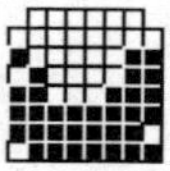	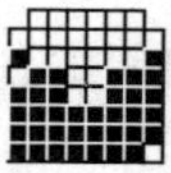

图 4-53   持阻段特点

从上面几组舌腭接触特征及其对比情况来看，舌后音 /g/、/k/ 在持阻阶段具有共性也存在差异。当持阻段开始时它们均在软腭区和硬腭区产生舌腭接触，即仅表现为软腭区的舌腭接触（假腭的第 7 和第 8 行几乎为全接触），硬腭区两侧有部分舌腭接触（假腭的第 4、5、6 行的两侧有部分舌腭接触）；并均在持阻结束时在硬腭区出现舌腭接触增多的现象（假腭的第 6 行为全接触，第 4、5 行的两侧的舌腭接触明显增多），此特征表明此时舌后部上抬紧贴上颚的收紧程度加强（持阻趋势中箭头均向上)。为了使舌后音/g/、/k/在舌腭接触中的异同关系更清晰,下面我们引入/g/、/k/持阻段的面积指数,并对此进行对比分析。

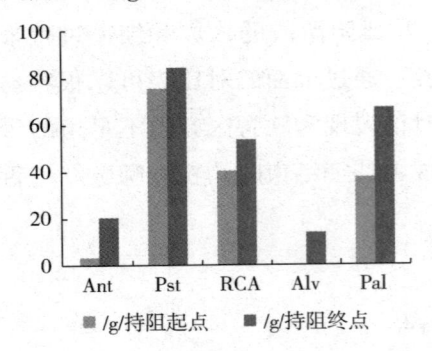

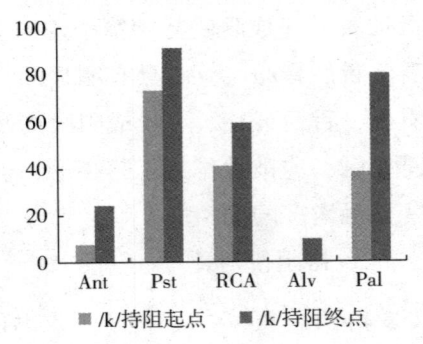

图4-54 /g/、/k/成阻起始面积指数

舌后音/g/、/k/成阻起始面积指数图中呈现出以下三个特点:第一,终点的各个面积指数均高于起点,这表明舌后音/g/、/k/各个功能区的舌腭接触面积均变大,舌腭收紧增强;第二,终点与起点面积指数增大,值最大的均为硬腭区面积指数PAl,这表明舌后音/g/、/k/腭接触面积的变大部位主要体现在硬腭区,硬腭区舌腭收紧增强;第三,通过对两边的舌后音/g/、/k/的柱形图的对比,不难发现,两个图的柱状轮廓相近,这也表明,舌后音/g/、/k/从持阻段开始到结束的动态过程中,在舌腭接触变化方面具有一致性。

3. 解阻段对比

表4-55 解阻段特点

音标	成阻	持阻	解阻	关键帧	解阻开始参数										解阻结束参数									
					Alv	Ant	CA	Cc	Cog	Cp	LAt	PAl	Pst	Vel	RCA	Alv	Ant	CA	Cc	Cog	Cp	LAt	PAl	Pst	Vel	RCA
/g/	79	82	83	101 102 114	97	13.6	20	66.5	86.7	32.9	99.2	3.03	66.7	84.4	87.5	53.2	0	3.33	46.2	25.8	27.5	95.5	12.5	33.3	46.9	50	25.8
/k/	42	51	52	65 66 75	62	9.0	20	64.5	88.9	33.3	98.4	-5.9	75	87.5	87.5	54.8	0	3.33	46.7	27.1	28.6	95.5	5.88	37.5	50	50	27.4

表4-55和图4-55的两组数据可以为我们清晰地提供舌后音/g/、/k/解阻阶段的面貌。舌后音/g/、/k/在解阻段开始时均表现在软腭区,即在软腭区舌腭接触状态呈现出几乎全接触的趋势。与此同时也存在口腔气流阻堵结构,当解阻结束时,几乎弥漫软腭区的舌腭接触呈现减少

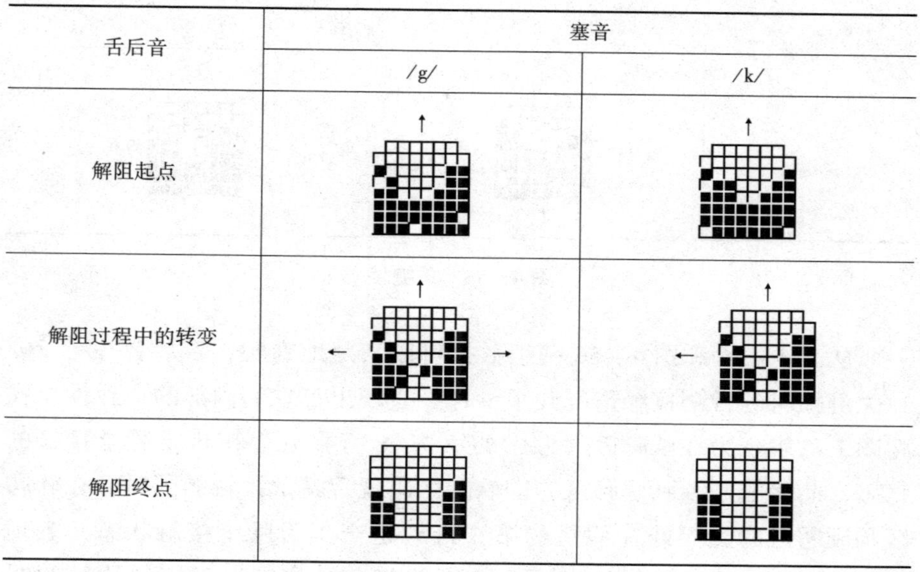

舌后音	塞音	
	/g/	/k/
解阻起点		
解阻过程中的转变		
解阻终点		

图 4-55　解阻段起点到终点

状态，这时气流阻堵结构瓦解。根据此时的解阻特征，我们可以把解阻过程分为两个阶段：第一个阶段为收紧度瓦解阶段，其特征表现为舌头后部向上腭收紧程度降低，口腔后部的气流阻塞结构逐渐瓦解（解阻趋势中箭头均向上）；第二个阶段为收紧度结束阶段，其特征表现为舌头后部向上腭收紧程度继续降低，使舌腭接触逐渐靠后，同时舌头后部两侧向上腭收紧程度降低，使口腔气流出口变宽（解阻趋势中箭头均向上、向外）。从解阻段的发音过程来看，舌后音/g/、/k/从解阻段开始到结束同样表现出了一致性。

4. 关键帧对比

表 4-56　　　　　　　　　　　　　关键帧

音标	解阻	持阻	解阻	关键帧	关键帧参数										
					Alv	Ant	CA	Cc	Cog	Cp	LAt	PAl	Pst	Vel	RCA
/g/	79	82	83	101	102	114	97	23	33	76	89	37	99	0	79	88	88	61
/k/	42	51	52	65	66	75	62	18	30	68	89	35	100	-3	79	94	100	63

舌后音	塞音	
	/g/	/k/
关键帧	→ ⬚ ← ↑	→ ⬚ ←

图 4-56　关键帧

从表 4-56 和图 4-56 两组数据可以清楚地看到，舌后音/g/、/k/在关键帧时的舌腭接触情况几乎一样，表现出了它们内部的一致性。在腭图上的表现为在软腭区（假腭的第 7、8 行）几乎出现舌腭全接触的状态，此接触延续到硬腭区，即软腭区出现舌腭全接触的同时，在软腭区和硬腭区的交界处（假腭的第 6 行）也产生舌腭全接触状态，表现为硬腭区两侧舌腭接触较多。这表明其存在口腔气流阻堵结构，此时呈现的舌腭接触的特点表现为舌头后部向软腭以及软腭同硬腭的交界处收紧，与此同时，舌头后部两侧向上腭收紧。为了更细致地辨认舌后音/g/、/k/的异同关系，我们引入舌后音/g/、/k/关键帧的面积指数进行对比分析。

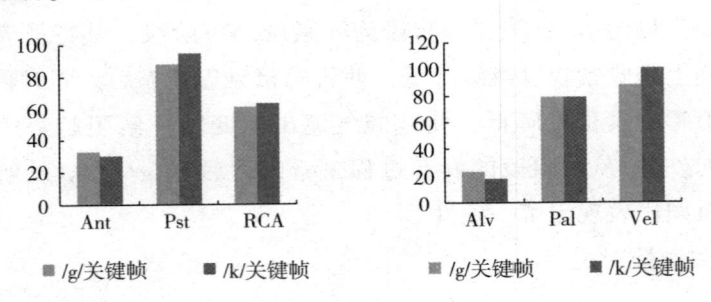

图 4-57　关键帧比较

从图 4-57 的舌后音/g/、/k/的柱状图可分析出它们在关键帧面积指数方面的特征。它们均表现为后半区面积指数 Pst（从左面的柱形图观察）明显高于前半区面积指数 Ant，这说明其关键帧的舌腭接触主要集中在后半区；从右面的柱状图我们也可以分析出舌后音/g/、/k/的软腭区面积指数 Vel 明显高于硬腭区面积指数 PAl 和齿龈区面积指数 Alv，进一步说明其关键帧的舌腭接触主要集中在后半区的软腭区域。

舌后音	塞音	
	/g/	/k/
持阻起点	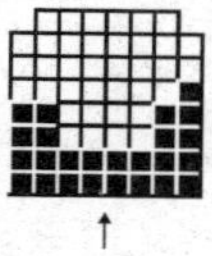	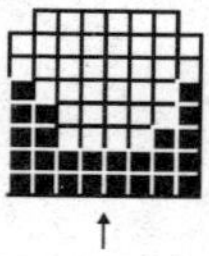
持阻终点	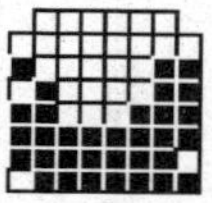	

图 4-58　持阻起点到终点

图 4-58 给我们提供了舌后音/g/、/k/在持阻起点和持阻终点阶段的对比数据，从图中可以观察出，舌后音/g/、/k/尽管在硬腭区两侧有部分舌腭接触（假腭的第 4、5、6 行的两侧有部分舌腭接触），持阻段开始时仅表现为软腭区的舌腭接触状态（假腭的第 7、8 行几乎为全接触），只有在持阻结束时硬腭区舌腭接触才增多（假腭的第 6 行为全接触，第 4、5 行的两侧的舌腭接触明显增多），这表明此时舌后部分开始改变，上抬并紧贴上腭，此时的收紧程度加强（持阻趋势中箭头均向上）。以上对比也说明了舌后音/g/、/k/从持阻段开始到结束的过程中体现出一致性。

从图 4-59 的对比材料中可以发现，舌后音/g/、/k/在解阻阶段的各个环节具有一定的相似性，即解阻段开始时仅在软腭区存在舌腭几乎全接触状态，存在口腔气流阻堵结构，而且在解阻结束时软腭区舌腭接触减少，气流阻堵结构瓦解。从舌腭接触状态的不同层面，我们可以把舌后音/g/、/k/的解阻过程分为两个阶段：第一个阶段为收紧程度的瓦解阶段，其特点表现为舌头后部向上腭收紧程度降低，口腔后部的气流阻塞结构逐渐瓦解（解阻趋势中箭头均向上）；第二个阶段为收紧程度的消失阶段，其特点表现为舌头后部向上腭收紧程度继续降低，使舌腭接触逐渐靠后，同时舌头后部两侧向上腭收紧程度降低，使口腔气流出口变宽（解阻趋势中箭头均向上、向外）。

舌后音	塞音	
	/g/	/k/
解阻起点	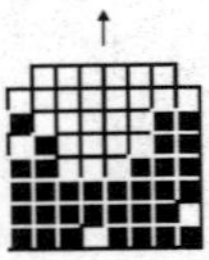	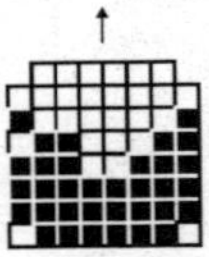
解阻过程中的转变	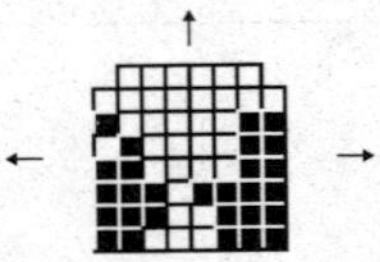	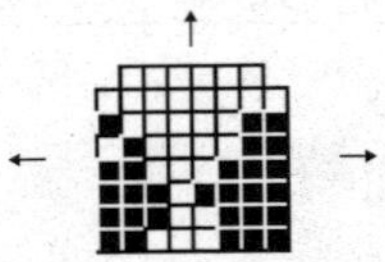
解阻终点		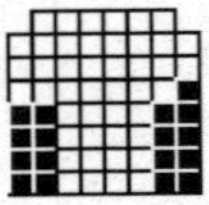

图 4-59　解阻起点到终点

舌后音	塞音	
	/g/	/k/
关键帧	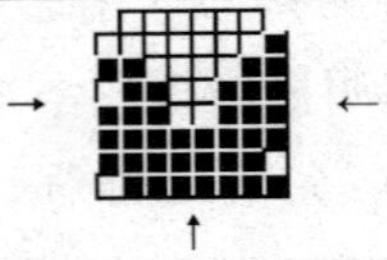	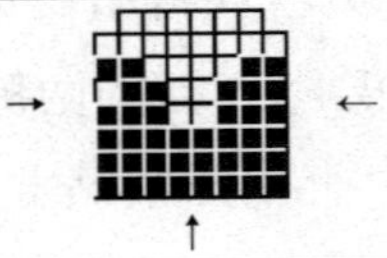

图 4-60　关键帧对比

图 4-60 是舌后音/g/、/k/的关键帧对比数据，此时的舌腭接触体现该组辅音具有一定的一致性。即舌后音/g/、/k/在软腭区（假腭的第 7、8 行）几乎产生舌腭全接触状态，与此同时，在软腭区同硬腭区的交界处（假腭的第 6 行）也出现较多的舌腭接触（可以说是全接触），并且在硬腭区两侧也出现较多的舌腭接触。这一系列变化表明其存在口腔气流阻堵结构，此时舌后音/g/、/k/舌腭接触的特点为舌头后部向软腭以及软腭同硬腭的交界处收紧，舌头后部两侧向上腭收紧，可以总结为关键帧的舌腭接触主要集中在后半区的软腭区域。

三 舌尖辅音发音生理特征分析

（一）舌尖前辅音分析

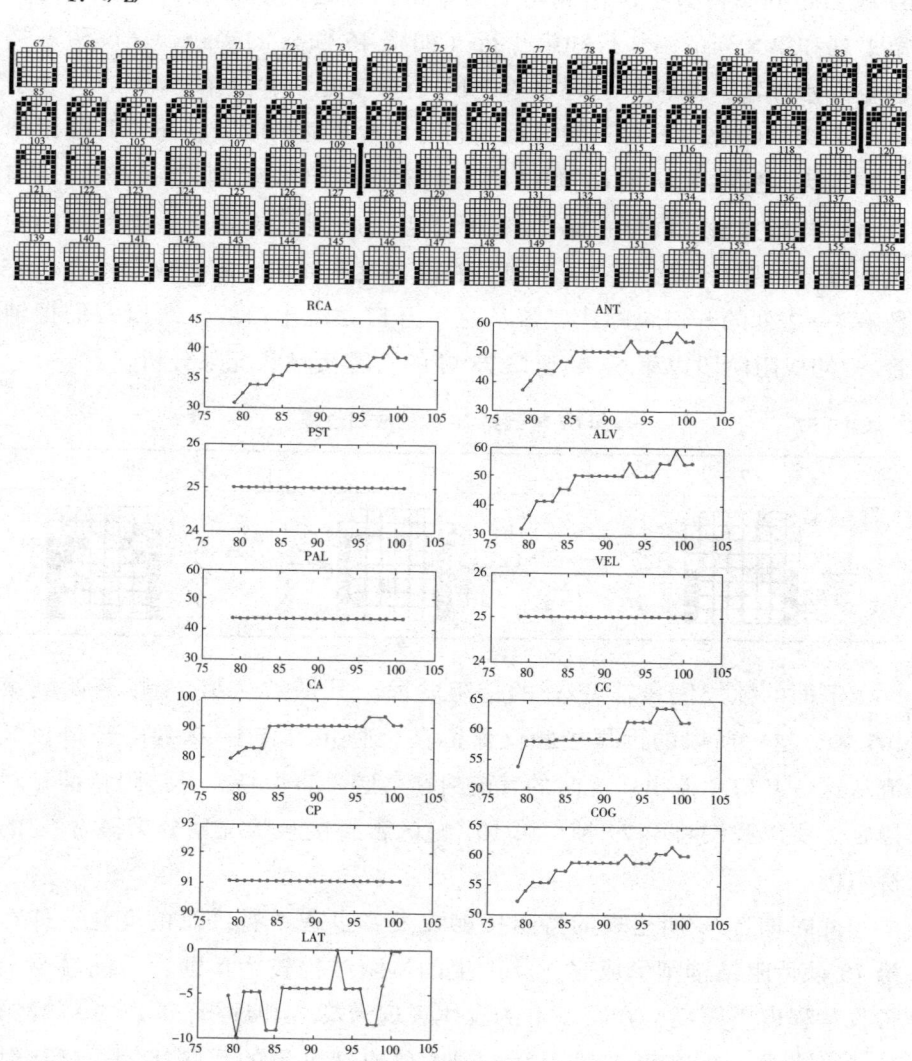

1. /z/

图 4-61 辅音/z/的发音过程

依据图 4-61 几组数据，我们可以写出辅音/z/在舌腭接触的各个生理段所对应的帧数。辅音/z/在舌腭接触中，初次出现的帧数为第67帧，其腭图上的表现为舌后部两侧同腭后部两侧相接触，此时的接触发生在腭图的第1列和第8列的后四行；我们也可以看出，舌腭接触从第67帧后也开始舌头中部两侧与上腭中部两侧之间的接触，即腭图上的第1列和第8列的第3行和第4行（如第46帧）的接触，这说明舌腭接触开始收紧；此种状态到第78帧时有所变化，即到第78帧时，几乎整个舌头两侧都同上腭两侧接触，同时出现明显的收紧状态，其收紧现状表现为舌腭接触从第67帧的第1列和第8列收紧加强为第2、3、4行舌腭收紧接触。同样在第78帧时，舌头两侧上抬并与上腭后部的两侧相接触，然后再过渡到与形成口腔前部气流封堵，此时仅保留在口腔留有1—2列的开口缝隙让气流从这一开口处流出口腔。所以我们把辅音/z/的成阻阶段以第67帧至第78帧的舌腭接触状况来分析。

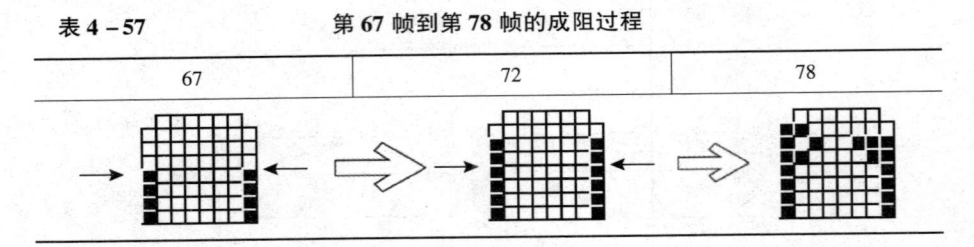

表4-57　　　　　　　第67帧到第78帧的成阻过程

| 67 | 72 | 78 |

下面的帧数代表辅音/z/的持阻阶段，其帧数从第78帧开始到第101帧，这一阶段的舌腭接触仅保留在口腔并留有1—2列的开口让气流从这一开口中流出，此时的气流封堵口腔一直保持，其持阻特征相对稳定。所以我们将第79帧至第101帧的舌腭接触状况划分为擦音/z/的持阻段。

此时辅音/z/所呈现的持阻接触在发音过程中有细微的变化，即在第78帧持阻结构刚形成时，其产生的持阻结构较为单薄，舌前端与上腭收紧程度不够高，在腭图上的具体表现为第78帧腭图第1、2列和第7、8列收紧，但在第3列和第6列中仅出现少量的舌腭接触；当接触到第101帧时，收紧程度加强，在腭图上的具体表现在第3列和第6列接触电极数上，此时产生的电极数量明显增加，使气流通道变窄，其通道长度也明显增加。

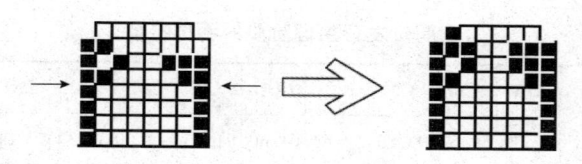

图 4-62　第 78 帧到第 101 帧的持阻结构的加强

从下面的比较中可以观察到，持阻结构从第 102 帧开始出现快速减弱的状态，其减弱方式为舌两侧同上腭的第 3 列和第 6 列接触电极数量明显减少，这使气流通道变宽，直至第 2、3 列和第 6、7 列时呈现无任何电极接触状态。所以我们把擦音/z/在舌腭接触中的解阻段特征由第 102 帧至第 109 帧的舌腭接触状况来分析。

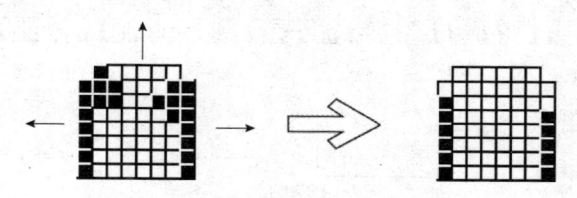

图 4-63　第 102 帧到第 109 帧的持阻结构的解除

以上数据为我们提供辅音/z/舌腭接触发音生理阶段的三个方面，即持阻结构的形成、保持和解除过程。

表 4-58　　　　　　　　　/z/腭位发音生理阶段

擦音	成阻	持阻	解阻
/z/	67—78	79—101	102—109

通过以上数据分析，我们获取辅音/z/的持阻段 RCA 指数，可以快速发现在第 99 帧时其值达到了最大；同时其 ANT 指数在第 99 帧也达到了最大，这几个数据说明此时辅音/z/的发音部位最先前；除此之外，我们还可以通过对其 CC 指数较清晰地观察到，其值在第 97、98、99 帧也同样达到了最大，说明此时辅音/z/的持阻结构的开口为最小。另外 CA 指数也在第 97、98、99 帧达到最大。以上帧数的比较中，第 99 帧表现为同时满足 RCA、ANT、CC、CA 几个参数，即表现为达到最大值的腭位 99 帧，所以我们把第 99 帧作为辅音/z/发音部位的代表帧。表 4-59 为辅音/z/代表帧的舌腭接触及其相关参数。

表 4-59　　　　　　　　　　/z/腭位发音生理阶段的舌位特征

/z/		ALV	ANT	CA	CC	COG	CP	LAT	PAL	PST	RCA	VEL
99		59.09	56.67	93.83	53.64	61.60	91.06	-4.00	33.33	25.00	25.00	40.32

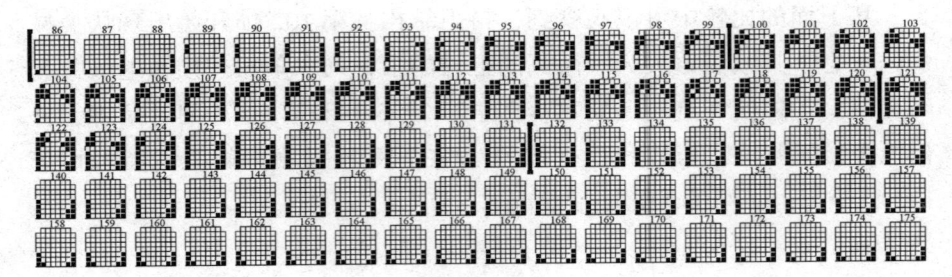

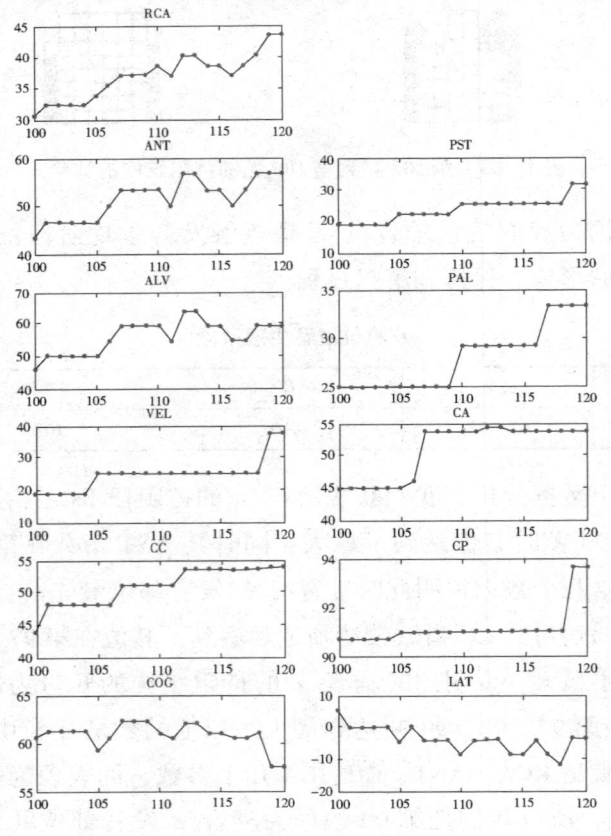

2. س /s/

图 4-64　辅音/s/的发音过程

依据图 4–64 几组图的数据表现，我们可以写出辅音/s/的各个生理段所对应的帧数。从数据中可观察出，辅音/s/在第 86 帧之前几乎没有任何舌腭接触，从第 86 帧起开始舌头中后部两侧面有细微的上抬表现，此状态以同时与上腭后部的两侧相接触再过渡到与整个上腭的两侧相接触来表现，与此同时形成口腔两侧气流封堵；除此之外，舌头前部上抬时同上腭前端相接触，此时保留一条小细缝供气流通过。当舌腭接触到第 99 帧时，产生两种结构，一种形成在口腔两侧（舌两侧与上腭两侧）的气流封堵结构，另一种结构在口腔前端（舌前部与齿龈）的气流封堵结构彻底形成，但是此时的气流阻塞结构并不向塞音那样完全封闭，而是在口腔前端留有 2 列的开口状态让气流从这一开口中流出口腔。所以我们把第 86 帧至第 99 帧看作擦音/s/的舌腭接触状况的成阻阶段。

表 4–60　　　　　　　　第 86 帧到第 99 帧的成阻过程

86	92	99

在第 99 帧彻底完成的成阻阶段到第 100 帧至第 120 帧时呈现不同变化，主要表现在口腔两侧，在腭图上的表现为封堵结构保持其稳定性，即口腔两侧（舌两侧与上腭两侧）的气流封堵结构和口腔前端（舌前部与齿龈）封堵结构一直保持，且状态较稳定。所以我们把第 100 帧至第 120 帧的舌腭接触状况选取为擦音/s/的持阻段来进行分析。

我们通过帧数的不同状态可以发现，此时的持阻接触在发音过程中呈现出细微的变化，即在第 99 帧时持阻结构刚开始形成，因此此时的持阻结构较单薄，舌前部与齿龈收紧程度也较低，具体表现为第 99 帧腭图前 2 行接触电极数量仅为 4，而且到第 120 帧时，其收紧程度开始加强，在前 2 行的接触电极数量增加为 7；除此之外，口腔两侧也出现变化，即口腔两侧（舌两侧与上腭两侧）的气流封堵结构从未完全封闭过渡到了完全封闭的状态，即在第 100 帧时腭图第一列的第 6 行和第

7行表现为舌腭未接触;与此同时,在第105帧时仅表现为第一列第6行舌腭无接触,只有到了第110帧时其第一列第6行才开始出现舌腭接触,此时口腔两侧气流封堵结构彻底形成(持阻点长度和宽度由刚成阻的2×2变为3×2)。

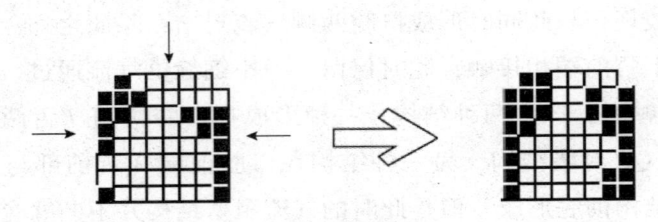

图4-65　第99帧到第120帧的持阻结构的加强

对持阻段的解除就是解阻段,我们从电极帧数的比较上很容易发现,解阻是从第121帧开始的,因为在腭图上从第121帧开始持阻结构呈现出快速减弱的状态,其减弱方式呈现逐渐性特征,首先减弱从舌尖接触上腭的第1行、第2行和第3行开始并在口腔前部气流封口逐渐变为2行(第2行和第3行),然后再变为1行(第3行)构成气流封堵,最后直至第131帧时口腔前端出现无任何舌腭接触状态。所以我们对擦音/s/发音过程中解阻段的分析从第121帧至第131帧的舌腭接触状况来展开。

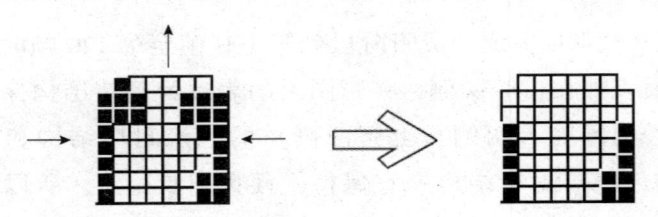

图4-66　第121帧到第131帧的持阻结构的解除

根据以上探讨,我们对擦音/s/的舌腭接触的发音生理阶段的描述和分析从它持阻结构的形成、保持和解除过程三个方面进行。

表4-61　　　　　　　　　　/s/腭位发音生理阶段

擦音	成阻	持阻	解阻
/s/	86—99	100—120	121—131

通过对擦音/s/持阻段 RCA 指数的观察可以快速看出在第 119 帧和第 120 帧时其值达到了最大；同时其 ANT 指数在第 112、113、118、119、120 帧时也达到了最大，说明此时擦音/s/的发音部位最前；除此之外，我们也可以通过对其 CC 指数的分析发现，其值在第 119 帧和第 120 帧时同样达到了最大，而这说明此时擦音/s/的持阻结构的开口最小。依据以上数据，我们获得能够同时满足 RCA、ANT 和 CA 三个参数的帧数，即达到最大值的腭位为第 119 帧和第 120 帧。我们再通过对这两帧的比较，很容易发现二者之间的差异较小，所反映出来的舌腭接触情况完全相同，因此我们将第 120 帧作为/s/发音部位的代表帧。表 4 – 62 为擦音/s/代表帧的舌腭接触及其相关参数。

表 4 – 62   /s/腭位发音生理阶段的舌位特征

/s/		ALV	ANT	CA	CC	COG	CP	LAT	PAL	PST	RCA	VEL
120		59.09	56.67	93.59	53.89	57.53	93.65	–3.70	33.33	31.25	37.50	43.55

（二）舌尖前辅音对比

1. 成阻段对比

表 4 – 63   成阻段特点

音标	成阻	持阻	解阻	关键帧	成阻开始参数									成阻结束参数								
					Alv	Ant	CA	Cc	Cog	Cp	LAt	PAl	Pst	Vel	RCA	Alv	Ant	CA	Cc	Cog	Cp	LAt	PAl	Pst	Vel	RCA
/s/	86	99	100	120	121	131	120	0	0	17	3	17	91	50	4	13	19	6	41	40	89	44	59	91	0	25	19	19	29
/z/	67	78	79	105	106	109	99	0	0	35	5	27	91	0	17	25	25	13	32	37	79	44	52	91	–5	33	25	25	31

从表 4 – 63 和图 4 – 67 可以清晰地观察到舌尖前音/s/、/z/成阻段的产生过程，其产生时的最初形式仅在上腭的后半区的两侧出现，在腭位图上的表现为第 5 到第 8 行的第 1 列和第 8 列，表明电极被激活；此时，舌头两边开始同上腭接触并逐渐形成封闭回路，在腭图上的具体表现为假腭的第 1 列和第 8 列逐渐出现电极被舌腭接触所激活的状态；然后舌头前端同上腭开始收紧并逐渐形成气流摩擦结构，此状态在腭位图上的表现为腭图前 3 行舌腭接触开始增多；最后形成气流收紧结构，仅仅流出两列宽的出口，以便气流流出，在腭位图上的表现为舌头前端同

舌尖前音	擦音	
	/s/	/z/
成阻起点		
成阻中舌腭收紧趋势转变		
成阻终点		

图 4-68 成阻段特点

上腭前 2—3 行接触形成。为了使以上数据更加清晰方便于分析舌尖前音/s/、/z/成阻段的产生过程，下面我们对舌尖前音/s/、/z/所对应的 Alv、Ant、CA、Cc 参数进行对比分析。

/s/成阻段主要参数　　　　/z/成阻段主要参数

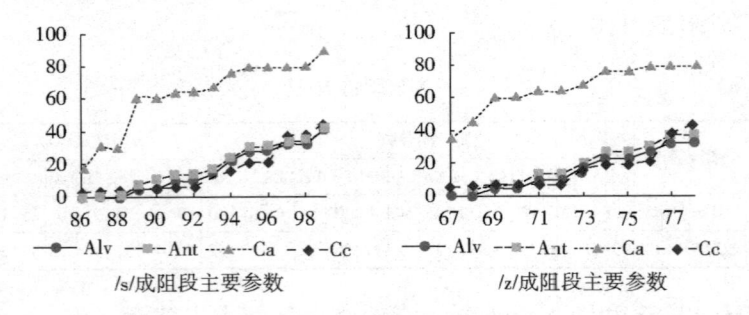

图 4-68　成阻段主要参数

从图 4-68 可以观察到，舌尖前音/s/在第 86—89 帧间 Cc 之间呈现逐渐上升趋势，并且都低于 35，这说明此时舌腭接触增多，其接触过程主要表现为舌头两边同上腭处接触并逐渐形成封闭回路，但在此小段上的 Ant、CA、Cc 几个参数几乎为直线，而且都低于 10，这也说明在此小段上的舌尖部位同上腭没有产生收紧状态；但在第 90—99 帧间 Alv、Ant、CA、Cc 几个参数开始出现迅速均匀上升的趋势，这说明在此小阶段上的舌腭接触增多，腭位图上的变化表现为舌头两边开始同上腭接触，因而逐渐形成封闭回路，这时此状态继续保持并且舌尖开始同上腭逐渐收紧。

同舌尖前音/s/一样，/z/在第67—70帧间开始在Cc上呈现逐渐上升趋势，这说明在这一舌腭接触的小段上已出现接触增多现象，在腭图上的表现为舌头两边开始同上腭接触，并逐渐形成封闭回路，但在此产生的舌腭接触小段Ant、CA、Cc几个参数几乎为直线，而且都低于10，这也说明在此小段上没有产生收紧状态，即舌尖同上腭无收紧；但在其后的接触中出现变化，从第71帧开始到第78帧Alv、Ant、CA、Cc几个参数呈现出迅速均匀上升趋势，这说明在此小段上的舌腭接触增多，舌头两边开始同上腭接触并逐渐形成封闭回路，使此状态继续保持，并且舌尖同上腭产生逐渐收紧状态。

通过对舌尖前音/s/和/z/成阻段的比较，我们可以观察到，它们既有共性也存在差异。它们在成阻开始到结束的动态过程中具有一致性，在腭位图上的表现为：舌尖前音/s/和/z/发音时均呈现先表现舌两边开始向上腭两边收紧，然后逐渐形成封闭回路的舌腭接触趋势；它们的差异主要表现在舌尖前音/s/的收紧方向上的不同，因为在成阻阶段，舌尖前音/s/在第1行的第7、8列呈现没有彻底封闭的状态（成阻趋势图中箭头均向内）；其次是在气流出口方面，在保持两边封闭回路的前提下，舌尖开始向上腭两边收紧（成阻趋势图中箭头均向下）直至口腔前端仅留两列气流出口。

2. 持阻段对比

表4-64　　　　　　　　持阻段特点

音标	成阻		持阻		解阻		关键帧	持阻开始参数											持阻结束参数										
								Alv	Ant	CA	Cc	Cog	Cp	LAt	PAl	Pst	Vel	RCA	Alv	Ant	CA	Cc	Cog	Cp	LAt	PAl	Pst	Vel	RCA
/s/	86	99	100	120	121	131	120	45	43	90	44	61	91	5	25	19	19	31	59	57	94	54	58	94	-4	33	31	38	44
/z/	67	78	79	101	102	109	99	32	37	79	44	52	91	-5	33	25	25	31	55	53	91	51	60	91	0	33	25	25	39

舌尖前音	擦音	
	/s/	/z/
持阻起点	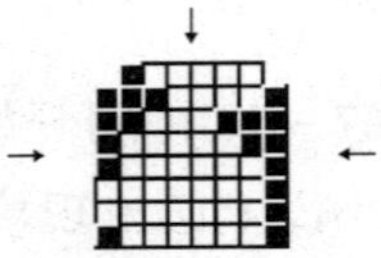	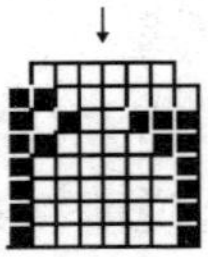
持阻中舌腭收紧趋势转变		
持阻终点	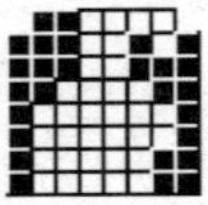	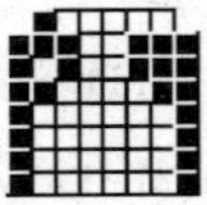

图 4 - 69　持阻段特点

从表 4 - 64 和图 4 - 69 的有关舌尖前音/s/、/z/的持阻段数据的对比，我们可以观察到，它们呈现出了彼此的异同。从相同性来看，它们在此阶段产生的舌腭接触状态均出现在舌两边，从舌尖与上腭和舌两边向上腭收紧的趋势来看，它们不仅在持阻段发音起点相似，在发音终点阶段也呈现出相似性。它们在腭位图上的表现为：持阻结束时的状态仍然保持了持阻开始时的特点，在腭图上的表现为舌尖与上腭收紧程度达到最高。

它们在舌腭接触开始时产生的收紧状态及其形成的气流摩擦结构方面呈现出一致性；舌尖前音/s/在持阻段开始时舌头前端同上腭开始收紧形成气流摩擦结构，这时尽管在第 1 行的第 7、8 列没有产生彻底封闭的状态，但同样在舌头两边同上腭接触并形成近似的封闭回路；然后此时发生的舌头前端同上腭收紧状态继续加强，使舌头两边开始同上腭接触并形成彻底的封闭回路；最后舌头两边开始同上腭接触并形成彻底的封闭回路，并继续得到加强。舌尖前音/z/也同样在持阻段开始时在舌头前端同上腭开始收紧并以此构成气流摩擦结构，与此同时舌头两边同上腭接触，并以此形成封闭回路；然后舌头前端同上腭收紧状态得到继续加强。

从舌尖前音/s/、/z/的舌腭持阻状态开始到结束的动态过程来看，这两个辅音存在一定的差异。通过腭位图上的表现，我们可以把辅音/s/的持阻段发音分为两个不同的阶段，即发音部位上的不同收紧状态。第一阶段为舌尖状态，即在腭位图上的表现为：此时舌尖与上腭收紧程度逐渐呈现增强状态，并且舌头两边同上腭收紧形成气流封闭回路的牢固性也得到增强（持阻趋势中箭头向下、向内）；第二个阶段为舌头两边状态，即腭位图上的表现为：舌尖与上腭构成的收紧程度保持不变，但此时在舌头两边出现变化，即舌头两边同上腭收紧而形成气流封闭回路得到增强，变得更加牢固（持阻趋势中箭头向内）。而舌尖前音/z/的持阻段的发音特征相对于辅音/s/较简单，舌腭形成的收紧状态仅在舌尖上得到逐渐增强（持阻趋势中箭头向下）。为了更清晰地比较舌尖前音/s/、/z/在舌腭接触持阻阶段的异同关系，下面我们引入辅音/s/、/z/所对应的 Pst、Vel 等参数进行对比分析。

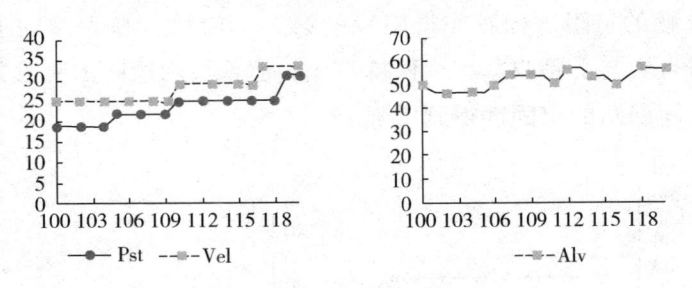

图 4-70 /s/持阻段主要参数

辅音/s/在第 100—109 帧间呈现的后半区接触面积指数 Pst 开始逐渐上升，而且都低于 25，软腭区接触面积指数 Vel 成直线，其值为 25，到第 110 帧时 Pst 值为 25，Vel 值约为 29.17，这说明舌头两边同上腭舌腭接触所形成的收紧状态使后半区彻底形成气流封闭回路；齿龈区接触面积指数 Vel 呈现上升趋势，这说明此时产生的舌尖与上腭收紧程度逐渐增强。因此我们把辅音/s/在第 100—109 帧看作持阻阶段的第一个阶段，在腭位图上的表现为：此时舌尖与上腭收紧程度逐渐增强，并且在舌头两边由舌腭接触而形成的封闭回路的牢固性得到增强。

如图 4-70 所示，舌尖前音/s/持阻段在后半区（由假腭后 4 行构成）电极总数为 32（4 行 8 列），后半区接触电极数为 8；软腭区（由假腭后 3 行构成）电极总数为 32（3 行 8 列），软腭区接触电极数为 6。所以此时有软腭区接触面积指数 Vel＝软腭区接触电极数/软腭区电极总数×100＝6÷24×100＝25；后半区接触面积指数 Vel＝后半区接触电极数/后半区电极总数×100＝8÷30×100≈26.67。

根据以上考虑，我们把辅音/s/的第 100—110 帧看作第一个阶段，此时所表现的舌腭接触特征为：舌尖与上腭收紧程度逐渐得到增强，并且舌头两边同上腭收紧使气流封闭回路彻底形成。辅音/s/在第 111—119 帧间，后半区接触面积指数 Pst 和软腭区接触面积指数 Vel 仍保持逐渐上升趋势，这说明舌头两边同上腭收紧形成的气流封闭回路得到继续增强，其特征是具有一定的牢固性；但齿龈区接触面积指数 Alv 呈现为首尾高度一致的曲线，并且中间表现为略低的曲线，这说明在此阶段舌尖与上腭收紧程度没有发生明显变化。所以我们把舌尖前音/s/在第 111—119 帧的持阻过程看作持阻段的第二个阶段，在舌腭图上的表现为：此时舌尖与上腭收紧程度保持不变，但舌头两边同上腭收紧而形成的气流封闭回路的牢固性得到增强。

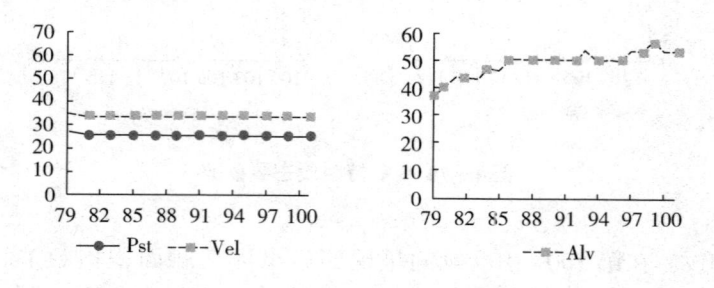

图 4-71　/z/持阻段主要参数

舌尖前音/z/在第 79—101 帧间，后半区接触面积指数 Pst 和软腭区接触面积指数 Vel 均呈现为直线，这说明在持阻过程中舌头两边同上腭收紧形成气流封闭回路在此段得到持续保持，不产生变化；齿龈区接触面积指数 Alv 呈现为一条略微浮动的上升曲线，这说明舌尖与上腭收紧程度也逐渐增强。所以我们把舌尖前音/z/的持阻段的特征归纳为：在此段时，舌头两边同上腭收紧形成气流封闭回路保持不变，并且此时产生的舌尖与上腭收紧程度也得到逐渐增强。

3. 解阻段对比

表 4–65　　　　　　　　解阻段特点

音标	成阻	持阻	解阻	关键帧	解阻开始参数											解阻结束参数										
					Alv	Ant	CA	Cc	Cog	Cp	LAt	PAl	Pst	Vel	RCA	Alv	Ant	CA	Cc	Cog	Cp	LAt	PAl	Pst	Vel	RCA
/s/	86	99	100	120	121	131	120	59	53	91	52	57	94	8	29	31	38	42	0	7	49	16	30	94	17	25	31	38	19
/z/	67	78	79	101	102	109	99	14	17	74	8	44	91	–8	25	25	25	21	5	10	60	7	37	91	–9	25	25	25	18

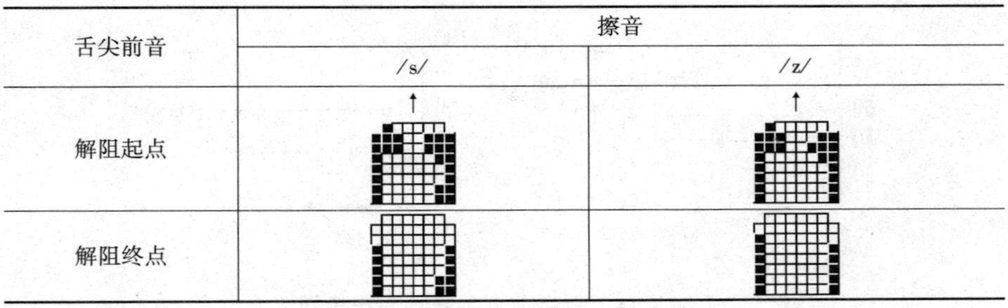

舌尖前音	擦音	
	/s/	/z/
解阻起点	↑	↑
解阻终点		

图 4–72　解阻段特点

从表 4–65 和图 4–72 的数据中可以观察到，在舌尖前音 /s/、/z/ 在解阻阶段出现变化，即在解阻结束时的舌腭接触明显不同于解阻开始时的特点，但从整体上看，它们仍存在一定的相似性，即从解阻开始到结束的动态过程中仍表现出一定的一致性：均表现为舌尖同上腭收紧减弱，直至最后没有收紧（解阻趋势中箭头均向上）。

4. 关键帧对比

表 4–66　　　　　　　　关键帧特点

音标	成阻	持阻	解阻	关键帧	关键帧参数										
					Alv	Ant	CA	Cc	Cog	Cp	LAt	PAl	Pst	Vel	RCA
/s/	86	99	100	120	121	131	120	59	59	59	59	59	59	59	59	59	59
/z/	67	78	79	101	102	109	99	59	59	59	59	59	59	59	59	59	59

舌尖前音	擦音	
	/s/	/z/
关键帧	↓	↓

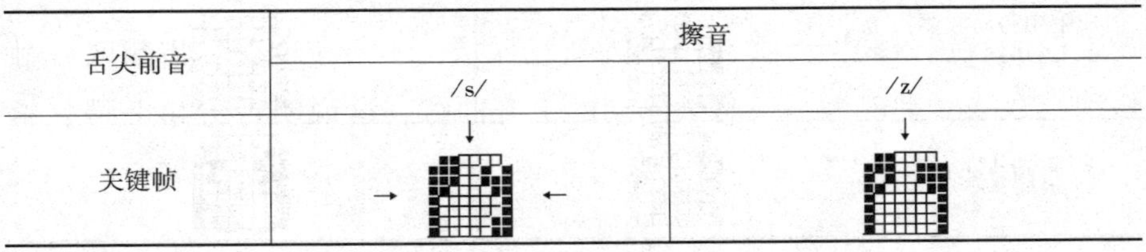

图 4–73　关键帧特点

从表 4-66 和图 4-73 关键帧数据我们很容易了解到，舌尖前音在腭图上也体现了它们在关键帧方面的共同点：舌尖同上腭形成的收紧点都在上腭的齿龈区，且此状态均不彻底封堵口腔气流出口，而留有两列开口，与此同时它们均舌头两边向上腭收紧形成封闭回路。为了更好地解析这两个舌尖前音的异同关系，接下来，我们将引入它们的接触面积指数，从而系统地分析它们在腭位上的舌腭接触特征。

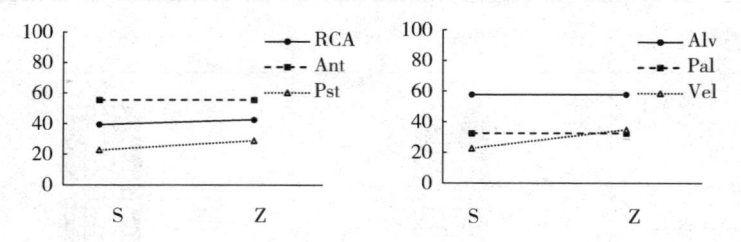

图 4-74 舌尖前音关键帧面积指数

图 4-74 左右图为舌尖中音的舌腭接触面积曲线，通过图我们可以看出前半区舌腭接触面积指数 Ant 的值明显高于舌腭接触面积指数 RCA 和后半区舌腭接触面积指数 Pst，这说明，它们舌腭接触收紧点均出现在同一个位置，即舌尖同上腭形成的收紧点主要位于上腭的前半区；它们在舌尖同上腭形成的收紧点也具有相似性，即舌尖同上腭形成的收紧点主要位于上腭的前半区的齿龈区域，其特征表现为齿龈区舌腭接触面积指数 Alv 明显高于硬腭区舌腭接触面积指数 PAl 和软腭区舌腭接触面积指数。

舌尖前音	擦音	
	/s/	/z/
成阻起点	→ ▦ ←	→ ▦ ←
成阻中舌腭收紧趋势转变	↓ ▦	↓ ▦
成阻终点	▦	▦

图 4-75 成阻段起点终点对比

（三）舌尖中辅音分析

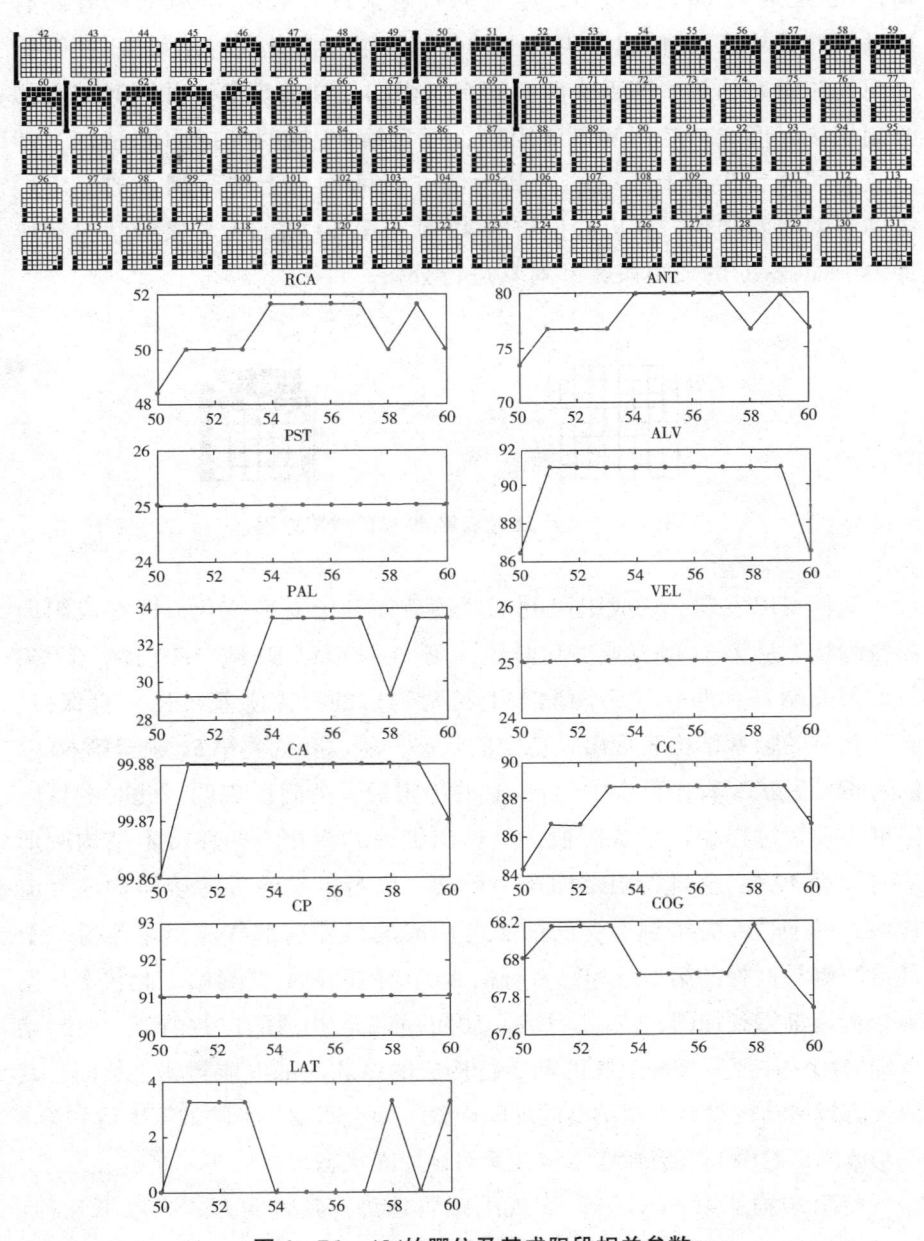

1. /d/

图 4－76 /d/的腭位及其成阻段相关参数

依据图 4-76 几组数据，我们可以写出舌尖中辅音/d/在发音中产生的各个舌腭接触的生理所对应的帧数。从图 4-77 可观察出，舌尖中辅音/d/在第 42 帧之前没有产生舌腭接触，只有从第 43 帧后腭开始有接触，并且从第 45 帧起舌尖与上腭开始接触，与此同时从第 43 帧开始出现气流阻塞趋势，即舌头两侧面有微微向上卷曲现象，并同时与上腭两侧相接触形成口腔两侧气流阻塞，而到第 49 帧时完成阻塞结构，即口腔前端（舌尖与上腭前端）和两侧（舌两侧与上腭两侧）的气流形成彻底的阻塞结构。所以我们将第 42 帧至第 49 帧的舌腭接触状况看作舌尖中辅音/d/的成阻段，并对其进行分析。

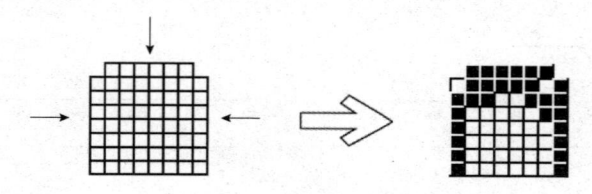

图 4-77　第 42 帧到第 49 帧的成阻过程

我们可以发现，从成阻段的末尾帧后面开始有所变化，即在成阻段形成的状态从第 51 帧开始变化阶段，第 51 帧至第 60 帧口腔前端（舌尖与上腭前端）和两侧（舌两侧与上腭两侧）的气流阻塞结构一直保持，而且此时的阻塞结构表现出较稳定的状态。所以我们将第 51 帧至第 60 帧的舌腭接触状况看作舌尖中辅音/d/的持阻段。持阻段表明，此时的持阻接触在发音过程相比于成阻段，呈现出细微的变化，即在持阻结构刚形成时（第 49 帧），此持阻结构较为单薄，仅由少量的舌腭接触构成气流封堵，一个是舌尖接触上腭的前 2 行构成的口腔前部气流封堵，另一个是舌两侧与上腭的第 1 行和第 8 行构成的口腔两侧气流封堵。此状态从第 50 帧起逐渐得到加固，使舌尖接触上腭的前 2 行构成的口腔前部气流封堵得到加强，并舌尖接触上腭的前 3 行构成的口腔前部气流封堵，然而，其他气流封堵结构没有表现明显的加固现象，即舌两侧与上腭的第 1 行和第 8 行构成的口腔两侧气流封堵结构并无明显加固状态。

持阻结构从第 61 帧开始表现出减弱趋势，其减弱方式为以下几种：一是舌尖接触上腭的前 3 行构成的口腔前部气流封堵逐渐变为舌尖接触

图 4-78　第 50 帧到第 60 帧的持阻结构的加强

上腭的前 2 行（第 1 行和第 2 行）；二是此减弱状态再减为 1 行（第 2 行）构成的气流封堵；三是减弱状态直至最后持阻结构彻底解开状态（第 69 帧）。但是在减弱状态进行中，也存在中立状态，即舌两侧与上腭的第 1 行（左侧）和第 6 行（右侧）构成的口腔两侧气流封堵结构并无出现减弱或加强状态。所以我们把第 61 帧至第 69 帧的舌腭接触状况看作舌尖中辅音/d/的解阻段来进行分析。

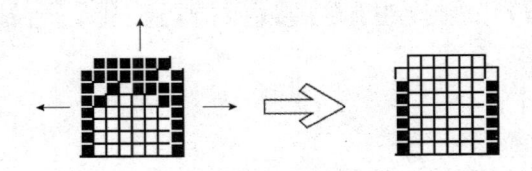

图 4-79　第 61 帧到第 69 帧的持阻结构的解除

依据上面探讨的舌腭接触特征，我们把舌尖中辅音/d/的舌腭接触发音生理过程划分为持阻结构的形成、保持和解除过程三个阶段。

表 4-67　　　　　　　　　/d/腭位发音生理阶段

塞音	成阻	持阻	解阻
/d/	42—49	50—60	61—69

通过舌尖中辅音/d/的 RCA 指数可以快速看出，其舌腭接触面积在第 54、55、56、57、59 帧时，产生的持阻段达到了最大，并且在此段前无明显变化；与此同时，我们通过对其发音腭图的观察可以发现，舌尖中/d/的持阻结构集中在腭图前半区，ANT 指数在第 54、55、56、57、59 帧达到最大；除此之外，舌尖中辅音/d/的 VEL 指数在第 51、52、53、54、55、56、57、58、59 帧时也达到最大。其中，第 54、55、56、57、59 帧（这五帧舌腭接触无差异）这几个电极帧既满足 ANT 和 VEL 两个指数，

同时也达到最大,所以我们将第 54 帧选定为舌尖中辅音/d/舌腭接触发音部位的代表帧。表 4-68 为舌尖中辅音/d/代表帧的舌腭接触及其相关参数。

表 4-68　　　　　　　　/d/腭位发音生理阶段的舌位特征

/d/		ALV	ANT	CA	CC	COG	CP	LAT	PAL	PST	RCA	VEL
54		90.91	80	99.88	88.55	67.92	91.06	0	33.33	25	25	51.61

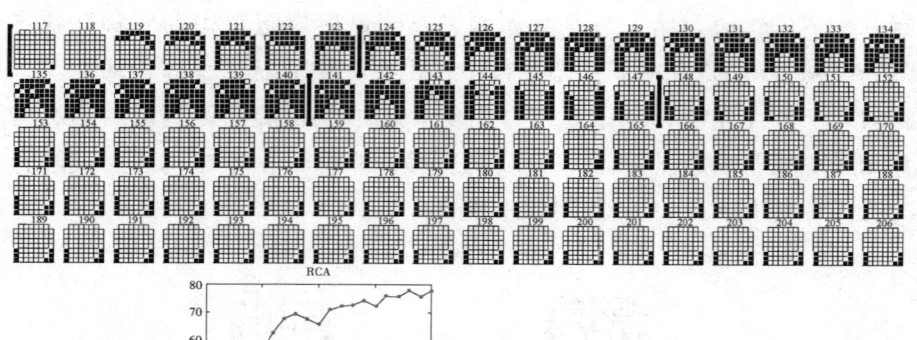

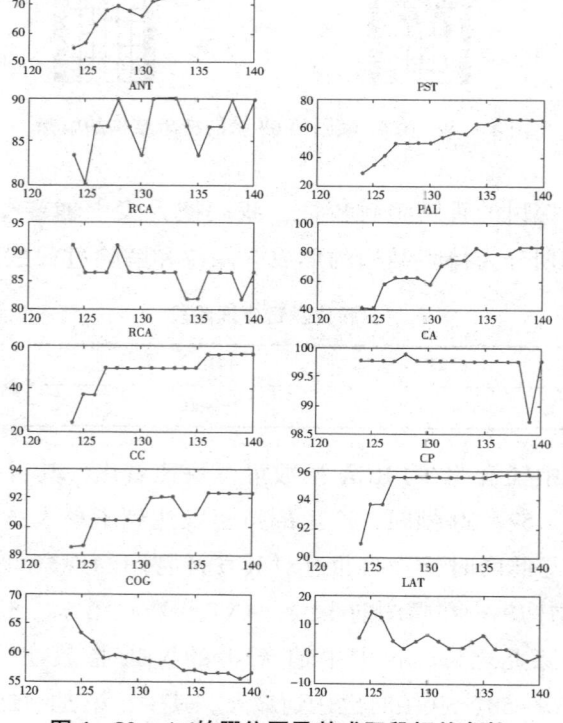

2. ت /t/

图 4-80　/t/的腭位图及其成阻段相关参数

依据图 4-80 数据我们可以写出舌尖中辅音/t/在舌腭接触各个生理段所对应的帧数。通过腭位图可以发现，舌尖中辅音/t/在第 117 帧才有舌腭接触，在此帧之前几乎无舌腭接触状态。实际上，第 119 帧起舌尖开始与上腭接触，与此同时从第 119 帧开始舌头两侧微微向上卷曲并与上腭两侧相接触形成口腔两侧气流阻塞，到第 123 帧时，形成阻塞结构，即口腔前端（舌尖与上腭前端）和两侧（舌两侧与上腭两侧）的气流阻塞结构彻底形成。所以我们把第 118 帧至第 123 帧的舌腭接触状况划分为舌尖中辅音/t/的成阻段来进行分析。

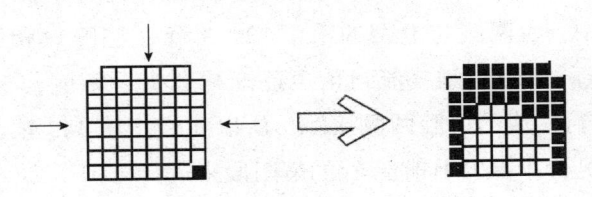

图 4-81　第 117 帧到第 123 帧的成阻过程

舌腭接触从第 124 帧至第 141 帧时呈现出一定的稳定性，即口腔前端（舌尖与上腭前端）和两侧（舌两侧与上腭两侧）的气流阻塞结构一直保持，并且这时的阻塞状态较稳定。所以我们把第 124 帧至第 141 帧的舌腭接触状况看作可以具体分析舌尖中辅音/t/的持阻段。此时产生的持阻接触在发音过程中呈现出细微的变化，即在持阻结构刚形成时（第 123 帧）持阻结构较单薄，仅仅在微弱的两处产生气流封堵，一是舌尖接触上腭的前 3 行构成的口腔前部产生气流封堵；二是舌两侧与上腭的第 1 行和第 8 行构成的口腔两侧气流封堵。从第 124 帧起持阻结构逐渐加固，在腭图上表现为舌尖接触上腭的前 3 行构成的口腔前部气流封堵加强为舌尖接触上腭的前 4 行构成的口腔前部气流封堵，与此同时舌两侧与上腭的第 1 行和第 8 行构成的口腔两侧气流封堵也加强为舌两侧与上腭的第 1、2、3 行和第 6、7、8 行构成的口腔两侧气流封堵（第 138 帧）。

持阻段进入第 141 帧时出现变化，即从第 141 帧开始持阻结构快速减弱，其减弱过程分为几个步骤：一是舌尖接触上腭的前 4 行构成的口腔前部气流封堵逐渐变为舌尖接触上腭的前 3 行；二是减弱帧行减至 2 行

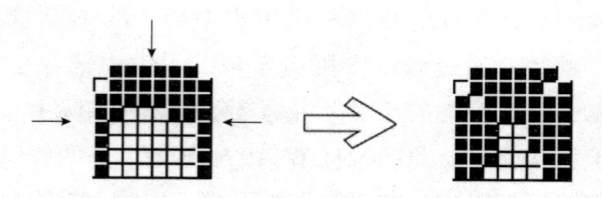

图 4-82　第 123 帧到第 138 帧的持阻结构的加强

(第 2 行和第 3 行）；三，已减弱到 2 行的帧再减为 1 行（第 2 行）构成的气流封堵，直至最后持阻结构彻底解开位置（第 147 帧）；除此之外，在减弱过程中，舌两侧与上腭的第 1、2、3 行（左侧）和第 6、7、8 行（右侧）构成的口腔两侧气流封堵也逐渐减弱为舌两侧与上腭的第 1、2 行和第 7、8 行构成的口腔两侧接触。所以我们把第 142 帧至第 147 帧的舌腭接触状况看作舌尖中辅音/ʧ/的解阻段来进行分析。

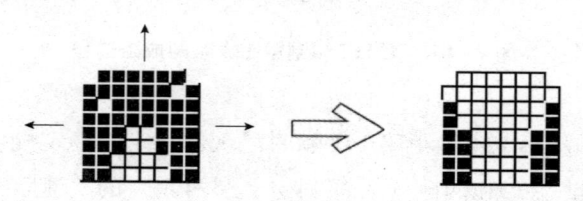

图 4-83　第 141 帧到第 147 帧的持阻结构的解除

依据上述论述的持阻结构的形成、保持和解除过程，我们把舌尖中辅音在腭图上的发音生理划分为以下三个阶段。

表 4-69　/ʤ/腭位发音生理阶段

塞音	成阻	持阻	解阻
/ʧ/	117—123	124—140	141—147

通过舌尖中辅音/ʧ/的 RCA 指数可以很清晰地观察到，舌腭接触面积在第 138、140 帧达到了最大；除此之外，我们通过对舌尖中辅音/ʧ/的发音腭图的观察可以发现，它的持阻结构集中出现在腭图前半区，ANT 指数在第 128、131、132、133、138、140 达到最大。对以上几个帧进行比较，我们发现能同时满足 RCA 和 ANT 两个指数条件的为第 138 帧和第 140 帧（这两帧舌腭接触无差异），因此我们把第 138 帧选

为舌尖中辅音 /t/ 腭位图上发音部位的代表帧。表 4-70 为该音代表帧的舌腭接触及其相关参数。

表 4-70　　　　　/t/ 腭位发音生理阶段的舌位特征

/t/		ALV	ANT	CA	CC	COG	CP	LAT	PAL	PST	RCA	VEL
138		86.36	86.67	99.77	92.33	56.6	95.72	2.13	79.17	65.63	56.25	75.81

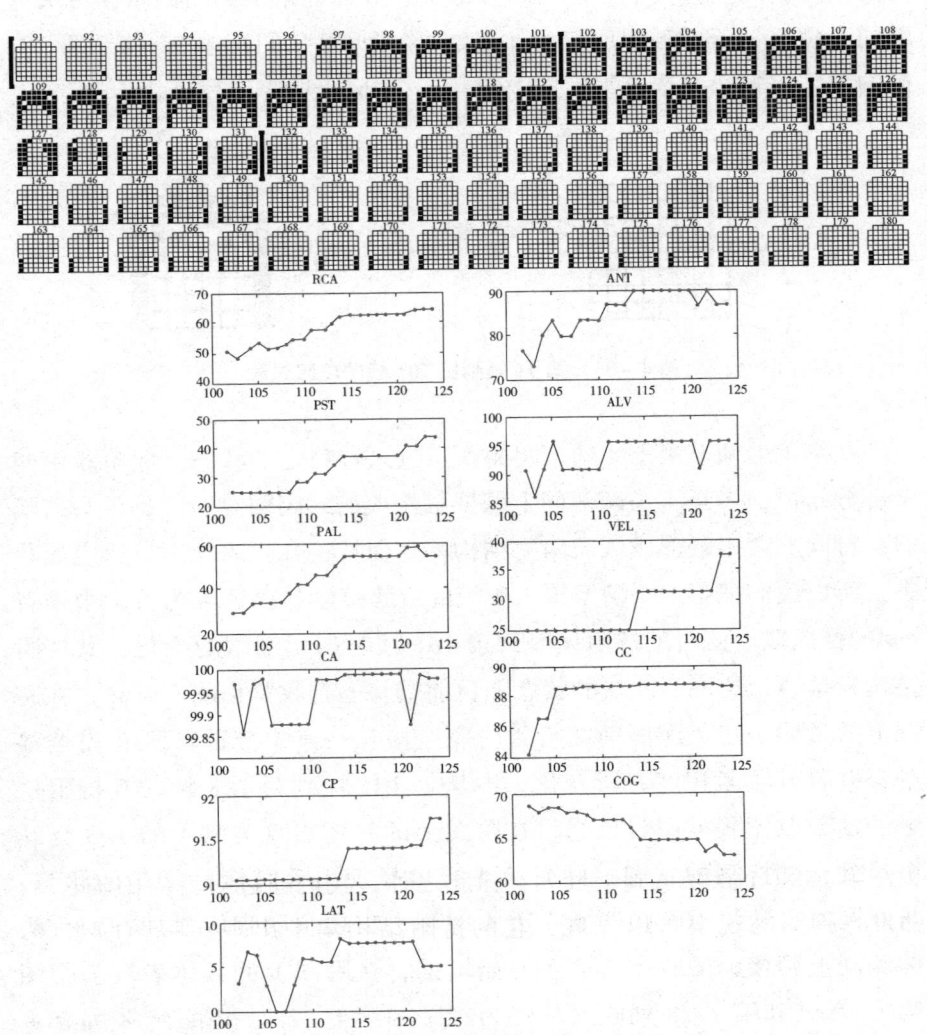

3. /n/

图 4-84　/n/ 的腭位图及其成阻段相关参数

根据图 4-84 的几组数据，我们可以写出舌尖中辅音/n/在舌腭接触中呈现的各个生理段所对应的帧数。图 4-84 所示，舌尖中辅音/n/在第 91 帧时呈现出无任何舌腭接触表现，从第 92 帧开始舌头后部两边同上腭接触，并且逐渐形成封闭回路，在腭图上的表现为假腭的第 1 列和第 8 列逐渐有电极被舌腭接触所激活；与此同时，舌头前端开始收紧，在腭图上的表现为腭图前 3 行舌腭接触开始增多。到第 101 帧时舌头两侧开始同上腭接触，此时阻塞形成，并彻底形成封闭回路，舌头前端同上腭前 3 行接触形成气流阻塞结构。所以我们把第 91 帧至第 101 帧的舌腭接触状况选取为舌尖中辅音/n/的成阻段来进行分析。

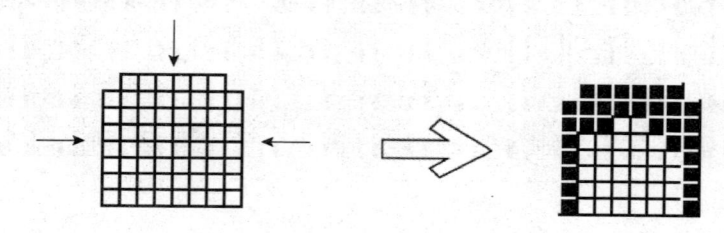

图 4-85　第 91 帧到第 101 帧的成阻过程

从第 101 帧至第 124 帧，阻碍状态进入较稳定的状态，此阶段由两个部分组成，一是舌头两侧同上腭接触构成的封闭回路；二是舌头前端前 3 行同上腭接触形成气流阻塞结构一直保持，并且表现出较稳定的状态。所以我们把第 102 帧至第 124 帧的舌腭接触状况选取为舌尖中辅音/n/的持阻段。此时的持阻接触到第 101 帧时出现细微的变化，其持阻结构较单薄，这说明此时的状态即舌前端与上腭收紧程度不够高，在腭图上的具体表现为腭图前 2 行舌腭完全接触，第 3 行舌腭没有完全接触，并且其收紧程度有所变化，即从第 101 帧到第 108 帧，其持阻接触的前部收紧程度明显增强，在腭图上的具体表现为腭图的第 3 行几乎达到全部接触的状态，同时第 4 行也呈现出舌腭接触增多的状态；与此同时，从第 108 帧开始在舌头两侧也出现收紧程度表现，即舌头两侧同上腭接触的收紧程度也开始增强，在腭图上的具体表现为腭图第 1、2 列和第 7、8 列收紧加强为腭图的第 1、2 列和第 7、8 列有舌腭接触。

表 4－71　　　　　第 101 帧到第 124 帧的持阻结构的加强

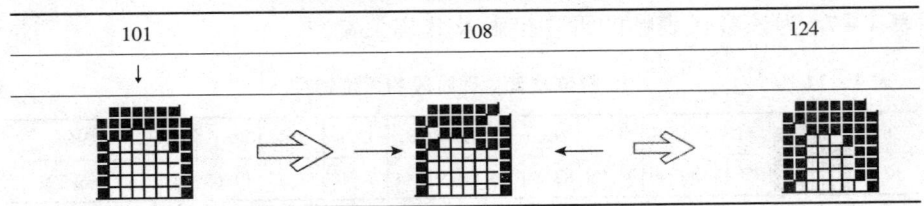

101	108	124

从表 4－72 可以清晰地发现，持阻结构从第 125 帧到第 131 帧开始快速减弱，此时的减弱状态分为两个阶段：一为第 125 帧到第 127 帧，在腭图上的具体表现为腭图前 3 行的第 5、6、7、8 列舌腭接触逐渐减少，直到口腔前端的气流阻塞瓦解；二为第 127 帧到第 131 帧，此时在腭图上的具体表现为舌两侧同上腭的第 2、3 列和第 6、7 列接触电极数量明显减少使气流通道变宽，直至第 2、3 列和第 6、7 列几乎无电极接触。所以我们把第 125 帧至第 131 帧的舌腭接触状况选择为舌尖中辅音 /n/ 的解阻段来进行分析。

表 4－72　　　　　第 125 帧到第 131 帧的持阻结构的解除

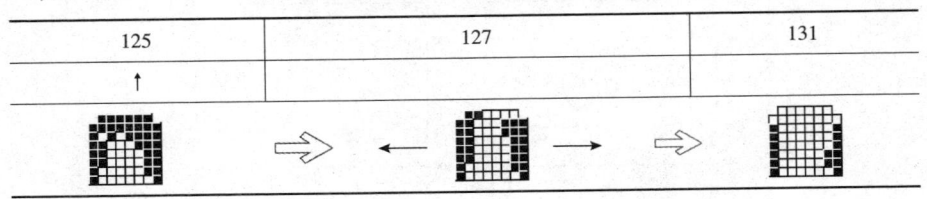

125	127	131

根据以上有关持阻结构的形成、保持和解除过程的论述，我们把腭图上舌尖中辅音 /n/ 的舌腭接触发音生理划分为以下三个阶段。

表 4－73　　　　　　　　/n/ 腭位发音生理阶段

鼻音	成阻	持阻	解阻
/n/	91—101	102—124	125—131

通过分析可以发现舌尖中辅音 /n/ 的持阻段 RCA 指数在第 122、123、124 帧时达到了最大；ANT 指数和 CA 指数在第 115、116、117、118、119、120 和 122 帧时也达到了最大，这两组数据说明此时发音特征为发音舌腭接触最靠前。根据以上数据，我们观察到同时能够满足 RCA、ANT、CA 几个参数达到最大值的腭位为第 90 帧到第 122 帧，所

以我们把第 122 帧选取为舌尖中辅音/n/发音部位的代表帧来进行分析。表 4-74 为该音代表帧的舌腭接触及其相关参数。

表 4-74　　　　　　/n/腭位发音生理阶段的舌位特征

/n/		ALV	ANT	CA	CC	COG	CP	LAT	PAL	PST	RCA	VEL
122		95.45	90.00	99.99	88.80	64.00	91.44	5.00	58.33	40.63	31.25	64.52

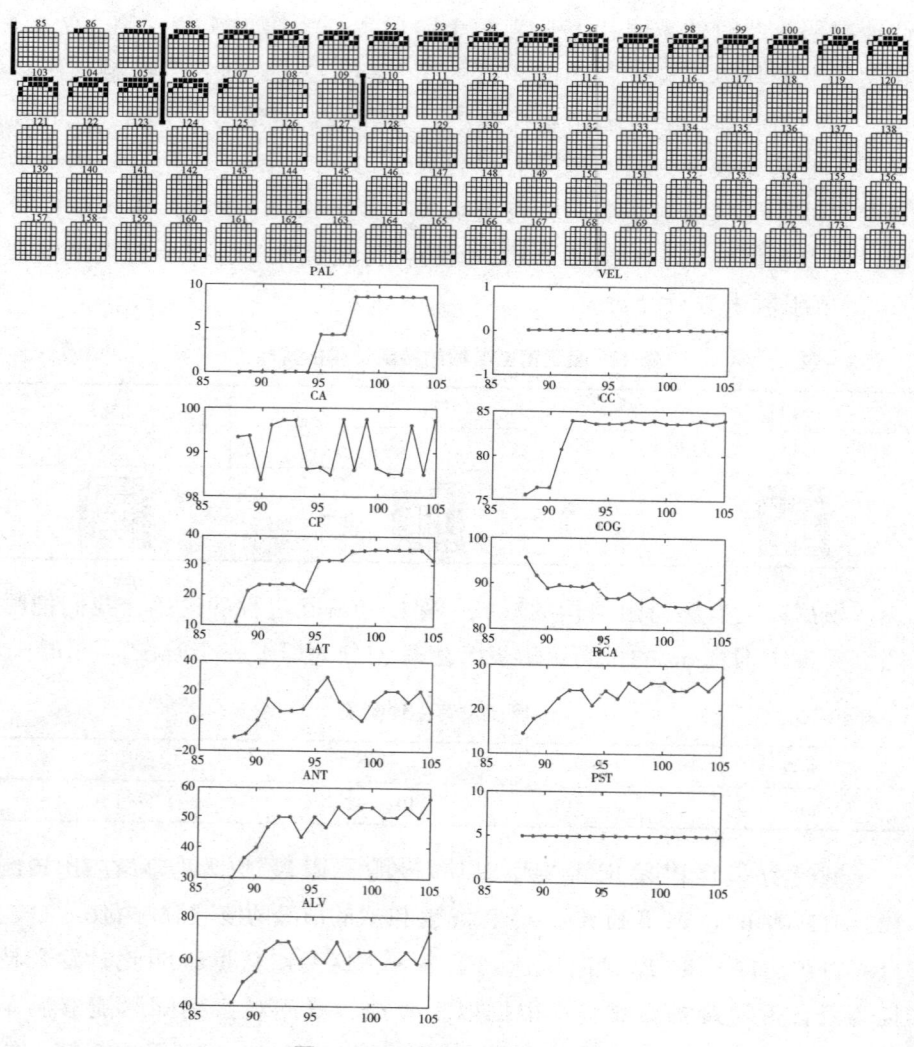

4. /l/

图 4-86　辅音/l/的发音过程

根据图 4–86 罗列的数据，我们可以对舌尖中辅音/l/的舌腭图进行分析，获得它在各个舌腭接触的生理段所对应的帧数。舌尖中辅音/l/在第 85 帧之前没有出现舌腭接触情况，即从第 85 帧腭才开始有接触，从第 86 帧起舌尖开始与上腭接触，并且到第 87 帧时，舌尖出现变化开始向上卷曲，与此同时与上腭两侧相接触，这时呈现出第一排全接触的状态并同时形成口腔前端气流阻边。所以我们把第 85 帧至第 87 帧的舌腭接触状况看作典型帧，把它们划分为舌尖中辅音边音/l/的成阻段。

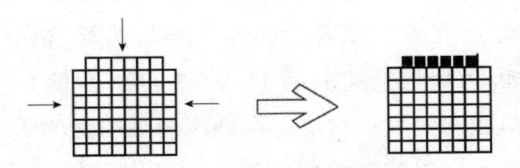

图 4–87　第 85 帧到第 87 帧的成阻过程

成阻过程一直持续到第 105 帧，但其特征上出现细微的变化，即从第 88 帧至第 105 帧口腔前端和两侧的阻碍结构具有稳定性特征，此时两部位的气流阻边结构一直保持，一个是舌尖与上腭前端的阻边结构，另一个是舌两侧与上腭两侧的气流阻边结构。所以我们把第 88 帧至第 105 帧的舌腭接触状况看作典型特征，把它们划分为舌尖中辅音边音/l/的持阻段。尽管此时产生的舌腭接触的持阻结构具有稳定性特征，但是此时的持阻接触在发音过程中有细微的变化，即在第 87 帧刚形成时，持阻结构较单薄，仅表现在三处产生气流封堵，一是由舌尖接触上腭的前 3 行构成的口腔前部气流封堵，二是由两侧与上腭的第 1 行，三是由第 8 行构成的口腔两侧气流封堵。然而此状态进入第 88 帧时有所变化，即从第 88 帧起持阻结构逐渐加固，此时已经形成的由舌尖接触上腭的前 3 行构成的口腔前部气流封堵加强变为舌尖接触上腭的前 4 行构成的口腔前部气流封堵，与此同时由舌两侧与上腭的第 1 行和第 8 行构成的口腔两侧气流封堵也被加强变为由舌两侧与上腭的第 1、2、3 行和第 6、7、8 行构成的口腔两侧气流封堵。

持阻端进入第 106 帧时开始出现阻碍减弱状态，此时出现的减弱特征具有逐渐减弱性特征，即减弱一步步实现。首先，舌尖接触上腭的前 4 行构成的口腔前部气流封堵逐渐变为舌尖接触上腭的前 3 行构成的气流

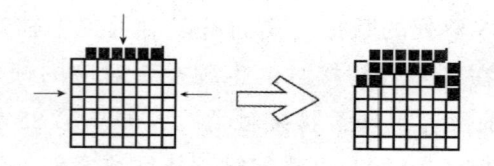

图 4-88　第 87 帧到第 105 帧的持阻结构的加强

封堵；然后此状态减至仅在第 2 行和第 3 行的两行出现构成的气流封堵；再后两行减为第 2 行的一行构成的气流封堵；最后此减弱状态直至第 109 帧时彻底解开。除此之外，在舌两侧与上腭的接触过程中也出现减弱状态，即与此同时舌两侧与上腭的第 1、2、3 行（左侧）和第 6、7、8 行（右侧）构成的口腔两侧气流封堵也得到逐渐减弱变为舌两侧与上腭的第 1、2 行和第 7、8 行构成的口腔两侧接触。所以我们把第 106 帧至第 109 帧的舌腭接触状况看作舌尖中辅音/l/的解阻段帧来进行分析。

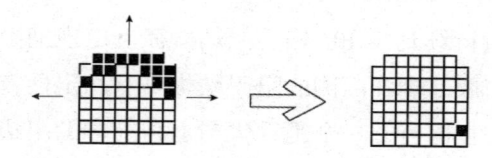

图 4-89　第 106 帧到第 109 帧的持阻结构的解除

根据以上所描述的持阻结构的形成、保持和解除过程，我们可以从以下三个阶段对舌尖中辅音/l/在舌腭接触中的发音生理进行分析。

表 4-75　　　　　　　　　　/l/腭位发音生理阶段

边音	成阻	持阻	解阻
/l/	85—87	88—105	106—109

通过以上的分析对比，我们可以快速看出舌尖中辅音/l/的 RCA 指数舌腭接触面积在第 105 帧达到了最大；与此同时也可以发现，舌尖中辅音/l/的持阻结构主要集中在腭图前半区，此时 ANT 指数在第 105 帧达到最大。通过对比分析可以观察到，能够满足 RCA 和 ANT 两个指数条件最大要求的帧为第 105 帧，所以我们把第 105 帧选取为舌尖中辅音/l/发音部位的代表帧。表 4-76 为舌尖中辅音/l/代表帧的舌腭接触及其相关参数。

表 4 –76　　　　　　　　/n/腭位发音生理阶段的舌位特征

/l/		ALV	ANT	CA	CC	COG	CP	LAT	PAL	PST	RCA	VEL
105		72.73	56.67	99.73	83.82	86.67	31.9	5.88	4.17	0	0	27.42

5. /r/

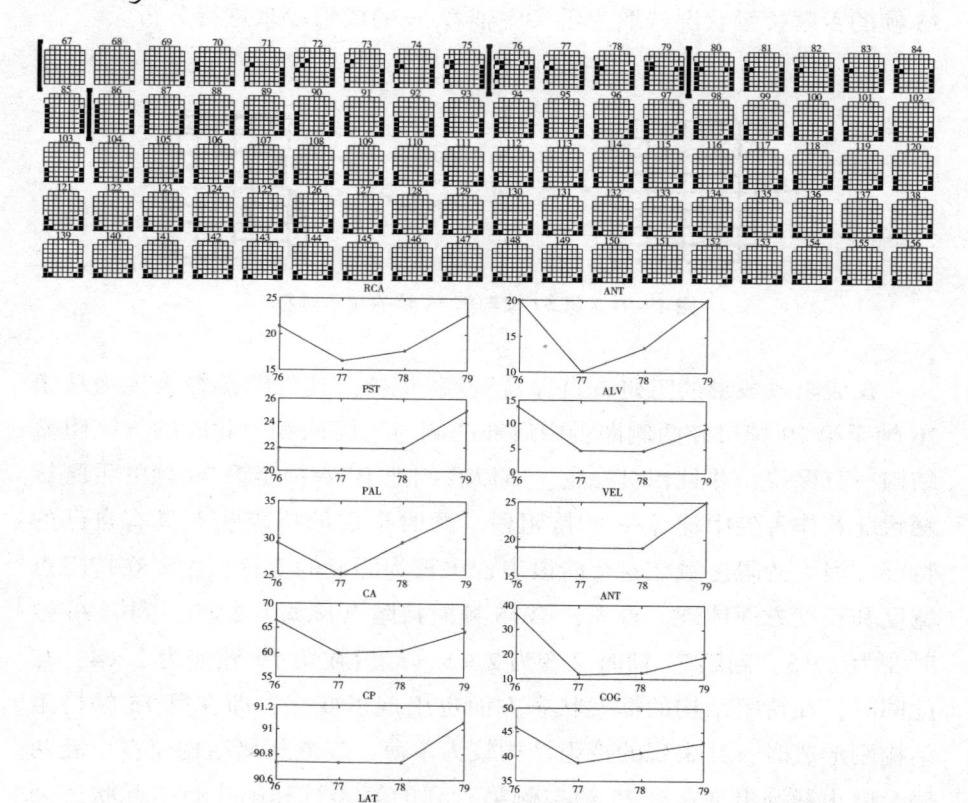

图 4 – 90　辅音/r/的发音过程

依据图 4 – 90 腭位数据，我们可以写出舌尖中辅音/r/在各个舌腭接触的生理段所对应的帧数。舌尖中辅音/r/在第 67 帧之前几乎没有产生舌腭接触，从第 67 帧才开始舌腭接触，首先舌后部两侧面微微上抬并与上腭两侧产生接触形成口腔两侧气流阻塞的趋势，然后到第 75 帧时，舌中后部两侧与上腭两侧即口腔两侧构成的气流阻塞结构彻底完成。但是此时产生的阻塞结构具有一定的特性，即它不像塞音那样产生完全的封闭状态，而是在口腔留出缝隙，在腭位上的表现为口腔前端留有 5 列的开口让气流从这一开口中流出口腔。所以我们把第 67 帧至第 75 帧的舌腭接触状况选取为舌尖中辅音 /r/ 的成阻段来进行分析。

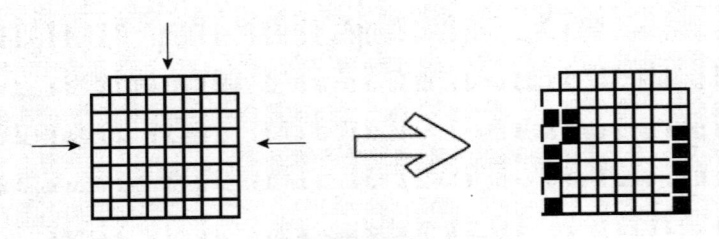

图 4-91　第 67 帧到第 75 帧的成阻过程

在成阻段成形的阻碍一直保持到第 79 帧，其舌腭接触表现为从第 76 帧至第 79 帧口腔两侧即舌中后部两侧与上腭两侧，此时的气流阻塞结构一直保持，并且相对稳定。所以我们把第 76 帧至第 79 帧的舌腭接触状况看作舌尖中辅音 /r/ 的持阻段。此时呈现的持阻状态具有自己的特征，因为持阻接触在这个阶段表现出较为明显的变化，主要在持阻点宽度和长度方面体现。首先，第 75 帧时持阻点长宽为 2×5，到第 76 帧时变为 2×3，到第 77 帧时又变为 2×5，最后在第 79 帧变为 2×4；与此同时，在持阻结构的框架状态方面也出现了变化，即在第 75 帧持阻结构刚形成时，其表现的持阻结构较为单薄，气流封堵结构仅在口腔两侧，微小漏洞出现在第 75 帧左侧第一列的第 4 行和第 7 行。此状态到第 78 帧时又出现细微的变化，即到第 78 帧时其左侧第一列的第 4 行完成封堵，然后到第 79 帧时，封堵出现丰满状态，在腭位左侧第一列的第 7 行完成封堵。

表 4-77　　　　　　第 75 帧到第 79 帧的持阻结构的变化

75	76	77	79

持阻结构进入第 80 帧时开始有所变化，此时出现的持阻结构的减弱方式为快速减弱，即从第 80 帧开始舌尖接触上腭的第 3 行和第 4 行构成的口腔前部气流封口宽度由 4 行逐渐变宽，而且快速减弱状态持续到最后，直至气流封堵结构完全解除。所以我们把第 80 帧至第 85 帧的舌腭接触状况看作舌尖中辅音/r/的解阻段帧来进行分析。

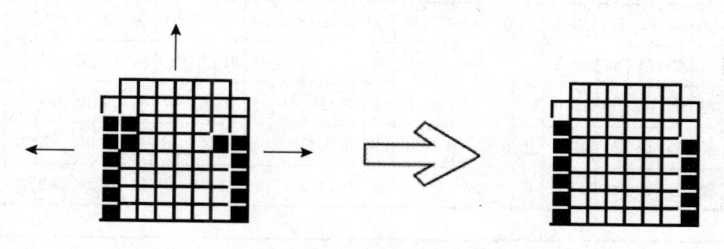

图 4-92　第 80 帧到第 85 帧的持阻结构的解除

依据上述论述所涉及的持阻结构的形成、保持和解除过程，我们把舌尖中辅音/r/的发音生理划分为以下三个阶段来进行分析。

表 4-78　　　　　　　　/r/腭位发音生理阶段

颤音	成阻	持阻	解阻
/r/	67—75	76—79	80—85

我们通过舌尖中辅音/r/的 CA 指数可以快速看出在它在第 76 帧时达到了最大状态，这能够说明舌尖中辅音此时发音部位应该是最前；除此之外，我们还通过对舌尖中辅音/r/CC 指数也可以观察到，它在此帧时的状态也达到了最大；这也说明辅音/r/的持阻结构在此时的开口为最小；另外从宽度程度来看，从第 75 帧到第 79 帧持阻状态有所变化，第 75 帧时持阻点长宽为 2×5，到第 76 帧时表现为 2×3，而到第 77 帧时又变为 2×5，最后到第 79 帧时变为 2×4；从变化状态来看，第 76 帧时，其持阻收紧程度表现为最强。所以我们把第 76 帧看作舌尖中辅音/r/发音部位的代表帧。表 4-79 为舌尖中辅音/r/代表帧的舌腭接触及其相关参数。

表 4-79　　　　　　　　/r/腭位发音生理阶段的舌位特征

/r/		ALV	ANT	CA	CC	COG	CP	LAT	PAL	PST	RCA	VEL
76		13.64	20.00	66.37	36.57	45.64	90.73	7.69	29.17	21.88	18.75	20.97

（四）舌尖中辅音对比

1. 成阻段对比

表 4 – 80　　　　　　　　　　　成阻段特点

音标	成阻	持阻	解阻	关键帧	成阻开始参数										成阻结束参数									
					Alv	Ant	CA	Cc	Cog	Cp	LAt	PAl	Pst	Vel	RCA	Alv	Ant	CA	Cc	Cog	Cp	LAt	PAl	Pst	Vel	RCA
/t/	117	123	124	140	141	147	138	0	0	0.8	0.8	6.7	86	100	0	3.1	6.3	1.6	95	87	100	89	68	91	5.9	38	25	25	55
/d/	42	49	50	60	61	69	54	0	0	0	0	0	0	0	0	0	0	0	82	70	100	84	67	91	3.5	29	25	25	47
/n/	79	82	83	101	102	114	122	0	3.3	45	18	26	95	0	21	34	44	19	0	3.3	47	81	24	100	−4	38	69	88	37
/l/	42	51	52	65	66	75	105	0	0	0.8	0.8	6.7	86	100	0	3.1	6.3	1.6	0	3.3	46	76	22	100	−10	29	59	81	32
/r/	67	75	76	79	80	85	76	0	0	0	0	0	0	0	0	0	0	0	9.1	13	64	16	42	91	−9	25	22	19	18

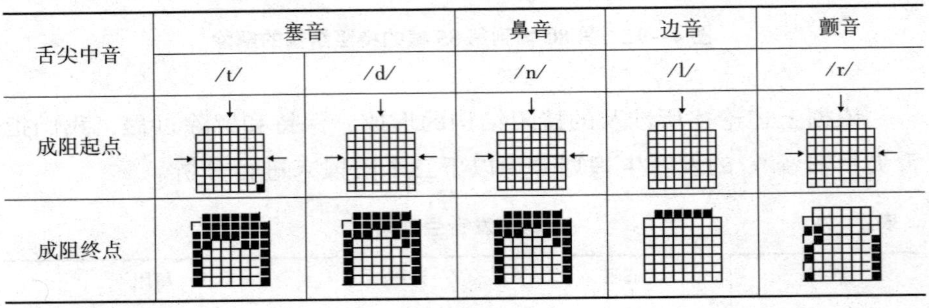

舌尖中音	塞音		鼻音	边音	颤音
	/t/	/d/	/n/	/l/	/r/
成阻起点	↓	↓	↓	↓	↓
成阻终点					

图 4 – 93　成阻段特点

从表 4 – 80 和图 4 – 93 对比数据可以观察到，舌尖中音/t/、/d/、/n/、/l/、/r/在舌腭接触中既出现相似性特征也出现差异。它们在成阻段及其产生过程中表现出一定的相似性。首先从成阻段来看，在成阻段开始时，它们均呈现出几乎无舌腭接触的状态。其次从成阻起点到终点来看，部分舌尖中辅音呈现出较突出的一致性。例如，舌尖中辅音/t/、/d/、/n/在发音过程中，舌头两边开始同上腭接触并逐渐形成封闭回路，在腭位上的表现为在第 1 列和第 8 列逐渐有电极被舌腭接触所激活的情况出现；除此之外，舌头前端也出现开始收紧的状态，在腭图上的具体表现为腭图前 3 行舌腭接触开始增多，最终舌头前端同上腭前 2—3 行接触形成气流阻塞结构。舌尖中音/t/、/d/、/n/、/l/、/r/在成阻段结束时的表现存在差异。例如舌尖中音/t/、/d/和舌尖中音/l/、/r/在成阻段结束时表现出不同的舌腭接触特征。舌尖中辅音/l/在成阻结束时仅表现为舌尖同齿龈相接触；舌尖中辅音/r/在成阻结束时口腔前端并无封闭回路，并且仅表现为舌头两边同上腭接触形成封闭回路。

我们通过以上对比分析可以观察到，舌尖中辅音/l/和/r/在成阻结束时只具备舌尖中辅音/t/、/d/和/n/的部分特征，在腭位上的具体表现要么是舌尖同齿龈相接触，要么是舌头两边同上腭接触形成封闭回路。舌尖中辅音/t/、/d/和/n/在成阻结束时的状态更像是舌尖中辅音/l/和/r/的综合叠加结构。

表 4-81　　　　　　　　　成阻结束段对比

发音类型	边音/l/	颤音/r/	擦音/t/、/d/和鼻音/n/
成阻结束	▦	+ ▦	= ▦ ≈ ▦

舌尖中音/t/、/d/、/n/、/l/、/r/在成阻段的差异除了上述提到的不一致性之外还表现在舌尖同上腭的收紧程度上。图 4-94 为舌尖中音/t/、/d/、/n/、/l/、/r/在成阻终点时的 RCA 和 Alv 柱状图。通过对比，我们在图中可以看出舌尖中音/t/、/d/、/n/、/l/、/r/的齿龈区舌腭接触面积指数 Alv 从大到小分别为/t/、/d/、/n/、/l/、/r/；舌腭接触总面积指数 RCA 从大到小分别为/t/、/n/、/d/、/r/、/l/。依据上述两个参数我们知悉，在成阻段舌尖同上腭的收紧程度较大的为/t/、/d/、/n/；而舌尖中音/l/、/r/两个音的收紧程度较低，原因在于舌尖中音/t/、/d/在成阻结束时主动发音器官同被动发音器官的收紧形成口腔阻塞，而舌尖中音/n/也在成阻结束时口腔被封堵而鼻腔通道被打开。

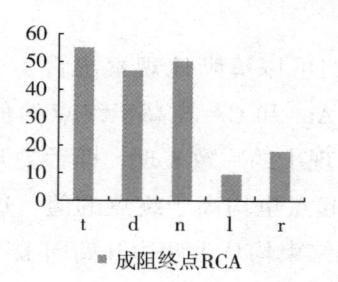

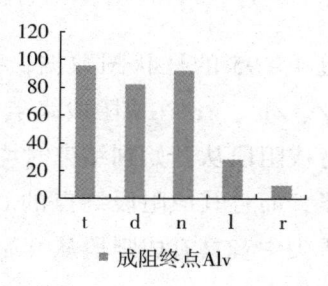

图 4-94　成阻终点对比

从整体的成阻段来看，舌尖中音/t/、/d/、/n/、/l/、/r/在成阻开始到结束的动态过程中仍表现出了一定的一致性：它们均在开始时收紧（成阻趋势图中箭头均向下）；除了舌尖中音/l/以外，其余所有舌尖中音/t/、/d/、/n/、/r/的舌两边在开始成阻时向上腭两边收紧（成阻趋势图中箭头均向内）。然而由于腭位上的模糊性，这种一致性较难以辨认，因此为了使一致性特征更加直观，我们下面引入舌尖中音/t/、/d/、/n/、/l/、/r/在成阻段起点和终点的相关参数，并以此作为参数依据作柱状图进行进一步对比分析。

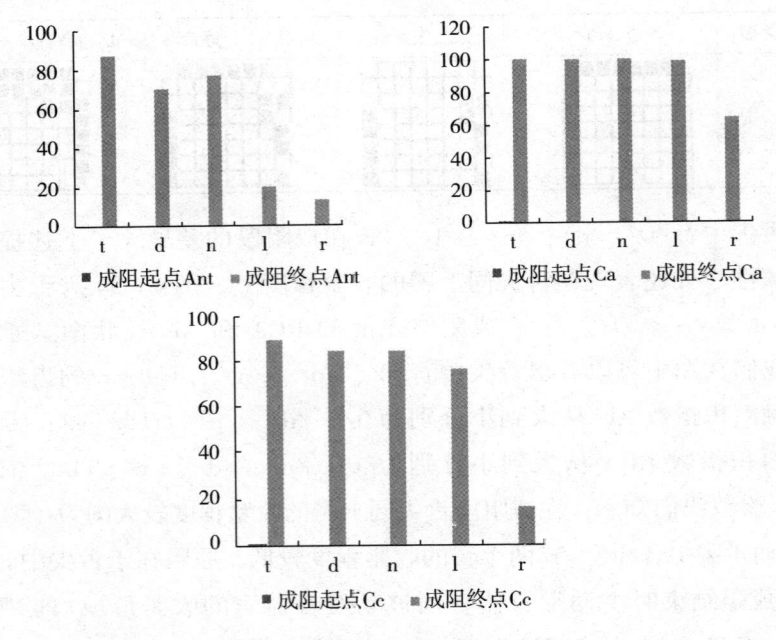

图 4-95　成阻起点终点对比

通过 4-95 的柱状图数据，我们可以清晰地观察出舌尖中音/t/、/d/、/n/、/l/、/r/在成阻段终点的 Ant 和 CA 均高于终点的值，这是舌尖中音成阻段从开始到结束时均呈现出的一致表现，即舌尖开始向齿龈区收紧；而且其成阻段终点的 Cc 起点也均高于终点的值，这也说明所有的舌尖中音具有成阻段从开始到结束均从舌两边开始向上腭两边收紧的特征。

2. 持阻段对比

表 4-82　　　　　　　　　　持阻段特点

音标	成阻	持阻	解阻	关键帧	持阻开始参数										持阻结束参数									
					Alv	Ant	CA	Cc	Cog	Cp	LAt	PAl	Pst	Vel	RCA	Alv	Ant	CA	Cc	Cog	Cp	LAt	PAl	Pst	Vel	RCA
/t/	117	123	124	140	141	147	138	91	83	100	89	67	91	6	42	28	25	55	86	90	100	92	57	96	0	83	66	56	77
/d/	42	49	50	60	61	69	54	86	73	100	84	68	91	0	29	25	25	48	86	77	100	87	68	91	3	33	25	25	50
/n/	91	101	102	124	125	131	122	91	77	100	84	69	91	3	29	25	25	50	95	87	100	89	63	92	5	54	44	38	65
/l/	85	87	88	105	106	109	105	41	30	99	76	96	11	-11	0	0	0	15	73	57	100	84	87	32	6	4	0	0	27
/r/	67	75	76	79	80	85	76	14	20	66	37	46	91	8	29	22	9	21	9	20	64	19	43	91	-14	33	25	25	23

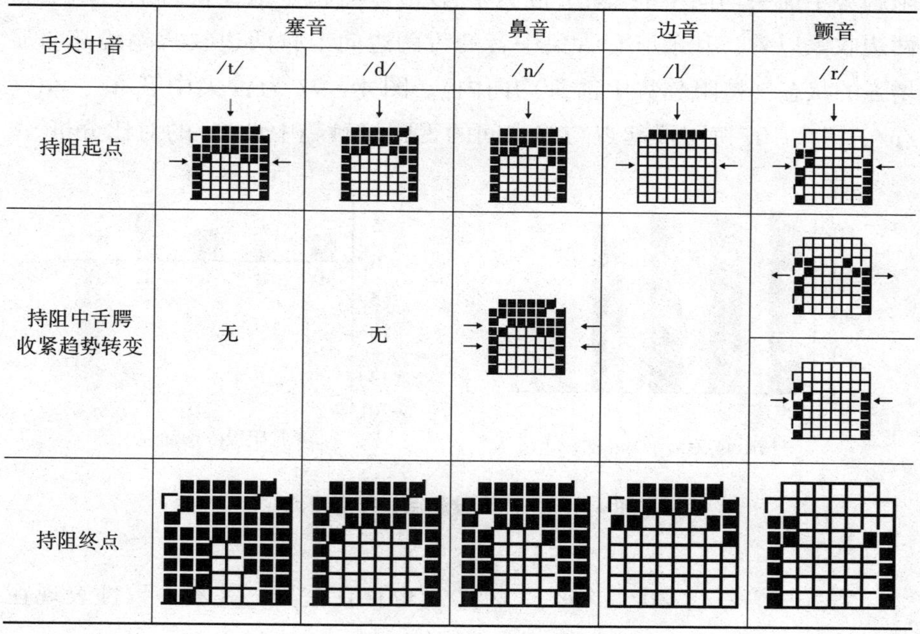

舌尖中音	塞音		鼻音	边音	颤音
	/t/	/d/	/n/	/l/	/r/
持阻起点	↓	↓	↓	↓	↓
持阻中舌腭收紧趋势转变	无	无	→ ■ ←		→ ■ ← → ■ ←
持阻终点					

图 4-96　持阻段特点

从表 4-87 和图 4-96 的几组数据我们可以观察到，舌尖中音在持阻段也存在差异。舌尖与上腭和舌两边向上腭收紧的趋势有持阻段方面的特征，按照此特征，我们把舌尖中音的持阻段发音生理类型分为以下几种。

一是收紧增强性特征。舌尖与上腭收紧趋势增强，并且出现舌两边向上腭收紧趋势增强的现象：例如舌尖中音 /t/、/n/、/l/（持阻趋势图中箭头均向下、向内)。

二是收紧保持性特征。舌尖与上腭收紧趋势增强,并且舌两边向上腭收紧稳定地保持现状:例如舌尖中音/d/(持阻趋势中箭头均向下)。

三是收紧程度复杂性特征。舌尖与上腭收紧趋势增强,并且舌两边向上腭收紧程度有复杂的变化出现:例如舌尖中音/r/(持阻趋势中箭头均向下、向外、向内)。

因此,我们可以总结,舌尖中音在持阻结束时仍然保持持阻开始时的舌腭特征,舌尖与上腭收紧程度最高。与此同时从持阻开始到结束的动态过程中也表现出了一定的一致性,即舌尖中音的舌尖继续收紧(持阻趋势中箭头均向下);除了舌尖中音/d/一直稳定地保持舌两边向上腭两边收紧以外,其余所有舌尖中音的舌两边向上腭两边收紧趋势都明显增强的状态(持阻趋势中箭头均向内)。图4-97为舌尖中音/t/、/d/、/n/、/l/、/r/持阻段起点与终点间的舌腭接触趋中性Cc的对比分析。

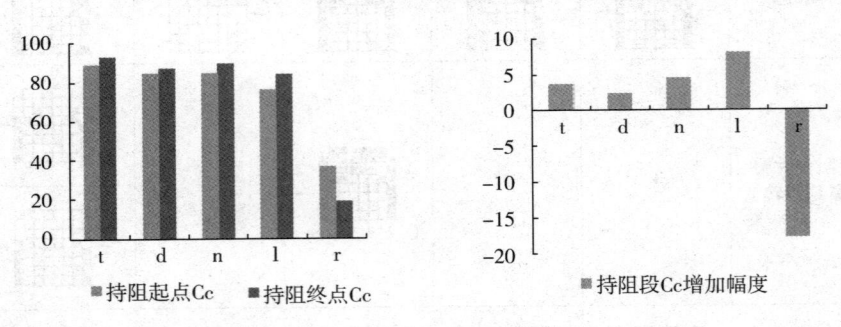

图4-97 持阻段起点、终点对比

舌尖中音/t/、/d/、/n/、/l/、/r/也存在差异,其不一致性表现在两个方面。

一是从舌两边向上腭收紧趋势来看。我们通过这种收紧状态是否增强、收紧增强的时间是否一致、收紧是否呈直线增强、收紧增强程度是否一致等一系列状态观察到,除了舌尖中音/r/以外,其余所有舌尖中音均具有舌两边向上腭两边收紧趋势都明显增强的特征。舌尖中音/r/在持阻终点时出现负增长现象,但这并不能说明其整个持阻过程中舌两边向上腭两边收紧趋势都在逐渐降低。因此,下面为了对这一状态进行更细致的分析而获得更精确的数据，我们引入舌尖中音/r/在持阻段中的 Cc 参数来进一步进行对比。

图 4-98 为舌尖中音/r/在舌腭接触中的不同状态，第 75 帧为辅音/r/成阻段的终点，第 80 帧为辅音/r/解阻段的起点，在这两帧的中间产生的所有帧为持阻段。图 4-97 指出舌尖中音/r/在持阻段的 Cc 处于波动状态，通过此参数我们可以获得舌尖中音/r/在持阻段中的发音变化，在腭位上的具体表现为舌两边向上腭两边收紧，而此趋势是模糊变化的，这也应证了舌尖中音/r/"颤"的发音特征。

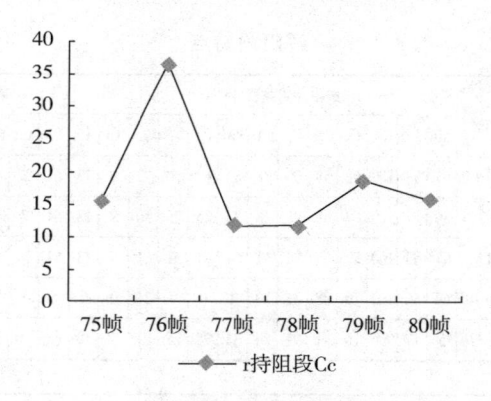

图 4-98 /r/持阻段特点

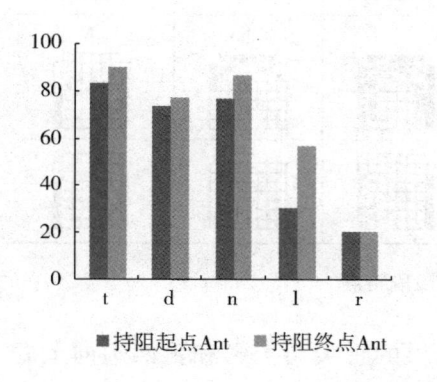

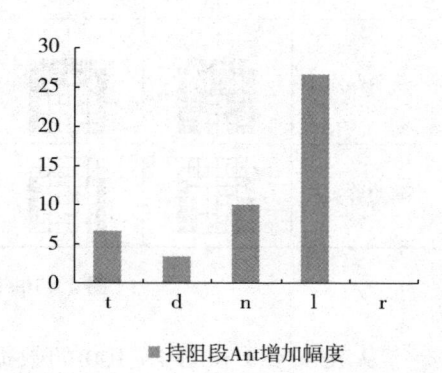

图 4-99 持阻段对比

二是从舌尖与上腭收紧趋势来看。我们通过这种增强程度是否一致来观察其特点。图 4-99 为舌尖中音/t/、/d/、/n/、/l/、/r/的持阻段起点与终点间的舌腭接触面积指数 Ant、Vel 和靠前性指数 CA。从舌尖中音/t/、/d/、/n/、/l/、/r/在持阻段的 Ant 指数我们可以看出，舌尖中音在持阻结束时，具有相似的特征，即舌头在上腭前半区的接触并没有减少，并且除了舌尖中音/r/以外，其余/t/、/d/、/n/、/l/四个舌尖中音的持阻终点具有舌腭接触增加现象，在腭位上的表现为舌头在上腭前半区接触明显增加。舌尖中音/r/在持阻终点之所以没有舌腭增加状态也同其"颤"性的发音特点密切相关。

3. 解阻段对比

表 4-83　　　　　　　　　　　　　解阻段特点

音标	成阻	持阻	解阻	关键帧	解阻开始参数										解阻结束参数									
					Alv	Ant	CA	Cc	Cog	Cp	LAt	PAl	Pst	Vel	RCA	Alv	Ant	CA	Cc	Cog	Cp	LAt	PAl	Pst	Vel	RCA
/t/	117	123	124	140	141	147	138	91	93	100	92	58	96	0	83	63	50	77	9	13	64	27	35	96	0	42	50	50	32
/d/	42	49	50	60	61	69	54	86	77	100	87	68	91	3	33	25	25	50	9	13	64	7	40	91	0	25	25	25	19
/n/	91	101	102	124	125	131	122	91	83	100	87	64	91	11	54	41	31	61	9	13	64	16	38	91	14	29	31	31	23
/l/	85	87	88	105	106	109	105	64	50	100	76	88	31	20	4	0	0	24	0	5	1	20	72	100	0	3	6	2
/r/	67	75	76	79	80	85	76	5	17	61	16	41	91	-8	33	25	25	21	5	10	60	7	37	91	-9	25	25	25	18

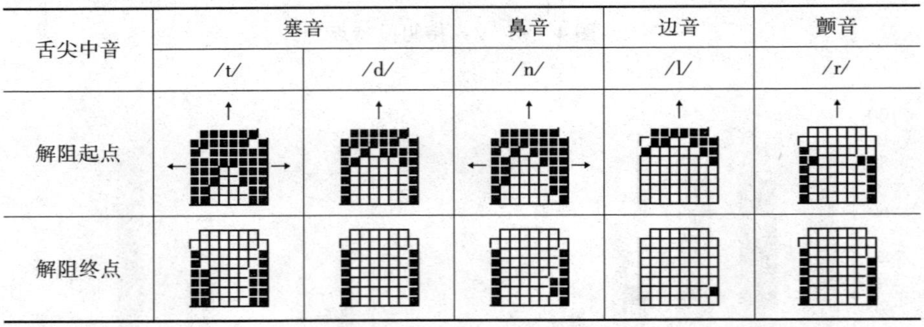

舌尖中音	塞音		鼻音	边音	颤音
	/t/	/d/	/n/	/l/	/r/
解阻起点	↑	↑	↑	↑	↑
解阻终点					

图 4-100　解阻段特点

从表 4-83 和图 4-100 的数据提供的舌尖与上腭和舌两边向上腭收紧的趋势来看，我们把舌尖中音/t/、/d/、/n/、/l/、/r/的解阻段发音生理类型分为以下几种类型。

一是收紧减弱性特征。在解阻阶段中，舌尖与上腭收紧趋势减弱，并且出现舌两边向上腭收紧趋势减弱状态：例如舌尖中音/t/、/n/（解阻趋势图中箭头均向上、向外）。

二是收紧保持性特征。在解阻阶段中，舌尖与上腭收紧趋势减弱，并且舌两边向上腭收紧稳定地保持状态：例如舌尖中音/d/、/r/（解阻趋势中箭头均向上）。

三是收紧解除性特征。在解阻阶段中，舌尖与上腭收紧趋势减弱，并且出现舌两边向上腭无收紧状态：/l/（解阻趋势中箭头均向上）。

根据以上舌尖中音/t/、/d/、/n/、/l/、/r/在解阻段中的舌腭表现，可以发现舌尖中音在解阻结束时的舌腭接触明显不同于在解阻开始时的特点，但也可以发现它们内部呈现的共性，例如从解阻开始到结束的动态过程中它们均表现出了一定的一致性，即在腭位上的具体表现为舌尖中音/t/、/d/、/n/、/l/、/r/在解阻段中，舌尖同上腭收紧减弱，并此减弱状态直至无收紧状态（解阻趋势中箭头均向上）；在解阻段中，除了舌尖中音/l/以外，其余所有舌尖中音/t/、/d/、/n/、/r/均呈现出在舌两边向上腭两边收紧状态的一致性特征，因为此时已存在的收紧状态仍然保持（腭图的第1列和第8列电极被激活）。

4. 关键帧对比

表4-84　　　　　　　　　　关键帧段特点

音标	成阻	持阻	解阻	关键帧	关键帧参数									
					Alv	Ant	CA	Cc	Cog	Cp	LAt	PAl	Pst	Vel	RCA
/t/	117	123	124	140	141	147	138	86	90	100	92	57	96	0	83	66	56	77
/d/	42	49	50	60	61	69	54	91	80	100	89	68	91	0	33	25	25	52
/n/	91	101	102	124	125	131	122	95	90	100	89	64	91	5	58	41	31	65
/l/	85	87	88	105	106	109	105	73	57	100	84	87	32	6	4	0	0	27
/r/	67	75	76	79	80	85	76	14	20	66	37	46	87	8	29	22	19	21

舌尖中音	塞音		鼻音	边音	颤音
	/t/	/d/	/n/	/l/	/r/
关键帧	↓	↓	↓		↓

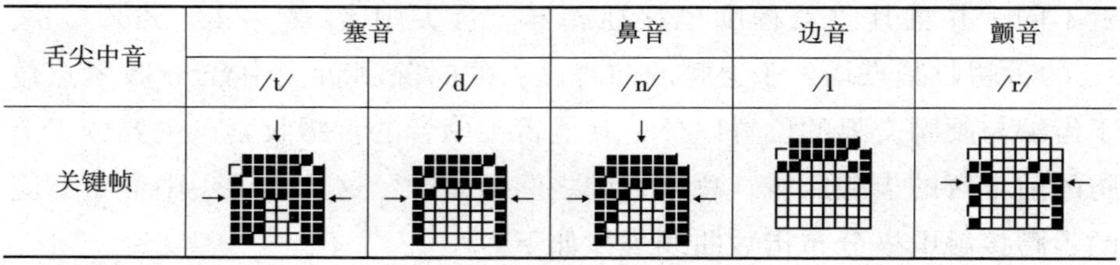

图4-101　关键帧段特点

从表 4-84 和图 4-101 几组数据可以看出，舌尖中音/t/、/d/、/n/、/l/、/r/在舌腭接触中的关键帧特征上表现出了一致性，它们收紧点均在上腭的前半区。但它们还存在细微的差异，其区别我们可以从舌尖与上腭和舌两边向上腭收紧的趋势来观察。按照舌尖中音/t/、/d/、/n/、/l/、/r/在关键帧方面的不同，我们把舌尖中音关键帧发音生理类型分为以下两种。

第一，双向收紧性。舌尖与上腭收紧且舌两边向上腭收紧：/t/、/d/、/n/（箭头均向下、向内）。

第二，单向收紧性。单向性特征有两种状态：一是收紧位置在舌尖，即舌尖与上腭收紧强且舌两边向上腭不收紧，舌尖中音/l/就有此收紧特征（趋势图中箭头向下）；二是收紧位置在舌两边，即舌尖与上腭不收紧且舌两边向上腭收紧，舌尖中音/r/就有此收紧特征（趋势图中箭头均向内）。在收紧位置上异同关系与各个舌尖中音的不同的发音方法相关。舌尖中音 t/、/d/是塞音，因此在发音过程中，由于其收紧程度过高，舌尖不仅与上腭形成阻塞，而且致使舌两边同上腭也有舌腭接触，因而收紧状态均出现在舌尖和舌两边；舌尖中音/n/是鼻音，因而在发音时，舌腭在口腔里形成的阻塞部分闭合的同时，也致使软腭下垂阻塞口腔气流，使气流得到经鼻腔流出的机会；舌尖中音/l/是边音，因而在发音时，舌尖上抬并与上腭形成口腔气流的阻塞，而舌两边与上腭无收紧，使气流从舌头的两边流出；舌尖中音/r/是颤音，因而在发音时，舌两边轻微向上腭收紧，使气流从舌尖与上腭的颤动接触形成的气流通道流出。

舌尖中音/t/、/d/、/n/、/l/、/r/的以上差异是由它们在齿龈区的舌腭接触状态导致的，即它们在发音时在齿龈区的舌腭接触的收紧点位置不同，并且其收紧程度也存在差异。舌尖中音/t/、/d/、/n/、/l/、/r/的舌腭收紧点均位于上腭的前半区；同时除了舌尖中音/r/收紧点位于齿龈与硬腭交界的位置以外，其他舌尖中音的舌腭收紧点主要位于上腭的前半区的齿龈区域。总结它们之间的差异，这几个舌尖中音所对应的舌腭接触电极分布指数曲线规律如下。

/t/、/d/、/n/、/l/的靠前性指数 CA 均大于/r/。趋中性指数 Cc

的排序表现为:/t/ > /d/ > /n/ > /l/ > /r/。所以综合 CA、Cc 两个指数,我们可以看出舌尖中音的舌腭接触的收紧程度排序从大到小可以表示为:/t/ > /d/ > /n/ > /l/ > /r/。

从关键帧上的舌腭接触特征来看,舌尖中音/t/、/d/、/n/、/l/、/r/在腭图上体现了它们的关键帧共同点:它们在舌尖同上腭形成的收紧点均出现在上腭的齿龈区,并且没有彻底封堵口腔气流出口,在口腔留有两列开口,与此同时舌头两边也向上腭收紧,并形成封闭回路。它们的收紧点,即舌尖同上腭形成的收紧点主要出现在上腭的前半区;它们在舌尖同上腭形成的收紧点主要位于上腭的前半区的齿龈区域。

下面,我们通过对接触面积指数的探讨,进一步对舌尖中音/t/、/d/、/n/、/l/、/r/进行深入的分析,从而系统地对比舌尖中音在腭位上表现的异同关系。

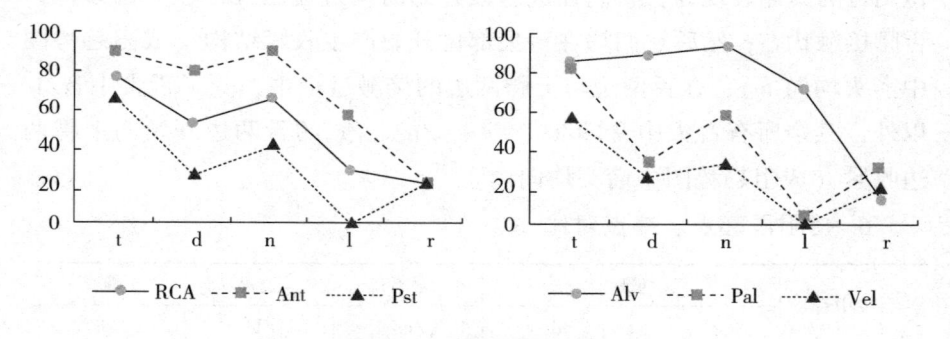

图 4 - 102　接触面积指数

图 4 - 102 能给我们提供舌尖中音/t/、/d/、/n/、/l/、/r/的舌腭接触面积曲线数据,根据以上参数,我们可以看出各参数所表现的一致性特点,即舌腭接触面积 RCA、前半区舌腭接触面积 Ant、后半区舌腭接触面积 Pst、硬腭区舌腭接触面积 PAl 和软腭区舌腭接触面积 Vel 均呈现一致性趋势,它们的顺序是:/t/ > /d/ > /n/ > /l/ > /r/;而齿龈区舌腭接触面积 Alv 却没有呈现相似的规律。这是因为它们在齿龈区的收紧位置和收紧程度上有一定的差异,在发音时舌尖中音/t/、/d/、/n/、/l/、/r/在齿龈区的舌腭接触的收紧点位置各不相同,而且它们各自形成的收紧程度也有所不同。

5. 成阻段起点、终点对比

舌尖中音	塞音		鼻音	边音	颤音
	/t/	/d/	/n/	/l/	/r/
成阻起点	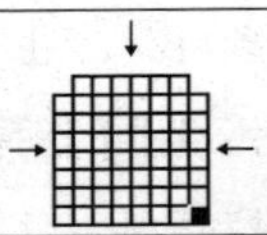	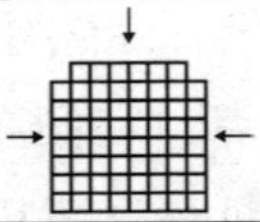	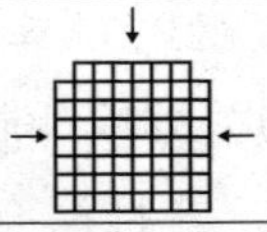	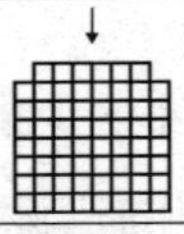	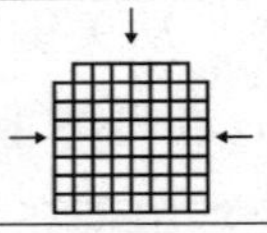
成阻终点	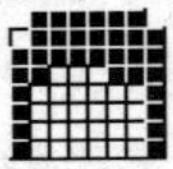	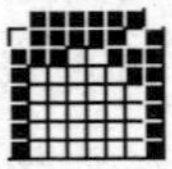	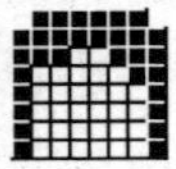	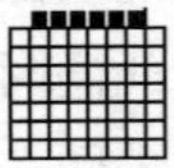	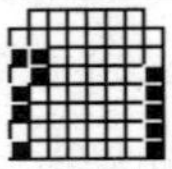

图 4−103　成阻段起点、终点特点

通过对图 4−103 中的对比数据，我们可以发现，舌尖中音/t/、/d/、/n/、/l/、/r/在成阻开始到结束的动态过程中存在一定的一致性，在腭位图行的具体表现为：它们在成阻段开始时均表现出几乎没有出现任何舌腭接触状态；然后它们均在舌尖部位开始产生收紧结构（成阻趋势图中箭头均向下）；在舌两边与上腭两边的接触过程中，除了舌尖中音/l/以外，其余所有舌尖中音即/t/、/d/、/n/、/r/的舌两边开始向上腭两边收紧（成阻趋势图中箭头均向内）。

6. 持阻段起点、终点对比

舌尖中音	塞音		鼻音	边音	颤音
	/t/	/d/	/n/	/l/	/r/
持阻起点	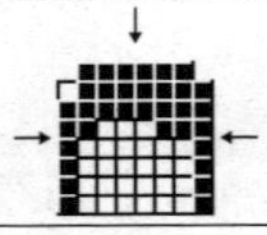	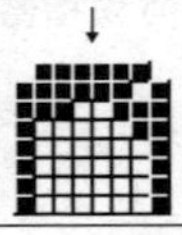	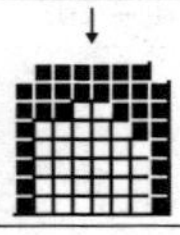	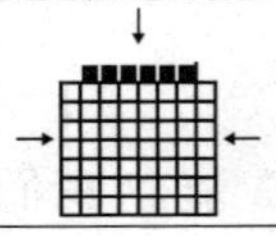	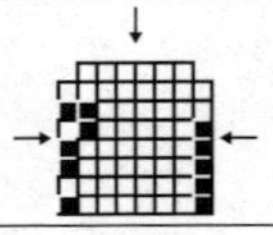
持阻中舌腭收紧趋势转变	无	无	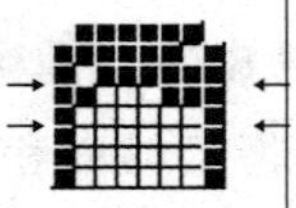		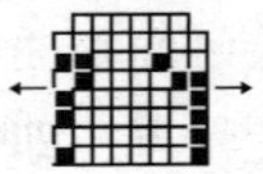 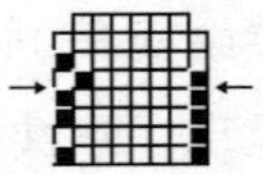
持阻终点	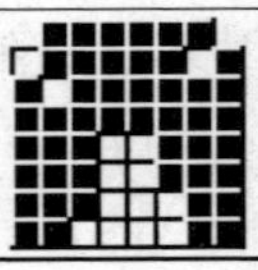	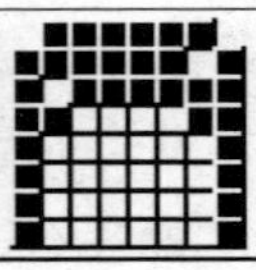	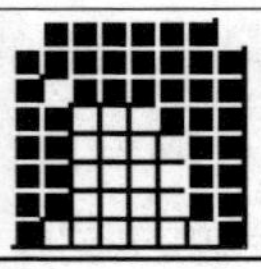	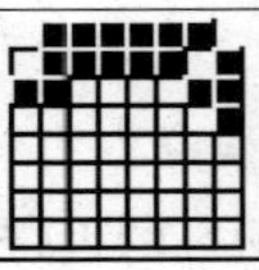	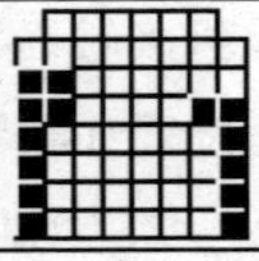

图 4−104　持阻段起点、终点特点

从图 4－104 中可以观察出舌尖与上腭的收紧状态，依据舌尖与上腭和舌两边向上腭收紧的趋势，我们可以把舌尖中音/t/、/d/、/n/、/l/、/r/的持阻段发音生理类型分为以下几种类型。

一是收紧增强型。舌尖中音/t/、/n/、/l/呈现出收紧增强性状态，即舌尖与上腭收紧趋势增强，并且舌两边向上腭收紧趋势得到增强（持阻趋势图中箭头均向下、向内）。

二是收紧保持型。舌尖中音/d/呈现出收紧得到保持性状态，即舌尖与上腭收紧趋势增强，并且舌两边向上腭收紧状态得到稳定的保持机会（持阻趋势图中箭头均向下）。

三是收紧复杂型。舌尖中音/r/呈现出收紧复杂性状态，即舌尖与上腭收紧趋势增强，并且舌两边向上腭收紧程度有复杂变化（持阻趋势图中箭头均向下、向外、向内）。

也就是说，舌尖中音/t/、/d/、/n/、/l/、/r/在持阻结束时均保持在持阻开始时具有的特点，此时舌尖与上腭收紧程度最高。与此同时，从持阻开始到结束的动态过程中它们仍然表现出一定的一致性，即舌尖中音/t/、/d/、/n/、/l/、/r/在持阻段时舌尖继续收紧（持阻趋势图中箭头均向下），其中除了舌尖中音/d/的状态一直稳定地保持致使舌两边向上腭两边收紧以外，其余所有舌尖中音即/t/、/n/、/l/、/r/在持阻段时舌两边向上腭两边收紧趋势都出现明显增强状态（持阻趋势图中箭头均向内）。它们也存在差异，其不一致性主要表现在两个方面：第一，除了舌尖中音/r/以外，其余所有的舌尖中音即/t/、/d/、/n/、/l/在持阻段时，舌两边向上腭两边形成的收紧趋势都出现明显增强状态；第二，除了舌尖中音/r/以外，其余的舌尖中音即/t/、/d/、/n/、/l/在持阻段时，其舌头在上腭前半区形成的舌腭接触也出现明显增加的状态。

7. 舌腭接触的收紧点位置对比

在舌腭接触面积的具体位置来看，所有的舌尖中音/t/、/d/、/n/、/l/、/r/在前半区舌腭接触面积 Ant 呈现出明显高于后半区舌腭接触面积 Pst 的趋势，这说明舌尖中音的舌腭收紧点均位于上腭的前半区；与此同时，除了舌尖中音/r/以外，其余的舌尖中音即/t/、/d/、/n/、/l/在齿龈区呈现的舌腭接触面积 Alv 明显高于硬腭区舌腭接触面积 PAl 和软腭区舌腭接触面积 Vel，这也说明了舌尖中音/t/、/d/、/n/、/l/、/r/的舌腭收紧点也主要位于上腭的前半区的齿龈区域（舌尖中音/r/的收紧点位于齿龈与硬腭交界的位置）。

为了更进一步对舌尖中音/t/、/d/、/n/、/l/、/r/在齿龈区的舌腭接触的收紧程度差异进行对比分析，我们下面将引入这五个音所对应的舌腭接触电极分布指数曲线（图 4 - 105）。从图 4 - 105 中可以清晰地看到，舌尖中音在靠前性指数 CA 的表现为：/t/、/d/、/n/、/l/ > /r/；在趋中性指数 Cc 的表现为：/t/ > /d/ > /n/ > /l/ 均大于/r/。依据以上 CA、Cc 两个指数，综合其舌腭接触的收紧状态，我们把舌尖中音/t/、/d/、/n/、/l/、/r/舌腭接触的收紧程度从大到小可以表示为：/t/ > /d/ > /n/ > /l/ > /r/。

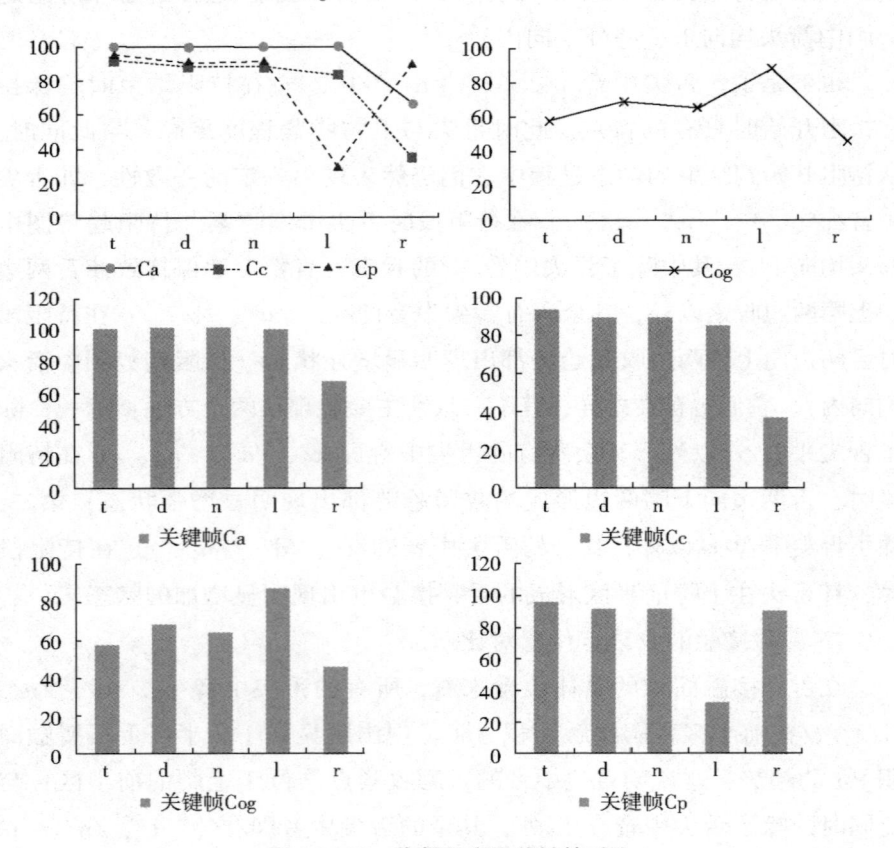

图 4 - 105　收紧程度及关键帧对比

8. 解阻段起点、终点对比

舌尖中音	塞音		鼻音	边音	颤音
	/t/	/d/	/n/	/l/	/r/
解阻起点	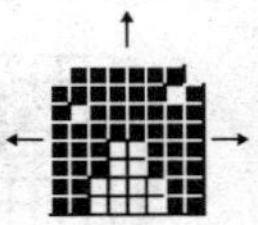	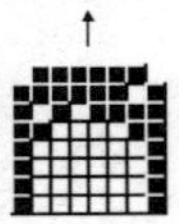	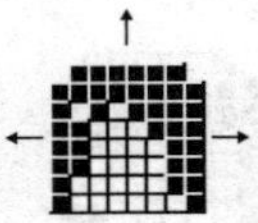	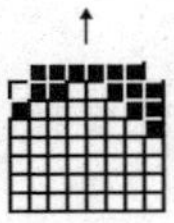	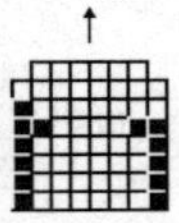
解阻终点	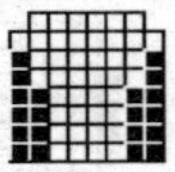	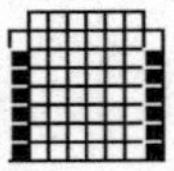	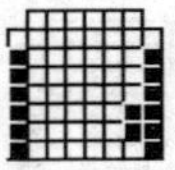	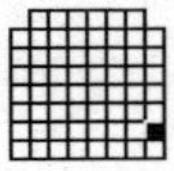	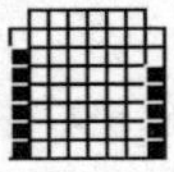

图 4-106 解阻段起点、终点对比

根据图 4-106 所示，我们可以把舌尖中音/t/、/d/、/n/、/l/、/r/的持解段发音生理类型分为以下几种来进行分析。

一是收紧减弱型。舌尖中音/t/、/n/在解阻段开始呈现出收紧减弱性状态，即舌尖与上腭收紧趋势减弱，并且舌两边向上腭收紧趋势得到减弱（持阻趋势图中箭头均向上、向外）。

二是收紧保持型。舌尖中音/d/、/r/在解阻段中期开始呈现出收紧保持性状态，即舌尖与上腭的收紧趋势减弱，并且舌两边向上腭形成的收紧得到稳定的保持状态（持阻趋势图中箭头均向上）。

三是收紧消除型。舌尖中音/l/在解阻段末尾呈现出收紧消除性状态，即舌尖与上腭的收紧趋势减弱，并且舌两边向上腭形成无收紧状态（持阻趋势图中箭头均向上）。

根据以上论述，我们可以总结出以下观点：舌尖中音/t/、/d/、/n/、/l/、/r/在解阻结束时的舌腭接触明显不同于它们在解阻开始时的舌腭接触特点，然而从解阻开始到结束的动态过程中看，它们仍存在一定的一致性，即舌尖中音/t/、/d/、/n/、/l/、/r/在解阻阶段中均表现出舌尖同上腭收紧减弱直至无收紧的状态（解阻趋势图中箭头均向上）；并且除了舌尖中音/l/以外，其他所有的舌尖中音/t/、/d/、/n/、/r/在解阻段中都表现出一定的相似性，即由舌两边向上腭两边形成的收紧结构时仍然存在一致性（腭图的第1列和第

8 列电极被激活）。

舌尖前音	擦音	
	/s/	/z/
成阻起点	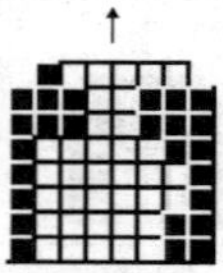	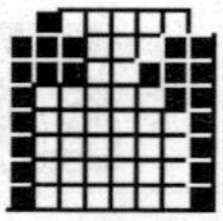
成阻终点	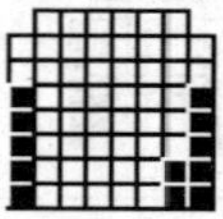	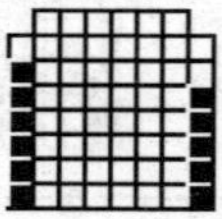

图 4-107　成阻段起点、终点对比

四　辅音发音生理特征对比

下面是辅音类别及其在舌腭接触参数数据对比表。

表 4-85　　　　　　　　　　五类辅音

舌尖前音 /s/、/z/
舌尖中音 /d/、/t/、/n/、/l/、/r/
舌前音 /tʃ/、/dʒ/、/ʃ/、/ʒ/
舌后音 /g/、/k/
边音 /l/

表 4-86　现代维吾尔语 13 个单辅音后接元音 /e/ 时
舌腭接触最大帧时的舌腭接触对比

t	d	g	k	r	s	ʃ	z	l	ʒ	n	dʒ	tʃ

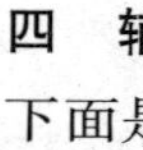

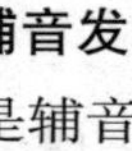

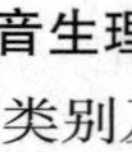

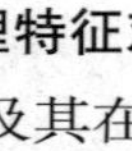

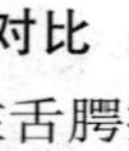

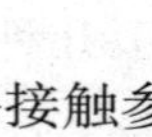

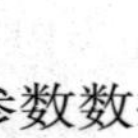

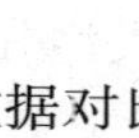

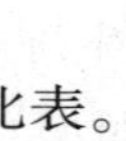

表 4-87　现代维吾尔语 13 个单辅音后接元音 /e/ 时舌腭接触参数对比

音位	帧	腭图	ALV	ANT	CA	CC	COG	CP	LAT	PAL	PST	RCA	VEL
/t/	138	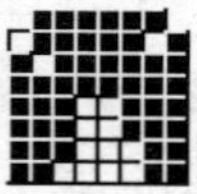	86.36	86.67	99.77	92.33	56.6	95.72	2.13	79.17	65.63	56.25	75.81

续表

音位	帧	腭图	ALV	ANT	CA	CC	COG	CP	LAT	PAL	PST	RCA	VEL
/d/	54		90.91	80	99.88	88.55	67.92	91.06	0	33.33	25	25	51.61
/g/	97		27.27	40	76.05	52.02	44.29	95.53	0	58.33	50	50	45.16
/k/	62		18.18	30	68.48	89.01	34.7	100	-2.56	79.17	93.75	100	62.9
/l/	105		72.73	56.67	99.73	83.82	86.67	31.9	5.88	4.17	0	0	27.42
/r/	76		13.64	20.00	66.37	36.57	45.64	90.73	7.69	29.17	21.88	18.75	20.97
/s/	120		59.09	56.67	93.59	53.89	57.53	93.65	-3.70	33.33	31.25	37.50	43.55
/ʃ/	77		27.27	40.00	70.93	60.48	41.82	95.87	-3.03	70.83	65.63	62.50	53.23
/z/	99		59.09	56.67	93.83	53.64	61.60	91.06	-4.00	33.33	25.00	25.00	40.32
/ʒ/	101		27.27	43.33	76.12	77.94	43.53	95.72	5.88	79.17	65.63	56.25	54.84
/n/	122		95.45	90.00	99.99	88.80	64.00	91.44	5.00	58.33	40.63	31.25	64.52
/dʒ/	92		72.73	76.67	94.16	87.47	52.59	95.88	-2.22	79.17	68.75	62.50	72.58
/tʃ/	81		86.36	86.67	98.85	88.81	58.73	95.53	0.00	62.50	50.00	50.00	67.74

为了量化地对各个参数进行分析，本书采取参数取值810—100为++，61—80为+，41—60为+-，40以下为-。

（一）舌腭接触最大帧的接触总面积比（RCA）

舌腭接触最大帧的接触总面积比（RCA）是舌腭接触最大的那一帧舌腭接触电极数除以总电极数，可以反映各个音舌腭接触状况。图4-108是维吾尔语13个单辅音后接元音/e/时，舌腭接触最大帧的接触面积比。

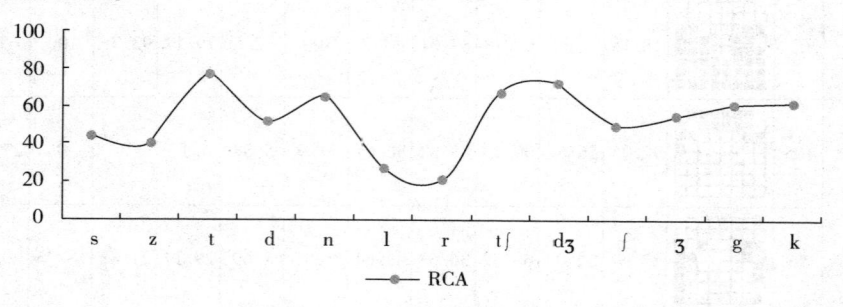

图4-108 现代维吾尔语13个单辅音后接元音/e/的RCA参数

RCA是辅音关键帧的舌腭接触总面积指数。从图4-108中可以观察到，纵坐标表示舌腭接触百分比，横坐标表示发音部位按从前至后顺序排列的各个单辅音。从图中可以清楚地看出，舌腭接触总面积指数RCA同辅音的发音部位并不存在有规律的对应关系。但同发音部位的辅音还是有规律可循的。舌尖前擦音/s/、/z/发音时不存在完全的阻塞，而是在舌尖与齿龈间留出缝隙，让气流通过，形成摩擦音，目标帧的舌腭接触略低于中间值（接近40）。舌尖中音/d/、/t/、/n/的RCA值比较大（高于50），原因是这三个音发音时舌尖抵住上齿龈，发音部位主要在齿龈区。边音/l/发音时舌尖形成阻碍，气流从舌边流出，因而RCA值比较小（接近30）。颤音/r/在发音舌尖向上硬腭卷起，留一缝隙，气流冲击舌尖，使其连续颤动，因而总的舌腭接触电极指数较小（接近20）。舌前塞擦音/ʧ/、/ʤ/和舌前擦音/ʃ/、/ʒ/发音目标帧的舌腭接触存在一定的一致性，即舌前塞擦音/ʧ/、/ʤ/的RCA相近，舌前擦音/ʃ/、/ʒ/的RCA也相近；同时舌前塞擦音/ʧ/、/ʤ/的RCA值（接近70）明显高于舌前擦音/ʃ/、/ʒ/（接近50），这是因为二者发音方法的不一致造成的，舌前塞擦音/tʃ/、/dʒ/在图表中取的关键帧是处于"塞"阶段，即口腔中有牢固气流阻塞结构，而舌前擦音/ʃ/、/ʒ/的关键帧是处于"擦"阶段，即口腔中留有一条细缝供肺部气流流出。舌面后塞音/g/、/k/的 RCA 值略高于中间值（接近60）。原因是尽管/g/、/k/发音部位靠后，但在其发音收紧的一瞬间，软腭区舌腭完全接触，同时硬腭区的两侧也有大部分的舌腭接触。

（二）假腭分三个功能区时各分区接触面积

把假腭划分为齿龈区、硬腭区、软腭区三个功能区可以清晰地反映维吾尔语辅音发音时在各个部位的分布状况。图 4-109 所示，我们提取辅音齿龈区舌腭接触面积指数 Alv、硬腭区舌腭接触面积指数 PAl、软腭区舌腭接触面积指数 Vel 参数，并进行分析。

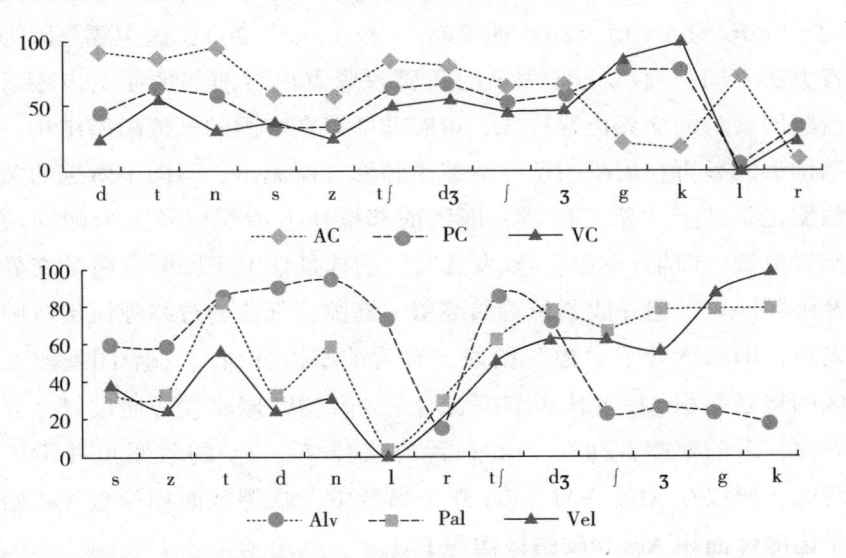

图 4-109 现代维吾尔语 13 个单辅音后接元音/e/的 Alv、PAl、Vel 参数

Alv、PAl、Vel 分别为齿龈区、硬腭区、软腭区舌腭接触面积比，从图中可看出，舌尖前擦音/s/、/z/的 Alv 值较大（接近60），PAl、Vel 的值较小（低于40），这主要是因为辅音/s/、/z/发音时舌腭接触基本发生在齿龈区，同时擦音不存在完全的阻塞，而是在舌尖与齿龈间留出缝隙，让气流通过，形成摩擦音。

舌尖音/d/、/t/、/n/的 Alv 值非常大（90），而 PAl、Vel 的值均小于 Alv，原因是辅音/d/、/t/、/n/发音时主要是舌尖与齿龈接触，舌腭接触的部位主要在齿龈区；同时 PAl 的值均大于 Vel，主要是因为辅音/d/、/t/、/n/发音时硬腭区两侧有少部分舌腭接触，软腭区舌腭接触更少。边音/l/的 Alv 值较大（接近70），而 PAl 和 Vel 的值几乎为 0，原因是辅音/l/发音时舌尖形成阻碍（舌尖抵住上齿龈），因而在齿龈区有较多舌腭接触电极，软腭区没有接触。颤音/r/在发音时舌尖向硬腭卷起，留一条缝隙，气流冲击舌尖，使其连续颤动，总的舌腭接触电极指数较小，因而在各功能区里的舌腭接触也均偏小（Alv、PAl、Vel 的值均低于 30）。

舌前塞擦音/ʧ/、/ʤ/和舌前擦音/ʃ/、/ʒ/的 Alv 的值波动明显，但/ʧ/、/ʤ/的 Alv 值（80）明显高于/ʃ/、/ʒ/（20），这主要是因为其发音方法不同：/ʧ/、/ʤ/发音时舌腭收紧点由舌前部抵住上齿龈以及上齿龈同硬腭的交界位置构成，口腔前部存在牢固的气流阻塞结构，阻塞结构形成后再在齿龈间留一缝隙供肺部气流流出，而图中所选的关键帧数据正是处于"塞"阶段，即舌前部抵住上齿龈以及上齿龈同硬腭的交界位置；而辅音/ʃ/、/ʒ/发音时舌前部抵住上齿龈同硬腭的交界处以及硬腭区域，但在收紧位置始终留一缝隙，气流通过缝隙流出口腔摩擦发声，即始终处于"擦"阶段，有舌前塞擦音/ʧ/、/ʤ/闭塞段在齿龈区的接触面积 Alv 要比舌前擦音/ʃ/、/ʒ/的摩擦段大。通过以上分析可看出，舌前塞擦音/ʧ/、/ʤ/和舌前擦音/ʃ/、/ʒ/的收紧点并不位于软腭区，所以在 Alv、PAl、Vel 几个参数中，软腭区面积指数 Vel 始终小于齿龈区面积 Alv 和硬腭区面积 PAl。

舌后塞音/g/、/k/发音部位靠后，舌腭接触主要位于软腭区以及软腭同硬腭交界位置，因此软腭区面积指数 Vel 值非常大（接近90）、硬腭区面积指数 PAl 值较大（接近80）、齿龈区面积指数 Vel 非常小（接近20）。

（三）假腭分两个功能区时各分区接触面积

把假腭分成前后两个功能区进行研究，可观察出发音时舌腭在前、后腭的接触情况，下面是维吾尔语辅音后接元音/e/的 Ant、Pos 参数。

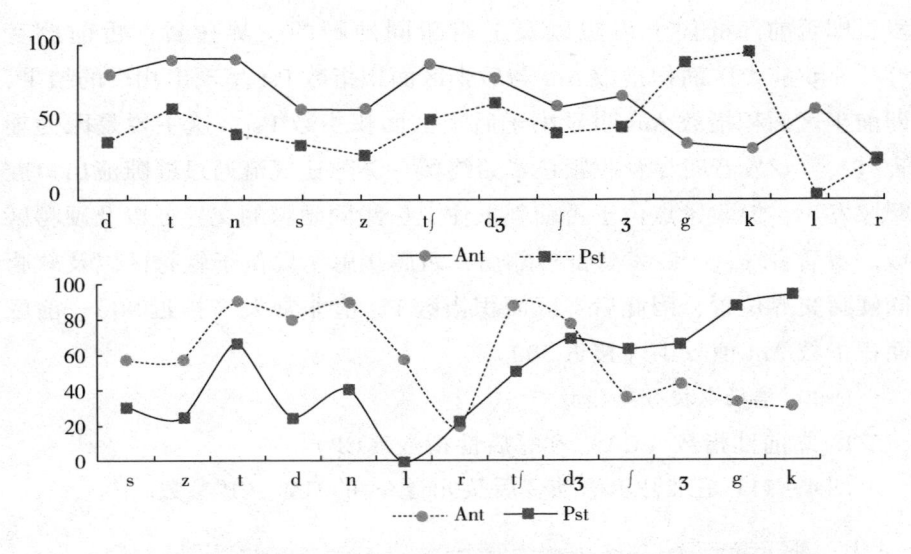

图 4-110　现代维吾尔语 13 个单辅音后接元音/e/的 Ant、Pst 参数

Ant 和 Pst 分别为前腭和后腭接触面积指数，从图 4-110 中可看出，舌尖前擦音/s/、/z/发音时舌腭接触基本发生在齿龈区，同时擦音不存在完全的阻塞，尽管舌尖与齿龈间留出缝隙供气流通过，但是舌尖同齿龈仍有大部分接触，所以前半区面积指数 Ant 值（接近 60）明显大于后半区面积指数 Pst（接近 30）。舌尖中音/d/、/t/、/n/的前半区面积指数 Ant 非常大（高于 80），后半区面积指数 Pst 明显小于 Ant，原因是辅音/d/、/t/、/n/发音时舌腭接触部位主要在前腭。边音/l/的 Ant 较大（接近 60），而 Pst 为 0，原因是发音时舌尖形成阻碍（舌尖抵住上齿龈），因而在前腭区有较多舌腭接触电极，后腭区没有接触。颤音/r/在发音时舌尖向上硬腭卷起，留一条缝隙，气流冲击舌尖，使其连续颤动，总的舌腭接触电极指数较小。因而在前腭区面积指数 Ant 和后腭区面积指数 Pst 整体较小（均接近 20）。舌前塞擦音/tʃ/、/dʒ/的前半区面积指数 Ant 明显大于后半区面积指数 Pst，主要是因为/tʃ/、/dʒ/发音时舌腭收紧点由舌前部抵住上齿龈以及上齿龈同硬腭的交界位置构成，口腔前部存在牢固的气流阻塞结构，阻塞结构形成后再在齿龈间留一缝隙供肺部气流流出，而图中所选的关键帧数据正是处于"塞"阶

段，即舌前部抵住上齿龈以及上齿龈同硬腭的交界位置；舌前擦音/ʃ/、/ʒ/前半区面积指数 Ant 与后半区面积指数 Pst 呈现出相反的结果，即前半区面积指数 Ant 明显小于后半区面积指数 Pst，这主要是因为辅音/ʃ/、/ʒ/发音时尽管收紧位置始终留一缝隙让气流通过缝隙流出口腔摩擦发声，但收紧点位于舌前部抵住上齿龈同硬腭的交界处以及硬腭区域。舌后音/g/、/k/发音部位靠后，舌腭接触主要位于软腭区以及软腭同硬腭交界位置，因此后半区面积指数 Pst 值非常大（接近 90），前区面积指数 Ant 值较小（接近 30）。

（四）接触电极分布指数

1. 靠前性指数（CA）和靠后性指数（CP）

图 4-111 是维吾尔语辅音后接元音/e/的 CA、CP 参数。

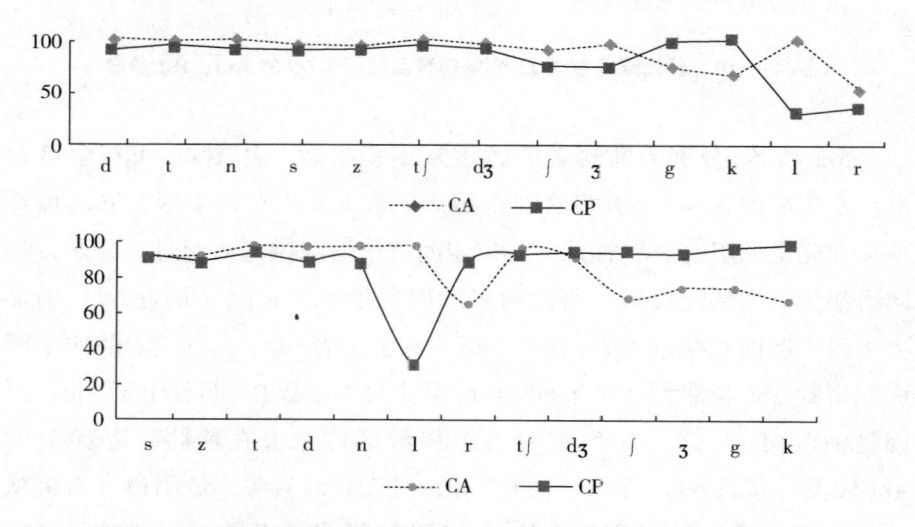

图 4-111　现代维吾尔语 13 个单辅音后接元音/e/的 CA、CP 参数

CA、CP 分别为靠前性指数和靠后性指数，取值范围在 0—1 之间，取值越接近于 1 表明舌腭接触越靠前或者靠后。由图中可以看出，舌尖前擦音/s/、/z/发音时尽管收紧点位于舌尖同齿龈的交界区域，但舌头的两边同上腭抵触形成口腔两侧的封堵，这一封堵结构一直延伸到软腭区域，所以靠前性指数 CA 和靠后性指数 CP 非常大（接近 90）。

舌尖中音/d/、/t/、/n/的 CA、CP 值都很大，表明/d/、/t/、/n/

的靠前性和靠后性都比较强，CP 的值（接近 90）大是因为/d/、/t/、/n/在发音时后接元音/e/，/e/的舌位较高，致使舌位抬高的舌头同软腭两侧有部分接触。边音/l/的 CA 很大（接近 100），CP 较小（接近 30），是由于边音发音时舌尖抵住上齿龈，因而在前腭区有较多舌腭接触电极。颤音/r/在发音时舌尖向上硬腭卷起，留一条缝隙，气流冲击舌尖，使其连续颤动，所以舌尖同上腭接触较少，靠前性指数 CA 不是很大（接近 60），而舌后部的两侧始终同软腭有舌腭接触，造成靠后性指数 CP 很大（接近 90）。

舌前塞擦音/ʧ/、/ʤ/的靠前性指数 CA 和靠后性指数 CP 都非常大（接近 100，发音时舌腭收紧点由舌前部抵住上齿龈以及上齿龈同硬腭的交界位置构成，口腔前部存在牢固的气流阻塞结构，阻塞结构形成后再在齿龈间留一缝隙供肺部气流流出，而图中所选的关键帧数据正是处于"塞"阶段，即舌前部抵住上齿龈以及上齿龈同硬腭的交界位置，所以靠前性指数 CA 非常大，而同时舌后部两侧同上腭始终有舌腭接触，所以靠后性指数 CP 非常大。舌前擦音/ʃ/、/ʒ/靠前性指数 CA 的值（接近 70）明显小于靠后性指数 CP（接近 100），这主要是因为/ʃ/、/ʒ/发音时收紧点位于舌前部抵住上齿龈同硬腭的交界处以及硬腭区域，并没有到齿龈区域的前部，所以 CA 的值只能接近 70，而不是更大的值，同时舌后部两侧同上腭始终有舌腭接触，所以靠后性指数 CP 非常大，接近 100。

舌后音/g/、/k/发音部位靠后，舌腭接触主要位于软腭区以及软腭同硬腭交界位置，因此靠后性指数 CP 非常大（接近 90），同时舌头两侧同硬腭区的大部分以及硬腭区同齿龈区交界位置相接触，适成靠前性指数 CA 偏大（接近 70），但明显小于 CP 的值。

2. 趋中性指数（CC）

图 4-112 是维吾尔语辅音后接元音/e/的 CC 参数。

从图中可看出，舌尖前擦音/s/、/z/的 CC 值较小（接近 50），是因为舌尖前擦音/s/、/z/发音时不存在完全的阻塞，而是在舌尖与齿龈间留出缝隙，让气流通过，形成摩擦音。舌尖中音/d/、/t/、/n/的 CC 值较大，表明/d/、/t/、/n/的趋中性较强，原因是塞音发音时完全阻

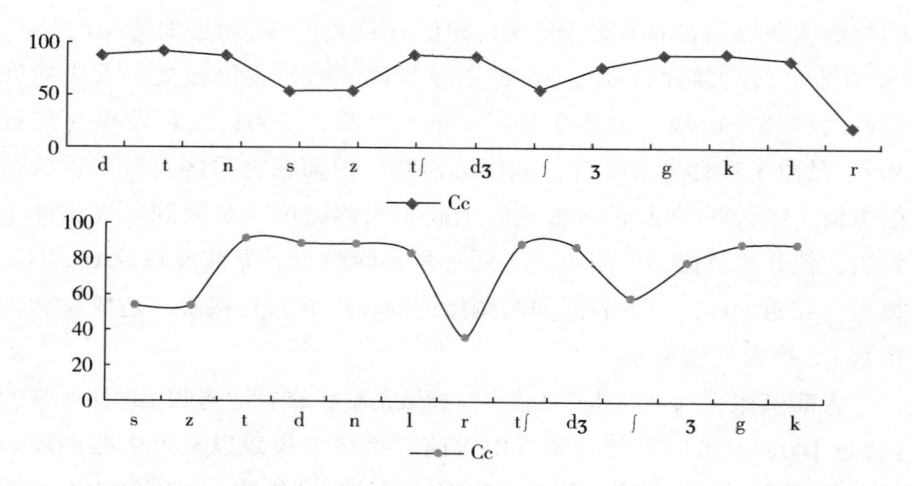

图 4–112　现代维吾尔语 13 个单辅音后接元音/e/的 CC 参数

塞。边音/l/的 CC 值较大，表明它的趋中性比较强，/l/在齿龈区有较多的舌腭接触，且舌腭接触的部位比较集中于齿龈区的中部。颤音/r/的 CC 值很小（接近 40），主要是因为发音时舌尖向上硬腭卷起，留一条缝隙，气流冲击舌尖，使其连续颤动。舌前塞擦音/tʃ/、/dʒ/的 CC 值非常大（接近 90），是因为在其发音时，舌腭收紧点由舌前部抵住上齿龈以及上齿龈同硬腭的交界位置构成，口腔前部存在牢固的气流阻塞结构，阻塞结构形成后再在齿龈间留一缝隙供肺部气流流出，而图中所选的关键帧数据正是处于"塞"阶段，即舌前部抵住上齿龈以及上齿龈同硬腭的交界位置；舌前擦音/ʃ/、/ʒ/的 CC 值（分别为 60、80）明显小于舌前塞擦音/tʃ/、/dʒ/，是因为在/ʃ/、/ʒ/发音时收紧位置始终留一缝隙让气流通过缝隙流出口腔摩擦发声。舌面后塞音/g/、/k/发音时形成口腔后部软腭区域完全闭塞，CC 值较大，趋中性比较强，CC 值接近 90。

3. 小结

根据以上分析，把得出的结论以表格的方式呈现出来如表 4–88。本书采取的参数取值 81—100 为 ++，61—80 为 +，41—60 为 +–，40 以下为 –。

表 4－88　　　　　　　辅音发音方法类及其各个参数对比

	擦音		塞音		鼻音	边音	颤音	塞擦音		擦音		塞音	
	s	z	t	d	n	l	r	tʃ	dʒ	ʃ	ʒ	g	k
Alv	+ -	+ -	+ +	+ +	+ +	+	- -	+ +	+	- -	- -	- -	- -
Ant	+ -	+ -	+ +	+	+ +	+	- -	+ +	+	+ -	- -	- -	- -
CA	+ +	+ +	+ +	+ +	+ +	+ +	+	+ +	+ +	+	+	+	+
Cc	+ -	+ -	+ +	+ +	+ +	+ +	- -	+ +	+ +	+ -	+	+ +	+ +
Cp	+ +	+ +	+ +	+ +	+ +	+ +	- -	+ +	+ +	+ +	+ +	+ +	+ +
PAl	- -	- -	+ +	- -	+ -	- -	- -	+	+	+	+	+	+
Pst	- -	- -	+	- -	- -	- -	- -	+	+	+ +	+ +	+ +	+ +
Vel	- -	- -	+ -	- -	- -	- -	- -	+ -	+ -	+ -	+ -	+ +	+ +
RCA	+ -	+ -	+	+ -	- -	- -	- -	+	+ -	+ -	+	+	+

表 4－89　　　　　　　辅音发音部位类及其各个参数对比

辅音类型	RCA	AC	PC	VC	Ant	Pst	CA	CP	CC
舌尖前音/d/、/t/、/n/	+	+ +	+ -	-	+ +	+ -	+ +	+ +	+ +
舌尖前擦音/s/、/z/	+ -	+ -	-	-	+ -	-	+ +	+ +	+ -
舌前音/tʃ/、/dʒ/、/ʃ/、/ʒ/	+	+	+	+ -	+	+ -	+ +	+ +	+
舌面后塞音/g/、/k/	+	0	+	+ +	-	+ +	+	+ +	+
边音/l/	-	+	-	0	+ -	0	+ +	-	+
颤音/r/	-	-	-	-	-	-	+ -	-	-

舌尖前擦音/s/、/z/因为舌腭接触基本发生在齿龈区，同时擦音不存在完全的阻塞，靠前性比较强，总的电极接触较少。

第五章 现代维吾尔语动态腭位的语音学讨论

任何一种自然语言都有一整套既互相对立又紧密联系的音位体系，从而构成该语言既有共性又有特殊差异的音位系统。采用音系学体系中的音位学原理来描写一种具体语言的音位系统，对于揭示该语言语音规律的特点、确定方言或土话区域、绘制方言分布地图、对各区域在语音方面的密切程度进行描写、搞好该语言的研究和教学都有十分重要的意义。而运用语音学理论对语言进行共性层面上的对比分析、挖掘差异层面上的规律，对于构架该语言原本面貌、构筑人类语言的本真状态也具有一定的前瞻性意义。

本章拟以现代维吾尔语语音为对象，以阿尔泰语系共同享有的元辅音和谐律和音位组合现象为基础，论述现代维吾尔语音位系统的构成原理，提出阿尔泰语系主要特征之一的元辅音和谐律的深层规律，并探索人类自然语言的生理轨迹。

本章包括以下几个方面：首先对古今维吾尔语语音演变情况进行总结，对存在争论的语音现象进行归纳；在此基础上，对现代维吾尔语元辅音音位的分布及其生理特征进行阐释；然后对它们在元辅音和谐规律中的生理原理进行解读；最后论述现代维吾尔语音位组合，包括元音和辅音及元辅音之间的组合、音节之间的组合规则。

第一节 维吾尔语语音演变及其争论

我们纵观古今维吾尔语语音发展之脉络，可以发现整个演变现象深入音位分布和音位组合两个方面。下面就从这两个方面进行分析总结。

一 音位发展脉络及其争论

（一）元音分布

1. 音位数量

维吾尔语元音数量从古至今的变化较大。

（1）第一种分类

元音有 8 个基本元音，即 a、ä、i、ɨ、o、ö、u、ü（此处为了与有关古代维吾尔语语音研究方面的研究成果保持一致，采用了较普遍使用的转写符号形式），按照其舌位特点在这个文献语言里用四个字母表示这八个元音，每一个字母表示舌位前后不同的各两个元音；尽管出现频率并不太高的元音/e/也多出现于古代文献中，但学者们的见解不尽相同，多数意见认为这个音不是单独的音位，而是 i 或 ä 的变体。[①]

（2）第二种分类

元音有 a、ä、i、ɨ、o、ö、u、ü 八个基本元音。但文献语言中的元音字母只有 5 个，词首的 a 和 ä 各有一个字母，而词末和词中的 a 和 ä 共用同一个字母形式表示，其他元音各用相同的字母表示，即词首时 a 和 ä 各自用一个字母以外，i 和 ɨ 共用一个字母，o 和 ö 共用一个字母，u 和 ü 共用一个字母。在这个文献语言里没有表示 e 音的字母，所以这些词很可能口语发音是 e，文字上写作 i 或不写元音字母。[②]

除了单元音，还有一些汉语借词和粟特语借词的语音已经比最古时期的文献语言更接近汉语，所以也就出现了一些复元音。例如 linhua（莲花），这说明由于吸收借词，导致复元音出现，但同一个词往往元音写法不同，因此可以说这种情况不很稳定。

（3）第三种分类

元音有 18 个，除 a、ä、i、ɨ、o、ö、u、ü 八个基本元音和它们所对应的八个长元音 a:、ä:、i:、ɨ:、o、ö:、u:、ü: 以外，还有 e 和介

[①] 陈宗振：《维吾尔语史研究》，中国社会科学出版社 2016 年版，第 36—37 页。
[②] 陈宗振：《维吾尔语史研究》，中国社会科学出版社 2016 年版，第 36—37 页。

于 ä 与 e 之间的一个展唇元音。① 但赵明鸣提出一般有 8—10 个。②

从大部分古代维吾尔语著作的标音来看，在文献语言中，元音 e 不仅出现于单音节词中，也出现于多音节派生词的第一音节中，③ 如：el（邦/国家），kedin（后面/以后）。

(4) 第四种分类

依据阿布都鲁甫·甫拉缇·塔克拉玛干尼的见解，元音有八个基本元音 a、ä、i、ɪ、o、ö、u、ü，同时还有四个长元音 a:、i:、o:、u:；但 Janos Eckmann 认为有九个基本元音 a、ä、i、ɪ、o、ö、u、ü、e 和五个长元音 a:、i:、o:、u:、e:。

2. 长元音

有些学者根据土库曼语、雅库特语等某些现代语长元音以及相关文献中元音字母的使用法，认为原始维吾尔语有长元音，如：a:t（名字/称号），但在古代时期这样完全以元音的长短区别词义的例子很少。④ 个别词有元音字母重叠书写的情况，例如：oot（火），但是这一时期带长元音的词也有写一个元音字母的情况，因此，长短元音对立在这一时期已经有逐渐淡化的趋势。⑤ 在古代维吾尔语著作中，除词首元音外，没有在拉丁音标上严格区分长短元音。⑥

通过长期对《十二木卡姆》歌词的研究，有学者认为应该有 ɪ，而没有 e，因此也没有长元音 e:。并且，i 和 ɪ 的区别没有词义上的作用，主要存在于口语发音中，或者说古代的 i 和 ɪ 合并为一个音位。⑦

(二) 辅音分布

1. 第一种分类

维吾尔语辅音共有 19 个，即 b、p、m、s、z、n、d、t、l、r、č、š、y、g、k、ŋ、q、γ、ń。在这个文献语言里的辅音同样与元音一样并

---

① 陈宗振：《维吾尔语史研究》，中国社会科学出版社 2016 年版，第 39 页。
② 赵明鸣：《论现代维吾尔语元音 i 的音位体现》，《民族语文》1998 年第 3 期。
③ 陈宗振：《维吾尔语史研究》，中国社会科学出版社 2016 年版，第 39 页。
④ 陈宗振：《维吾尔语史研究》，中国社会科学出版社 2016 年版，第 38—41 页。
⑤ 陈宗振：《维吾尔语史研究》，中国社会科学出版社 2016 年版，第 38—41 页。
⑥ 陈宗振：《维吾尔语史研究》，中国社会科学出版社 2016 年版，第 38—41 页。
⑦ 陈宗振：《维吾尔语史研究》，中国社会科学出版社 2016 年版，第 45—47 页。

非一个字母表示一个音，而是 b、d、n、l、r、s、t、y 八个辅音由分别表示与前元音或后元音相拼的各两个字母表示。①

这种分类除了音节末尾出现个别情况外，没有复辅音。

2. 第二种分类

维吾尔语辅音有 22 个，它们是 b、p、m、w、s、z、n、d、t、l、r、č、š、y、g、k、ŋ、q、γ、x、ń、z。这种分类的辅音，辅音字母也往往表示两个音，例如 b、p 和 g、k 都各用同一个字母表示。这种分类是由于维吾尔语吸收了相当多的来自梵语、粟特语、汉语等语言的借词，出现了许多以前没有的复辅音。在这个文献语言里存在的复辅音也有可能与书写中的略去元音字母有关，因此此类文字上省略元音的写法形成辅音字母相连的不是真正的复辅音。② 例如：tɛŋri（天）写作 tŋri。

3. 第三种分类

以《福乐智慧》为代表的文献语言有 b、p、m、f、v、w、s、z、h、ḥ、j、r、ɣ、ž、ḍ、n、d、t、l、č、š、y、g、k、ŋ、q 等 26 个辅音。③

4. 第四种分类

依据阿布都鲁甫·甫拉缇·塔克拉玛干尼的研究，古代维吾尔文献语言有 25 个辅音，它们是 b、p、m、f、w、s、z、n、d、t、l、r、č、š、y、g、k、ŋ、q、γ、x、ń、z、h、c。前期文献语言时期所产生的 ḍ 演变为 j，如：čaḍan 变为 čajan（蝎子），这个时期部分辅音仍沿用由一个字母来表示两个音的传统，如 b 兼表 b 和 p。④

二　音位组合规则的演变

古今维吾尔语的元音与辅音之间、多音节词各音节的元音之间以及辅音与相邻元音或辅音之间都有一定的搭配要求。其中古代维吾尔语中 q、γ 和 g、k 与元音相拼受到一些限制，q、γ 只能与后元音相拼，g、k

---

① 陈宗振：《维吾尔语史研究》，中国社会科学出版社 2016 年版，第 49 页。
② 陈宗振：《维吾尔语史研究》，中国社会科学出版社 2016 年版，第 54 页。
③ 陈明：《〈福乐智慧〉的语音研究》，《喀什师范学院学报》2009 年第 5 期。
④ 陈宗振：《维吾尔语史研究》，中国社会科学出版社 2016 年版，第 59 页。

只能与前元音相拼，这是元音与辅音之间的搭配规则；古代维吾尔语的多音节固有词，或词根、词干缀加词缀时其元音舌位一致，或全是前元音，或全是后元音，这种组合规则一般称为元音和谐律，本书称为元音组合规则；一附加成分开头的辅音与其前一个元音或辅音要尽可能在语音的发音方法或发音部位上保持一致，这是辅音与相邻的语音的搭配规则，一些著作称为辅音和谐，本书称为辅音组合规则。

（一）维吾尔语不同使用时期的元辅音组合规则的变化形式

第一种分类中的元辅音组合严格遵循动态腭位上的舌位前后的相拼组合规则，舌后元音缀加舌后辅音 q、γ，舌前元音缀加舌前辅音 g、k（这里的舌前和舌后是针对这两组辅音彼此之间的关系而言）。例如：

qatïγ （硬的）

Köligä （阴影）

aruq （瘦的）

yüksäk （高）

但也有不遵循此规则的组合搭配情况，较多出现在外来借词结构中，其表现形式为：g、k 可以和后元音相拼，也可以像前面举例的那样，和前元音相拼而与 q、γ 相对。

第二种分类中的元辅音组合仍然遵循动态腭位上的舌位前后的相拼组合规则，舌后元音缀加舌后辅音 q、γ，舌前元音缀加舌前辅音 g、k。例如：

ägri （弯曲）

käklik （石鸡）

qara （黑）

Bulγaš （动乱）

因外来词的大量借用，这时期除了已经出现的辅音 g、k 与舌后元音相拼的组合外，辅音 q、γ 也出现了与舌前元音组合的情况。例如：

qäläm （笔）

γäm （忧愁）

gahi （某些）

buzrug （大的）

γäwγa （嘈杂）

在这部分文献中开始出现前元音和后元音处于同一个词中的现象。例如：

nazakät（温和/和蔼）

waqi'ä（事件/事故）（现在已经变成 wäqä）

（二）小结

通过以上内容的总结，我们对维吾尔语语音历史演变情况有了一定的了解，可以对存在争论的几个方面进行总结。

1. 不符合规则的音位组合表现

元辅音音位组合中出现并巩固大量不符合组合规则的现象，其中较突出的是舌前辅音的中性特征和舌后辅音的中性特征。

在现代维吾尔语中，不仅保留至今的阿拉伯语、波斯语借词有许多与固有词元音与辅音组合规则不符的词，而且，随着汉语和俄语借词的不断增加，不符合组合规则的词的数量急剧增长；由于汉语和俄语的音位系统中没有舌后元音/q/和/ʁ/，更不存在元音舌位前后上的组合搭配，因此这种不符合规则的搭配组合频率大幅度提高，较多不符合组合规则的音位组合现象随之成倍出现。如：

汉语借词：

/dapændʒi/（大盘鸡）

/gaŋfɛn/（干饭）

俄语借词：

/pæʃtama/（围裙）

/kuplet/（段/首）

2. 两位一组的音位记录表现

不论是古代时期还是近代时期的维吾尔语元音的书写都具有"二合一"现象，即处在不同舌位特征上或不同发音方法上的两个音位由一个符号表示，如：元音/ɑ/和/ɛ/（舌位位置相对，前一个在舌后，后一个在舌前）、辅音/g/和/k/（发音方法不同，前一个浊辅音，后一个清辅音），且这种记录符号形式为常态，可以说每两个音位由一个符号来记录。

3. 组合位置受限的音位表现

由于古今维吾尔语第二音节以后一般不出现/o/和/ø/，所以某些词

第一音节的元音究竟是/o/还是/u/、是/y/还是/ø/，特别是不以其区别词义的词，很难断定其是否确切。

4. 元音组合规则的决定因素

古今维吾尔语语音分布情况略有差异，但其组合规则上有一致的标准，即主要由以下因素来决定。

（1）词根元音的性质，其舌位和唇状。

（2）所加附加成分（包括构词附加成分和构形附加成分）元音的性质。

但对同一个词里既有前元音又有后元音的某些借词如何加舌位前后不同的附加成分的规则的把握就比较困难、比较复杂了。

5. 元音唇状组合的决定因素

古今维吾尔语音位组合中，一般以第一音节中的元音舌位和唇状特征依据后接附加成分；但是当多音节词第一音节与第二音节的元音唇状不同时，后面再加附加成分时不一定根据第一音节的元音，而往往根据词干最后音节元音的唇状添加与其唇状相同的形式，例如：

/tumɑn/（烟雾）＋/liq/→/tumɑnliq/（有烟雾的）

/tymɛn/（烟雾）＋/ligɛn/→/tumɛnligɛn/（有烟雾的）

还有近代维吾尔语中带有圆唇元音的词不一定加带圆唇元音的附加成分的情况，到了现代维吾尔语有了一系列新的形势。例如：

/tut/（抓）＋/dim/→/tutdim/（近代维吾尔语）（抓了）→/tut-tum/（现代维吾尔语）

/qot/（放下）＋/dim/→/qotdim/（近代维吾尔语）（我放下了）→/qojdum/也可以为/qojdim/（现代维吾尔语）

6. 附加成分的丰富性与组合规则

个别附加成分的元音形式较多，除舌位前后和唇状不同的元音外，同时还有舌位高低也不同的形式。例如，形动词附加成分之一，‐r、‐ir、‐ïr、‐ur、‐ür、‐ar、‐är等。这时可附加的选择余地较宽泛，具有自然搭配的组合特性。例如文献语言中的例词：

qorq‐＋ur 害怕→qorqur（害怕的）

kör‐ 见＋ür→körür（看见的）

täz – 逃散 + är→täzär（逃散的）

qal – 留下 + ar→qalar（留下的）

但到了现代维吾尔语，这种多种附加成分只留下了/–r/、/–ir/、/–ur/、/–yr/四种形式。

7. 元音变换

（1）/ɑ/或/ɛ/变为/e/或/i/

不管有没有多种附加成分形式，元音/ɑ/在第一节，且需要附加第一人称单数附加成分/–m/、/–im/、/–um/、/–ym/时，在古代维吾尔语保留其舌位特征，而到了现代维吾尔语有时要变为/e/，有时变为/i/。如：

/bɑʃ/（头）+/–im/→/bɑʃim/（我的头）（古代维吾尔语形式）/beʃim/（现代维吾尔语形式）（第一音节中的/ɑ/变为/e/）

/ɑrzulɑ/（祈忘，要求）+/–dim/→/ɑrzulɑdim/（我要求了）（古代维吾尔语形式）/ɑrzulidim/（现代维吾尔语形式）（第三音节中的/ɑ/变为/i/）

/ɛ/变为/e/的情况有：

/kɛt/（走）+/–ɛ/→/ketɛ/（你走）（第一音节中的/ɛ/变为/e/）

（2）展唇变为圆唇

展唇元音由于后接附加成分的圆唇作用而变为圆唇元音。例如：

/ew/（房屋/家）+/–lyk/→/ewlyk/（家的）（古代维吾尔语形式）/øjlyk/（现代维吾尔语形式）（第一音节中的/e/变为/ø/）

8. 元音合并

元音分为带舌后 ï 和舌前 i 的古代附加成分，到现代维吾尔语时期完全合并为只有带 i 的一种形式。例如：

sarïɣ（黄）（古代形式）→/seriq/（现代形式）（不仅元音/ɑ/变为/e/，而且第二音节中的舌后元音 ï 变为舌前元音 i 了）

下面我们将对以上存在的语音现象进行发音生理上的描述，并阐释其发声原理和演变规律。

第二节 音位分布及其讨论

为了获取元音音位变体，我们探索元音在动态腭位仪器中的相对腭位位置，我们对每一个元音在不同的音位组合中的动态腭位进行了分析，其分析过程以辅音为元音音位组合对象，对不同元音在不同的元辅音音位组合中的腭位特征进行分析，获取了以下变体特征。（注：由于每一个音位的发音过程由发音动作开始到成形、发音保持到结束都要经历多次舌腭接触的发音过程，所记录腭位接触的腭位图非常多，而且我们在第四章重点分析了每一个音位的单独发音时发音动态情况和与其他音位相邻时的动态发音图，并且所有的音位动态发音时的腭位特征以音频、视频和图像构成一体的数据库形式刻在光盘中，本章我们以第四章提出的现代维吾尔语动态腭位特征作为依据，探讨现代维吾尔语语音的现状以及从古至今发展变化中出现的种种语音现象和存在的问题）

一 元音

由于元音在发音过程中表现为畅通无阻的乐音，本书对现代维吾尔语元音动态腭位的探讨主要建立在它与辅音的各种组合搭配上，通过不同的组合关系分析其动态腭位上的主要区别性特征。

本书按照元音在单独发音时的舌腭接触状态分为舌腭接触性元音和舌腭非接触性元音两类。舌腭接触性元音有/i/、/y/、/ø/和/e/四个，舌腭非接触性元音有/u/、/o/、/ɑ/、/ɛ/四个。下面我们对这两类元音及其音位变体的分类情况进行分析。

除了个别词以外如/bɑlɑː/（孩子）和/baːlɑ/（灾难），/atʃɑː/（树杈）和/ɑːtʃɑ/（姐姐）音质音位相同，其意义不同是因为［ɑ］元音的延长即长元音［ɑː］。然而这种现象只是特例现象，部分存在于个别词中，是古代维吾尔语元音系统里时位对立关系的遗迹，因不具有普遍意义，在本族语言中没有纳入音质音位体系里，现代维吾尔语的音高、音长、音强特征在音位体系里区别性功能欠佳。然而同一个人在不同音位序列里发出的某一个音位，由于相邻音位在开口度、舌位、唇形等方面的协调性或个人某种生理因素而出现的变化程度有所不同，因此发出的音位特征也各不相同。在听觉上，人耳有时几乎无法分辨音位在不同元辅音组合中的变化形式或能够分辨但因不具备区别性功能而被本族语人忽略。本书提到的音位变体，是指通过本书实验结果获得的、元音与辅音相结合时在舌腭接触中所呈现的各种变化形式。

在语言交际中,由于相邻音素的相互影响、词或音节重读的要求或语气表达上的某种需求等,甚至是音位体系的某种变化等因素切入,一个音位往往有几个自然物理属性相近、处于互补分布或在相同语境中出现而无辨义作用的变体。

(一) 舌腭接触性元音及其音位变体

按照舌腭接触密度程度,我们把舌腭接触性元音分为密元音、次密元音、较密元音和最密元音四个。

/y/:密

ۈ/ø/:次密

ې/e/:较密

/i/:最密

1. 元音音位/y/及其音位变体

现代维吾尔语元音音位ۈ/y/具有舌腭接触性特征,其舌腭接触密度表现为密。但从与各个不同辅音组合中的表现来看,它有两种变体。

[y] → [Y] 构成一个元音音位/y/的面。音位/y/在 CV 音节结构中与辅音相邻时,大体上具有两种生理特征,而且这种变化非常小,几乎听不出来彼此的区别,这种变化是因相邻的不同辅音的影响而产生的变化,即不管是在 CV、CVC 还是 CVCV 音节结构中,元音音位/y/与舌后辅音ك/k/、گ/g/相邻时,有稍微的靠后特征,读作 [y];与舌尖中辅音、舌尖前辅音和舌前辅音相邻时具有朝前性特征,读作 [y]。如:

(1) /y/与舌后辅音相邻时读作 [Y]

CV 音节中:/ky/(拟声词);

CVC 音节中:/kyt/(等待);

CVCV 音节中:/kylɛ/(笑吧);

(2) /y/与其他辅音相邻时读作 [y]

CV 音节中:/sy/(拟声词);

CVC 音节中:/syr/(擦);

CVCV 音节中:/syrɛ/(人名"罗素");

2. 元音音位/ø/及其音位变体

现代维吾尔语元音音位ۆ/ø/具有舌腭接触性特征，其舌腭接触密度表现为次密。但从与各个不同辅音组合中的表现来看，它有三种变体。

［ø］→［ə］→［θ］构成一个元音音位/ø/的面。音位/ø/在 CV 音节结构中与 13 个辅音相邻时，大体上具有三种生理特征，即不管是在 CV、CVC 还是 CVCV 音节结构中，元音音位/ø/有三种音位变体。在 CV 音节结构中，元音音位/ø/与舌后辅音ك/k/、گ/g/相邻时，具有靠后性特征，读作［ø］；与舌尖中辅音相邻时具有朝前性特征，读作［ə］；与舌尖前辅音相邻时具有央化特征，读作/θ/。如：

(1) /ø/与舌后辅音相邻时读作［θ］

CV 音节中：/kø/（拟声词"咕"）；

CVC 音节中：/køs/（拟声词）；

CVCV 音节中：/kølɑ/（粗绳子）；

(2) /ø/与舌尖中辅音相邻时读作［ə］

CV 音节中：/dø/（动词过去式词缀）；

CVC 音节中：/tør/（粗）；

CVCV 音节中：/løsø/（人名"罗素"）；

(3) /θ/与舌前辅音相邻时读作［ə］

CV 音节中：/tʃø/（能源动词后缀）；

CVC 音节中：/tʃøs/（计算/算计）；

CVCV 音节中：/tʃøpø/［粘毛（原本为/tʃøpør/，但在口语中颤音/r/往往脱落）］。

3. 元音音位ې/e/及其音位变体

现代维吾尔语元音音位/e/具有舌腭接触性特征，其舌腭接触密度表现为较密。但从它与各个不同辅音组合中的表现来看，它有三种变体。

［e］→［E］→［ʌ］构成一个元音音位/e/的面。音位/e/在现代维吾尔语中既不能构成单音节，也不能构成多音节，其多音节形式是以元音弱化为前提条件，如元音音位/ɑ/弱化为/e/时出现在第一音节，并且这种情况仅仅出现在第一音节，不出现在其他音节结构中。

从弱化而形成的多音节中的 CV 和 CVCV（没有 CVC 音节结构）音节结构中看，元音音位/e/与 13 个辅音相邻时，大体上具有三种生理特征，即元音音位/e/与舌后辅音/k/、/g/相邻时，音位/e/具有靠后性特征，读作［Λ］；与舌尖中辅音相邻时具有趋中性特征，读作［E］；与舌尖前辅音和舌前辅音相邻时具有靠前性特征，读作［e］。如：

（1）/e/与舌后辅音相邻时读作［Λ］

CV 音节中：/ke/（多音节中的 CV，如/kerɛk/中的第一个 CV）；

CVCV 音节中：/kemɛ/（船）。

（2）/e/与舌尖中辅音相邻时读作［E］

CV 音节中：/te/（多音节中的 CV，如/tetimɛk/中的第一个 CV）；

CVCV 音节中：/nesi/（赊账）。

（3）/e/与舌前辅音和舌尖前辅音相邻时读作［e］

CV 音节中：/sɛ/（/sɛʁiʃ/中的第一音节 CV）；

CVCV 音节中：/sɛpi/（靶子）。

4. 元音音位/i/及其音位变体

现代维吾尔语元音音位/i/具有舌腭接触性特征，其舌腭接触密度表现为最密。但从与各个不同辅音组合中的表现来看，它有三种变体。

［i］→［ɪ］→［ɨ］构成一个元音音位/i/的面。音位/i/在 CV 音节结构中与 13 个辅音相邻时，大体上具有三种生理特征，即不管是在 CV、CVC（只出现在多音节中）还是 CVCV 音节结构中，元音音位/i/有三种音位变体。元音音位/i/与舌后辅音/k/、/g/相邻时，具有靠后性特征，读作［ɪ］；与舌尖中辅音相邻时具有趋中性特征，读作［ɨ］；与舌尖前辅音和舌前辅音相邻时具有靠前性特征，读作［i］。如：

（1）/i/与舌后辅音相邻时读作［ɪ］

CV 音节中：/ki/（原本为/kir/，但在口语中颤音/r/脱落）；

CVC 音节中：/kis/（拟声词）；

CVCV 音节中：/kiʃi/（人）。

（2）/i/与舌尖中辅音相邻时读作［ɨ］

CV 音节中：/di/（过去时词缀）；

CVC 音节中：/tir/（/tirnɑq/中的第一音节）；

CVCV 音节中：/disɛ/（如果说）；
（3）/i/ 与舌前辅音和舌尖前辅音相邻时读作 [i]
CV 音节中：/si/（由开元音结尾的名词第三人称单数属格形式）；
CVC 音节中：/ʤim/（安静）；
CVCV 音节中：/ʧimi/（他的草坪）。

（二）舌腭非接触性元音及其音位变体

按照舌腭距离的远近程度，我们把舌腭非接触性元音分为次远元音、较远元音、远元音和最远元音四个。

/ɑ/：最远

/o/：较远

/u/：次远

/ɛ/：远

1. 元音音位/ɑ/及其音位变体

现代维吾尔语元音音位/ɑ/具有非舌腭接触特征，其舌腭距离最远。但从与各个不同辅音组合中的表现来看，它有三种变体。

/ɑ/音位的变体有 [a]、[A]、[ɑ] 三个。

音位/ɑ/与舌尖前辅音/s/、/z/，舌尖中辅音/d/、/t/、/n/、/l/、/r/，舌前辅音/ʤ/、/ʧ/、/ʒ/、/ʃ/和舌后辅音/k/、/g/相邻时（CV 音节结构）大体上具有三种生理特征，即有三种音位变体。与舌音辅音/k/、/g/相邻时其舌腭接触状态具有靠后性特征，表现为 [ɑ]；与舌尖中音/d/、/t/、/n/、/l/、/r/相邻时其舌腭接触状态具有趋中性特征，表现为 [A]；与舌前辅音/ʤ/、/ʧ/、/ʒ/、/ʃ/相邻时其舌腭接触状态具有靠前性特征，表现为 [a]。

在 CV 音节结构中，元音音位/ɑ/与舌后辅音/k/、/g/相邻时，音位/ɑ/舌腭接触状态呈现出靠后性表现。如：

*/kɑ/（卡片）

*/gɑ/（拟声词）

但元音音位/ɑ/在 CVC（第一个 C 为舌后辅音/k/、/g/）音节结构中，具有比 CV 结构稍微靠前的特征，即与 CV（辅音为舌后辅音/k/、/g/）音节结构比较，CVC 音节结构中的元音音位/ɑ/靠前一些，

读作 [a]；除此之外，元音音位/ɑ/与前鼻音音位/n/在 VC 音节相邻时，其舌腭接触状态也有靠前性特点，即读作 [a]，如：

* /gal/（喉咙）
* /kan/（矿）
* /ankɪt/（履历表）

一般情况下，元音音位/ɑ/单独发音时或相邻其他的元音时读作 [A]，如：

* /Aɪlɛ/（家庭）
* /ɪAnɛ/（捐献）

在现代维吾尔语实际发音时，[ɑ]、[a]、[A] 与 [ɒ] 之间没有严格的界限，因为元音音位/ɑ/在相邻音节结构中，按照动态腭位上的协同作用，自然而然地产生，这种变化不是人为的改变，而是生理上自然调整发音部位的无知觉变化。因此，这种变化不仅在本族语教学和研究中不具有区别意义的特点，而且在第二语言教学过程中也是不必考虑的因素，因为它的变化具有普遍性，它是动态腭位协调原则的必然产物。

[a] → [A] → [ɑ] 构成一个元音音位/ɑ/的面，即/ɑ/音位的发音范围就在 [a] → [A] → [ɑ] 这个面上。（注：因本研究数据受限于实验仪器本身的不足，即不能采集元音音位/ɑ/与小舌辅音/ʁ/、/x/、/q/，舌后辅音/ŋ/或舌根辅音（喉辅音）/ɦ/相邻的音节结构，元音音位/ɑ/的变体可能存在遗漏现象。也许元音音位/ɑ/与以上辅音相邻时有可能具有更靠后的生理特征，表现为 [ɒ]。在后面章节里也存在此种考虑。）

2. 元音音位/o/及其音位变体

现代维吾尔语元音音位/o/具有非舌腭接触特征，其舌腭距离较远。但从与各个不同辅音组合中的表现来看，它有三种变体。

[o] → [ɤ] 构成一个元音音位/o/的面。音位/o/在 CV 音节结构中与辅音相邻时，大体上具有两种生理特征，即不管是在 CV、CVC 还是 CVCV 音节结构中，元音音位/o/与舌后辅音/k/、/g/相邻时，具有朝前性特征，读作 [o]，与舌尖中辅音和舌尖前辅音相邻时具有靠前性特征，读作/ɤ/。如：

(1) /o/与舌后辅音相邻时读作［ɔ］

CV 音节中：/ko/（拟声词"水声"）；

CVC 音节中：/kom/（拟声词"掉东西声"）；

CVCV 音节中：/kolɑ/（英语借词"可乐"）。

(2) /o/与舌尖中辅音相邻时读作［o］

CV 音节中：/to/（汉语借词"套"）；

CVC 音节中：/tom/（粗）；

CVCV 音节中：/toko/（瘸子）。

(3) /o/与舌前辅音相邻时读作［ɤ］

CV 音节中：/ʧo/（"驾"）；

CVC 音节中：/ʧot/（计算/算计）；

CVCV 音节中：/ʧoqo/（麻子）。

3. 元音音位/u/及其音位变体

现代维吾尔语元音音位/u/具有非舌腭接触特征，其舌腭距离次远。但从与各个不同辅音组合中的表现来看，它有三种变体。

［u］→［ɯ］→［ʉ］构成一个元音音位/u/的面。音位/u/在 CV 音节结构中与辅音相邻时，大体上具有三种生理特征，即不管是在 CV、CVC 还是 CVCV 音节结构中，元音音位/u/有三种音位变体。在 CV 音节结构中，元音音位/u/与舌后辅音ʠ/k/、ʂ/g/相邻时具有靠后性特征，读作［u］；与舌尖中辅音相邻时具有朝前性特征，读作［ɯ］；与舌尖前辅音相邻时具有央化特征，读作/ʉ/。如：

(1) /u/与舌后辅音相邻时读作［u］

CV 音节中：/ku/（拟声词"咕"）；

CVC 音节中：/kus/（拟声词）；

CVCV 音节中：/kulɑ/（粗绳子）。

(2) /u/与舌尖中辅音相邻时读作［ɯ］

CV 音节中：/du/（动词过去式词缀）；

CVC 音节中：/tur/（粗）；

CVCV 音节中：/lusu/（人名"罗素"）。

(3) /u/与舌前辅音相邻时读作 [ʉ]

CV 音节中：/tʃu/（能源动词后缀）；

CVC 音节中：/tʃus/（计算/算计）；

CVCV 音节中：/tʃupu/（粘毛）（原本为/tʃupur/，但在口语中颤音/r/往往脱落）。

4. 元音音位/ɛ/及其音位变体

现代维吾尔语元音音位ʂ/ɛ/具有非舌腭接触特征，其舌腭距离远。但从与各个不同辅音组合中的表现来看，它有三种变体。

/ɛ/→ [ɛ] → [œ] → [x] 构成一个元音音位/ɛ/的面。音位/ɛ/在 CV 音节结构中与 13 个辅音相邻时，大体上具有两种生理特征，即不管是在 CV、CVC 还是 CVCV 音节结构中，元音音位/ɛ/有四种音位变体。元音音位/ɛ/与舌后辅音相邻时具有靠后性特征，读作 [œ]；/ɛ/与舌尖中辅音和舌尖前辅音相邻时均有靠前性特征，读作 [ɛ]。如：

(1) /ɛ/与舌后辅音相邻时读作 [æ]

CV 音节中：/kɛ/（原本为/kɛl/，但在口语中颤音/r/脱落）；

CVC 音节中：/kɛs/（减）；

CVCV 音节中：/kɛmɛ/（别来）(/kɛlmɛ/口语形式中边音/l/脱落)。

(2) /ɛ/与舌尖中辅音相邻时读作 [ɜ]

CV 音节中：/dɛ/（说）；

CVC 音节中：/tɛr/（种）；

CVCV 音节中：/nɛsɛ/（东西）(/nɛrsɛ/在口语形式中颤音/r/脱落)。

(3) /ɛ/与舌前辅音和舌尖前辅音相邻时读作 [ɛ]

CV 音节中：/sɛ/（假设词缀）；

CVC 音节中：/tʃɛm/（鞋底）；

CVCV 音节中：/zɛpɛ/（藏红花）。

二 辅音

按照发音部位和发音方法现代维吾尔语辅音有发音部位类和发音方法类两种分类方法，其中发音部位类有双唇辅音、唇齿辅音、舌尖前辅音、舌尖中辅音、舌前辅音、舌面辅音、舌后辅音、小舌辅音和喉音九种类型。发音方法类有塞音、塞擦音、擦音、鼻音、颤音和边音六种类型。现代维吾尔语辅音还按照发音时声带颤动程度的强弱分为浊辅音和清辅音两类。

表 5-1　　　　　　　　　现代维吾尔语辅音分类

发音方法	发音部位	双唇	唇齿	舌尖前	舌尖中	舌前	舌面	舌后	小舌	喉壁
塞音	清	p			t			k	q	
塞音	浊	b			d			g		
塞擦音	清					ʧ				
塞擦音	浊					ʤ				
擦音	清		f	s		ʃ		x		
擦音	浊		v	z		ʒ	j	ʁ		ɦ
鼻音	浊	m			n			ŋ		
颤音	浊				r					
边音	浊				l					

从表 5-1 辅音分类可以看出，在现代维吾尔语的 24 个辅音中，有 9 个清辅音，15 个浊辅音，除了辅音/q/和/ɦ/外，其他塞音、塞擦音、擦音都有清浊音的对立关系（实际上，从发音时声带颤动的强弱这一对立关系来看，/q/和/ɦ/也构成一组清浊对立的关系）。

下面我们以舌腭接触中的生理特征为主，对现代维吾尔语辅音及其音位变体的表现形式进行分析。

（注：本研究因涉及动态腭位方面的特征，故在下面的讨论中以发音部位类别对现代维吾尔语辅音音位及其变体进行分析，而对其声学特征不予描写或分析。）

（一）舌前辅音

现代维吾尔语舌前辅音有/ʤ/、/ʧ/、/ʒ/、/ʃ/，它们在动态腭位中的腭位表现如下。

从舌腭接触总面积看，舌前辅音有以下腭位特征：舌前塞擦音/ʧ/、/ʤ/，擦音/ʃ/、/ʒ/发音时不存在完全的阻塞，目标帧的舌腭接触总面积也不是很大，同时塞擦音/ʧ/、/ʤ/有闭塞段要比擦音/ʃ/、

/ʒ/舌腭接触略大；从口腔接触位置来看，舌前塞擦音/ʧ/、/ʤ/，擦音/ʃ/、/ʒ/发音时舌放平，舌叶抵住上齿龈后放开，在舌叶齿龈间留一缝隙，气流通过舌叶齿龈间缝隙发生摩擦，舌腭接触主要是在齿龈区，造成齿龈区值比硬腭区和软腭区大，同时塞擦音/ʧ/、/ʤ/有闭塞段比擦音/ʃ/、/ʒ/舌腭接触多；从腭位接触位置来看，舌前塞擦音/ʧ/、/ʤ/，擦音/ʃ/、/ʒ/发音时舌叶与上齿龈接触，主要的舌腭接触在齿龈区，造成前腭区值较大，后腭区较小，塞擦音/ʧ/、/ʤ/有闭塞段因而比擦音/ʃ/、/ʒ/舌腭接触多；从舌腭接触靠前或靠后性特征来看，舌前塞擦音/ʧ/、/ʤ/发音时舌叶与上齿龈接触，主要的舌腭接触在齿龈区，造成靠前性较大，靠后性较小，塞擦音/ʧ/、/ʤ/有闭塞段舌腭接触比擦音/ʃ/、/ʒ/的多；从舌腭接触的趋中性角度看，舌前塞擦音/ʧ/、/ʤ/，擦音/ʃ/、/ʒ/的趋中值较大，它们的趋中性较强。下面我们对每一个舌前辅音进行单独分析。[注：为了减轻理解上的负担，我们采用元音的传统分类方法（不采用本书实验结果提供的分类方法），即前、后和中三种类型探讨有关辅音及其音位变体的论述。]

1./ʤ/ → [ʥ] → [ʤ]

/ʤ/音位具有两种表现形式，当音位/ʤ/与前元音和中元音/i/的音位变体 [i] 和 [ɨ] 相邻时，其靠前性程度加强，表现为 [ʥ]；当/ʤ/与后元音及中元音音位变体 [ɿ] 相邻时其靠前性强度消弱，表现为 [ʤ]。这个音位在本族语词里的位置受一定的限制，即较多出现在拟声词和部分对偶词的第一个音节的音首位置上，而在外来词中较多出现。如：

* /ʤaraŋ-ʤuruŋ/（拟声词"摔碎的声音"）

* /ʤazɑ-pɑzɑ/（对偶词"架子等一系列东西"）

* /aʥiz/（脆弱）

* /ʥɛnup/（南边）

* /taʤ/（皇冠）

辅音音位/ʤ/在 CV 音节结构中与 7 个元音相邻时（一般不与中元音/e/相邻），大体上具有两种生理特征，即与前元音音位组合时具有靠前性，与后元音相邻时具有靠后性特征，这里的前后只是针对辅音/ʤ/

单独发声时而言，因为辅音一般受元音的影响较小，改变其舌位力度不大。因此与前元音相邻时表现为［ʥ］，与舌后元音相邻时表现为［ʤ］，而与中元音相邻时加强其靠前性特征。如：

（1）/ʤ/与舌后元音相邻时读作［ʤ］

CV 音节中：/ʤɑ/（假）；

CVC 音节中：/ʤon/（英文名"John"）；

CVCV 音节中：/ʤuni/（对偶词"ʤɑn-ʤuni"中的第一音节）。

（2）/ʤ/与前元音相邻时读作［ʥ］

CV 音节中：/ʤy/（拟声词缀）；

CVC 音节中：/ʤεm/（聚集）；

CVCV 音节中：/ʤymε/（周五）。

（3）/ʤ/与中元音/i/相邻时强化其靠前性，读作［ʥ］（不与中元音/e/相邻）

CV 音节中：/ʤi/（拟声词缀）；

CVC 音节中：/ʤim/（安静）；

CVCV 音节中：/ʤimi/（全部）。

2./ʧ/

/ʧ/音位在舌位上较稳定，一般不太受相邻音素的影响，尽管在与不同元音的组合中有细微的差别，但主要是在开口度和唇状方面，甚至在与音位/i/相邻时的舌位特征因本身舌位特征而常采取靠前性发音特征。这个音位在本族语词里的位置不受限制，即可以出现在任何一个位置上。如：

＊/ʧɑrεaŋ-ʧuruŋ/（办法）

＊/ʧɑzɑ-pɑzɑ/（对偶词"卡子等一些物品"）

＊/ʧi/（表示人的名词词缀）

＊/ʧeqi/（指眼睛的颜色是彩色的）

＊/ɑʧ/（开/饿）

辅音/ʧ/只有一种状态，即舌位靠前性，即与八个元音相邻时具有相似的舌位特征。如：

（1）/ʧ/与舌后元音相邻时读作［ʧ］

CV 音节中：/ʧɑ/ [/ʧɑmi/' 音节中第一音节（能力）]；

CVC 音节中：/tʃoŋ/（大）；

CVCV 音节中：/tʃuni/（对偶词/tʃaŋ-tʃuni/中的第二个成分）。

（2）/tʃ/与前元音相邻时读作［ʧ］

CV 音节中：/tʃy/（拟声词缀）；

CVC 音节中：/tʃɛm/（鞋底）；

CVCV 音节中：/tʃyʃɛ/（下来）。

（3）/tʃ/与中元音/i/相邻时强化其靠前性，读作［ʧ］

CV 音节中：/tʃi/（表示人的名词词缀）；

CVC 音节中：/tʃim/（一种表示疼痛感受的拟声词）；

CVCV 音节中：/tʃeti/（边缘）。

3. /ʒ/

/ʒ/音位具有三种表现形式，当与前元音相邻时其靠前性程度加强，表现为［ʒ］；当与后元音相邻时其靠前性强度趋于弱化，表现为［ʐ］；当与中元音相邻时其靠前性特征趋于央化，表现为［ʐ］。这个音位在本族语词里的位置受限制，即不在词首出现，仅仅在部分语流变化中被辅音/j/替换时出现。如：

辅音/ʒ/主要在外来词和拟声词的词首中出现，或本族语词的词中或词末出现。如：

*/julʁun/→/ʒulʁun/（红柳）

*/jirɑq/→/ʒulun/（遥远）

*/jyrɛk/→/ʒyrɛk/（心脏）

多数情况下，/ʒ/仅在本族语拟声词的词末出现，但在外来词中不受限制。如：

*/gɑʒ-guʒ/（表示炒菜声音的拟声词）

*/giʒ-giʒ/（哼唧）

*/ʒornɑl/（杂志）

*/ʒɑnir/（风格/类别）

［ʒ］→［ʐ］→［ʐ］构成一个辅音音位/ʒ/的面。音位/ʒ/大体上具有三种生理特征，即与前元音音位组合时具有靠前性特征，与后元音相邻时具有靠后性特征，与舌尖中音相邻时具有趋中性特征。如：

（1）/ʒ/与舌后元音相邻时读作［ʒ］

CV 音节中：/ʒɑ/［/ʒɑnir/（分类/风格）中的第一音节］；

CVC 音节中：/ʒor/（杂志）（/ʒornɑl/中的第一音节）；

CVCV 音节中：/ʒumɛ/（闭嘴）（/jumɛ/中的辅音/j/被/ʒ/替换）。

（2）/ʒ/与前元音相邻时读作［ʑ］

CV 音节中：/ʒy/［/ʒurɛk/（心脏）中的第一个音节］；

VCVC 音节中：/yʒmɛ/（桑果）。

（3）/ʒ/与中元音相邻时强化其靠前性，读作［ʑ］

CV 音节中：/ʒi/（拟声词缀）；

CVC 音节中：/miʒ-miʒ/（拥挤）。

4./ʃ/

/ʃ/音位具有两种表现形式，当音位/ʃ/与前元音和中元音/i/的音位变体［i］和［ɨ］相邻时，其靠前性程度加强，表现为［ʃ］；当/ʃ/与后元音及中元音音位变体［I］相邻时其靠前性强度消弱，表现为［ʂ］。这个音位在本族语词里的位置受到一定的限制，即只出现在拟声词的词首，而在本族语词里多出现在词中或词末。如：

*/ʃɑr-ʃur/（拟声词"大雨声"）

*/ʃir-ʃir/（拟声词"小雨声"）

*/bɑʃ/（头）

*/pɑʃɑ/（蚊子）

*/ʃotɑ/（梯子）

*/ʃair/（诗人）

*/ʃɑm/（蜡烛）

［ʃ］→［ʂ］构成一个辅音音位/ʃ/的面。音位/ʃ/大体上具有两种生理特征，即与前元音音位组合时具有靠前性特征，与后元音相邻时具有靠后性特征，与舌尖中音相邻时具有趋中性特征。如：

（1）/ʃ/与舌后元音相邻时读作［ʃ］

CV 音节中：/ʃɑ/［/ʃair/（诗人）中的第一音节］；

CVC 音节中：/ʃum/（孤儿）；

CVCV 音节中：/ʃotɑ/（梯子）。

（2）/ʃ/与前元音相邻时读作 [ʂ]

CV 音节中：/ʃy/ [/ʃumɛk/（在摇床上便于小便的专门给男婴儿用的木头工具）]；

VCVC 音节中：/yʃkɛ/（杏核儿）。

（3）/ʃ/与中元音相邻时强化其靠前性，读作 [ʂ]

CV 音节中：/ʃe/ [/ʃeir/（诗歌）中的第一个音节]；

CVC 音节中：/miʃ-miʃ/（流言）。

（二）舌后辅音

现代维吾尔语舌后辅音有/g/、/k/，它们在动态腭位中的腭位表现如下。

从舌腭接触总面积看，舌面后塞音/g/、/k/的舌腭接触总面积值不是很大，原因是/g/、/k/发音部位靠后，而软腭并没有覆盖口腔的全部，基本没有覆盖软腭区；从口腔接触位置来看，舌面后塞音/g/、/k/发音部位靠后，而软腭并没有覆盖口腔的全部，基本没有覆盖软腭区，因此软腭区值很大，齿龈区值很小；从腭位接触位置来看，舌面后塞音/g/、/k/发音部位靠后，软腭并没有覆盖口腔的全部，基本没有覆盖软腭区，因此后腭区值很大，前腭区值很小；从舌腭接触靠前或靠后性特征来看，舌面后塞音/g/、/k/发音部位靠后，而软腭并没有覆盖口腔的全部，基本没有覆盖软腭区，因此靠后性值很大，靠前性值较大；从舌腭接触的趋中性角度看，舌面后塞音/g/、/k/发音时形成完全闭塞，趋中性值较大，趋中性比较强。下面对每一个舌后辅音进行单独分析。

1./k/

/k/音位具有两种表现形式，当音位/k/与前元音和中元音/i/的音位变体 [i] 和 [ɨ] 相邻时，其靠后性程度加强，表现为 [k]；当/k/与后元音及中元音音位变体 [I] 相邻时，其靠后性强度削弱，表现为 [c]。这个音位在本族语词里的位置不受限制，即可以出现在词的任何位置，如：

＊/tɑr/（窄）

＊/tɑrt/（缩回去）

＊/tɑrtmɑ/（不要缩回去）

［k］→［c］构成一个辅音音位/k/的面。音位/k/大体上具有三种生理特征，即与前元音音位组合时具有靠前性特征，与后元音相邻时具有靠后性特征，与中元音相邻时加强其靠后性特征。如：

（1）/k/与舌后元音相邻时读作［k］

CV 音节中：/kɑ/（卡片）；

CVC 音节中：/kot/［/kot-kot/（话痨）］；

CVCV 音节中：/kulɑ/（用毛线做的绳子）。

（2）/k/与前元音相邻时读作［c］

CV 音节中：/ky/［/kyrɛʃ/（斗争）中的第一个音节］；

VCVC 音节中：/yʃkɛ/（杏核儿）。

（3）/k/与中元音相邻时强化其靠前性读作［c］

CV 音节中：/kerɛm/（人名"克力木"）；

CVC 音节中：/kit/（鲸鱼）；

CVCV 音节中：/kemɛ/（船）。

2. /g/

/g/音位在舌位上具有双重特征，即与辅音相邻时，一般较容易受相邻辅音的影响，尤其是受到同发音部位音位/k/的影响而被同化的现象较多；但在与不同元音的组合中的差别并不大。这个音位在本族语词里的位置受到一定的限制，一般多出现在拟声词的词首和本族语词的词中和词末；除了外来词以外，辅音/g/一般不出现在多音节词的词末。如：

＊/gɑr/（篮球篮）

＊/gɑrt/（拟声词）

＊/gumɑn/（怀疑）

＊/ɛmgɛk/（劳动）

＊/tɛg/（嫁）

辅音/g/只有一种发音状态即［g］。音位/g/较固定，不管与八个元音的哪一个相邻，其发音特征表现为靠后。如：

（1）/g/与舌后元音相邻时读作［g］

CVCV 音节中：/gɑgɑ/（汉语借词"尕"）；

CVC 音节中：/gom/（拟声词"喱"）；

CVCVC 音节中：/guman/（怀疑）。
(2) /g/与前元音相邻时读作［g］
CVC 音节中：/gyr/（拟声词"汽车等发动的声音"）；
VCV 音节中：/ygɛ/（关节）。
(3) /g/与中元音相邻时强化其靠后性，读作［g］
CV 音节中：/gezit/（杂志）；
CVC 音节中：/git/（拟声词"咯吱"）；
VCVC 音节中：/egɛm/（主/主人）。
(三) 舌尖中辅音

现代维吾尔语舌尖中辅音有/n/、/d/、/t/、/l/、/r/，它们在动态腭位中的腭位表现如下。

从舌腭接触总面积看，舌尖前音/d/、/t/、/n/的舌腭接触总面积较大，原因是这三个音发音时舌尖抵住上齿龈，发音部位主要在齿龈区；从口腔接触位置来看，舌尖前音/d/、/t/、/n/在齿龈区的值很大，因此在硬腭区和软腭区的电极值数较小，原因是/d/、/t/、/n/发音时主要是舌尖与齿龈接触，舌腭接触的部位主要在齿龈区；从腭位接触位置来看，舌尖前音/d/、/t/、/n/的前腭接触非常大，后腭接触较小，原因是/d/、/t/、/n/发音时舌腭接触部位主要在前腭；从舌腭接触靠前或靠后性特征来看，舌尖前音/d/、/t/、/n/的靠前性和靠后性值都很大，表明/d/、/t/、/n/的靠前性和靠后性都比较强，并且/d/、/t/、/n/因为后接/e/在后腭也有较多的舌腭接触；从舌腭接触的趋中性角度看，舌尖前音/d/、/t/、/n/的趋中性值较大，表明/d/、/t/、/n/的趋中性较强，原因是塞音发音时完全阻塞。

从舌腭接触总面积看，边音/l/发音时舌尖形成阻碍，气流从舌边流出，因而舌腭接触总面积比较小；从口腔接触位置来看，边音/l/的齿龈区较大，而硬腭区接近 0，软腭区为 0，原因是发音时舌尖形成阻碍（舌尖抵住上齿龈），因而在齿龈区有较多舌腭接触电极，软腭区没有接触；从腭位接触位置来看，边音/l/的前腭区值较大，而后腭区值为 0，原因是发音时舌尖形成阻碍（舌尖抵住上齿龈），因而在前腭区有较多舌腭接触电极，后腭区没有接触；从舌腭接触靠前或靠后性特征来看，边音/l/的靠前性值很大，靠后性值较小，是由于边音发音时舌尖抵住上齿龈，因而在前腭区有较多舌腭接触电极；从舌腭接触的趋中性角度看，边音/l/的趋中值较大，表明它的趋中性比较强，/l/在齿龈区有较多的舌腭接触，且舌腭接触的部位比较集中于齿龈区的中部。

从舌腭接触总面积看，颤音/r/在发音舌尖向上硬腭卷起，留一缝隙，气流冲击舌尖，使其连续颤动，因而总的舌腭接触电极指数较小；从口腔接触位置来看，颤音/r/在发音时舌尖向硬腭卷起，留一条缝隙，气流冲击舌尖，使其连续颤动，总的舌腭接触电极指数较小，因而在各功能区里的舌腭接触也均比较小；从腭位接触位置来看，颤音/r/在发音时舌尖向上硬腭卷起，留一条缝隙，气流冲击舌尖，使其连续颤动，总的舌腭接触电极指数较小。因而在前腭区和后腭区里的舌腭接触也均比较小；从舌腭接触靠前或靠后性特征来看，颤音/r/在发音时舌尖向上硬腭卷起，留一条缝隙，气流冲击舌尖，使其连续颤动，总的舌腭接触电极指数较小，因而在前腭区和后腭区里的舌腭接触也均比较小；从舌腭接触的趋中性角度看，颤音/r/的趋中比较大，表明它的趋中性很强。

下面对每一个舌尖中辅音进行单独分析。

1. /n/

/n/音位具有三种表现形式，当与前元音相邻时，其靠前性程度加强，表现为 [n]；当与后元音相邻时，其靠前性强度趋于弱化，表现为 [ɳ]；当与中元音相邻时，其靠前性特征趋于央化，表现为 [ŋ]。在大部分情况下，这个音位在本族语词里的位置受到一定的限制，除了少数词以外，在本族语词的词首较少见。如：

＊/nɑn/（窄）

＊/ɑnɑ/（母亲）

＊/yn/（声音）

＊/kyn/（天/日）

＊/tyn/（晚/夜晚）

/n/→/ɳ/→/ŋ/构成一个辅音音位/n/的面。音位/n/具有三种生理特征，即其表现的前后特征比较灵活，与前元音音位组合时具有靠前性特征，与后元音相邻时具有靠后性特征，与中元音相邻时加强其中性特征。如：

（1）/n/与舌后元音相邻时读作［ŋ］

CVC 音节中：/nɑn/（馕）；

CVCV 音节中：/notɑ/（苗子）；

CVCV 音节中：/nuri/（光线）。

（2）/n/与前元音相邻时读作［n］

CVC 音节中：/nøl/（零蛋）；

VCVC 音节中：/yndi/（长出来了/发芽了）。

（3）/n/与中元音相邻时强化其靠前性，但比与前元音相邻时靠后一些，可表现为［ŋ̟］

CV 音节中：/neri/（靠边/远一些）；

CVC 音节中：/nimɛ/（什么）；

VCV 音节中：/inɛ/（弟弟）；

CVCVC 音节中：/tiniq/（鲸鱼）。

2. /d/

/d/音位具有三种表现形式，当与前元音相邻时，其靠前性程度加强，表现为［d］；当与后元音相邻时，其靠前性强度趋于弱化，表现为［ḓ］；具有较微的变化，但靠前性特证完全弱化，读作［ḏ］。在大部分情况下，这个音位在本族语词里的位置受到一定的限制，一般不出现在词中和词末，除了少数词以外，在本族语词的词首也较少见。如：

﹡/dɑdɑ/（父亲）

﹡/dɑnɑ/（聪明）

﹡/dolqun/（波浪）

﹡/joldaʃ/（同志/陪伴）

﹡/udum/（习惯/习俗）

/d/→/ḓ/→/ḏ/构成一个辅音音位/d/的一个面。音位/d/具有三种生理特征，即其表现的前后特征比较灵活，与前元音音位组合时具有靠前性特征，与后元音相邻时具有靠后性特征，与中元音相邻时加强其中性特征。如：

（1）/d/与舌后元音相邻时读作［ɖ］

CVC 音节中：/dan/（谷子）；

CVCV 音节中：/dora/（药）；

CVCCV 音节中：/dunja/（世界）。

（2）/d/与前元音相邻时读作［d］

CVC 音节中：/døŋ/（零蛋）；

VCVC 音节中：/yndi/（长出来了/发芽了）。

（3）/d/与中元音相邻时强化其趋中性，因此比与前元音相邻时靠后一些，可表现为［ḓ］

CV 音节中：/demi/（气/力气）；

CVC 音节中：/dimɛ/（不要说）；

VCV 音节中：/idi/（表示过去时）；

CVCVC 音节中：/midiq/（磨蹭）。

3. /t/

/t/音位具有三种表现形式，当与前元音相邻时，其靠前性程度加强，表现为［t］；当与后元音相邻时，其靠前性强度趋于弱化，表现为［ṯ］；当与中元音相邻时，其有性特征完全弱化，读作［ṱ］。这个音位在本族语词里的位置不受限制，在本族语词的任何位置都可以出现。如：

＊/tam/（墙）

＊/tana/（雪橇）

＊/tol/（满）

＊/ot/（草/火）

＊/ʃotun/（老婆）

＊/ʃota/（梯子）

/t/→/ṯ/→/ṱ/构成一个辅音音位/t/的面。音位/t/具有三种生理特征，即其表现的前后特征比较灵活，与前元音音位组合时具有靠前性特征，与后元音相邻时具有靠后性特征，与中元音相邻时加强其中性特征。如：

（1）/t/与舌后元音相邻时读作［ṯ］

CVC 音节中：/tan/（否定）；

CVCV 音节中：/tɑrɑ/（梳）；

CVCCV 音节中：/tujɑq/（蹄子）。

（2）/t/与前元音相邻时读作［t］

CVC 音节中：/tøk/（倒）；

VCVC 音节中：/øtti/（过了）。

（3）/t/与中元音相邻时强化其趋中性，因此比与前元音相邻时靠后一些，可表现为［ŧ］

CV 音节中：/temi/（他的墙）；

CVC 音节中：/tim/（滴滴答）；

VCV 音节中：/iti/（他的狗）；

CVCVC 音节中：/titim/（撕碎/碎片）。

4. /l/

/l/音位具有三种表现形式，当与前元音相邻时，其靠前性程度加强，表现为［l］；当与后元音相邻时，其靠前性强度趋于弱化，表现为［ɩ］；当与中元音相邻时，其靠前性特征趋于央化，表现为［ɹ］。这个音位在本族语词里的位置受一定的限制，一般只出现在拟声词词首，而不出现在本族语词的词首，但是可以出现在本族语词的其他任何位置。如：

＊/lɑmɑ/（喇嘛）

＊/lɑlmɑ/（浪荡的人）

＊/lip/（拟声词"如眼皮跳"）

＊/øl/（死）

＊/tolun/（完满）

＊/ʃolɑ/（影子）

/l/→/ɩ/→/ɹ/构成一个辅音音位/l/的面。音位/l/具有三种生理特征，即其表现的前后特征比较灵活，与前元音音位组合时具有靠前性特征，与后元音相邻时具有靠后性特征，与中元音相邻时加强其中性特征。如：

（1）/l/与舌后元音相邻时读作［ɩ］

CVC 音节中：/lɑk/（睫毛膏）；

CVCV 音节中：/lɑtɑ/（布料）；

CVCCV 音节中：/lusi/（西方人名"Lucy"）。

（2）/l/与前元音相邻时读作 [l]

CVC 音节中：/kyl/（笑）；

VCVC 音节中：/øldi/（死了）。

（3）/l/与中元音相邻时强化其趋中性，因此比与前元音相邻时靠后一些，可表现为 [ɫ]

VC 音节中：/il/（钩住）；

CVC 音节中：/til/（语言/舌头）；

VCV 音节中：/ili/（伊犁）；

CVCVC 音节中：/dʒili/（发胶）。

5. /r/

/r/音位具有两种表现形式，当与前元音相邻时，尤其出现在前元音前面时，其靠前性程度加强，表现为 [r]；当与后元音相邻时，其靠前性强度趋于弱化，表现为 [R]；当与中元音相邻时，其靠前性出现少部移位，但不改变其靠前性，仍表现为 [r]。这个音位可以出现在本族语词的词中或词末位置，除了个别词以外，一般情况下不出现在词首。如：

＊/rɑmkɑ/（框架/相框）

＊/rɑsɑ/（好好地/痛快地）

＊/romal/（围巾/头饰）

＊/ør/（反转/转）

＊/tor/（网络）

＊/ʃorɑ/（吸/舔）

/r/→/ɾ/→ [R] 构成一个辅音音位/r/的面。音位/r/具有三种生理特征，即其表现的前后特征比较灵活，与前元音音位组合时具有靠前性特征，与后元音相邻时具有靠后性特征，与中元音相邻时尽管有一定的变化，但仍保持其靠前性特征。如：

（1）/r/与舌后元音相邻时读作 [R]

CVC 音节中：/rɑk/（癌症）；

CVCV 音节中：/rɑsɑ/（痛快地）；

CVCVC 音节中：/rusul/（人名"热苏力"）。

(2) /r/与前元音相邻时读作[r]

CVC 音节中：/tyr/（卷/皱）；

VCVC 音节中：/ørlɛ/（上升/进步）。

(3) /r/与中元音相邻时其位置从前往后有轻微的移位，但仍得持靠前一段特征，可表现为[r]

VCV 音节中：/eri/（丈夫）；

CVC 音节中：/kir/（进）；

VCC 音节中：/ert/（擦）；

CVCVC 音节中：/dʒirim/（树苗）。

（四）舌尖前辅音

现代维吾尔语舌尖前辅音有/s/、/z/，它们在动态腭位中的腭位表现如下。

从舌腭接触总面积看，舌尖前擦音/s/、/z/发音时不存在完全的阻塞，而是在舌尖与齿龈间留出缝隙，让气流通过，形成摩擦音，目标帧的舌腭接触总面积较小；从口腔接触位置来看，舌尖前擦音/s/、/z/发音时舌腭接触基本发生在齿龈区，同时擦音不存在完全的阻塞，而是在舌尖与齿龈间留出缝隙，让气流通过，形成摩擦音，齿龈区值不是很大，硬腭区和软腭区的值很小；从腭位接触位置来看，舌尖前擦音/s/、/z/发音时舌腭接触基本发生在齿龈区，同时擦音不存在完全的阻塞，而是在舌尖与齿龈间留出缝隙，让气流通过，形成摩擦音，前腭区值不是很大，后腭区值很小；从舌腭接触靠前或靠后性特征来看，舌尖前擦音/s/、/z/发音时舌腭接触基本发生在齿龈区，靠前性值要比靠后性值大；从舌腭接触的趋中性角度看，舌尖前擦音/s/、/z/的趋中性值较小，是因为舌尖前擦音/s/、/z/发音时不存在完全的阻塞，而是在舌尖与齿龈间留出缝隙，让气流通过，形成摩擦音。

1./s/

/s/音位具有两种表现形式，当音位/s/与前元音和中元音/i/的音位变体[i]和[ɨ]相邻时，其靠前性程度加强，表现为[s]；当/s/与后元音及中元音音位变体[I]相邻时，其靠前性强度消弱，表现为

[θ]。该音位在本族语词里出现的位置不受限制，可以出现在任何位置。如：

*/somkɑ/（书包/包）

*/sɑlsɑ/（如果放）

*/sɑmɑ/（天空/一种舞蹈）

*/øs/（长高/长）

*/tos/（阻挡）

*/kosɑ/（没有太多胡须的男人）

音位/s/不管出现在任何位置，都表现为靠前性特征，即保持其靠前性，表现为[s]。如：

（1）/s/与舌后元音相邻时读作[θ]

CV 音节中：/su/（水）；

VC 音节中：/us/[盛（东西，如盛饭）]；

CVC 音节中：/sɑj/（沼泽地）；

VCVC 音节中：/osmɑ/（舞蹈/方法）；

CVCVC 音节中：/suʁɑr/（浇灌/浇）。

（2）/s/与前元音相邻时读作[s]

CVC 音节中：/tys/（风格/语气）；

VCVC 音节中：/øsmɛ/（不要长）。

（3）/s/与中元音相邻时因中元音/e/影响强度不够，/s/的靠前性特征不受影响，仍保持原状；尽管当与中元音/i/相邻时有一定的强化其靠前性作用，但因辅音/s/本身的发音位置足够前位，与前元音相邻时差别不大，可表现为[s]

VCV 音节中：/esi/（意识/记忆）；

CVC 音节中：/lis/[盘子（一般指做甜点的盘子）]；

VCVC 音节中：/esit/（可惜）；

CVCVC 音节中：/gesi/（他的煤气/天然气/汽水的气）；

CVCCV 音节中：/ʤismi/（身体）。

/s/与舌腭接触性元音/e/相连时，其影响强度不够，/s/的靠前性特征不受影响，仍保持原状；尽管与舌腭接触性密度最强的元音/i/相邻时有一定的强化其靠前性作用，但因辅音/s/本身的发音位置足够靠前，此时的靠前性特征与前元音相邻时的表现差别不大，可表现为[s]。

2. /z/

/z/音位具有两种表现形式，当音位/z/与前元音和中元音/i/的音位变体［i］和［ɨ］相邻时，其靠前性程度加强，表现为［z］；当/z/与后元音及元音音位变体［I］相邻时，其靠前性强度消弱，表现为［ð］。该音位在本族语词里出现的位置受一定限制，除了较多出现在拟声词词首外，还可以出现在本族语词的词中和词末。如：

∗/zorlɑ/（逼）

∗/zaman/（时代）

∗/zakas/（预定/订单）

∗/øz/（自己/关系好）

∗/toz/（孔雀）

∗/dʒozɑ/（汉语借词"桌子"）

/z/→/ð/构成一个辅音音位/z/的面。音位/z/具有两种生理特征，即其表现的前后特征比较灵活，与前元音音位组合时具有靠前性特征，与后元音相邻时具有靠后性特征，在与中元音相邻时该音因没有受到中元音太多的影响，故保持其靠前性。如：

(1) /z/与舌后元音相邻时读作［ð］

CV音节中：/za/（打扑克牌时的"炸"）；

VC音节中：/uz/（漂亮）；

CVC音节中：/zɑr/（痛苦）；

VCVC音节中：/uzɑt/（送别）；

CVCV音节中：/zoqi/（兴趣）。

(2) /z/与前元音相邻时读作［z］

CVC音节中：/tyz/（直/直爽）；

VCVC音节中：/øzi/（自己）；

VCCV音节中：/yzmɛ/（不要摘）；

VCVC音节中：/ɛziz/（尊贵/珍贵）。

(3) /z/与中元音相邻时因中元音/e/影响强度不够，/z/的靠前性特征不受影响，仍保持原状；尽管当与中元音/i/相邻时有一定的强化其靠前性作用，但因辅音/z/本身的发音位置足够前位，与前元音相邻时差别不大，可表现为［z］。

VCV 音节中：/ezi/（少的那个）；

CVC 音节中：/tiz/［盘子（膝盖）］；

VCVC 音节中：/ezit/（忽悠/糊弄/使迷茫）；

CVCVC 音节中：/gezit/（报纸）；

CVCCV 音节中：/izi/（痕迹）。

第三节　音位组合及其讨论

音位和音位的组合按照一定的内部规律和外部影响完成，其中语音单独时的动态腭位特征或多或少受到一定的影响，构成协同发音。下面我们探讨协同发音角度上的辅音及其音位变体的产生规律。

一　单音节组合

音位和音位按照一定的语言内部要求组合时，其动态腭位上有一定的变化，即音位组合时的发音特征区别于单独时的发音状态，这种相互影响下的变化形式在学术界叫作协同发音。（注：我们考虑到音节组合的不同关系，关于协同发音部分的内容仅在单音节组合中探讨。）

（一）协同发音

协同发音这个概念出现的较晚。传统语言学对于语言的描写一般是静止的，因此传统语音学、语义学相关理论不能满足计算机合成等语言在可懂度、清晰度，尤其是自然度方面的要求。于是，人们越来越多地关注言语的动态性。协同发音这个术语便产生了，到了 20 世纪 60 年代得到迅速发展，尤其在声学方面。在此要明确一点，协同发音现象自语言产生就有，只不过因为之前这方面没有引起人们注意，所以才没有一个专业的术语来指称这类现象。

那么什么是协同发音现象呢？鲍怀翘等认为协同发音是指在语流中，音段并非静止的、分离的，发音会相互影响，从而产生变化。从生理上说，发音器官的各个部分会不断运动，相邻音段的发音姿态相互叠加，以至于在任何一个时间点上，声道形状（特别是舌头）总是受到前后音段的影响。① 陈肖霞对协同发音的界定为：在发声时，音位在语流中受前后音的影响而使两个以上的发音特征同时或几乎同时出现。

协同发音主要有以下几点。

（1）静态的或者单个的音不会产生协同发音，协同发音在语流中存在，是受前后音的影响而产生的异于单读音的语言现象。

（2）对语音的作用具有方向性。协同发音是前后音影响，因此作用的方向有逆向作用、顺向作用以及双向作用。

（3）音位之间可以跳跃产生作用，一个音位可以对相邻的音产生作用，也可以对不相邻的音产生作用。

（二）协同发音的分类

协同发音从不同的角度可以有不同的分类。

（1）根据影响方向的不同，可以分为后延性协同发音和先行性协同发音两种。后延性协同发音（或称左对右或顺向协同发音）指一个音段的属性向后延伸到下一个音段，如汉语鼻音音节/na/，/n/为鼻音，会对/a/产生顺向协同发音，使其鼻音的特征延续到/a/，从而使/a/产生鼻化现象；先行性协同发音（或称右对左或逆向协同发音）指后一个音段的属性影响到前一些音段，如/ku/，因为预计到/u/的圆唇，所以在/k/发音开始时，圆唇运动也同时开始，/u/的圆唇特征影响到了/k/，产生了逆向协同发音。因为音段之间都会相互作用，所有的语言中都存在协同发音的现象，只不过在不同的语言中，顺向协同发音和逆向协同发音所占的比例有所不同，即顺向协同发音和逆向协同发音在两个音段内部同时的作用不对称。对现代维吾尔语而言，逆向协同发音作用是主要的，其影响可以超越一个因素，有时因这种协同性而导致音位数量的增减现象。（注：我们在后面的章节中将重点探讨因协同发音现象影响而产生的音位合并等现象。）

（2）按音质音位和非音质音位的角度来分，有音质音位协同发音

---

① 鲍怀翘、林茂灿主编：《实验语音学概要（增订版）》，北京大学出版社2014年版。

和非音质音位协同发音。音质音位协同发音，顾名思义，就是在发音过程中，一个音位对另一个音位的影响。上个分类中的例子就属于音质音位协同发音，故不再多举例。非音质音位协同发音是指语流中一个音高（在声调语言中一般表现为声调）对相邻音高的影响。声调的协同发音是双向的，其双向作用是对称的，逆向作用和顺向作用是相似的。① 它不但影响声调的始点和终点，还影响到声调的所有高度。比如两个高降声调/55/序列中，第二个降调下降比第一个的低，第一个降调受后面的影响没有降到单独时那么低。除了部分非音质音位协同发音现象以外，现代维吾尔语的协同发音主要是音质音位之间的协同发音现象；本章第一节所探讨的音位及其变体的描述在很大程度上以音段音位之间的协同发音为依据（注：本书所讨论的有关音位变体和其他语言现象的分析依据来自对不同音节结构中的音位协同发音关系的分析，其中不仅有单音节中的音位协同发音，还有双音节、三音节等音节组合中的音位协同发音数据），这里不再赘述。

二 双音节组合

从协同发音的角度来看，音位和音位的组合构成彼此或多或少的变化，而这一变化在大部分情况下，不仅对外族语群体来说不区别意义，甚至对本族语言共同体来说有时也是忽略不计的。最重要的一点是，口语中具有的协同发音特征不是必须在口语中表现的，而且不必在书写中表示出来。而有的音位组合就需要在文字记录上表现出来，比如阿尔泰语系共有的元音和谐律。依据以上两种音位和音位的组合特点，我们把音位组合规则分为显性组合规则和隐性组合规则两种类型。现代维吾尔语元辅音和谐律是一种相似于协同发音现象的非协同发音要求，它是预显的或者可以说是显性的，其发音要求在音位组合中早已规定的要求，是对音位和音位组合时的规则要求，这种发音表现是必需的，不仅在口语中要求表现出来，而且在书写形式上也被要求体现，因此我们把这种组合称为显性组合规则；第二种是严格意义上的协同发音，如同化现象

---

① 沈晓楠：《汉语普通话声调的协同发音》，林茂灿译，《外国语言学》1992 年第 2 期。

等，我们把第二种组合方式称为隐性组合规则。

（一）显性组合

音节内部的组合关系，如果说是动态腭位上的自然选择，那么现代维吾尔语音节之间的组合更能说明这一内在的生理优选性。任何一种语言中，在实际的语流中，音节之间的每一个音位将具有有别于单独时的动态腭位变化，而这些变化在大部分语言中是隐性的，或者可以说主要存在于口语中。在现代维吾尔语——乃至整个阿尔泰语系诸语言中，音节间的动态腭位变化具有一定的模式化，使发言人必须按照其发音要求发音。这种发音规则，如果不仔细分析，仿佛强加于语音层面上的枷锁，使发音人不得不遵循。然而在大量的元辅音组合中，从各元辅音所呈现的动态腭位特征来看，不管是隐性的音位组合规律还是显性的元辅音和谐律都是按照动态腭位要求来要求发音群体的。因为语音在长期的应用中，就是按照其动态腭位上的一定要求演变，我们在后面的论述中将要讨论的音位的合并、音位再分解，即重现都是语音动态腭位上内部规律的结果。

在语言交际中，音位和音位组合不是孤立的，它们彼此之间处在相协调的关系中。这种关系即音位和音位之间的变化关系叫作音位组合。这种协调性是因为受邻音影响，或由于说话快慢高低强弱不同而发生的。在音位组合中，经济原则是基本趋势，从大到可以从人和人之间用最短的时间和最省力的手段完成每一次交流的角度和小到追求一种最简便的方式发出一个词甚至一个音来说，人们都追求简单而易操作的方式、方法来进行交际。这种追简化性和经济性，甚至可以从整个人类社会的人际关系模式来检验。

在任何一种人际关系中，人类无时无刻不在追寻一种轻便的手段说话，尽可能使用比较经济的方法进行交流，例如为了使交流不受时空的限制就有了电话、电报、手机等设备。为了使交流更加顺畅、成功，省力的经济原则是必不可少的，省力的语言单位，以减少力量的消耗，可以快速完成一场成功的信息编码、传递、接收、解码过程。这就犹如我们有心事时一般直接去找关系最密切的好友或亲人来倾诉一样，因为这样除了我们与他们之间有亲密的关系支撑以外，更重要的一点是我们不需要对新人把事情的来龙去脉再讲述一遍，因为这既费时又费事，因此我们可以发现，人和人之间按照经济性原则，寻求一种用最少的力气、最少的时间和最简方案来达到彼此深入了解的目的。

语言也相同，人类为了减轻发声方面对生理上的负担，无意识地以发音器官发声原理为基础，让我们的发音器官在相邻的强弱音素之间进行生理上的合理支配、对各音素之间的抵抗斗争关系进行协调管理来完成一次又一次既省力又准确的信息传递任务。人类发音器官的这种协调管理对人类之间的交流来说是经济的，但从对其功能来说，那是必需的，而且很可能是必然的。因此，音位组合现象中存在一定的普遍现象，只是因语言不同、语言符号体系不同而产生不同音位组合现象，但是它们之间是有共性可追寻。

下面我们回顾一下由/ɑ/元音和/t/辅音构成的几组例子，并且注意元音/ɑ/的和谐变化。

*/at/（扔/马/名）+/mɑ/→/atmɑ/（不要扔）（第一个/ɑ/→第二个/ɑ/）

*/at/（马/名）+/i/（第三人称词缀）=/eti/（他/她的马/名）（第一个/ɑ/变成/e/）

*/doklat/（报告）+/i/（第三人称词缀）=/doklɑti/（他/她的报告）（第一个/ɑ/→第二个/ɑ/）

*/tʃataq/（麻烦）+im/ =/tʃatiqim/（我的麻烦）（第二个/ɑ/变成/i/）

（书写形式）/ata ana/（父母）→（口语形式）/ata：na/（第三个/ɑ/脱落）

第一个例子中，词/at/中的元音/ɑ/按照元音和谐律开放式递归型完成了和谐任务。

第二个例子中的第一个/ɑ/为了后接元音/i/构成和谐关系而改变其发音部位特征，弱化为/e/（第一个/ɑ/变成/e/）这也是递归型完成的隐性和谐任务。

第三个例子中的第二个元音/ɑ/为了完成发音部位和方法上的和谐性，选择递归型开放式模式，以脱落的方式完成和谐任务，而脱落的地方为了弥补生理上的空缺，第二次又以变为长元音/ɑː/来构建和谐。

然而在最后一个例子中，/tʃataq/中的第二个元音/ɑ/遵循元音和谐律规则要求与后接词缀/qim/保持和谐性，以隐含的方式递归地改变其发音部位特征弱化成/e/与后接/qim/中的元音/i/持续和谐。实际上，和谐律到此还未结束，还有辅音的和谐需要继续，因此第二个例子还可以进一步口语化，即完成多项和谐任务，只是这种和谐是显性的，而且是直接的。如：

*/tʃataq/（麻烦）+im/ =（书写形式）/tʃatiqim/（我的麻烦）（第二个/ɑ/变成/i/）→/tʃatiʁim/（口语形式）（第三个辅音/q/变成/ʁ/）

第一和第二个例子是递归型完成的和谐任务，而第三和第四个例子是迭代型和谐的结果，因为第二步和谐步骤是以第一步为主的，没有第一步就不会产生第二步，它们之间是有函数关系的，实际上，多数迭代型关系是不易发现的。如：

*/siz/（您）+/gɛ/→/sizgɛ/（向您）（第一个音节中的元音/i/是 [i]）

*/sir/（漆）+/lɑ/→/sirlɑ/（刷漆）（第一个音节中的元音/i/实际上是 [ɨ]）

从上面两个例子来看，表面上看起来至少其中一个例子中的元音和谐律受到破坏，然而实际上这种搭配仍然是服从动态腭位和谐律的表现。因为，从动态腭位上的自然发声角度来看，每一个音素都处在彼此相邻的位置上，而这一位置就决定该音素的准确的发音位置。元音音位/i/进入相邻组合时，随前后辅音的舌音位特征来协调自己的发音部位，因此在现代维吾尔语音位分类中就没有再进行区分，因为/i/在发生形态变化时又受到前后相邻辅音/s/和/r/的制约而舌位呈现靠前性、趋中性或靠后性特征。所以例词/sir/后面加了后元音组成的词缀/lɑ/，而例词/siz/后面却缀加前元音组成的词缀/gɛ/；这种组合上的和谐性虽然从视觉上看不易发现，但从舌腭接触中的生理特征看是明显的，而且是符合动态腭位特征的。这种现象在现代维吾尔语中的例子还不少。如在下面的例子中，可以明显发现的是第一个音节中的元音/e/异化变为/ɑ/，而没有注意到的是第二音节中的元音/i/的变化，即这里的/i/的实际发声的音素是［I］，因为第一个音节中的辅音为小舌音，发音部位靠后，从生理上必然要求其前后相邻的音素具有相似的动态腭位特征。如：

　　＊/eʁiz/（嘴）　＋/i/→/aʁzi/（他的嘴）（辅音/ʁ/具有靠后性特征，因此第二音节元音的实际音素为［I］）

　　＊/beʁir/（肝）　＋/im/→/baʁrim/（我的心肝）（辅音/ʁ/具有靠后性特征，因此第二音节元音的实际音素为［I］）

另外，以相同的原因，由/i/组成的同一个词根后，可以黏着由前、后元音组成的不同词缀。如：

　　＊/iz/（痕迹）　＋/ʁa/→/izʁa/（向痕迹）（实际音素为［I］）

　　＊/iz/（痕迹）　＋/nɛk/→/iznɛk/（胸针）（实际音素为［i］）

这种现象也可以从其他方面论证。例如现代维吾尔语名词向格有/ʁa/、/qa/、/gɛ/、/kɛ/四个词缀；按照元音和谐规律，/baʁ/首先应该选择与其元音发音位置相一致的词缀/ʁa/或者/qa/，其次再按照动态腭位要求在发音部位或发音方法上进行调节。

通过对现代维吾尔语音节组合中音位所表现的动态腭位上的异同关系的分析，我们发现有两类显性组合方式：一种为强式显性表现，其表现形式为元音的舌位一致、辅音的清浊一致性；另一种为弱式显性表现，其表现形式为元音的舌位相似性、辅音的舌位靠近性，或元辅音之间的舌位一致性和辅音清浊对应性。

1. 强式组合

强式组合，顾名思义，就是要求音位之间的一致性不仅体现在口语表达组合中，而且在书写形式表达中也有所表现的内部组合规则，其特征为音位之间在舌位上具有高度一致性。

现代维吾尔语中词根与构词词缀、词干与构形词缀，或者一个词内部乃至两个紧紧相连的词之间，元音在唇形圆展和舌位高低方面互相协调的一致性，辅音中清浊搭配有协调性，这种组合规则叫作"元辅音和谐律"。元音和谐律主要表现在发音部位的协调上。如：

　　＊/ur/（打）　＋/ma/（否定缀）→/urma/（别打）（/u/和/ɑ/）

　　＊/kɛl/（来）　＋/kyn/（构词词缀）→/kɛlkyn/（洪水）（/ɛ/和/y/）

　　＊/øj/（屋子）　＋/lɛr/（名词复数缀）→/øjlɛr/（一些屋子）

(/ø/和/ɛ/)

辅音和谐律主要表现在发音方法上，即清浊一致性上。如：

*/tamɑ/（期待）+/dɑ/→/tamadɑ/（在期待/惦记）(/m/和/d/)

*/kɛs/（剪/砍）+/kɛn/→/kɛskn/（剪过）(/s/和/k/)

*/kɛl/（来）+/gɛn/→/kɛlgɛn/（来过）(/l/和/g/)

元辅音在音节结构中按照动态腭位方面的一致性原则，按照内部的协同性规律完成每一次组合，因维吾尔语属于黏着性语言，每一个附加成分按照一定的组合规则黏着在词根或词干后面完成组合任务，故组合具有循环性特征；我们按照这种循环形式的发生特征，把元辅音组合方式分为递归型和谐律和迭代型和谐律两种。递归型和谐律即在词内部或词和词的组合中，按照同一种和谐律的强制要求完成音变现象的规律，即重复被调用和谐模式自身实现循环；迭代型和谐律指在词内部或词和词之间的组合中，按照几种和谐律原则，完成音变现象的规律，即和谐模式中某种组合规则同时是实现循环的结果，也作为下一次循环的初始形式的组合模式。

递归式组合规则，即音位和音位之间具有递归型循环组合要求，其一致性要求可以一次完成，也可以多次递归完成；迭代式组合规则，即音位和音位之间具有双重或多重组合要求，其一致性要求体现为叠加型，因此需要几层组合规则来完成其内部的一致性要求。递归式组合以成双成对的附加为依据，形态附加手段较丰富，其可选择的缀加成分既包括元音舌位上的前后分布，也涵盖辅音清浊上的分布；例如现代维吾尔语名词处格有四种附加成分形式：/dɑ/、/dɛ/、/tɑ/、/tɛ/，既能满足元音舌位一致性要求，也符合辅音清浊分配规则。迭代式组合在只有一个或两个选项可选的情况中出现，例如现代维吾尔语名词宾格形式/ni/，属格形式/niŋ/和从格形式/din/、/tin/（从原则上讲，这一现象的出现是由元音/i/的动态腭位特征决定的，我们在后面的论述中将进一步探讨）。递归式组合和迭代式组合均出现在元音组合、辅音组合和元辅音组合中，其表现形式具有叠加性和复杂性等特征，因此本书主要以显性强式组合规则为对象，对现代维吾尔语中存在的这两种组合形式进行分析和归纳。下面我们以元音和辅音两类组合关系为单位，探讨音位之间的递归式组合关系和迭代式组合关系。

（1）元音组合

三音节元音和谐是在双音元音和谐的基础上构成的，通常第三音节元音由第二音节元音的特征决定，当第二音节为中性元音而第一音节为非中性元音时，第三音节元音由第一音节元音特征决定。

上述元音表现为前后和谐和唇状和谐两种模式构成音节结构，但唇状和谐要受前后和谐的制约。双音节元音和谐包括双音节词干内部和单音节词干与词缀构成的元音和谐，它们的元音匹配关系一致，即第一音节为前元音/ø/、/y/、/ɛ/和中元音/e/、/i/时，第二音节多以元音/ɛ/、/e/、/i/与之匹配；第一音节元音为后元音/ɑ/、/o/、/u/时，第二音节常以元音/ɑ/、/u/与第一音节的元音匹配。中性元音/i/、/e/可与前、后元音以及中性元音较自由地匹配（固有词的元音/o/、/ø/不出现在第二音节）。

对现代维吾尔语音节结构来说，元音和谐律是必须遵循的严格要求，一般情况下是不允许破坏的。当然也有例外，主要涉及外来词内部固有的音节特征。如：

　　＊/adɛm/（人/人类）＋/kɛn/→/adɛmkɛn/（是人）（/ɛ/和/ɛ/）

　　＊/ɑlɛm/（世界/宇宙）＋/kɛn/→/ɑlɛmkɛn/（是宇宙/世界）（/ɛ/和/ɛ/）

　　＊/sɑɛt/（表）＋/kɛn/→/sɑɛtkɛn/（是表）（/ɛ/和/ɛ/）

　　＊/namɛrt/（违心的人）＋/kɛn/→/namɛrtkɛn/（是个违心人）（/ɛ/和/ɛ/）

从上述例子中可以发现，哪怕是外来词原先结构不符合现代维吾尔语元音和谐律要求，但后接词缀都要按照元音和谐律规则构成音节，只是与本族语词不同的是，该词元音和谐要求以最后一个音节元音为主。

强式元音组合指音节和音节的组合按照元音和谐律要求构成舌位和唇形上的显性组合，如：

　　＊/mɛktɛp/（学校）＋（向格）/kɛ/→/mɛktɛpkɛ/（向学校）（/p/和/k/）

从视觉上看，开放式和谐律结构较清晰，容易辨认，且规律较固定，因此不再赘述，下面主要讨论隐含式元音和谐律。

①元音递归式组合

现代维吾尔语基本上每一个元音构成一个音节，且每一个音节主要以元音的动态腭位特征为依据构成音节；简单地说，每一个词所构成的多个音节中的元音组合关系之间具有递归型关系，每一个音节在同一种元音和谐律为循环模式构成，例如：

/mɛktɛp/（学校）+/lɛr/（复数附加成分）+/gɛ/（向格附加成分）

上面例子中的元音均为/ɛ/，这是由同一种元音和谐律规则构成的四音节结构，每一个音节都按照同一种组合规则完成组合，在组合规则上具有递归性特征；不管是古代维吾尔语还是现代维吾尔语的固有词主要以这种循环式组合模式完成组合要求，即构成元音和谐律。

②元音迭代式组合

纵观古今维吾尔语元音和谐律演变史，不难发现其和谐律程度似乎总是被附加成分的单一性（可选择余地不多的附加成分）或外来词的借入打破或打乱；然而，这种外显性变化时不时地由迭代式组合模式来服从元音和谐律规则的支配；也就是说，每一个不符合元音和谐律的词借入维吾尔语时，从表面上看已经使元音和谐律模式在音位组合中面目全非；但是从附加成分黏着时的不同表现来看，这些不符合元音和谐要求的音位组合结构变得入乡随俗，使自己变得模式化，符合组合搭配要求，完成和谐式的组合要求，回归到原有组合模式中来，只是这种组合过程由迭代式的循环过程完成罢了，例如：

/mɛktɛp/（学校）+/i/（第三人称单数附加成分）→/mɛktipi/（他/他们的学校）+/m/（第一人称单数附加成分）→/mɛktipim/（我的学校）+/iz/→（第一人称复数附加成分）→/mɛktipimiz/（我们的学校）

上面例子中的名词/mɛktɛp/（学校）第一个音节中的/ɛ/没有变，变的只是后接附加成分，因附加成分的单一性（只有一个附加成分/i/），使/mɛktɛp/（学校）+/i/变成/mɛktipi/（第二个音节的元音/ɛ/变为/i/）；这种变化也许被看作打破其和谐性，实际上是为后接音位的和谐性而做出的让步，即迭代式和谐性。

下面我们再举一个外来单纯词，其音节结构中的元音不符合元音和谐律，它们在缀加附加成分时的组合表现与上述的组合模式相同，例如：

/adεm/（人/人类）＋/lεr/（名词复数附加成分）→/adεmlεr/［人们（复数）］＋/gε/（向格附加成分）→/adεmlεrgε/［向人们（复数）］

这个例子中的/adεm/（人/人类）由两个音节构成，其第一音节元音为舌后元音，而第二音节元音为舌前元音，不符合元音和谐律组合规则，但在后接附加成分时，实际上又按照元音和谐律完成每一次组合要求，构成了以第二音节元音/ε/为主的/adεmlεr/［人们（复数）］和/adεmlεrgε/［向人们（复数）］。

（2）辅音组合

现代维吾尔语中，当词缀缀加在词根或词干时，辅音和谐律要求词根或词干按照其末尾的辅音发音特征即清浊特征来选择各自的词缀，若词末辅音为浊辅音，那么就要求缀加浊辅音起首的词缀；若词根或词干末尾是清辅音，那么就要求缀加以清辅音起首的词缀。如：

＊/kεl/（来）＋/di/（过去时词缀）＝/kεldi/（来了）
＊/kεt/（回）＋/ti/（过去时词缀）＝/kεtti/（走了/回了）

现代维吾尔语辅音和谐律有开放式和谐律和隐含式和谐律两种。开放式和谐律指音节组合时，辅音按照其清浊特征来选择词缀并在书写形式上明显表现出来的结构形式，如：

＊/al/（拿）＋/di/（过去时词缀）＝/aldi/（拿了）（/l/和/d/）
＊/kεt/（回）＋/ti/（过去时词缀）＝/kεtti/（走了/回了）（/t/和/t/）

（注：有关辅音隐含式和谐律，我们将在后面的章节中探讨。）

①辅音递归式组合

现代维吾尔语辅音递归式组合原则上与元音递归式组合保持一致，只是其组合递归性特征主要以清浊分布为表现手段，例如：

/dεptεr/（本子）＋/lεr/（复数附加成分）→/dεptεrlεr/（本子）（复数）＋/dε/→/dεptεrlεr/（在本子上）（处格附加成分）

上面例子中的第二个附加成分/dε/缀加在/dεptεrlεr/后面是按照其辅音清浊特征的自然选择，因为除了附加成分/dε/还有三个名词处格形式/dɑ/、/tɑ/、/tɛ/，然而/dɛptɛrlɛr/选择/dɛ/而不选择其他三个附加成分是有要求的，那就是/dɛptɛrlɛr/的末尾辅音/r/为浊辅音，且前邻元音为/ɛ/，因此这种选择是在舌位和方法上与前邻音节中的辅音和元音保持一致而做出的表现。

②辅音迭代式组合

纵观古今维吾尔语辅音和谐律演变史，不难发现其和谐律程度一直保持高度的一致性，这种一致性不仅表现在语流音变中（口语中），而且在书写形式方面也需要表现。例如：

/sɛvɛp/（理由/原因）+/i/（第三人称单数附加成分）→/sɛvivi/（他/她/它原因/理由）+/m/（第一人称单数附加成分）→/sɛvivim/（我的原因/理由）+/iz/（第一人称复数附加成分）→/sɛvivimiz/（我们的原因/理由）

上面例子中的名词/sɛvɛp/（理由/原因）在口语中缀加/i/（第三人称单数附加成分）时，读作/sɛvivi/（他/她/它原因/理由），再缀加/m/（第一人称单数附加成分）时读作/sɛvivim/（我的原因/理由），第三词缀/iz/（第一人称复数附加成分）后又变成/sɛvivimiz/（我们的原因/理由），即辅音/p/始终变成辅音/v/。这是因为每一次后接的一个元音或辅音都以浊色特征出现，而辅音/p/是清辅音，为了使自己与后接浊音（原因都是浊音）保持一致，其动态腭位自然要求在发音方法上的一致性，只是这种组合以迭代式模式完成而已。

（注：由于有关元辅音组合规则方面的论述与我们将在后面探讨的音位合并和音位重现等现象有关，不再赘述。）

2. 弱式组合

在语流中，有一种现象叫作弱化现象，它是由于受到音强的弱化而出现音质上的变化，由发音器官紧张程度的消弱而发生的语音现象。传统语言学研究把现代维吾尔语元音/ɑ/和/ɛ/的变化看作弱化现象。然而本书从本次实验结果出发，把现代维吾尔语元音/ɑ/和/ɛ/的变化规律看作元音和谐律的内部要求的表现形式之一。因为它不仅表现在口语中而且要求体现在书写形式中，即在书写方面必须表现出来。元音/ɑ/和/ɛ/的变化是有规律可循的，那就是元音和谐律的内部规律和原则。因此我们认为现代维吾尔语元音/ɑ/和/ɛ/的变化现象不是弱化现象，而是元音和谐律现象。（注：弱化现象是在语流中产生的音变现象，一般情况下只出现在口语中，并不需要在书写上表现出来。由于本书所谈到的元音/ɑ/和/ɛ/的"弱式"规律在表现形式上与语流音变中的元音"弱化"现象相同，我们在以下的论述中仍用元音的"弱化"术语来进行讨论，只是这里所探讨的元音弱化不是指传统意义上的元音弱化概念。）

（1）元音组合

现代维吾尔语中，元音在非重读时其音质具有一定的变化，这种变化叫作元音的弱化。如：

*/ɑt/（马/名）+/i/（第三人称词缀）=/eti/（他/她的马/名）

当现代维吾尔语元音弱化时，其原有的响亮性、清晰性受到一定的削弱；元音的弱化是现代维吾尔语的一大特点，也是区别于其他兄弟语言的最大特点之一。尤其是低元音/ɑ/和半低元音/ɛ/有时弱化为/e/、有时弱化为/i/是维吾尔语发展变化中形成的一大独特的特点。

在这种弱化的影响下，原本在词根或词干上固有的语音结构的稳固性受到破坏，导致现代维吾尔语构词和造词方法与兄弟语言结构产生了动态腭位上的差异。

第一，由元音/ɑ/或者/ɛ/构成的单音节单纯词需要缀加词缀/i/时、该音节变成开音节时，为了与第二音节中的词缀元音/i/在省力原则上保持和谐，保证发音部位上具有共性，元音/ɑ/和元音/ɛ/弱化为元音/e/，而且后缀加的元音/i/也按照其前辅音的发音部位特征来选择其音位变体。如果元音音位/i/之前的辅音具有靠前性特征那么/i/不变；如果元音音位/i/之前的辅音有靠后性或趋中性特征，那么在口语中/i/分别弱化为/ɪ/和/i̇/。（注：这种变化除了与相邻音素的动态腭位特征有关外，还与重音有关。现代维吾尔语词重音较固定，一般落在最后一个音节，而大部分外来词为什么较容易辨认也是因为重音的位置问题，它有别于现代维吾尔语重音规律，因此以上元音弱化规律在外来借词中不具有普遍性。）如：

*/dʒan/（生命）+/i/（第三人称词缀）=/dʒeni/（/i/在口语中发声为[i̇]）（他/她的生命）（本族语词）

＊/tɛn/（身体）＋/i/（第三人称词缀）＝/teni/（/i/在口语中发声为［ɨ］）（他/她的身体）（本族语词）

＊/tar/（琴弦）＋/i/（第三人称词缀）＝/tari/（他/她的琴弦）（外来词）

＊/par/（贿赂/暖气）＋/i/（第三人称词缀）＝/pari/（他/她的贿赂/暖气）（外来词）

第二，双音节词由/a/或者/ɛ/结尾，在缀加词缀时，如果重音移位到末尾，且元音音位/a/或者/ɛ/后面的辅音为舌尖辅音，第二个音节中的a/或者/ɛ/为了满足与后接元音和辅音在发音部位上的一致性，弱化为/ɨ/，但在外来词中不弱化。如：

＊/anar/（石榴）＋/i/（第三人称词缀）＝/anɨri/（他/她的石榴）

＊/doklat/（报告）＋/i/（第三人称词缀）＝/doklati/（他/她的报告）

第三，所有由元音音位/ɛ/构成的单纯动词缀加词缀时，如果重音移位而导致词根音节为开音节，元音音位/ɛ/为了与后接词缀中的元音在生理上省力将弱化为元音/e/。如：

＊/kɛs/（报告）＋/iŋ/（第三人称词缀）＝/kesiŋ/（他/她的报告）

＊/kɛl/（报告）＋/ip/（副动词词缀）＝/kelip/（来）

＊/kɛt/（报告）＋/iʃ/（互动式词缀）＝/ketiʃ/（回）

＊/tʃɛk/（报告）＋/i/（第三人称词缀）＝/tʃeki/（界限/边）

开音节由元音结尾，有可塑性特征，因此在与后接音素的搭配上具有可跟随性或协调性特征；而闭音节因辅音结尾，发音一产生就需要马上结束，较缺乏灵活性，因此从发音部位上来说，前一音节中的元音与后接元音较少有共性，不改变其特征，往往比较被动。如：

＊/kɛs/（剪）＋/ti/（过去时词缀）＝/kɛsti/（剪了）

＊/kɛl/（来）＋/di/（过去时词缀）＝/kɛldi/（来了）

＊/kɛt/（回）＋/ti/（过去时词缀）＝/kɛtti/（走了/回了）

＊/tʃɛk/（敲）＋/ti/（过去时词缀）＝/tʃɛkti/（敲了）

第四，由元音/a/或者/ɛ/构成的单音节词需要缀加词缀时，如果该音节为开音节，但重音没有从该音节中移位，那么元音/a/和元音/ɛ/不弱化。如：

　　＊/tɑr/（琴弦）　＋/i/（第三人称词缀）　＝/tɑri/（他/她的琴弦）

　　＊/pɑr/（贿赂/暖气）　＋/i/（第三人称词缀）　＝/pɑri/（他/她的贿赂/暖气）

（2）辅音组合

现代维吾尔语中部分构词和构形词缀数量单一时将打破这种内部和谐性。这也是破坏现代维吾尔语语音内部规律的主要原因之一。当被选择的词缀按照清浊要求不够选择时，比如只有一种词缀可缀加时可能出现不符合辅音和谐律要求的组合现象，如：

　　＊/ıʃ/（事情）　＋/ʧı/→/ıʃʧı/（工人）

　　＊/tɑʃ/（事情）　＋/nıŋ/→/tɑʃnıŋ/（石头的）

从动态腭位特征看，辅音/ʧ/没有可选择余地，然而从内部组合上看，音节/ʧı/中的辅音/ʧ/具有多重性特征，即从舌腭接触总面积看，辅音/ʧ/发音时不存在完全的阻塞，目标帧的舌腭接触总面积也不是很大；从口腔接触位置来看，舌腭接触主要是在齿龈区，造成齿龈区值比硬腭区和软腭区大；从腭位接触位置来看，主要的舌腭接触在齿龈区，造成前腭区值较大，后腭区值较小；从舌腭接触靠前或靠后性特征来看，主要的舌腭接触在齿龈区，造成靠前性值较大，靠后性值较小；从舌腭接触的趋中性角度看，趋中值较大，趋中性较强。因此，辅音/ʧ/与元音/ı/的搭配中更多地具有趋中性特征，在音位组合时具有一定的优先性，对音位之间的组合关系没有太大的消耗性。因此在音位组合中，不管是在口语还是在书写中，这种组合方式已成功取代古代时的多种变体形式，且一直被延续至今；我们按照辅音在组合时所表现的外在形式的不同，把辅音组合形式分为原形式组合和增音式组合两种；以上例子中的组合方式属于原形式组合，即只有一种词缀可缀加时的组合表现。下面重点探讨增音式辅音组合形式。

现代维吾尔语中，当音节组合对词缀的选择受到限制，且由一个元音结尾的音节只能缀加一个由元音起首的音节时，就会出现增加辅音的现象。因为按照现代维吾尔语发音规律，一个元音构成一个音节，而两个元音相邻时只能把它们分为两个音节，但从动态腭位角度来看，这种元音到元音的过渡需要发音部位的调整，有些调整也许会产生动态腭位上的消耗。这时发音器官自动开启音素之间的协调模式，从前一个元音到后一个元音之间增加一个辅音来完成顺利的过渡。如：

＊（书写形式）/imlɑ/（语句）→/imla（j）＋im/（口语形式）/aqiraq/（增音/i/）

＊（书写形式）/imzɑ/（签名）→/imla（j）＋im/（增音/j/）

＊（书写形式）/dɛrja/（河）→（口语形式）/dɛrja（j）＋im/（增音/j/）

＊（书写形式）/muddiɑ/（目的）→（口语形式）/muddia（j）＋im/（增音/j/）

＊（书写形式）/polo/（抓饭）→（口语形式）/polo（j）＋im/（增音/j/）

＊（书写形式）/tohu/（鸡）→（口语形式）/tohu（j）＋im/（增音/j/）

＊（书写形式）/tʃɛjdu/（切刀）→（口语形式）/tʃɛjd（j）＋im/（增音/j/）

从以上例子可以发现，增加的辅音/j/出现是有生理上的要求的，这种增音现象主要与半元音特征的辅音/j/有关。上面例子中的第一人称单数形式/im/中的元音/i/是前元音，而词末位的元音都以后元音身份出现，不是后元音/ɑ/、/o/就是/u/。从发音部位上的过渡来看这有一定的难度，从舌位后过渡到前具有一定的消耗性，因此这时就接近前元音/i/的辅音/j/自然代替了过渡阶段，很轻松地滑动到目的音素上来完成发声任务。

除此之外，在现代维吾尔语中，当副词构词词缀/-idɛ/缀加在拟声词时，语音习惯上需要先重叠该拟声词词末的辅音。如：

＊（书写形式）/gyp/（哐啷）＋/idɛ/→/gyp（p）idɛ/（口语形式）（增音/p/）

因为大部分拟声词具有超强的形象性特征，而这一特征要求发声时该词在语气上有一定的表现，因此拟声词往往具有某种程度的音响效果。当拟声词缀加副词构词词缀/-idɛ/时，将影响其音响效果，听觉上没有那么形象，而且从动态腭位的省力原则上看，也是不易发声的，因为副词构词词缀/-idɛ/中的第一个音素为元音/i/，故有乐音特征，较顺畅，在缀加由辅音结尾的拟声词时将破坏辅音的噪音效果，不仅在听觉上降低其音响效果，在动态腭位上也要求降低发音部位的位置，对发音带来困难，因此发音部位自然而然地先把拟声词末尾辅音阻碍程度升高，然后以重叠该辅音为手段对它进行降低来获得语音效果，并在动态腭位上获益。如：

* （书写形式）/tok/（咚）+/idɛ/→/tok（k）idɛ/（口语形式）（增音/k/）

* （书写形式）/ʃur/（身体上的感觉，如身体上感觉到一股热流）+/idɛ/→/ʃur（r）idɛ/（口语形式）（增音/r/）

* （书写形式）/ʁatʃ/（表示动作上的快速感觉）+/idɛ/→/ʁatʃ（tʃ）idɛ/（口语形式）（增音/tʃ/）

现代维吾尔语形容词最高级形式的构词中，也存在通过增音手段来达到动态腭位省力目的的现象，例如颜色词/aq/（白）的最高级形式应该由现代维吾尔语形容词最高级形式规则构成/ap/+/aq/=/apaq/，然而就是因为这种生理上的省力原则，要求发音上通过增音的手段达到发音部位和发音方法上的协调目的，构成口语中的/ap（p）aq/=/appaq/形式，并且这种口语化形式已固定很久，也早已被书写体系接纳。如：

* （一般形式）/aq/（白）→（最高级形式）/ap/+/aq/=/ap（p）aq/（白白的）（/a/+/p/）

* （一般形式）/qizil/（红）→（最高级形式）/qip/+/qizil/（/qi/+/p/）

从发音部位上来看，原本组合中构成的/apaq/中的第一个辅音/p/由于后接元音/a/而破坏其语气上的强度，因此不仅在听觉上不够清晰，而且在发音感知上也有一定的拗口等现象，所以发音器官内部调和，通过加强第一个辅音的阻碍程度，发音上以增音的形式完成发音任务，因为这既能够表示程度上的强度，也能够达到生理上的省力目的与和谐要求。

（二）隐性组合

隐性组合指音位和音位组合时，相邻音位在动态腭位上改变其原始发音特征，主要以听觉为表现形式，而无书写记号形式的组合方式，与显性组合相对。通过元辅音在音位组合中所显示的隐性表现手段的不同，即按照其音节组合中所表现的隐式的不同，按照音位之间所使用的隐性一致性表现手段的不同，我们把隐性组合方式分为封闭式隐性组合和开放式隐性组合两种（下文简称封闭式组合和开放式组合）。

封闭式组合，是指音位之间的一致性关系以相邻辅音在舌位上的前后分布，由发音器官的动态腭位要求自动完成的一致性组合形式。开放式组合，则是指音位和音位之间的组合一致性关系不仅涉及辅音的舌位特征，而且涉及元音的舌位特征的组合形式，其表现形式与封闭式组合表现一致，主要在听觉上有所体现，而在书写上无记号形式，但比封闭式组合形式具有一定的组合开放性特征，其变化形式原则上可以凸显在书写形式中。两种组合形式均有元音组合形式和辅音组合形式。封闭式组合形式的元音表现为元音音位/i/舌位前后分布由相邻辅音的舌位前后决定，而辅音表现主要以单个缀加词缀形式呈现，即辅音按照其清浊特征来选择词缀时因缺乏相对应的词缀形式或从构词角度出发而构成的结构形式。如：

*/oqu/（读） +/ʁutʃi/ → /oquʁutʃi/（学生）（只有一种词缀/tʃi/可选择）

从上文例子的表面组合形式看，名词词缀/tʃi/在缀加动词时具有强加性，而无须考虑其舌位前后方面的一致性，但从音位组合中的跨越式组合关系中很容易发现，后缀/tʃi/不管加在哪个动词中，总是缀加在动词后面，且因其后邻元音/i/受到前邻辅音/tʃ/靠前性特征影响，其舌位趋中，在缀加前后音位时具有可容性特征。因封闭式辅音组合形式受限于单个词缀的缀加，且表现形式单一，故不再赘述，下面主要探讨封闭式组合在元音组合中的表现。

1. 封闭式组合

现代维吾尔语元音/i/在音位组合中的组合方式在隐性封闭式组合中表现得淋漓尽致，下面我们重点探讨现代维吾尔语元音/i/的自动选择性组合形式的演变和发生原理。

和同语系相比，维吾尔语的元辅音和谐现象，特别是元音唇状和谐已渐趋简单,但元音和谐律,特别是部位和谐仍是维吾尔语的特点。一般来说,只要词缀有前后元音之分,就一定要按部位和谐的原则来黏着词缀,但/i/元音有些例外,在同样的条件下,/i/可以有前元音词缀形式的特征,也可以有后元音词缀形式的特征,只是这种区别以隐性形式表现,例如:

* /siz/（您）+/gɛ/→/sizgɛ/（向您）（第一个音节中的元音/i/是 [i]）

* /sir/（漆）+/lɑ/→/sirlɑ/（刷漆）（第一个音节中的元音/i/实际上是 [ɨ]）

产生这种情况的原因有两点:首先是因为,古维吾尔语中本来有/ɪ/-/i/的对立,但在现代维吾尔语中只有一个/i/,因此没有其他的选择;其次而且最重要的是,从动态腭位上的自然发声角度来看,古代维吾尔语/i/和/ɪ/的合并是有生理基础的,因为在语言发展过程中,每一个音素都处在彼此相邻的位置上,而这一位置就决定该音素准确的发音位置,可以说这种合并是动态腭位在发音过程中的自然协调的必然结果。元音音位/i/进入相邻时,随前后辅音的音位特征来协调自己的发音部位,因此在音位分类中就没有必要再进行区分了。当然,古代维吾尔语中元音是/ɪ/和/ə/的对立,所以有必要区分。/siz/在古代维吾尔语中为/səz/,虽然其中的 ə 在现代维吾尔语中已演变成/i/,但/i/在发生形态变化时又受到前面相邻辅音/s/和/r/的制约而舌位呈中性或靠后性。所以/sir/后面加了后元音组成的词缀/lɑ/,这种现象在现代维吾尔语中的例子还不少。如在下面的例子中,可以明显发现的是第一个音节中的元音/e/异化为/ɑ/,而没有注意到的是第二音节中的元音/i/的变化,即这里的/i/实际发出的是音素 [ɪ],因为第一个音节中的辅音为小舌音,发音部位靠后,从生理上必然要求其前后相邻的音素具有相似的动态腭位特征。如:

* /eʁiz/（嘴）+/i/→/ɑʁzi/（Ta 的嘴）（辅音/ʁ/具有靠后性特征,因此第二音节元音的实际音素为 [ɪ]）

* /beʁir/（肝）+/im/→/bɑʁrim/（我的心肝）（辅音/ʁ/具有靠后性特征,因此第二音节元音的实际音素为 [ɪ]）

另外，以相同的原因，由/i/组成的同一个词根后，可以黏着由前、后元音组成的不同词缀。如：

*/iz/（痕迹）+/ʁɑ/→/izʁɑ/（向痕迹）（实际音素为[ɯ]）
*/iz/（痕迹）+/nɛk/→/iznɛk/（胸针）（实际音素为[i]）
*/iʃ/（事情）+/qɑ/→/iʃqɑ/（向事情）（实际音素为[ɨ]）
*/iʃ/（事情）+/lɛ/→/iʃlɛ/（你工作）（实际音素为[ɪ]）
*/tʃiʃ/（牙齿）+/qɑ/→/tʃiʃqɑ/（向牙齿）（实际音素为[ɯ]）
*/tʃiʃ/（牙齿）+/lɛ/→/tʃiʃlɛ/（你咬住）（实际音素为[i]）

　　这是因为，正如上面所说，元音/i/音位由于动态腭位上的协调结果而具有前、后、中性特征，其中前后特征较明显。可以说，现代维吾尔语构词、构形系统中，如果有代表舌位中性的词缀分类，那么以上例子中的/i/也会相应地要求相同部位的音位变体。需要说明的是，以上例子中出现的音位/i/会受到前后相邻的辅音影响，其中阻碍强度较大的辅音选择屈从阻碍强度较弱的辅音的影响，因此元音就会较大受到此音影响而动态腭位上具有协调的特征。

　　音位组合的规律之一是强音影响弱音，弱音被强音所影响，这是动态腭位原理决定的。以往的音位组合研究主要对语音音变现象进行描写，探索其规律来进行各方面的教学和研究的工作；实际上，如果从动态腭位原理出发，对音位组合现象进行生理上的深入探讨，为预测或构架音变规律有非常重要的理论和实践意义。因为我们知道，在音位组合中，某些音素对其他音素的影响力较强，经常发现与它们相邻的音素被同化、弱化、脱落等，实际上，这种强大的能力与它们的动态腭位特征有关，它们的阻碍强度越小，则越不被影响；换句话说，音素本身对动态腭位的要求小，使发音器官用最小的力气来参与发音过程，那么动态腭位机制就会优先选择它而放弃或改变那些发音上具有消耗性特征的音素来完成发声任务。动态腭位的选择可以比喻成人类对好友的筛选，即如果某个人较好相处，那么我们很容易靠近他；反之亦然。动态腭位机制的这种喜好或惰性我们叫作语音的经济性或省力性原则，当然它是自然发生的（当然，音位组合产生的原因较多，如语速、情绪、语体等。但考虑篇幅，在论述中主要探讨省力方面的因素）。

2. 开放式组合

和封闭式组合相比，开放式组合形式的表现手段较丰富、复杂，既出现在元音组合中，也出现在辅音组合中，其中现代维吾尔语辅音的开放式组合形式较复杂，并具有多样性等特征。下面我们从现代维吾尔语语流音变现象的几个方面入手，围绕语流中产生的同化、弱化、脱落、增音、异化现象对辅音的开放式组合形式进行探讨。

由于作为现代维吾尔语开放式组合式的元音组合表现形式——弱化现象在本书看来属于显性组合式，且已在上文中进行探讨，故不再赘述，下面主要探讨开放式隐式组合中出现的辅音组合表现，主要有同化、弱化、脱落、增音、异化五种情况。

（1）同化

现代维吾尔语音位组合时常出现同化现象，按照所构成的同化程度可分为完全同化和部分同化。

同化是相邻的、完全不相同的两个音由于受到语流的变化，使一个音受到另外一个音的影响而使这个音变成与它相同或相似的语音现象。现代维吾尔语的同化按照同化程度和同化方向分为两种类型；按照同化程度分为完全同化和部分同化；按照同化方向分为顺同化和逆同化两种。

在语流中，完全不相同的、相邻的两个音在相互影响下，从发音部位和方法两个方面，一个音使自己变成与另外一个音相同或相近的语音现象叫作完全同化。如：

* （书写形式）/sɛnmu + mu/（你也是）=（口语形式）/sɛmmu/（nm→mm）

/n/和/m/从发音方法上说都是鼻音，但是从发音部位上来说，/n/是舌尖中音，而/m/是双唇音，但在相邻时双唇音/m/使舌尖中音/n/变成与自己完全相同。

* （书写形式）/rajon + luq/（有自治区的）=（口语形式）/rajolluq/（nl→ll）

* （书写形式）/on + luq/（十个的）=（口语形式）/olluq/（nl→ll）

上面例子中的/n/和/l/从发音部位上看，都是舌尖中音，但相邻后发音方法上有区别的边音/l/使鼻音/n/变成与自己完全相同的音。

＊（书写形式）/on + jεttε/（十七）=（口语形式）/ojjεttε/（nj→jj）

＊（书写形式）/toqsan + jεttε/（九十七）=（口语形式）/toqsajjεttε/（nj→jj）

＊（书写形式）/nan + jε/（吃馕）=（口语形式）/najjε/（nj→jj）

上面例子中的/n/（从发音部位上看是舌尖中音，从发音方法上看是鼻音）和/j/（从发音部位上看是舌面音，从发音方法上看是擦音）不管从发音部位还是从发音方法上看都完全不同，然而相邻时，/j/音使/n/音从发音部位和发音方法两个方面变成与自己完全相同的音。

当动词附加能源语气附加成分/-alma/、/-εlmε/形式时，该附加成分中的辅音/l/脱落，这是因为舌尖中边音/l/、小舌擦音/ʁ/和舌尖中音/g/的较量后，辅音/l/以固化为/m/的方式完成协调。如：

＊（书写形式）/kylεlmεj/（笑不了）→（口语形式）/kylεmmεj/（脱落）

＊（书写形式）/tʃalalmaj/（弹不了）→（口语形式）/tʃalammaj/（脱落）

＊（书写形式）/talalmaj/（累不了）→（口语形式）/talammaj/（脱落）

＊（书写形式）/alalmaj/（拿不了）→（口语形式）/alammaj/（脱落）

＊（书写形式）/salalmaj/（脱不了）→（口语形式）/salammaj/（脱落）

以上例子中的/l/和/m/也属于完全不同的两个音，/l/从发音部位上看是舌尖前音，从发音方法上看是边音；但在相邻/m/音后使/l/音变成与自己完全相同的音。

＊（书写形式）/on + bir/（十一）=/ombir/（口语形式）(nb→mb)

＊（书写形式）/iʃtan + baʁ/（腰带）=/iʃtambaʁ/（口语形式）(nb→mb)

上面例子中，/n/从发音部位上看是舌尖中音，从发音方法上看是鼻音；而/b/从发音部位上看是双唇音，从发音方法上看是塞音，然而在相邻时双唇音/b/使舌尖中音/n/变成与自己相同发音部位特征的/m/

来与自己部分相同。

不管是完全同化还是部分同化都是动态腭位上的互相包容；本实验结果显示，每一个相邻的音位具有彼此的影响印迹，只是有的很明显叫作音位组合，有的不够明显叫作协同发音而已；不管是哪一种结果，都是动态腭位器官在发声时所遵循的原理，也是我们语言研究者可以观察并找到规律的主要线索。

按照同化作用的方向，同化现象分为顺同化和逆同化两种。

1）完全同化和部分同化。

同化是相邻的、完全不相同的两个音由于受到语流的变化，使一个音受到另外一个音的影响而使这个音变成与它相同或相似的语音现象。在语流中，完全不相同的、相邻的两个音在相互影响下，从发音部位和方法两个方面，一个音使自己变成与另外一个音相同或相近的语音现象叫作完全同化。如：①/rut + sam/（如果我抓）=（口语形式）/tussam/（ts→ss）；②/jat + sun/（去睡）=（口语形式）/jasswn/（ts→ss）。

以上例子中的/t/和/s/也属于完全不同的两个音，/t/从发音部位上看是舌尖中音，从发音方法上看是塞音；而/s/从发音部位上看是舌尖前音，但是舌前辅音/s/使舌前中音/t/变成与自己相反辅音。这一类同化属于完全同化，是以从发音部位和发音方法上完全相同为标准。

第二种同化类型为部分同化，即从发音部位上一个音使另外一个音同化，或发音部位完全相同。如：

/jan + pas/（臀部）=（口语形式）/jampas/（np→mp）

/tʃin + pyt/（相信）=（口语形式）/tʃinpyt/（np→mp）

在上面例子中，/n/从发音部位上看是舌尖中音，从发音方法上看是鼻音；而/p/从发音部位上看是双唇音，从发音方法上看是塞音，然而在相邻时双唇音/p/使舌尖中音/n/变成与自己相同发音部位特征的/m/来与自己部分相同。

2）顺同化和逆同化。

相邻的两个不一样的音素，因互相影响而前面的音素使后面的音素变得与自己相同或相似的音变现象叫作顺同化。如：

＊（书写形式）/oqup + baq/（读一下）=/oquppaq/（口语形式）

(/pb/→/pp/)

*（书写形式）/køryp + bol/（看一下）=/køryppol/（口语形式）(/pb/→/pp/)

相邻的两个不一样的音素，因相互影响而后面的音素使前面的音素变得与自己相同或相似的音变现象叫作逆同化。如：

*（书写形式）/tuʁ + qan/［亲戚/生产（孩子）］=/tuqqan/（口语形式）(/ʁq/→/qq/)

*（书写形式）/taʁ + qa/（向山）=/taqqa/（口语形式）(/ʁq/→/qq/)

从动态腭位特征来说，发音器官在发音之前有一个前期的准备阶段，而且每一个音素过渡到另外一个音素时，这种准备状态不断地移动到下一个音素上去，只是需要完成这个过程的时间非常短，不易被发现；我们的发音器官每时每刻都在为准确无误地发出下一个音素而做准备，发出前一个音素时，发音器官就会做好发出下一个相邻音素的准备，因此前一个音素的过渡阶段具有后一个相邻音素的某些特征，这就是在现代维吾尔语音位组合中逆同化比顺同化多得多的主要原因；有时这种准备完全绝对，在快速发声时，由于发音上的便利而自然选择绝对一致，出现同化等语流现象，而且就因为如此，几乎所有的自然语言中，同化现象往往比其他的音位组合现象较普遍；从动态腭位上的省力原则来看，发音器官消耗在部分同化过程中的力气往往比完全同化多得多，这也就说明为什么在现代维吾尔语同化现象中，完全同化现象出现的频率高、范围广、数量多得多。现代维吾尔语同化现象主要出现在辅音方面，元音除了改变其乐音性特征外，不具有同化特征。例如现代维吾尔语中，高元音/i/、/u/、/y/如果出现在清辅音前面或者两个清辅音中间的单音节时，为了使自己与后接辅音在发音方法上一致，将淡化其音位特质，即改变其乐音特征，弱化为较短、较轻。如：

*/i^{0}ʃ/、/u^{0}t/、/py^{0}t/

*/pi^{0}t/、/pu^{0}t/、/ky^{0}t/

*/i^{0}t/、/tu^{0}t/

＊/piᵒʃ/、/uᵒt/

当然，在多数情况下，这种发音上的前期准备较弱，不会产生大幅度的变化，在大部分情况下，这种准备主要是为构成下一个标准的、正常的发音服务。现代维吾尔语辅音（包括以上的元音现象）的同化现象以逆同化为主，其影响在单音节组合中最突出、最大；在部分单音节、双音节和多音节中也出现顺同化现象。

当然，在多数情况下，这种发音上的前期准备较弱，不会产生大幅度的变化，在大部分情况下，这种准备主要是为构成下一个标准的、正常的发音服务。

（2）弱化

现代维吾尔语元音/ɑ/和/ɛ/的变化为/e/形式通常被看作元音的弱化形式，我们认为元音的这种变化不属于弱化形式，因此把这种现象归入音位组合的显性组合中，在上文已有探讨，下面主要论述辅音的弱化情况。

现代维吾尔语辅音的弱化主要出现在清辅音方面。清辅音的强度取决于它在与其他音素相邻时的功能，因此现代维吾尔语辅音在与其他音素相邻时，按照清辅音所受到的阻碍程度的强弱分为强清辅音和弱清辅音。在与其他音素相邻时，如果清辅音所受到的阻碍较大，那么该清辅音叫作强清辅音；如果阻碍较小，那么就叫作弱清辅音。因此，清辅音的弱化指的就是那些在相邻时所受到阻碍较大的清辅音弱化为弱清辅音的现象。

总的来说，阻碍强度较大是塞音和清辅音，而擦音和浊辅音的阻碍强度较弱。比较塞音和塞擦音，塞音的阻碍强度大。因此，塞音改变其音位特质，弱化为擦音或塞擦音，清辅音弱化为浊辅音就是清辅音的弱化现象。如：

＊（书写形式）/uqtur/（让 Ta 知道）=/uxtur/（口语形式）(/q/→/x/)

＊（书写形式）/toqlɑ/（喂饱）=/toxlɑ/（口语形式）(/q/→/x/)

＊（书写形式）/saqtʃi/（警察）=/sɑxtʃqi/（口语形式）(/q/→/x/)

＊（书写形式）/aqsu/（阿克苏）=/ɑxsu/（口语形式）(/q/→/x/)

＊（书写形式）/aqsaraj/（白宫）＝/axsaraj/（口语形式）（/q/→/x/）

可以从以上例子中发现，/q/和/x/都是清辅音，从发音部位上看，/q/和/x/都是小舌音；但是从发音方法上看，/q/是塞音，而/x/是擦音，故与其他辅音相邻时具有发音上的过渡便利性，因此发音器官在音渡时，考虑到与其他辅音的连续发音，主动选择发音方法上较容易协调的/x/。

1）辅音/q/的弱化。

辅音/q/只有在后接相邻辅音时才弱化为/x/，因为过渡时，从辅音到辅音尤其是不同发音特征上的两个辅音的先后发生过程要比相同发音特征上的两个相邻辅音有难度；辅音/q/与后接元音相邻时发音部位不需要大幅度的改变，因为元音的阻碍强度弱于清辅音，因此不管是在双音节还是多音节结构中，如果后接相邻音素为元音，辅音/q/将保持原状，不弱化。如：

＊/tʃiq（出）＋im/＝/tʃiqim/（支出）（口语形式）（/q/→/q/）

＊/aq（白/流）＋qan/＝/aqqan/（流出来的）（口语形式）（/q/→/q/）

＊/soq（撞）＋ɑ/＝/soqɛ/（去撞）（口语形式）（/q/→/q/）

＊/taq（单）＋ɑ/＝/taqɑ/（关）（口语形式）（/q/→/q/）

＊/tʃataq（麻烦）＋im/＝/tʃatiqim/（我的麻烦）（口语形式）（/q/→/q/）

2）塞擦音/dʒ/的弱化。

塞擦音/dʒ/出现在音节末尾或者词末时，将弱化为擦音/ʒ/。因为擦音/ʒ/的阻碍强度要比塞擦音/dʒ/弱，从塞擦音/dʒ/过渡到其他的辅音需要费力，因此塞擦音/dʒ/为了与后接相邻辅音在省力方面保持一致性而做出选择，使自己弱化为发音部位相同的擦音/ʒ/。如：

＊（书写形式）/gɛdʒgɛ/（脖子）＝/gɛʒgɛ/（口语形式）（/dʒ/→/ʒ/）

＊（书写形式）/sɛdʒdɛ/（祈祷）＝/sɛʒdɛ/（口语形式）（/dʒ/→/ʒ/）

＊（书写形式）/tadʒ/（皇冠）＝/taʒ/（口语形式）（/dʒ/→/ʒ/）

＊（书写形式）/kadʒ/（固执/不幸）＝/kaʒ/（口语形式）（/dʒ/→/ʒ/）

3）塞擦音/tʃ/。

在通常情况下，音节末或词末出现的塞擦音/tʃ/弱化为擦音/ʃ/，塞擦音/tʃ/的阻碍强度要比擦音/ʃ/强，从塞擦音/tʃ/过渡到其他的辅音需要费力，因此塞擦音/tʃ/为了与后接相邻辅音为了省力而做出调整，使自己弱化为发音部位相同的擦音/ʃ/，因为塞音/ʃ/相比于塞擦音/tʃ/较容易过渡到其他的辅音。如：

* （书写形式）/køetʃmɛk/（搬）=/køɛʃmɛk/（口语形式）（/tʃ/→/ʃ/）
* （书写形式）/itʃmɛk/（喝）=/iʃmɛk/（口语形式）（/tʃ/→/ʃ/）
* （书写形式）/ytʃturpan/（吐蕃）=/yʃturpan/（口语形式）（/tʃ/→/ʃ/）
* （书写形式）/atʃpaqa/（馋猫）=/aʃpaqa/（口语形式）（/tʃ/→/ʃ/）
* （书写形式）/atʃliq/（饥荒）=/aʃliq/（口语形式）（/tʃ/→/ʃ/）
* （书写形式）/tʃatʃ/（头发）=/ʃaʃ/（口语形式）（/tʃ/→/ʃ/）

（3）脱落

现代维吾尔语元音在音位组合中少有元音脱落现象，主要出现在对偶词结构中，并且较多脱落的是元音/ɑ/。

1）元音/ɑ/的脱落。

对偶词结构中，当前置结构末位由元音结尾，后置结构由元音开头时，后置结构中的开头元音将脱落。这是因为现代维吾尔语音节结构不仅要求其结构上的元音主导性来完成音节结构之间的简练性，而且为了发音上的便利，使连续发生的两个相邻的相同的元音变成长音来达到省力效果。如：

* （书写形式）/ata ana/（父母）→（口语形式）/ata:na/
* （书写形式）/tapatɛnɛ/（怨言）→（口语形式）/tap:tɛnɛ/

现代维吾尔语辅音的脱落主要是指辅音/r/、/l/、/ɦ/的脱落和音节脱落现象。当这些辅音脱落时，该音前面的元音将延长其长度，发声时表现为长元音，一般在元音后面加":"符号来表示其长音性质。

2）辅音/r/的脱落。

①辅音/r/出现在单纯词或动词后面时，往往脱落，这是因为辅音

/r/动态腭位特征虽然靠前，但发音方法较难，尤其与其他相邻音素组合发音时为了发音上的便利而脱落。这一类脱落因为发生在词末，不影响词义，常用于口语中。然而，辅音/r/后接相邻元音，则辅音/r/不脱落，这是因为辅音/r/的阻碍强度高于元音，不受它的影响，而保持其音位特质。当辅音/r/脱落时，该音前面的元音将延长其长度，发声时表现为长元音，一般在元音后面加"："符号来表示其长音性质。如：

脱落形式：

* （书写形式）/anar/（石榴）→（口语形式）/ɑnɑ：/（脱落）
* （书写形式）/tonur/（馕坑）→（口语形式）/tonu：/（脱落）
* （书写形式）/kør/（看）→（口语形式）/kø：/（脱落）
* （书写形式）/køkɛr/（长出来/繁华）→（口语形式）/køkɛ：/（脱落）
* （书写形式）/ɑxtur/（搜查）→（口语形式）/ɑxtu：/（脱落）
* （书写形式）/kør/（看）+/imɛn/→（口语形式）/køimɛn/（/r/不脱落）
* （书写形式）/køkɛr/（长出来/繁华）+/iʃ/→（口语形式）/køkiriʃ/（/r/不脱落）
* （书写形式）/ɑxtur/（搜查）+/uʃ/→（口语形式）/ɑxturuʃ/（/r/不脱落）

②辅音/r/出现在多音节词中的第一音节或第二音节时常常脱落，这是因为后接相邻音位在生理上与辅音/r/抗衡，而这些音往往阻碍强度较弱，因此只能让阻碍强度大的辅音/r/以脱落为代价与后接相邻音素保持和谐。如：

* （书写形式）/anar/（石榴）→（口语形式）/ɑnɑ：/（脱落）
* （书写形式）/tonur/（馕坑）→（口语形式）/tonu：/（脱落）
* （书写形式）/kørmɛ/（不要看）→（口语形式）/kø：mɛ/（脱落）
* （书写形式）/ɑrpa/（小米）→（口语形式）/ɑ：pa/（脱落）
* （书写形式）/ørdɛk/（鸭子）→（口语形式）/ø：dɛk/（脱落）
* （书写形式）/qorsaq/（肚子）→（口语形式）/qosɑ：q/（脱落）

＊（书写形式）/arqɑ/（后面）→（口语形式）/ɑːqɑ/（脱落）

＊（书写形式）/axtarma/（不要搜）→（口语形式）/axtaːma/（脱落）

＊（书写形式）/tordɑ/（在网上）→（口语形式）/toːdɑ/（脱落）

＊（书写形式）/arʁamtʃɑ/（粗绳子）→（口语形式）/ɑːʁamtʃɑ/（脱落）

③辅音/r/出现在单音节拟声词的词末并缀加动词词缀时脱落，这是因为辅音/r/后接相邻的构成动词的词缀/kirɑ/、/kirɛ/时，由于词缀的缀首为塞音/k/，故阻碍强度较辅音/r/弱，因此由辅音/r/的脱落来完成彼此的协调。如：

＊（书写形式）/varqirɑ/（喊叫）→（口语形式）/vaːqirɑ/（脱落）

＊（书写形式）/ʃarqiratmɑ/（瀑布）→（口语形式）/ʃaːqiratmɑ/（脱落）

＊（书写形式）/ʃarqirɑ/（哗啦啦下）→（口语形式）/ʃaːqirɑ/（脱落）

＊（书写形式）/korkirɑ/（咕嘟咕嘟叫）→（口语形式）/koːkirɑ/（脱落）

＊（书写形式）/gyrkirɛ/（嗡嗡响）→（口语形式）/gyːkirɛ/（脱落）

④当动词语态词缀后面缀加由辅音开头的词缀时，动词语态附加词缀末的辅音/r/脱落，这是因为相邻的两个浊辅音所需要消耗的力气要比元音和辅音相结合时大，而且辅音/r/后接相邻辅音为浊塞音/d/，在阻碍程度上要比辅音/r/强，因此只能以脱落来保持协调性。如：

＊（书写形式）/taʃlavɛr/持续体（扔）东西→（口语形式）/taʃlavɛ/（脱落）

＊（书写形式）/taʃlavɛrgin/持续体（扔）东西→（口语形式）/taʃlavɛgin/（脱落）

＊（书写形式）/krivɛr/（继续进）→（口语形式）/krivɛ/（脱落）

＊（书写形式）/turivɛrsun/（就让他待着吧）→（口语形式）/turivɛsun/（脱落）

＊（书写形式）/turivɛrdi/（他一直待着呢）→（口语形式）/turivɛdi/（脱落）

3）辅音/l/的脱落

辅音/l/的脱落指由辅音/l/结尾的动词中的辅音/l/的脱落现象。

①当动词后缀加否定词缀时，其动词结尾的辅音/l/脱落，这是因为从舌尖中边音/l/过渡到双唇鼻音/m/，不管是从发音部位还是从发音方法上看都具有一定的跨越性，因此按照靠后影响规律即前面一个音素受后面一个音素的影响往往大于后面音素受前面音素影响而做出适当的调整，以脱落的方式完成快速过渡。当辅音/l/脱落时，该音前面的元音将延长其长度，发声时表现为长元音，一般在元音后面加"："符号来表示其长音性质。如：

＊（书写形式）/sɑlmɑ/（不要放）→（口语形式）/sɑːmɑ/（脱落）

＊（书写形式）/ɑlmɑ/（不要拿）→（口语形式）/ɑːmɑ/（脱落）

＊（书写形式）/kɛlmɛ/（不要来）→（口语形式）/kɛːmɛ/（脱落）

＊（书写形式）/tʃɑlmɑ/（不要弹）→（口语形式）/tʃɑːmɑ/（脱落）

②当动词后面缀加条件词缀时，其动词结尾的辅音/l/脱落，这是因为从舌尖中边音/l/过渡到舌尖前擦音/s/不管是从发音部位还是发音方法上看都具有一定的跨越性，因此按照靠后规则要求，以脱落的方式完成快速过渡。如：

＊（书写形式）/sɑlsɑ/（如果放）→（口语形式）/sɑːsɑ/（脱落）

＊（书写形式）/ɑlsɑ/（如果拿）→（口语形式）/ɑːsɑ/（脱落）

＊（书写形式）/kɛlsɛ/（如果来）→（口语形式）/kɛːsɛ/（脱落）

＊（书写形式）/tʃɑlsɑ/（如果弹）→（口语形式）/tʃɑːsɑ/（脱落）

③当动词以辅音/l/结尾且后面需要缀加现在时陈述语气附加成分时，动词结尾的辅音/l/脱落，这是因为从舌尖中边音/l/过渡到双唇鼻音/m/具有一定的跨越性，因此按照靠后影响规律做出调整，以脱落的方式完成快速过渡。如：

＊（书写形式）/sɑlmɑqtɑ/（正在放）→（口语形式）/sɑːmɑqtɑ/

（脱落）

    * （书写形式）/almaqta/（正在拿）→（口语形式）/aːmaqta/（脱落）

    * （书写形式）/kɛlmɛktɛ/（正在来）→（口语形式）/kɛːmɛktɛ/（脱落）

    * （书写形式）/tʃalmaqta/（正在弹）→（口语形式）/tʃaːmaqta/（脱落）

④当动词以辅音/l/结尾，且后接缀加祈使语气范畴第二人称一般称谓中的/-ʁin/、/-gin/形式，尊称称谓中的/-sila/、/-silɛ/形式和祈使语气范畴中的第三人称附加形式/-ʁaj/、/-gɛj/和/-sun/形式时，动词结尾的辅音/l/脱落，这是因为不管是从舌尖中边音/l/过渡到小舌擦音/ʁ/还是舌尖前擦音/s/都具有一定的跨越性难度，因此为了快速发音，较简便的方法就是脱落。如：

    * （书写形式）/salʁin/（放吧）→（口语形式）/saːʁin/（脱落）

    * （书写形式）/salʁaj/（他放吧）→（口语形式）/saːʁaj/（脱落）

    * （书写形式）/salsun/（他放吧）→（口语形式）/saːsun/（脱落）

    * （书写形式）/alsun/（他取吧）→（口语形式）/aːsun/（脱落）

    * （书写形式）/alʁin/（拿吧）→（口语形式）/aːʁin/（脱落）

    * （书写形式）/alʁaj/（他拿吧）→（口语形式）/aːʁaj/（脱落）

    * （书写形式）/kɛlgin/（来吧）→（口语形式）/kɛːgin/（脱落）

    * （书写形式）/kɛlsun/（他来吧）→（口语形式）/kɛːsun/（脱落）

    * （书写形式）/kɛlgɛj/（他来吧）→（口语形式）/kɛːgɛj/（脱落）

    * （书写形式）/tʃalʁin/（弹吧）→（口语形式）/tʃaːʁin/（脱落）

    * （书写形式）/tʃalʁaj/（他弹吧）→（口语形式）/tʃaːʁaj/（脱落）

    * （书写形式）/tʃalsun/（他弹吧）→（口语形式）/tʃaːsun/

（脱落）

⑤当动词以辅音/l/结尾，且后接缀加名动词附加成分/-maq/、/-mɛk/、/-ʁu/、/-gy/形式时，动词结尾的辅音/l/脱落，这是舌尖中边音/l/、双唇鼻音/m/在相邻时互相抵抗的结果，最终以阻碍强度较大的辅音/l/让位来完成过渡。如：

* （书写形式）/salmaq/（放）→（口语形式）/sɑːmaq/（脱落）
* （书写形式）/salʁu/（放东西的东西）→（口语形式）/sɑːʁu/（脱落）
* （书写形式）/kɛlmɛk/（来）→（口语形式）/kɛːmɛk/（脱落）
* （书写形式）/tʃalmaq/（弹吧）→（口语形式）/tʃɑːmaq/（脱落）
* （书写形式）/talmaq/（累）→（口语形式）/tɑːmaq/（脱落）
* （书写形式）/tʃalʁum/（想弹）→（口语形式）/tʃɑːʁum/（脱落）
* （书写形式）/alʁum/（想拿）→（口语形式）/ɑːʁum/（脱落）
* （书写形式）/kɛlgym/（想来）→（口语形式）/kɛːgym/（脱落）

⑥当动词以辅音/l/结尾，且后接形动词附加成分/-ʁan/、/-gɛn/形式时，动词结尾的辅音/l/脱落，这是因为舌尖中边音/l/和小舌擦音/ʁ/在相邻时不能快速调整各自的发音部位而使辅音/l/脱落。如：

* （书写形式）/salʁan/（放进去过）→（口语形式）/sɑːʁan/（脱落）
* （书写形式）/kɛlgɛn/（来过）→（口语形式）/kɛːgɛn/（脱落）
* （书写形式）/tʃalʁan/（弹过）→（口语形式）/tʃɑːʁan/（脱落）
* （书写形式）/talʁan/（累过）→（口语形式）/tɑːʁan/（脱落）
* （书写形式）/alʁan/（拿过）→（口语形式）/ɑːʁan/（脱落）

⑦当动词以辅音/l/结尾，且后接副动词附加成分/-ʁili/、/-gili/、/-ʁutʃɛ/、/-gitʃɛ/、/-ʁatʃ/、/-gɛtʃ/形式时，动词结尾的辅音/l/脱落，这同样是因为舌尖中边音/l/和小舌擦音/ʁ/在相邻时不能快速调整各自的发音部位而使辅音/l/脱落。如：

＊（书写形式）/salʁili/（为了放进去）→（口语形式）/sɑːʁili/（脱落）

＊（书写形式）/kɛlgili/（为了来）→（口语形式）/kɛːgili/（脱落）

＊（书写形式）/tʃalʁili/（为了弹）→（口语形式）/tʃɑːʁili/（脱落）

＊（书写形式）/talʁutʃɛ/（直到弹为止）→（口语形式）/tɑːʁutʃɛ/（脱落）

＊（书写形式）/alʁutʃɛ/（直到拿为止）→（口语形式）/ɑːʁutʃɛ/（脱落）

＊（书写形式）/salʁutʃɛ/（直到放进去为止）→（口语形式）/sɑːʁutʃɛ/（脱落）

＊（书写形式）/kɛlgitʃɛ/（直到来为止）→（口语形式）/kɛːgitʃɛ/（脱落）

＊（书写形式）/tʃalʁatʃ/（弹着/因为弹）→（口语形式）/tʃɑːʁatʃ/（脱落）

＊（书写形式）/talʁatʃ/（累着/因为累）→（口语形式）/tɑːʁatʃ/（脱落）

＊（书写形式）/alʁatʃ/（拿着/因为拿了）→（口语形式）/ɑːʁatʃ/（脱落）

⑧当动词以辅音/l/结尾，且后接动词时态愿望式附加成分/-maqtʃi/、/-mɛktʃi/形式时，动词结尾的辅音/l/脱落，这是因为舌尖中边音/l/和双唇鼻音/m/较量后，辅音/l/以脱落的方式妥协。如：

＊（书写形式）/kɛlmɛktʃi/（为了来）→（口语形式）/kɛːgili/（脱落）

＊（书写形式）/tʃalmaqtʃi/（为了弹）→（口语形式）/tʃɑːʁili/（脱落）

＊（书写形式）/talmaqtʃi/（直到弹为止）→（口语形式）/tɑːʁutʃɛ/（脱落）

＊（书写形式）/almaqtʃi/（直到拿为止）→（口语形式）/ɑː

第五章 现代维吾尔语动态腭位的语音学讨论

ʁutʃɛ/（脱落）

* （书写形式）/salmaqtʃi/（直到放进去为止）→（口语形式）/sɑːʁutʃɛ/（脱落）

* （书写形式）/kɛlmɛktʃi/（直到来为止）→（口语形式）/kɛːgitʃɛ/（脱落）

⑨当动词以辅音/l/结尾，且后接动词使动态附加成分/-ʁuz/、-gyz/形式时，动词结尾的辅音/l/脱落，这是因为舌尖中边音/l/、小舌擦音/ʁ/和舌尖中音/g/较量后，辅音/l/以脱落的方式完成协调。如：

* （书写形式）/kɛlgyz/（为了来）→（口语形式）/kɛːgyz/（脱落）

* （书写形式）/tʃalʁuz/（为了弹）→（口语形式）/tʃɑːʁuz/（脱落）

* （书写形式）/talʁuz/（直到弹为止）→（口语形式）/tɑːʁuz/（脱落）

* （书写形式）/alʁuz/（直到拿为止）→（口语形式）/ɑːʁuz/（脱落）

* （书写形式）/salʁuz/（直到放进去为止）→（口语形式）/sɑːʁuz/（脱落）

4）辅音/ɦ/的脱落

在本族语词中，辅音/ɦ/一般不出现在词末的位置上，所以辅音/ɦ/的脱落指的是阿拉伯、波斯借词末的辅音/ɦ/的脱落，这是以现代维吾尔语发音习惯为依据的脱落现象。实际上，从动态腭位的力度上看，辅音/ɦ/具有一定的难度，需要一定的消耗，所以很容易就脱落了。当辅音/ɦ/脱落时，该音前面的元音将延长其长度，发声时表现为长元音，一般在元音后面加"ː"符号来表示其长音性质。

* （书写形式）/sijaɦ/（为了弹）→（口语形式）/sijaː/（脱落）

* （书写形式）/gunaɦ/（直到弹为止）→（口语形式）/gunaː/（脱落）

* （书写形式）/gijaɦ/（直到拿为止）→（口语形式）/gijaː/（脱落）

5）音节的脱落

脱落现象不仅出现在词内部，也常出现在词组之间。在紧紧相连的两个词中，前一词末的音影响后一词首的音，使其发与自己相同的音。这种情况多发生在口语中，如：

/elıpboldım/（我拿了）读作/elıppoldım/（这个例子中不仅发生同化现象而且发生脱落音节的音变现象。首先脱落和同化现象同时发生，即辅音第一个音节末尾的/p/脱落的同时第二音节词首的辅音/b/被逆同化为/p/变成/elıpoldım/，然后又同时发生音节脱落和增音现象，即第一个词第二音节/lı/整体脱落，且为了生理上的便利又增加一个/p/变成/eppoldım/）。

（4）增音

在语流中，某些词单独发音或具有一定的形态变化时，有增加音素的情况，这种情况叫作增音现象。增音是为发音容易化服务，因为增音从某种程度上看，保证音节结构的平衡性，且区分音节结构的界限，便于发音，它们也是发音器官互相协助的必然结果。现代维吾尔语元辅音在相邻组合时都存在增音现象，但增音现象较多出现在外来词结构上，本族语词涉及较少，因为本族语词结构是按照维吾尔语音位组合规律而构成的。

在传统研究视角下，现代维吾尔语形容词最高级形式的构成被看作辅音的增加现象，属于语流音变现象；按照对现代维吾尔语不同音变现象在口语和书写中所体现的具体形式，我们把这种现象归入音位的显性组合形式体系，因为这种变化是显性的，是在书写上要求体现的，相关内容在前文中已进行探讨，不再赘述。

现代维吾尔语系统里，词缀的出现有时是成双成对的，因此由开音节结尾的词要求由辅音起首的词缀来缀加。然而在现代维吾尔语词缀系统里，往往存在单个词缀的现象，这时问题就来了，我们在前面章节中探讨过，在现代维吾尔语本族语词里不存在没有元音的音节，一个元音代表一个音节，这是以音节结构的平衡性为目的的音节组合原理，也是动态腭位的基本原理。任何一个实际意义上的辅音在没有元音的协助时是发不了声的，哪怕是某些语言中的半元音也是如此。因为辅音是气流受到一定阻碍的产物，属于噪音类型，要让它悦耳，元音的加入是必须的。

在现代维吾尔语中有大量的外来词，其中相当一部分外来词，尤其是科学术语中存在复辅音的现象。在现代维吾尔语中，为了保证新词的原貌，在书写中，较习惯于用外来词原始形式；然而，这些复辅音出现不仅不符合现代维吾尔语发音系统，而且超出了维吾尔语动态腭位特征的原理，实际上，细听可以听出来复辅音里残杂的元音。因此可以说，现代维吾尔语增音现象是动态腭位上的自然反映，尽管在书写形式上不被记录，但在口语中是完全不能避免的现象。增音现象从动态腭位要求上看区别于其他的音位组合现象，因为在慢语速中，有些音变现象是可以避免的，比如/r/的脱落现象；然而增音就不一样，如果没有增加的一个音，所构成的形态结构听起来比较硬或不自然。

1）元音的增加

现代维吾尔语元音是音节结构的命脉，有几个元音就必须有几个音节，如果破坏这一平衡性，语言内部自然进行调整，使本没有的音素作为补偿增加到辅音之间。实际上，这种语流现象是以人类发音器官发出音的属性为依据的，任何一个辅音单独是不能发出来的，只有与一定的元音组合在一起才有可能发出辅音。尽管有些语言中，复辅音的存在是常态，但细分析起来，相邻的几个辅音的发出都离不开元音组合，这是人类动态腭位上的规则要求的。现代维吾尔语除了对外来词中的复辅音进行增音修补以外，在本族语词的形态构成方面如果遇到发音上的阻碍，就会使用增音手段来完善音节间的平衡。在下面的例子中，现代维吾尔语形容词缀加比较级附加成分时，为了使发音畅通或便于发音部位互相协调，动态腭位通过增音的方式减轻消耗。实际上增加的音素/ɑ/或/ɛ/（元音/ɑ/或/ɛ/按照元音和谐律原则选择缀加）为什么出现在辅音/q/和/r/之间、/ŋ/和/r/之间、/z/和/r/之间、/k/和/r/之间是有原因的。这是因为，在发声时，连续出现两个具有很大生理差异的音素会对发音器官的协调性带来很大的不便，较消耗体力，因此发音器官自动开启调节模式，增加一个音素在差异较大的两个音素之间起到过渡作用，以便缓解发音上的疲劳。从上述几组辅音上看，都有辅音/r/，而我们在前面也探讨过因辅音/r/本身动态腭位上的难度性，维吾尔语动态腭位往往选择脱落来化解压力，在不能脱落来减轻发声困难时增音是一个非常好的选择，因为不管是从舌尖中颤音/r/直接过渡到小舌鼻音/ŋ/，还是舌尖前音/z/或者舌尖中塞音/k/都不是非常轻便的，都不仅改变发音部位而且要改变某种程度上的发音方法来过渡。如：

＊（书写形式）/aqraq/（白一点）→（口语形式）/aqaraq/（增音/ɑ/）

＊（书写形式）/tʃoŋraq/（大一点）→（口语形式）/tʃoŋraq/（增音/ɑ/）

＊（书写形式）/azraq/（一点）→（口语形式）/azaraq/（增音/ɑ/）

＊（书写形式）/adʒizraq/（弱一点）→（口语形式）/adʒizaraq/（增音/ɑ/）

＊（书写形式）/kitʃikrɛk/（小一点）→（口语形式）/kitʃikɛrɛk/（增音/ɛ/）

＊（书写形式）/køkrɛk/（蓝一点）→（口语形式）/køkɛrɛk/（增音/ɛ/）

2）辅音的增加

在现代维吾尔语中，音位之间的组合关系是错综复杂的，也是叠加的，其中增音和脱落现象尤其普遍，且它们又是彼此作为前后因果关系来完成音位之间的组合搭配的。通过辅音在音位组合中的不同表现，我们把辅音增音现象分为跨越式辅音和谐律和增音式辅音和谐律两种。

现代维吾尔语中，除了辅音/j/的增音式显性组合形式外，还有辅音/v/和其他相关辅音的增音式隐性形式，辅音/v/的增音情况较多，常出现在汉语借词的结构中，如：

＊（书写形式）/guaŋdoŋ/（语句）→（口语形式）/gu（v）aŋdoŋ/（增音/v/）

＊（书写形式）/guandʒu/（广州）→（口语形式）/gu（v）andʒ/（增音/v/）

＊（书写形式）/biŋtyɛn/（兵团）→（口语形式）/biŋty（v）

ɛn/（增音/v/）

* （书写形式）/sitʃyɛn/（四川）→（口语形式）/sitʃy（v）ɛn/（增音/v/）

* （书写形式）/jyɛn/（元）→（口语形式）/jy（v）ɛn/（增音/v/）

(5) 异化

现代维吾尔语语音研究中，异化现象为特殊现象，在现代维吾尔语中较少出现。根据音位在组合中所表现的变化形式，我们把下面这类音位组合现象看作异化现象。

现代维吾尔语词/baʁ/（果园/花园）后接名词向格附加形式本应该为/baʁʁa/。但在实际语流中它通过逆同化成了/baqqa/；动词/tɛg/（碰/嫁）也同样，在后接形动词复句成分时，应该为/tɛggɛn/，但在实际语流中它通过逆同化成了/tɛkkɛn/。从元音和谐律来看，这种变化似乎不符合其规则要求，但从动态腭位原理上来仔细分析是合情合理的，它们属于异化现象。

现代维吾尔语名词向格有/ʁa/、/qa/、/gɛ/、/kɛ/四种附加成分，形动词附加成分也有/ʁan/、/qan/、/gɛn/、/kɛn/四个附加成分；按照元音和谐规律，名词/baʁ/（果园/花园）和动词/tɛg/（碰/嫁）首先应该选择与其相同的辅音为主的词缀/ʁa/和/gɛn/，其次再按照动态腭位要求在发音部位或发音方法上进行调节。

先看第一个例子/baʁ/。从第二步的变化看，即完全逆同化还没有完成，那么念/baʁʁa/或/tɛgkɛn/时会遇到两个相同辅音/ʁ/连读或两个相同发音部位的/g/、/k/连发的情况。第一个问题是要连续发出两个相同的辅音/ʁ/，从舌腭接触的生理特征来看，由于辅音/ʁ/发音具有超靠后性特征而发音操作较难完成，因此在第二步选择逆同化手段把第二个/ʁ/改成/q/构成/baʁqa/，这时发音难度尽管有所下降，但还有进一步使发声简易的可能性，因此最后第二个音节的/q/又一次影响到第一个音节的/ʁ/，完成完全逆同化变为/baqqa/。

第二个例词是/tɛg/。动词/tɛg/从/tɛgɛn/到/tɛkkɛn/的变化过程也是如此。从发音舌腭生理的特点来看，连续发出两个相邻的舌后音/g/

是有一定难度的，因此需要完成逆同化的生理过程，当然也需要进行两次变化，即第一次进行逆同化变为/tɛgkɛn/，然后再进行逆完全同化变成/tɛkkɛn/。这是因为辅音/g/的生理特征导致逆同化现象。不管是从连续发出两个相邻的舌位靠后性辅音/g/还是从发出单个靠后性辅音/g/并保留其生理特征后与次靠后性辅音/k/相组合的结构来看，舌腭位置的完全保持或急速调整对生理上来说有一定的困难。第一种组合的难点在于，动态腭位对靠后性辅音/g/需要保持其靠后性强度来完成发声任务；第二种组合的困难在于，动态腭位不仅对靠后性辅音/g/保持其靠后性强度有要求，而且对生理特征的急速调整也有要求；因为辅音/g/音刚刚爆发而出，声带就应立即停止颤动，舌根与软腭须重新迅速接触后突然分开，让较强的音爆发成/k/音。这样，发音器官非常忙碌紧张，稍不留心，就会有一个音含糊不清、遗漏或发成其他的音。要求动态腭位产生急速调整，以便发出次靠后性辅音/k/，除非在慢语速言语中可以实现，否则很难达到满意的效果，况且从协同发音的角度来看，也不太容易实现，因为动态腭位机制始终为发出下一个音位做出适当的发音器官或发音方法上的妥协，以便准确地发出后接音位，因此当前一个音位还没有彻底结束发声时，它就具有后接音位的某些发音部位和发音方法上的特征。对动态腭位来说，相比于连续发出相邻的两个靠后性辅音/g/，连续发出相邻的两个次靠后性辅音/k/更容易一些。

从元音发音部位和辅音发音部位和发音方法出发，选择向格词缀/ʁa/是合理的，因为辅音相同，对动态腭位机制来说是发音最方便的选择。然而最后发现，/baʁ/不仅选择/qa/，而且/baʁ/中的/ʁ/也被同化为/q/后变成/baqqa/，看起来不可思议，但是它反映的是按照动态腭位原理构成的音变现象。从动态腭位原理的省力原则来看，/ʁ/和/q/都属于小舌音，但从发音方法来看，/ʁ/是浊音，对发声的消耗要求较高，而/q/是清音，对生理上的要求不高；而且从它们的发音部位来看，问题也可以一目了然，因为/ʁ/的发音部位比/q/更靠后，对动态腭位的要求较高，发声所耗力气较大，因此/q/自然被选用；/tɛggen/变为/tɛkkɛn/也是同样的道理，因为/g/和/k/从发音部位来看，虽然都是舌后音，但从发音方法来看，/g/是浊音，对发声的消耗要求较高，而/k/是清音，对生理上的要求不高，发音成本低，因此自然被选用。

从音素本身的强弱看，塞音强于擦音，清音强于浊音。从音素所处的位置看，处于词末或音节末尾的音弱于其他音，即起音强于收音。从韵律特征看，重读音节中的音强于其他音。在一般情况下，通常运用的语法成分中的音强于其他音。

除了上面探讨的动态腭位上的清浊强弱之分以外，/bɑʁ/（果园/花园）最终变成/bɑqqɑ/、/tɛg/（碰/嫁）变成/tɛkkɛn/还有其他的动态腭位原因。首先，/bɑʁ/（果园/花园）和/tɛg/（碰/嫁）变为加向格和形动词过去时的词缀后，音位组合的第一步是/bɑʁqɑ/、/tɛgkɛn/，词缀中的/q/、/k/都是清塞音，本身就比浊音/ʁ/、/g/强。其次，/q/、/k/都是音节的起音，比处于收音位置的/ʁ/、/g/强。最后，维吾尔语的重音一般处在最后一个音节上，并且随之词缀的增加后移。/q/、/k/都是词末重音音节中的音，自然要强于非重音音节中的/ʁ/、/g/。

以上变化符合维吾尔语辅音清浊和谐规律，/q/、/k/相比于/ʁ/、/g/具有绝对强的优势。以上几点动态腭位上的因素恰恰说明强大的力量完全可以同化/ʁ/、/g/。

3. 小结

现代维吾尔语元辅音组合规律是一种基于动态腭位特征的语音系统内部规律，我们不仅从强式元辅音组合规律发现其严密性，从弱式组合规律中也能窥探出音位之间的协同关系，它是作为一种硬性标准和要求在现代维吾尔语系统中无处不在的语音现实。只是这种根深蒂固的深层规律有时因一连串的迭代型反应而蒙蔽我们的双眼、双耳，使我们误认为该内部系统已被破坏，实际上词或词组之间的音位组合关系在动态腭位上的一致性轨迹还是可以还原的，只是在还原时，我们需要一套还原的方法而已。

我们早已知道，现代维吾尔语元辅音显性组合规律是同时进行的语音规律，而这种元辅音彼此之间的和谐关系不仅发生在相邻的音节结构中，而且就像我们在上文迭代型组合规则中所探讨的一样，也会以迭代形式产生，或者可以说跨域式发生。

第四节 音位关系及其讨论

通过上一节的音位组合可以发现，音位和音位之间有一定的内部关系，它们一般是递归型体现的，也有迭代形式，然而它们具有深层次的组合关系，是彼此相连的，因此具有影响性、牵连性等特征；从现代维吾尔语音位演变现状可以看出，维吾尔语各音位之间的这种相互性特征，具有代表性的是音位的合并和音位重现现象。

一 音位合并

古代维吾尔语元音分布情况的均匀性非常明显，每个音位从舌位的前后分布，且由唇状构成相对关系，因此每一组都由两个音位构成，即按照舌位分为前元音、后元音两类；按照唇状分为圆唇和展唇两类。例如舌位前有两组，它们是圆唇的/y/、/ø/和展唇的/i/、/ɛ/；舌位后有两组，它们是圆唇的/u/、/o/和展唇的/ɿ/、/ɑ/。这种二分法特征一直延续到中古时期。尽管到了近古时期，其音色特征方面有所变化，但其二分法特征没有变，因为舌位上的分类和唇状上的分类仍然保持着原本的规律，只是在舌前位置上多了一个音色音位/e/。

在维吾尔语中，元音/e/的产生带来了一系列的音位变化，不仅涉及音位的分类，还关系到音位的组合。我们在有关单音节组合章节中探讨过，音位和音位的组合逃不了彼此的影响，即协同发音的影响，而这种影响从长远来看是质性变化，是量变导致质变的演化过程。因为音段之间的这种相互作用，在语言中会产生音位数量的增减情况。我们可以从维吾尔语音位分布情况发现，在协同发音的影响下，在近古时期，维吾尔语中先是增加了一个/e/，这是初期阶段，因此在舌位前后的分类上其他音位的数量和相对性不变，仍保持原有的二分对立性特征，即舌前圆唇的/y/、/ø/，舌前展唇的/i/、/ɛ/，舌后圆唇的/u/、/o/和舌后展唇的/ɿ/、/ɑ/；其中舌前展唇组里多了一个/e/，而这一增多是由音位之间的协同发音导致的变化。从中古时期产生的音位/e/在长期音位组合中，顺着其动态腭位规律，较成功地改变了音位系统在发音舌位上的对应性而最终导致音位合并，即原本处在舌位前后上的两个音位，舌前/i/和舌后/ɪ/因具有趋中性特征的/e/的出现而合并为一个元音/i/，并在发音部位上呈现双重性，即舌位靠前性和舌位靠后性。

ی/i/：前、次高、闭、展唇元音。

现代维吾尔语元音音位/i/舌位靠前、次高，嘴唇开口度比音位/y/还要小，接近闭口状态，唇状为展唇。如：

/it/（赢）中的/i/。

[i]→[ɪ]→[ɨ]构成一个元音音位/i/的面。音位/i/在 CV 音节结构中与辅音相邻时，大体上具有三种生理特征，即不管是在 CV、CVC（只出现在多音节中）还是 CVCV 音节结构中，元音音位/i/有三种音位变体。元音音位/i/与舌后辅音ك/k/、گ/g/相邻时，音位/i/具有靠后性特征，读作[ɪ]；与舌尖中辅音相邻时具有趋中性特征，读作[ɨ]；与舌尖前辅音和舌前辅音相邻时具有靠前性特征，读作[i]。

现代维吾尔语中，中元音/i/有三种表现形式，即变体，其中趋中性特征相比于舌位靠前和舌位靠后性的两个变体来说，其特征不明显或在音位组合时表现形式不具有典型性特征。例如：

/i/与舌后辅音相邻时读作[ɪ]

CV 音节中：/qi/（边缘）（原本为/qir/，但在口语中颤音/r/脱落）；

CVC 音节中：/qis/（加紧）；

CVCV 音节中：/qisim/（不对）。

/i/与舌尖中辅音相邻时读作[ɨ]

CV 音节中：/didi/（"说了"表示过去）；

CVC 音节中：/dir/（拟声词"颤抖"）（/dirdir/中的第一音节）；

CVCV 音节中：/tirɛk/（白羊）。

/i/与舌前辅音和舌尖前辅音相邻时读作[i]

CV 音节中：/sili/（您"尊称"）（第一音节/si/中的/i/）；

CVC 音节中：/dʒir/（欢快的歌曲）；

CVCV 音节中：/tʃiq/（"出来"祈使句）。

从以上例子中不难发现，中元音/i/具有动态腭位上的优势，即它可以较容易地按照其先后相邻的辅音而调整其舌位前后部位来协同发音,且这种调整因相邻辅音的发音部位特征而具有预显性,因此动态腭位上不产生较多的消耗,在音位系统中自然而然地承担了双重作用。

除此之外,任何一个系统始终追求一种平衡性,当一种平衡状态受到一定的影响时,其内部将寻求一定的调整来达到以往的平衡状态;由于维吾尔语在协同发音的基础上产生了一个趋中性较强的元音/e/,打破原先的成对性分布关系而在内部系统中寻求一种调节手段来恢复其平衡性,因此具有相似的趋中特征较强的元音/i/与/e/构成一个新的组合关系,在音位组合时能产生舌位前后性作用,并且使维吾尔语音位系统回归于二分法对立关系,满足其平衡性需求。

二 音位重现

元音单独发音时或自成一个音节时具有时长特征,即音长方面具有一定的优势,较长,但在与辅音相邻时表现为较短。如:

∗/ɑːdɛm/（人/人类）

∗/ɛːtɛ/（明天）

∗/kɛtmɛn/（坎土曼）

∗/sarɑŋ/（疯子/精神病）

古代维吾尔语中有长短元音的区别,但到了现代维吾尔语这种音位上的区别已淡化,除了个别的词由长短元音来区别词汇意义外,这种长短差异在现代维吾尔语中已经消失了。然而在实际语流中,由某种动态腭位导致某种音变现象,而这些音变现象又会引起其他音变现象产生,其中产生长短元音现象就是一例。我们前面探讨过脱落现象,深入讨论过舌尖中颤音/r/脱落形成的生理原理。语言是一种系统,其内部由不同的小体系构成,每一个体系又由更小的单元构成。因此从长远来看,任何一个单位的变化不是偶然的,它肯定是很多个偶然和必然的结果,音变现象也不例外。辅音/r/和/l/的脱落在现代维吾尔语中又重新掀起长元音的产生,只是还没有产生区别意义。不过它们不仅在书写方面不表示出来,在语流中也不太被发现,因为这种长短变化与人类动态腭位方面的因素是密切相关的,可以说是自然、自动发生的,因此不易被发现。如：

* （书写形式）/orʁaq/（镰刀）→/oːʁaq/（口语形式）（长读/o/）
* （书写形式）/ørdɛk/（鸭子）→/øːdɛk/（口语形式）（长读/ø/）
* （书写形式）/tonur/（馕坑）→/tonuː/（口语形式）（长读/o/）
* （书写形式）/kitaplar/［书（复数）］→/kitaplaː/（口语形式）（长读/ɑ/）
* （书写形式）/øjlɛr/（许多房子）→/øjlɛː/（口语形式）（长读/ø/）
* （书写形式）/kɛlsɛ/（如果来）→/kɛːsɛ/（口语形式）（长读/ɛ/）
* （书写形式）/tʃalma/［不弹（复数）］→/tʃaːma/（口语形式）（长读/ɑ/）

按照音长要素区别性特征的意义性为主，我们把以上长元音重现情况分为两种，一种为音段音位式重现，另一种是超音段音位式重现。

（一）音段音位形式

从同语系语言中的音位分布来看，部分语言学家认为现代维吾尔语元音系统中音长具有区别性意义，按照音长特征，一般把维吾尔语元音分为长短两种，每一组构成相互对立的关系，即：

舌后元音

ﺎ/ɑ/：/ɑː/后、低、开、展唇元音；

ﻮ/o/：/oː/后、半高、半闭、圆唇元音；

ﯘ/u/：/uː/后、高、闭、圆唇元音。

舌前元音

ﯙ/ø/：/øː/前、半高、半闭、圆唇元音；

ﯜ/y/：/yː/前、次高、闭、圆唇元音；

ﻰ/ɛ/：/ɛː/前、半低、半开、展唇元音；

ﯤ/e/：/eː/前、半高、半闭、展唇元音。

舌中元音

ﻰ/i/：/i/前、次高、闭、展唇元音。

左边的音位为短元音形式，右边的音位为长元音形式。（注：在这

里只是作为一种假设来提供元音长短分布）

从现代维吾尔语中的实际情况来看，由音长构成意义的现象虽然较少，但还是存在。例如：

/bala/（孩子）和/baːla/（灾难）

/atʃa/（树杈）和/aːtʃa/（姐姐）

/ara/（农具）和/aːra/（半月）

/bolaq/（发酵包子）和/boːlaq/［盒（量词）］

/patʃaq/（打碎）和/paːtʃaq/（小腿）

/tʃataq/（糟糕）和/tʃaːtaq/（树杈）

/dʒazaː/（惩罚）和/dʒaːza/（架子）

上面的例子中，音位/a/音质相同，其意义不同是因为［a］元音的延长即长元音［aː］区别。长元音的产生或许跟其他的音位组合有关，比如音位的脱落，下面主要探讨以音位脱落式为先决条件的口语式长元音现象。

（二）超音段音位形式

现代维吾尔语长元音形式较多地出现在超音段音位的基础上，常见的表现形式为脱落，而且主要在辅音/r/、/l/脱落时出现。当这些辅音脱落时，该音前面的元音将延长其长度，但不影响其意义，只是使发音较顺耳，便于发声，表现为长元音，一般在元音后面加"ː"符号来表示其长音性质。

1. 以辅音/r/的脱落为依据

第一，当辅音/r/出现在单纯词或动词后面时，在口语中辅音/r/脱落，且同时相邻在前的元音长化，而不改变意义。这是因为辅音/r/动态腭位特征靠前，因需要卷舌而使发音方法较复杂，尤其与其他相邻音素组合发音时为了发音上的便利而脱落。这一类脱落因为发生在词末，不影响词义，常用于口语中。如：

脱落形式：

　　* （书写形式）/anar/（石榴）→（口语形式）/anaː/（脱落）（石榴/母亲）

　　* （书写形式）/tonur/（馕坑）→（口语形式）/tonuː/（脱落）

（镶坑/认识）

* （书写形式）/kør/（看）→（口语形式）/kø:/（脱落）
* （书写形式）/køkɛr/（长出来/繁华）→（口语形式）/køkɛ:/（脱落）（长出/生气）
* （书写形式）/ɑxtur/（搜查）→（口语形式）/ɑxtu:/（脱落）（搜查/白色的）

不脱落形式：

* （书写形式）/kør/（看）+/imɛn/→（口语形式）/køimɛn/（/r/不脱落）
* （书写形式）/køkɛr/（长出来/繁华）+/iʃ/→（口语形式）/køkiriʃ/（/r/不脱落）
* （书写形式）/ɑxtur/（搜查）+/uʃ/→（口语形式）/ɑxturuʃ/（/r/不脱落）

第二，辅音/r/出现在多音节词中的第一音节或第二音节时常常脱落，并在前面相邻的元音要长读，即构成长元音；这是因为后接相邻音位在生理上要与辅音/r/抗衡，而这些音往往阻碍强度较弱，因此只能让阻碍强度大的辅音/r/以脱落为代价与后接相邻音素保持和谐。如：

* （书写形式）/kørmɛ/（不要看）→（口语形式）/kø:mɛ/（脱落）
* （书写形式）/ɑrpɑ/（小米）→（口语形式）/ɑ:pɑ/（脱落）
* （书写形式）/ørdɛk/（鸭子）→（口语形式）/ø:dɛk/（脱落）
* （书写形式）/qorsɑq/（肚子）→（口语形式）/qosɑ:q/（脱落）
* （书写形式）/ɑrqɑ/（后面）→（口语形式）/ɑ:qɑ/（脱落）
* （书写形式）/ɑxtɑrmɑ/（不要搜）（口语形式）/ɑxtɑ:mɑ/（脱落）
* （书写形式）/tor/（网）+/dɑ/→（口语形式）/to:dɑ/（脱落）
* （书写形式）/arʁamtʃa/（粗绳子）→（口语形式）/ɑ:ʁamtʃa/（脱落）

第三，辅音/r/出现在单音节拟声词的词末并缀加动词词缀时脱落，这时其相邻前面的元音要长读；这是因为辅音/r/后接相邻的构成动词的词缀/kirɑ/、/kirɛ/时，由于词缀的缀首为塞音/k/，故阻碍强度较与辅音/r/弱，因此由辅音/r/的脱落来完成彼此的协调。如：

　　＊（书写形式）/vɑrqirɑ/（喊叫）→（口语形式）/vɑːqirɑ/（脱落）

　　＊（书写形式）/ʃɑrqirɑtmɑ/（瀑布）→（口语形式）/ʃɑːqirɑtmɑ/（脱落）

　　＊（书写形式）/ʃɑrqirɑ/（哗啦啦下）→（口语形式）/ʃɑːqirɑ/（脱落）

　　＊（书写形式）/korkirɑ/（咕嘟咕嘟叫）→（口语形式）/koːkirɑ/（脱落）

　　＊（书写形式）/gyrkirɛ/（嗡嗡响）→（口语形式）/gyːkirɛ/（脱落）

　　第四，当动词语态词缀后面缀加由辅音开头的词缀时，动词语态附加词缀末尾的辅音/r/脱落，这是因为相邻的两个浊辅音所需要消耗的力气要比元音和辅音相结合时大，而且辅音/r/后接相邻辅音为浊塞音/d/，在阻碍程度上要比辅音/r/强，因此只能以脱落来保持协调性。如：

　　＊（书写形式）/taʃlaːvɛr/（一直在扔）→（口语形式）/taʃlaːvɛ/（脱落）

　　＊（书写形式）/taʃlaːvɛrgin/（你继续扔吧）→（口语形式）/taʃlaːvɛgin/（脱落）

　　＊（书写形式）/kriːvɛr/（继续进）→（口语形式）/kriːvɛ/（脱落）

　　＊（书写形式）/turiːvɛrsun/（就让他待着吧）→（口语形式）/turivɛsun/（脱落）

　　＊（书写形式）/turiːvɛrdi/（他一直待着呢）→（口语形式）/turiːvɛdi/（脱落）

　　2. 以辅音/l/的脱落为依据

　　由辅音/l/结尾的动词中的辅音/l/脱落而使前连元音长化。

　　第一，当动词后缀加否定词缀时，其动词结尾的辅音/l/脱落，并前邻元音长读，这是因为从舌尖中边音/l/过渡到双唇鼻音/m/不管是从发音部位还是发音方法上看都具有一定的跨越性，因此按照靠后影响规律即前面一个音素受后面一个音素的影响往往大于后面音素受前面音素影响而做出适当的调整，以脱落的方式完成快速过渡。如：

* （书写形式）/salmɑ/（不要放）→（口语形式）/sɑːmɑ/（脱落）
* （书写形式）/almɑ/（不要拿）→（口语形式）/ɑːmɑ/（脱落）
* （书写形式）/kɛlmɛ/（不要来）→（口语形式）/kɛːmɛ/（脱落）
* （书写形式）/ʧalmɑ/（不要弹）→（口语形式）/ʧaːmɑ/（脱落）

第二，当动词后面缀加条件词缀时，其动词结尾的辅音/l/脱落，为了弥补其结构上的脱落现象，用元音长化达到内部平衡，这是因为从舌尖中边音/l/过渡到舌尖前擦音/s/不管是从发音部位还是发音方法上看都具有一定的跨越性，因此按照靠后规则要求，以脱落的方式完成快速过渡。如：

* （书写形式）/salsɑ/（如果放）→（口语形式）/sɑːsɑ/（脱落）
* （书写形式）/alsɑ/（如果拿）→（口语形式）/ɑːsɑ/（脱落）
* （书写形式）/kɛlsɛ/（如果来）→（口语形式）/kɛːsɛ/（脱落）
* （书写形式）/ʧalsɑ/（如果弹）→（口语形式）/ʧaːsɑ/（脱落）

第三，当动词以辅音/l/结尾且后面需要缀加现在时陈述语气附加成分时，动词结尾的辅音/l/脱落，为了弥补其结构上的脱落现象，用元音长化达到内部平衡，这是因为从舌尖中边音/l/过渡到双唇鼻音/m/具有一定的跨越性，因此按照靠后影响规律做出调整，以脱落的方式完成快速过渡。如：

* （书写形式）/salmɑqtɑ/（如果放）→（口语形式）/sɑːmɑqtɑ/（脱落）
* （书写形式）/almɑqtɑ/（如果拿）→（口语形式）/ɑːmɑqtɑ/（脱落）
* （书写形式）/kɛlmɛktɛ/（如果来）→（口语形式）/kɛːmɛktɛ/（脱落）
* （书写形式）/ʧalmɑqtɑ/（如果弹）→（口语形式）/ʧaːmɑqtɑ/（脱落）

第四，当动词以辅音/l/结尾，且后接缀加成分为祈使语气范畴第二人称一般称谓中的/-ʁin/、/-gin/形式，尊称称谓中的/-silɑ/、/-silɛ/形式和祈使语气范畴中的第三人称附加形式/-ʁaj/、/-gɛj/和/-sun/形式时，动词结尾的辅音/l/脱落，为了弥补其结构上的脱落现象，用元音长化达到内部平衡；这是因为不管是从舌尖中边音/l/过渡到小舌擦音/ʁ/，还是舌尖前擦音/s/都具有一定的跨越性难度，因此为了快速发音，较简便的方法就是脱落。如：

* （书写形式）/salʁin/（放吧）→（口语形式）/sɑːʁin/（脱落）
* （书写形式）/salʁaj/（他放吧）→（口语形式）/sɑːʁaj/（脱落）
* （书写形式）/salsun/（他放吧）→（口语形式）/sɑːsun/（脱落）
* （书写形式）/alsun/（他取吧）→（口语形式）/ɑːsun/（脱落）
* （书写形式）/alʁin/（拿吧）→（口语形式）/ɑːʁin/（脱落）
* （书写形式）/alʁaj/（他拿吧）→（口语形式）/ɑːʁaj/（脱落）
* （书写形式）/kɛlgin/（来吧）→（口语形式）/kɛːgin/（脱落）
* （书写形式）/kɛlsun/（他来吧）→（口语形式）/kɛːsun/（脱落）
* （书写形式）/kɛlgɛj/（他来吧）→（口语形式）/kɛːgɛj/（脱落）
* （书写形式）/tʃalʁin/（弹吧）→（口语形式）/tʃɑːʁin/（脱落）
* （书写形式）/tʃalʁaj/（他弹吧）→（口语形式）/tʃɑːʁaj/（脱落）
* （书写形式）/tʃalsun/（他弹吧）→（口语形式）/tʃɑːsun/（脱落）

第五，当动词以辅音/l/结尾，且后接缀加成分为名动词附加成分/-maq/、/-mɛk/、/-ʁu/、/-gy/形式时，动词结尾的辅音/l/脱落，前邻元音长读；这是舌尖中边音/l/、双唇鼻音/m/在相邻时互相抵抗的结果，最终以阻碍强度较大的辅音/l/让位来完成过渡，为了弥补其结构上的脱落性，用元音长化达到内部平衡。如：

* （书写形式）/salmaq/（放）→（口语形式）/sɑːmaq/（脱落）

＊（书写形式）/salʁu/（放东西的东西）→（口语形式）/saːʁu/（脱落）

＊（书写形式）/kɛlmɛk/（来）→（口语形式）/kɛːmɛk/（脱落）

＊（书写形式）/tʃalmaq/（弹吧）→（口语形式）/tʃaːmaq/（脱落）

＊（书写形式）/talmaq/（累）→（口语形式）/taːmaq/（脱落）

＊（书写形式）/tʃalʁum/（想弹）→（口语形式）/tʃaːʁum/（脱落）

＊（书写形式）/alʁum/（想拿）→（口语形式）/aːʁum/（脱落）

＊（书写形式）/kɛlgym/（想来）→（口语形式）/kɛːgym/（脱落）

第六，当动词以辅音/l/结尾，且后接形动词附加成分/-ʁan/、/-gɛn/形式时，动词结尾的辅音/l/脱落，为了弥补其结构上的脱落现象，用元音长化达到内部平衡；这是因为舌尖中边音/l/和小舌擦音/ʁ/在相邻时不能快速调整各自的发音部位而使辅音/l/脱落。如：

＊（书写形式）/salʁan/（放进去过）→（口语形式）/saːʁan/（脱落）

＊（书写形式）/kɛlgɛn/（来过）→（口语形式）/kɛːgɛn/（脱落）

＊（书写形式）/tʃalʁan/（弹过）→（口语形式）/tʃaːʁan/（脱落）

＊（书写形式）/talʁan/（累过）→（口语形式）/taːʁan/（脱落）

＊（书写形式）/alʁan/（拿过）→（口语形式）/aːʁan/（脱落）

第七，当动词以辅音/l/结尾，且后接副动词附加成分/-ʁili/、/-gili/、/-ʁutʃɛ/、/-gitʃɛ/、/-ʁatʃ/、/-gɛtʃ/形式时，动词结尾的辅音/l/脱落，这同样是因为舌尖中边音/l/和小舌擦音/ʁ/在相邻时不能快速调整各自的发音部位而使辅音/l/脱落，为了弥补其结构上的脱落现象，用元音长化达到内部平衡。如：

＊（书写形式）/salʁili/（为了放进去）→（口语形式）/saːʁili/（脱落）

＊（书写形式）/kɛlgili/（为了来）→（口语形式）/kɛːgili/（脱落）

＊（书写形式）/tʃalʁili/（为了弹）→（口语形式）/tʃɑːʁili/（脱落）

＊（书写形式）/talʁutʃɛ/（直到弹为止）→（口语形式）/tɑːʁutʃɛ/（脱落）

＊（书写形式）/alʁutʃɛ/（直到拿为止）→（口语形式）/ɑːʁutʃɛ/（脱落）

＊（书写形式）/salʁutʃɛ/（直到放进去为止）→（口语形式）/sɑːʁutʃɛ/（脱落）

＊（书写形式）/kɛlgitʃɛ/（直到来为止）→（口语形式）/kɛːgitʃɛ/（脱落）

＊（书写形式）/tʃalʁatʃ/（弹着/因为弹）→（口语形式）/tʃɑːʁatʃ/（脱落）

＊（书写形式）/talʁatʃ/（累着/因为累）→（口语形式）/tɑːʁatʃ/（脱落）

＊（书写形式）/alʁatʃ/（拿着/因为拿了）→（口语形式）/ɑːʁatʃ/（脱落）

第八，当动词以辅音/l/结尾，且后接动词时态愿望式附加成分/-maqtʃi/、/-mɛktʃi/形式时，动词结尾的辅音/l/脱落，为了弥补其结构上的脱落现象，用元音长化达到内部平衡；这是因为舌尖中边音/l/和双唇鼻音/m/较量后，辅音/l/以脱落的方式妥协。如：

＊（书写形式）/kɛlmɛktʃi/（为了来）→（口语形式）/kɛːgili/（脱落）

＊（书写形式）/tʃalmaqtʃi/（为了弹）→（口语形式）/tʃɑːʁili/（脱落）

＊（书写形式）/talmaqtʃi/（直到弹为止）→（口语形式）/tɑːʁutʃɛ/（脱落）

＊（书写形式）/almaqtʃi/（直到拿为止）→（口语形式）/ɑːʁutʃɛ/（脱落）

＊（书写形式）/salmaqtʃi/（直到放进去为止）→（口语形式）/sɑːʁutʃɛ/（脱落）

＊（书写形式）/kɛlmɛktʃi/（直到来为止）→（口语形式）/kɛːgitʃɛ/（脱落）

第九，当动词以辅音/l/结尾，且后接动词使动态附加成分/-ʁuz/、/-gyz/形式时，动词结尾的辅音/l/脱落，为了弥补其结构上的脱落现象，用元音长化达到内部平衡；这是因为舌尖中边音/l/、小舌擦音/ʁ/和舌尖中音/g/较量后，辅音/l/以脱落的方式完成协调。如：

＊（书写形式）/kɛlgyz/（为了来）→（口语形式）/kɛːgyz/（脱落）

＊（书写形式）/tʃalʁuz/（为了弹）→（口语形式）/tʃaːʁuz/（脱落）

＊（书写形式）/talʁuz/（直到弹为止）→（口语形式）/taːʁuz/（脱落）

＊（书写形式）/alʁuz/（直到拿为止）→（口语形式）/aːʁuz/（脱落）

＊（书写形式）/salʁuz/（直到放进去为止）→（口语形式）/saːʁuz/（脱落）

3. 以辅音/ɦ/的脱落为依据

在大部分本民族固有词中，辅音/ɦ/一般不出现在词末的位置上，所以辅音/ɦ/的脱落指的是阿拉伯、波斯借词末的辅音/ɦ/的脱落，脱落后同化元音的长读化来平衡音位之间的组合关系；这是以现代维吾尔语发音习惯为依据的脱落现象。实际上，从动态腭位的力度上看，辅音/ɦ/具有一定的难度，需要一定的消耗，所以很容易就脱落了。

＊（书写形式）/sijaɦ/（为了弹）→（口语形式）/sijaː/（脱落）

＊（书写形式）/gunaɦ/（直到弹为止）→（口语形式）/gunaː/（脱落）

＊（书写形式）/gijaɦ/（直到拿为止）→（口语形式）/gijaː/（脱落）

4. 以辅音/t/的脱落为依据

在本民族语词中，辅音/t/不会脱落，这种脱落现象较多出现在外来词上。当外来词的词末为复辅音，而且最后一个辅音为辅音/t/时，因为动态腭位的省力要求，辅音/t/就会脱落，并且以元音长化来完成其音位组合关系的内部平衡关系。这一类现象在词末为复辅音后缀加词缀时较多出现。而这一类词均为外来词。如：

/qæst + læ/（陷害）=（口语形式）/qæslæ/（脱落 t）

/muʃt + ni/（拳头）=（口语形式）/muʃni/（脱落 t）

/rast + tʃil/（诚实）=（口语形式）/rastʃil/（脱落 t）

5. 以合成词前音节的开音节形式为依据

当合成词以前面音节由元音结尾、后面结构以元音节首开始时，其第一音节节末元音将脱落。这是因为现代维吾尔语音节结构不仅要求其结构上的元音主导性来完成音节结构之间的简练性，而且为了发音上的便利，使连续发生的两个相邻的相同的元音变成长音来达到省力效果。如：

* （书写形式）/ɑta anɑ/（父母）→（口语形式）/ɑtaːnɑ/

* （书写形式）/tapatɛnɛ/（怨言）→（口语形式）/tapːtɛnɛ/

6. 小结

在这一节中，我们从音位合并和音位重现两个方面对现代维吾尔语的音位分布和音位组合中延续的几种情况进行总结，对维吾尔语历史演变中所出现的音位增减现象和音位重现现象基于腭位接触上的动态腭位阐释，从音段音位变化开始到超音段音位的变化形式进行语音演变规律的探讨，解构其构成原理，阐释了音位合并现象的舌腭接触原理，以及以"以辅音/r/的脱落为依据""以辅音/l/的脱落为依据""以辅音/ɦ/的脱落为依据""以辅音/t/的脱落为依据""以合成词前音节的开音节形式为依据"为组合内部规则的一致性关系，提出了音位合并现象的前后音变规律及其在动态腭位上的内部搭配关系和音位重现现象的内部发生的腭位轨迹，即在维吾尔语语音演变过程中所呈现的音位变化现象，不管是从音位的合并还是从音位的重现看都是以舌位组合要求为目的，是以完成内部组合一致性为遵循要求来完成的搭配模式，也是继续延续的演变规律。

结　语

语音学涉及许多学科，目前较多的是应用领域，尤其在 21 世纪，凡是与人类语言有关的语音学的内容在社会各个领域发挥着重要作用。维吾尔语作为阿尔泰语系诸语言之一，其发音特征具有代表性和延续性特征，对这些特征的动态腭位特征研究对整个语系各语族的发音研究具有重大的意义。

维吾尔语语音研究有悠久的历史，也有着丰富而优秀的研究成果，其内容涉及古今维吾尔语语音的各个方面，同时也存在较多争议，涉及语音演变过程中所呈现的不同音位形式、音位分类、音位组合搭配关系等；可是让人又惊奇又兴奋的是，不管是哪一类语音问题都离不开一个焦点：人类动态腭位特征是其内部核心问题；我们从古到今的维吾尔语语音历史演变进程中不难发现，其演变规律都围绕一个生理因素循环，即舌头在发音运动过程中的前后位置始终是维吾尔语语音变化的中心，这也是我们选用动态腭位对现代维吾尔语发音系统进行深入的舌腭接触研究的初衷。

纵观维吾尔语语音整个历史演变规律，最具有特色、代表性的是整个阿尔泰语系共有特征之一的元辅音和谐律。元辅音和谐律一直是阿尔泰语系诸多语言的核心问题，其发展变化因语言不同而呈现不同的演变形式，其中维吾尔语的元音和谐无论部位和谐还是唇状和谐都保持了较严格的和谐规律，且保持得比较完整。

维吾尔语作为被外来语影响较大的语言之一，其语音变化更具有独特的延续性特征。从古到今维吾尔语语音的发展演变，无一例外地围绕发音在舌位上的前后特征来延续，不管从音位的分布、音位的增减、音位和音位之间的组合搭配，还是以和谐律著称的元辅音组合模式的发展脉络来观察，其演变轨迹具有舌位在内部规则上的演变痕迹。

本研究对维吾尔语发音上的腭位特征进行了动态分析，构拟出其内部规律在舌腭生理上的一致性和谐性模式，提出这种模式的两种内部组合式，即显性组合和隐性组合。显性组合和隐性组合均既涉及词内部的组合要求，也包括形态变化中的不同组合要求。显性组合包括强式组合式和弱式组合式两种模式，具有代表性的组合式为强式组合式，称为元音和谐律、辅音和谐律。强式组合式均出现在元音和辅音组合形式中，其组合特征具有递归式组合和迭代式组合两种。弱式组合形式为具有书写记录形式的和谐组合形式、元辅音弱化组合形式。相较于显性组合形式，隐性形式较为丰富，也较隐蔽，其表现形式有两种组合搭配关系，即封闭性组合式和开放性组合式，其中开放性组合式较复杂，隐性特征较突出；从舌位特征上看，一般音位及其内部组合搭配关系不容易被发现，具有深层次的搭配关系，其组合表现特征为跨越性和非相邻性。

本研究进一步以现代维吾尔语音位组合关系在舌腭生理上的隐性特征为线索，对音位相邻中所出现的语流音变进行分析，探讨同化、异化、弱化、增音、脱落等语流音变现象，归纳其产生的内部原因、探索其组合规律，提出了其动态腭位上的舌腭接触关系，并在此基础上构拟出其演变趋势。

最后，本研究对维吾尔语历史演变中所出现的音位增减现象和音位变化现象进行舌腭接触中的生理学阐释，以音段音位变化和超音段音位变化两种变化形式展开论述，解析了音位合并现象的舌腭接触原理和以"以辅音/r/的脱落为依据""以辅音/l/的脱落为依据""以辅音/ɦ/的脱落为依据""以辅音/t/的脱落为依据""以合成词前音节的开音节形式为依据"为组合内部手段，提出了音位重现现象的产生轨迹。

总之，本研究作为国内外维吾尔语语音研究史上的一个新尝试，也是一项全新的、没有维吾尔语研究先例可供参考和借鉴的言语产生方面的语音实验分析性研究，首次建立了现代维吾尔语元辅音动态腭位数据库，首次通过自建动态腭位数据库语料对现代维吾尔语语音系统进行生理特征分析，检验现代维吾尔语传统语音学理论，提出自己的观点；采用动态腭位数据，首次对现代维吾尔语元辅音语音特征进行生理特征分析，对现代维吾尔语元辅音和谐律、语流音变等普遍现象中存在的疑难问题进行深入探讨，构拟出其产生此类问题的动态腭位原理；采用动态腭位数据，首次对在维吾尔语研究界有争议的元音/i/的前后性特征、语音演变中的增减变化以及在音节组合过程中的前后舌位表现展开讨论，提出其动态腭位上的独特性和音节组合方面的依赖性等动态腭位特征。

参考文献

一 著作

陈宗振：《维吾尔语史研究》，中国社会科学出版社2016年版。

傅懋勣主编，阿西木、米海力、宋正纯著：《维吾尔语罗布话研究》，中央民族大学出版社2000年版。

哈力克·尼亚孜、木哈拜提·喀斯木：《语音学与语言调查》，新疆大学出版社1988年版。

W. 科特维奇：《阿尔泰诸语言研究》，哈斯译，内蒙古教育出版社2004年版。

辞海编辑委员会：《辞海》上册，上海辞书出版社1979年版。

米尔苏力坦·乌斯曼诺夫：《现代维吾尔语和田方言》，新疆人民出版社2004年版。

米尔苏里唐·乌斯曼诺夫：《现代维吾尔语罗布泊方言》，新疆大学出版社1999年版。

米海力：《维吾尔语喀什话研究》，中央民族大学出版社1997年版。

米娜瓦尔·艾比不拉：《维吾尔语方言和语言调查》，民族出版社2004年版。

木哈拜提·哈斯木等：《现代维吾尔语方言主要语音、语法现象比较研究》，新疆人民出版社2012年版。

石锋：《语音格局——语音学与音系学的交汇点》，商务印书馆2008年版。

亚热·艾白都拉：《现代维吾尔语》，新疆人民出版社2003年版。

易斌：《现代维吾尔语元音的实验语音学研究》，中国社会科学出版社

2012 年版。

再娜甫·尼牙孜：《现代维吾尔语概论——语音和句法》，中央民族大学出版社 2008 年版。

张洋：《汉维语音对比研究与维吾尔语音析辨》，新疆大学出版社 1999 年版。

周同春：《汉语语音学》，北京师范大学出版社 2003 年版。

二 期刊论文

阿依努尔·努尔太：《维吾尔语双音节词元音格局研究》，《计算机工程与科学》2013 年第 1 期。

阿迪力江·赛买提、王玲、阿地力·莫明：《维吾尔族腭咽闭合功能不全患者语音清晰度及其辅音/r/声学特征的初步研究》，《实用口腔医学杂志》2015 年第 1 期。

阿·巴克、杨承兴：《现代维吾尔文学语言的语音和谐律》，《喀什师范学院学报》1989 年第 1 期。

阿依木尼萨·胡甫尔、艾斯卡尔·艾木都拉：《面向语音合成的维吾尔语音素自动切分算法研究》，《计算机应用与软件》2011 年第 9 期。

艾斯卡尔·艾木都拉：《从实验语音学角度探析维吾尔语鼻音的声学特征》，《中文信息学报》2012 年第 1 期。

艾斯卡尔·肉孜等：《维吾尔语长元音的实验语音学研究》，《通信技术》2010 年第 11 期。

鲍怀翘、阿西木：《维吾尔语元音声学初步分析》，《民族语文》1988 年第 5 期。

宝玉柱：《蒙古语正蓝旗土语元音和谐律研究》，《语言研究》2010 年第 1 期。

包桂兰、哈斯其木格、呼和：《基于 EPG 的蒙古语辅音发音部位研究》，《民族语文》2020 年第 3 期。

才甫丁·依沙克：《柯尔克孜语与维吾尔语元音和谐规律产生差异的原因初探》，《和田师范专科学校学报》2013 年第 2 期。

沈晓楠：《汉语普通话声调的协同发音》，林茂灿译，《外国语言学》1992

年第 2 期。

池明喜：《浅谈维吾尔语元音 "ᵾ、ᴀ" 的弱化现象》，《语言与翻译》1996 年第 3 期。

古力努尔·艾尔肯、艾斯卡尔·艾木都拉、地里木拉提·吐尔逊：《维吾尔语四音节元音和谐词的共振峰模式研究》，《通信技术》2013 年第 11 期。

哈妮克孜·伊拉洪、祖丽皮亚·阿曼、艾斯卡尔·艾木都拉：《维吾尔语单音节词复辅音声学分析》，《中文信息学报》2009 年第 4 期。

胡振华：《柯尔克孜语中的元音和谐——兼论元音和谐不等于同化作用》，《中央民族大学学报》1981 年第 1 期。

华锦木、张新春：《维吾尔谚语的韵律特征》，《语言与翻译》2012 年第 3 期。

江海燕、刘岩、卢莉：《维吾尔语词重音的实验研究》，《民族语文》2010 年第 3 期。

金·巴音巴特尔：《蒙古语和维吾尔语词义比较》，《内蒙古师范大学学报》1993 年第 1 期。

剧朝阳、吾买尔江·阿木提：《维吾尔语向格词尾的和谐运用研究》，《民族翻译》2011 年第 12 期。

李燕：《论维吾尔语元音 /i/ 和 /e/ 的定位及其音位变体》，《佛山科学技术学院学报》（社会科学版）2010 年第 3 期。

李兵：《舌根后缩元音和谐系统中性元音的可透性》，《民族语文》2002 年第 2 期。

李英浩：《普通话舌尖前擦音的动态发音过程及其声学分析》，《安庆师范学院学报》（社会科学版）2011 年第 3 期。

李军：《论现代维语语音紧缩及其对音节结构的影响》，《新疆大学学报》（哲学社会科学版）2000 年第 3 期。

力提甫·托乎提：《论维吾尔语动词 tur- 在语音和语法功能上的发展》，《民族语文》1997 年第 2 期。

力提甫·托乎提：《电脑处理维吾尔语语音和谐律的可能性》，《中央民族大学学报》2004 年第 5 期。

刘向晖:《现代维语的核心音节与边际音节》,《语言与翻译》2000 年第 2 期。

孟庆铭:《现代维吾尔语元音/i/的习得偏误实验研究——以汉族学生为例》,《伊犁师范学院学报》(社会科学版)2014 年第 12 期。

买力坎木·苏来曼:《现代维吾尔语元音弱化的实验分析》,《西北民族大学学报》(自然科学版)2012 年第 6 期。

穆巴热克孜·穆合塔尔:《维吾尔语腭咽闭合功能障碍患者辅音/q/特点及其矫正方法的初探》,《新疆医科大学学报》2015 年第 4 期。

木再帕尔、高莲花:《维吾尔语乌什话语音特点》,《满语研究》2015 年第 2 期。

帕丽旦·木合塔尔、吾守尔·斯拉木:《维吾尔语语言合成系统前端文本处理技术研究》,《计算机应用与软件》2012 年第 5 期。

秦春香、黄浩、哈力旺·阿不都热依木:《基于音位学特征的维吾尔语声学建模》,《新疆大学学报》(自然科学版)2012 年第 3 期。

塔依尔·塔希巴也夫:《塔城地区维吾尔语的语音特点》,苏全贵译,《语言与翻译》1989 年第 4 期。

吐尔逊·卡得:《维语柯坪土语中的辅音变化及其音系学分析》,《语言与翻译》2011 年第 3 期。

王昆仑:《维吾尔语音节语音识别与识别基元的研究》,《计算机科学》2003 年第 7 期。

王昆仑、张贯虹、吐尔洪江·阿布都克力木:《维吾尔语元音的声频特性分析和识别》,《中文信息学报》2010 年第 2 期。

谢万章:《〈纳瓦木卡姆〉唱词阿鲁孜格律对旋律节奏的影响》,《中国音乐》2010 年第 2 期。

杨雅婷、马博、王磊、吐尔洪·吾司曼、李晓:《维吾尔语语音识别中发音变异现象》,《清华大学学报》(自然科学版)2011 年第 9 期。

叶少钧:《古今维吾尔语语音初探》,《喀什师范学院学报》1985 年第 S1 期。

伊敏:《维吾尔语的语音美》,《语言与翻译》1991 年第 4 期。

依米提·赛买提:《汉语对维吾尔语语音的影响》,解牛译,《语言与翻译》1993 年第 1 期。

易坤琇：《现代维吾尔文学语言中 a、ε 变 e、i 的问题》,《民族语文》1985 年第 6 期。

易斌：《现代维吾尔语元音格局分析》,《新疆大学学报》（哲学社会科学版）2006 年第 1 期。

赵相如：《试论现代维吾尔语辅音的弱化》,《喀什师范学院学报》1987 年第 2 期。

孜丽卡木·哈斯木、那斯尔江·吐尔逊、吾守尔·斯拉木：《维吾尔语词首音节元音声学分析》,《中文信息学报》2009 年第 5 期。

张鸿义、孟大庚：《浅说现代维吾尔语元音/i/及其变体》,《民族语文》1982 年第 5 期。

张洋：《现代维语复辅音》,《新疆大学学报》（哲学社会科学版）1997 年第 1 期。

张亮、张玉萍：《试析现代维吾尔语 [i] 和 [δ] 音位》,《新疆大学学报》（哲学社会科学版）1987 年第 2 期。

郑玉玲：《普通话动态腭位图与言语矫治》,《听力学及言语疾病杂志》2006 年第 2 期。

三　学位论文

阿力木江·托乎提：《维吾尔语语音和谐规律处理及其软件设计》,硕士学位论文,中央民族大学,2007 年。

曹亮：《维吾尔语可视语音合成中声视同步和表情控制研究》,硕士学位论文,新疆大学,2014 年。

李鹏飞：《基于深度学习的维语语音识别研究》,硕士学位论文,安徽大学,2016 年。

李莉：《维语文语转换系统的研究与实现》,硕士学位论文,新疆大学,2004 年。

刘韶华：《不同语速下维吾尔语无声停顿的形式和功能》,硕士学位论文,新疆师范大学,2008 年。

马欢：《基于不定长拼接单元的维吾尔语文语转换系统的研究与实现》,

硕士学位论文，新疆大学，2006年。

诺明花：《维吾尔语孤立词和连续数字语音识别系统的设计与实现》，硕士学位论文，新疆大学，2006年。

赛尔达尔·雅力坤：《维吾尔语塞音的声学特征分析》，硕士学位论文，新疆大学，2012年。

提力瓦尔地·斯地克：《初中维吾尔语文课程中有关语音学知识的难点初探》，硕士学位论文，中央民族大学，2016年。

魏玉清：《维吾尔语和谐现象的音系学研究》，博士学位论文，华东师范大学，2010年。

徐辉：《新疆维吾尔族腭裂患者术后病理性语音特点的研究》，硕士学位论文，新疆医科大学，2012年。

四　会议论文

阿里木·玉苏甫：《维吾尔语口语中辅音脱落现象的实验分析》，第十届中国语音学学术会议论文，上海，2012年5月。

江海燕、刘岩、卢莉：《维吾尔语语音韵律的方言差异》，第十届全国人机语音通信学术会议论文，兰州，2009年8月。

库尔班·吾布力、艾斯卡尔·艾木都拉：《基于量化模型的维吾尔语调曲线F_0的合成技术研究》，民族语言文字信息技术研究——第十一届全国民族语言文字信息学术研讨会论文，云南，2007年2月。

王奖：《现代维吾尔语的辅音声学特征研究》，第十届中国语音学学术会议论文，上海，2012年5月。

王昆仑、樊志锦、吐尔洪江、方晓华、徐绍琼、吾买尔：《维吾尔语综合语音数据库系统》，第五届全国人机语音通信学术会议论文，哈尔滨，1998年7月。

王海波、阿布力克木：《维吾尔口语里元音长短的听辨与声学分析》，第九届中国语音学学术会议论文，天津，2010年5月。

易斌：《维吾尔语"q（ʁ、x）+i+c"式音节中元音i的声学分析》，第六届全国现代语音学学术会议论文，天津，2003年10月。

易斌：《现代维吾尔语元音/i/的实验分析》，第七届中国语音学学术会议暨语音学前沿问题国际论坛论文,北京,2006年10月。

五 外文文献

Bell, A. M., Visible Speech: The Science of Universal Alphabetics, or Self-interpreting physiologicap Letters, for the Writing of All Langnages in One Alphabtt (Lnangural echition), London: Simpkin, Marshall, 1867.

Jones, D., *An Outline of English Phonetics*, cambrdy Cambridge Umverstiy Press, 1932 [1918].

Li Jian, *The Research on Mandarin Consonants Based on EPG*, Ph. M. dissertation, Zhejiang University, 2004.

Li, Shuaili and Bao, Xiaomin, "Design and Implementation of a Matlab-Based DES Encryption Algorithm", *Journal of Northeast Minorities University*, Vol. 3, No. 1, March 2010.

Liu, Jia, *Articulation Place of consonants in Standard Chinese: Research Based on EPG*, Ph. M. dissertation, Zhejiang University, 2006.

Lloyd, R. S., Speech souds: Their nature and Causntion (1). Phonetische Stuchen, 1890, 3: 251 – 78.

Russel, G. O., *The vowdl: Its physiologial Mechanism as Shown by X – ray*, Columbns, OH: Ohio State Umversity press, 1928.

SGFLecher, Seeing Speech in real time/EEE spectrum, 1982, 19: 42 – 45.

Zheng Ting-Ting, Ye Zhe-Jiang and Qi Yong, "DES data encryption algorithm research and its matlab realization", *Information & Communications*, Vol. 5, No. 2, May 2007.

附录1 维吾尔文字母和国际音标的对照表

国际音标	字母	舌位特征	国际音标	字母	舌位特征
/m/	م	双唇前鼻音	/ɑ/	ا	后元音
/o/	ئو	后次高元音	/b/	ب	双唇塞浊音
/ø/	ئۆ	前次高元音	/p/	پ	双唇塞清音
/u/	ئۇ	后高元音	/n/	ن	舌尖前后鼻音
/y/	ئۈ	前高元音	/t/	ت	舌尖前清塞音
/v/	ۋ	唇齿擦音	/dʒ/	ج	舌前塞擦浊音
/s/	س	舌尖前擦音	/tʃ/	چ	舌前塞擦清音
/ʃ/	ش	舌前擦音	/x/	خ	小舌擦清音
/d/	د	舌尖中塞音	/f/	ف	唇齿擦清音
/r/	ر	舌尖中颤音	/q/	ق	小舌塞清音
/z/	ز	舌尖前擦音	/ʁ/	غ	小舌擦浊音
/ɛ/	ئە	前次低元音	/k/	ك	舌后塞清音
/e/	ئې	中次高元音	/g/	گ	舌后塞浊音
/i/	ئى	中高元音	/ŋ/	ڭ	舌后鼻浊音
/j/	ي	舌面擦音	/l/	ل	舌尖中浊边音
/ɦ/	ھ	喉壁擦浊音	/ʒ/	ژ	舌前擦浊音

附录2 现代维吾尔语动态腭位词表及其音标对照表

现代维吾尔语例词	汉译	转写形式	音节结构
ئات	马	at	VC
ئاغ	倒向	aʁ	VC
ئاق	白	aq	VC
ئال	拿	al	VC
ئاس	挂	as	VC
ئاش	饭	aʃ	VC
ئاز	少	az	VC
ئاڭ	精神	aŋ	VC
ئاھ	唉	ah	VC
ئاي	月亮	aj	VC
ئەپ	合适	ɛp	VC
ئەت	皮肤	ɛt	VC
ئەگ	弯下	ɛg	VC
ئەل	人民	ɛl	VC
ئەر	男	ɛr	VC
ئەس	记性	ɛs	VC
ئەش	做（面积子）	ɛʃ	VC
ئەز	压迫	ɛz	VC
ئەن	记录	ɛn	VC

续表

现代维吾尔语例词	汉译	转写形式	音节结构
ئەڭ	最	εŋ	VC
ئەم	吃奶	εm	VC
ئەي	哎	εj	VC
ئىت	狗	it	VC
ئىل	勾住	il	VC
ئىس	炊烟	is	VC
ئىش	事	iʃ	VC
ئىز	痕迹	iz	VC
ئىچ	内	itʃ	VC
ئوت	火/草	ot	VC
ئوق	子弹	oq	VC
ئور	窑	or	VC
ئون	十	on	VC
ئوڭ	右/正确	oŋ	VC
ئوي	想法	oj	VC
ئۆت	胆	øt	VC
ئۆل	死	øl	VC
ئۆر	编	ør	VC
ئۆس	长	øs	VC
ئۆز	自己	øz	VC
ئۆڭ	皮肤/变色	øŋ	VC
ئۆم	团结	øm	VC
ئۆچ	恨	øtʃ	VC
ئۆي	房子	øj	VC
ئۇت	赢	ut	VC
ئۇق	知道	uq	VC
ئۇل	根基	ul	VC
ئۇر	打	ur	VC
ئۈس	剩	us	VC
ئۇز	漂亮	uz	VC
ئۇن	面粉	un	VC

续表

现代维吾尔语例词	汉译	转写形式	音节结构
ئۇھ	唉声叹气	uh	VC
ئۇچ	飞	uʧ	VC
ئۇي	团结，凝结	uj	VC
ئىس	撞	ys	VC
ئىز	摘	yz	VC
ئىن	声音	yn	VC
پا	烫	Pa	CV
پو	吹牛	po	CV
دە	说	dɛ	CV
قى	做	qi	CV
لا	啦	la	CV
سو	错	so	CV
سۇ	水	su	CV
شۇ	就是	ʃu	CV
زا	痛苦	za	CV
زو	封斋月早餐	zo	CV
خو	好	xo	CV
مە	给	mɛ	CV
مۆ	牛叫声	mø	CV
ھا	哈哈	ha	CV
ھە	是的	hɛ	CV
ھۆ	呕吐	hø	CV
جا	假	ʤa	CV
يا	或许	ja	CV
يە	吃	jɛ	CV
يۇ	洗	ju	CV
ۋە	和	vɛ	CV
باپ	收拾	Bap	CVC
بوپ	方块（扑克）	bop	CVC
بەت	页码	bɛt	CVC
بوت	拟声词	bot	CVC

续表

现代维吾尔语例词	汉译	转写形式	音节结构
بوت	佛	but	CVC
بەگ	老爷	bɛg	CVC
بۆك	帽子	bøk	CVC
بۈك	茂密	byk	CVC
باغ	公园	baʁ	CVC
بوغ	绑住	boʁ	CVC
باق	看	baq	CVC
بال	蜜	bal	CVC
بەل	腰	bɛl	CVC
بىل	懂	bil	CVC
بول	快点	bol	CVC
بۆل	分	bøl	CVC
بار	去/有	bar	CVC
بەر	给	bɛr	CVC
بىر	一	bir	CVC
بور	粉笔	bor	CVC
باس	压	bas	CVC
بەس	够了	bɛs	CVC
بىس	刀剑	bis	CVC
بۆس	跨越	bøs	CVC
بۇس	灰尘	bus	CVC
باش	头	baʃ	CVC
بەش	五	bɛʃ	CVC
بوش	软	boʃ	CVC
بەز	腺	bɛz	CVC
بىز	我们	biz	CVC
بۆز	麻	bøz	CVC
باڭ	榜	baŋ	CVC
باغ	果园	baʁ	CVC
بخ	种子	bix	CVC
بۆھ	吓唬声音	bøh	CVC

附录2 现代维吾尔语动态腭位词表及其音标对照表 | 277

续表

现代维吾尔语例词	汉译	转写形式	音节结构
باج	税	baʤ	CVC
باي	富有	baj	CVC
بوي	个头	boj	CVC
بۇي	味道	buj	CVC
پات	沉	pat	CVC
پت	虱子	pit	CVC
پوت	拟声词	pot	CVC
پۇت	脚丫子	put	CVC
پاك	干净/纯洁	pak	CVC
پوك	拟声词	pok	CVC
پۇك	拟声词	puk	CVC
پوق	屎	poq	CVC
پال	算命	pal	CVC
پل	大象	pil	CVC
پول	地板	pol	CVC
پۇل	钱	pul	CVC
پار	暖气/贿赂	par	CVC
پر	拟声词转圈	pir	CVC
پور	虚胖	por	CVC
پۇر	拟声词飞	pur	CVC
پاس	拟声词	pas	CVC
پەس	矮	pɛs	CVC
پس	拟声词	Pis	CVC
پوس	拟声词	pos	CVC
پۇس	拟声词	pus	CVC
پەش	逗号	pɛʃ	CVC
پۇش	拟声词呼噜声	puʃ	CVC
پاژ	拟声词油炸声	paʒ	CVC
پژ	拟声词炎热	piʒ	CVC
پاڭ	聋子	paŋ	CVC
پۇڭ	分钱	puŋ	CVC

续表

现代维吾尔语例词	汉译	转写形式	音节结构
پخ	笑声	pix	CVC
پەم	有方法	pɛm	CVC
پاھ	哇塞	pah	CVC
پچ	切	pitʃ	CVC
پۇچ	分	putʃ	CVC
پۇف	拟声词表示臭	puf	CVC
پاي	股票	paj	CVC
پە	拟声词表示话多	pɛ	CVC
داپ	鼓	dap	CVC
دات	诉苦	dat	CVC
دۆت	笨蛋	døt	CVC
دەل	正好	dɛl	CVC
دوك	驼背	døk	CVC
دۆك	拟声词	dyk	CVC
داغ	痕迹/斑点	daʁ	CVC
دوغ	冰饮料	doʁ	CVC
دۇغ	沉淀物	duʁ	CVC
دوق	赌气	doq	CVC
دال	遮挡	dal	CVC
دىل	心灵	dil	CVC
دار	砍头台	dar	CVC
دىر	颤抖	dir	CVC
داس	盆子	das	CVC
سەد	站起	dɛs	CVC
دۇس	拟声词走路声	dys	CVC
دش	拟声词武术声	diʃ	CVC
دۆش	拟声词	døʃ	CVC
دەز	裂痕	dɛz	CVC
دان	粒米	dan	CVC
داڭ	拟声词惊讶状态	daŋ	CVC
دەڭ	说	dɛŋ	CVC

续表

现代维吾尔语例词	汉译	转写形式	音节结构
دوڭ	拟声词走路状态	doŋ	CVC
دۆڭ	坡	døŋ	CVC
دۇڭ	拟声词表示高兴	duŋ	CVC
دۆل	飞	dul	CVC
داغ	斑点	daʁ	CVC
داق	瘦/干	daq	CVC
دام	炫耀	dam	CVC
دەم	一会儿	dɛm	CVC
دېم	休息	dem	CVC
دوم	拟声词	dom	CVC
دۆم	拟声词拍背	dym	CVC
دېي	光盘/碟子	dej	CVC
دۈي	队	dyj	CVC
تىت	撕开	tit	CVC
توت	抓	tut	CVC
تۆت	四	tøt	CVC
تەگ	嫁给/碰	tɛg	CVC
تۈگ	握	tyg	CVC
تاك	敲门声	tak	CVC
تەك	葡萄藤	tɛk	CVC
تىك	陡峭	tik	CVC
توك	电	tok	CVC
تۆك	倒	tøk	CVC
تۈك	毛	tyk	CVC
تاغ	山	taʁ	CVC
تېغ	刀	tiʁ	CVC
تۇغ	旗	tuʁ	CVC
تاق	单	taq	CVC
تەق	准备好	tɛq	CVC
تىق	装满	tiq	CVC
توق	饱	toq	CVC

续表

现代维吾尔语例词	汉译	转写形式	音节结构
تال	根	tal	CVC
تەل	十全	tɛl	CVC
تىل	舌头/语言	til	CVC
تول	丰满	tol	CVC
تۆل	寡妇	tul	CVC
تار	窄	tar	CVC
تەر	种	tɛr	CVC
تىر	拟声词	tir	CVC
تور	网	tor	CVC
تۆر	上座	tør	CVC
تۇر	站起来	tur	CVC
تۈر	袖子卷起来	tyr	CVC
تاس	差点	tas	CVC
تەس	难	tɛs	CVC
توس	挡住	tos	CVC
تۈس	面貌	tys	CVC
تاق	拟声词走路声	taq	CVC
تەش	穿孔	tɛʃ	CVC
توش	传送	toʃ	CVC
تۆش	肚子	tøʃ	CVC
تۈش	沙琪玛	tuʃ	CVC
تاز	秃头	taz	CVC
تىز	膝盖	tiz	CVC
تېز	快点	tez	CVC
توز	孔雀	toz	CVC
تۇز	咸盐	tuz	CVC
تۈز	直性子	tyz	CVC
تان	否认	tan	CVC
تەن	身体	tɛn	CVC
تىن	说出去	tin	CVC
تون	外套	ton	CVC

续表

现代维吾尔语例词	汉译	转写形式	音节结构
تۆن	缝麻袋	tøn	CVC
تۈن	夜晚	tyn	CVC
تاڭ	不知道/天	taŋ	CVC
تەڭ	半/等于	tɛŋ	CVC
توڭ	生的	toŋ	CVC
تۈڭ	桶子	tuŋ	CVC
تام	墙	tam	CVC
تەم	味道	tɛm	CVC
تم	拟声词水声	tim	CVC
توم	粗	tom	CVC
تاج	皇冠	tadʒ	CVC
تاي	马驹	taj	CVC
توي	婚礼	toj	CVC
تۈي	感受	tuj	CVC
گەپ	话	gɛp	CVC
گۈپ	拟声词掉东西	gyp	CVC
گت	骨头内的软组织	git	CVC
گال	喉咙/钝	gal	CVC
گۆل	傻子	gøl	CVC
گۈل	花朵	gyl	CVC
گار	篮筐	gar	CVC
گۆر	坟墓	gør	CVC
گۈر	拟声词风声	gyr	CVC
گاس	聋子	gas	CVC
گۈس	拟声词走路声	gus	CVC
گۆش	肉	gøʃ	CVC
گر	拟声词	gir	CVC
گاز	气	gaz	CVC
گەز	干裂	gɛz	CVC
گاڭ	钢	gaŋ	CVC
گاھ	有时	gah	CVC

续表

现代维吾尔语例词	汉译	转写形式	音节结构
كەج	肩	gedʒ	CVC
گاچ	拟声词快点做	gatʃ	CVC
كاپ	拟声词快点抓	kap	CVC
كۆپ	多	køp	CVC
كۈپ	立体	kyp	CVC
كەت	走	kɛt	CVC
كۆت	屁股	køt	CVC
كۆك	蓝色/天	køk	CVC
قاق	干/干果	qaq	CVC
قىق	拟声词	qiq	CVC
قال	留下	qal	CVC
قىل	做	qil	CVC
قول	手	qol	CVC
قىر	杀绝	qir	CVC
قۇل	奴隶	qul	CVC
قار	雪	qar	CVC
قۇر	建立	qur	CVC
قاس	拟声词关节声音	qas	CVC
قىس	短缺	qis	CVC
قۇس	呕吐	qus	CVC
قىش	冬天	qiʃ	CVC
قوش	双	qoʃ	CVC
قۇش	鸟	quʃ	CVC
قاز	挖掘	qaz	CVC
قىز	女儿	qiz	CVC
قال	留下	qal	CVC
قەن	甜/方块糖	qɛn	CVC
قون	住下	qon	CVC
قۇڭ	屁股	qoŋ	CVC
قىم	拟声词身体痒痒	qim	CVC
قۇم	沙子	qum	CVC

续表

现代维吾尔语例词	汉译	转写形式	音节结构
قوج	翻	qoʤ	CVC
قاچ	逃	qaʧ	CVC
قوچ	加	qoʧ	CVC
قُۇچ	得到	quʧ	CVC
قاي	晕	qaj	CVC
قوي	羊	qoy	CVC
قۇي	筑	quj	CVC
قۇۋ	狡猾	quv	CVC
لاپ	吹牛	lap	CVC
لاپ	吹	lap	CVC
لەپ	拟声词飘	lɛp	CVC
لپ	拟声词眼跳	lip	CVC
لاك	睫毛膏	lak	CVC
لغ	拟声词丰满	liʁ	CVC
لق	满	liq	CVC
لوق	拟声词大块	loq	CVC
لاس	泄气	las	CVC
لس	点心模型	lis	CVC
لەش	软奄奄	lɛʃ	CVC
لم	顶梁	lim	CVC
لۆم	窝囊	løm	CVC
لاي	泥巴	laj	CVC
لەۋ	唇	lɛv	CVC
رود	性	rod	CVC
رەت	排	rɛt	CVC
راك	癌症/虾	rak	CVC
روك	穷	rok	CVC
رول	角色	rol	CVC
راس	真实	ras	CVC
روس	俄罗斯	ros	CVC
رۇق	拟声词	ruq	CVC

续表

现代维吾尔语例词	汉译	转写形式	音节结构
رەڭ	颜色	rɛŋ	CVC
رام	框	ram	CVC
رەم	算命	rɛm	CVC
رىم	罗马	rim	CVC
روھ	精神	roh	CVC
راي	语气	raj	CVC
ساپ	纯洁	sap	CVC
سەپ	队伍	sɛp	CVC
سىپ	拟声词	sip	CVC
سات	卖	sat	CVC
سەت	难看	sɛt	CVC
سوت	法庭	sot	CVC
سۇت	奶子	syt	CVC
سۆك	挖苦	søk	CVC
ساغ	挤奶	saʁ	CVC
سىغ	挤满	siʁ	CVC
ساق	健康	saq	CVC
سوق	心脏跳动	soq	CVC
سال	放下	sal	CVC
سول	左	sol	CVC
سەر	两（银子）	sɛr	CVC
سەر	难过	ser	CVC
سىر	秘密	sir	CVC
ساز	音乐	saz	CVC
سەز	感觉	sɛz	CVC
سىز	您	siz	CVC
سۈر	古兰经语句	syr	CVC
سۆز	语句	søz	CVC
سۈز	捞起来	syz	CVC
سان	数字	san	CVC
سەن	你	sɛn	CVC

附录 2　现代维吾尔语动态腭位词表及其音标对照表 | 285

续表

现代维吾尔语例词	汉译	转写形式	音节结构
سۇن	碎	sun	CVC
سوڭ	臀部	soŋ	CVC
سم	钢丝	sim	CVC
سوم	元	som	CVC
سۇھ	拟声词吐	syh	CVC
ساچ	头发	satʃ	CVC
سۆف	拟声词	syf	CVC
سەي	菜	sɛj	CVC
سي	尿	sij	CVC
سوي	宰	Soj	CVC
سۈي	亲	søj	CVC
شاد	高兴	ʃad	CVC
شەك	怀疑	ʃɛk	CVC
شۇك	安静	ʃuk	CVC
شۈك	静	ʃyk	CVC
شال	稻子	ʃal	CVC
شار	气球	ʃar	CVC
شر	拟声词	ʃir	CVC
شور	盐地	ʃor	CVC
شۇر	拟声词	ʃur	CVC
شاش	活泼	ʃaʃ	CVC
شات	高兴	ʃat	CVC
شاخ	树枝	ʃax	CVC
شوخ	活泼	ʃox	CVC
شام	蜡烛	ʃam	CVC
شم	西服	ʃim	CVC
شۇم	不幸	ʃum	CVC
شاھ	国王	ʃah	CVC
زات	人士	zat	CVC
زت	矛盾	zit	CVC
زىق	串	ziq	CVC

续表

现代维吾尔语例词	汉译	转写形式	音节结构
زوق	愉悦	zoq	CVC
زال	礼堂	zal	CVC
جىر	歌曲伴奏	ʤir	CVC
جۆر	伴侣	ʤør	CVC
جۈر	走	ʤyr	CVC
جات	拟声词撕开	ʤat	CVC
جىت	拟声词撕裂	ʤit	CVC
جاڭ	拟声词敲锣	ʤaŋ	CVC
جەڭ	战争	ʤɛŋ	CVC
جىڭ	真	ʤiŋ	CVC
جام	酒杯	ʤam	CVC
جەم	团结	ʤɛm	CVC
جىم	安静	ʤim	CVC
جاي	地方	ʤaj	CVC
جاۋ	嘴角	ʤav	CVC
چاپ	坎	ʧap	CVC
چەپ	左撇子	ʧɛp	CVC
چىپ	拟声词出汗	ʧip	CVC
چۆپ	草	ʧøp	CVC
چات	干涉	ʧat	CVC
چەت	远方	ʧɛt	CVC
چىت	面料	ʧit	CVC
چوت	算盘	ʧot	CVC
چىگ	绑起来	ʧig	CVC
چۆگ	解开	ʧug	CVC
چاك	裂痕	ʧak	CVC
چەك	支票	ʧɛk	CVC
چىك	钟声	ʧik	CVC
چوك	亲嘴声	ʧok	CVC
چۆك	沉醉	ʧøk	CVC
چاغ	时候	ʧaʁ	CVC

续表

现代维吾尔语例词	汉译	转写形式	音节结构
چېغ	竹子	tʃiʁ	CVC
چوغ	火焰	tʃoʁ	CVC
چاق	轮胎	tʃaq	CVC
چىق	出来	tʃiq	CVC
چوق	啄	tʃoq	CVC
چال	弹奏	tʃal	CVC
چۆل	戈壁滩	tʃøl	CVC
چۇل	碎片	tʃul	CVC
چار	督	tʃar	CVC
چاس	拟声词巴掌声	tʃas	CVC
چوس	脾气暴	tʃus	CVC
چىش	牙齿	tʃiʃ	CVC
چۆش	梦	tʃyʃ	CVC
چىت	棉布料	tʃit	CVC
چاڭ	拟声词响亮	tʃaŋ	CVC
چىڭ	硬/结实	tʃiŋ	CVC
چوڭ	大	tʃoŋ	CVC
چۆڭ	响亮/洪亮	tʃuŋ	CVC
چام	拟声词	tʃam	CVC
چەم	鞋底	tʃɛm	CVC
چىم	草坪	tʃim	CVC
چاچ	头发	tʃatʃ	CVC
چاي	茶叶	tʃaj	CVC
ياپ	盖住	jap	CVC
يەپ	吃	jɛp	CVC
يىپ	线	jip	CVC
يول	路	jol	CVC
يات	躺下	jat	CVC
يەت	到达	jɛt	CVC
يۇت	咽下去	jut	CVC
ياغ	油	jaʁ	CVC

续表

现代维吾尔语例词	汉译	转写形式	音节结构
يان	后退	jan	CVC
يوق	没有	joq	CVC
يۇل	拔	jul	CVC
يەل	气	jɛl	CVC
يىل	年	jil	CVC
يار	情人/伤口	jar	CVC
يۇق	粘	juq	CVC
يەر	地	jɛr	CVC
يۈر	走	jyr	CVC
ياش	年轻/眼泪	jaʃ	CVC
يەش	逗号	jɛʃ	CVC
ياز	写/夏天	jaz	CVC
يۈز	脸面/一百	jyz	CVC
يان	旁边	jan	CVC
يەڭ	袖子	jaŋ	CVC
يۇل	拔	jul	CVC
يۇم	闭	jum	CVC
ياي	展开	jaj	CVC
يۈي	洗	juj	CVC
يۈۋ	洗	juv	CVC
ۋەت	嘲笑声	vɛt	CVC
ۋىت	拟声词碎嘴	vit	CVC
ۋال	拟声词闪光	val	CVC
ۋار	拟声词大声	var	CVC
ۋاس	拟声词	vas	CVC
ۋاژ	拟声词油炸声	vaʒ	CVC
ۋاڭ	王	vaŋ	CVC
ۋاخ	时候	vax	CVC
ۋاھ	惊讶声	vah	CVC
ۋاچ	拟声词干脆	vatʃ	CVC
ۋاي	哎呀	vaj	CVC

续表

现代维吾尔语例词	汉译	转写形式	音节结构
ۋەي	喂（打电话）	vɛj	CVC
ۋۇي	叫唤	vuj	CVC
ئەرز	诉讼	ɛrz	VCC
ئۇيت	凝冻	ujt	VCC
ئەرت	擦	ɛrt	VCC
ئارت	附加/增加	art	VCC
پەرت	拟声词	pirt	CVCC
پورت	港口	port	CVCC
پۇرت	拟声词放屁	purt	CVCC
دارت	拟声词撕开	dart	CVCC
دەرت	痛苦	dɛrt	CVCC
دوست	朋友	dost	CVCC
دوست	友谊	dosr	CVCC
تارت	拉	tart	CVCC
تارت	拟声词撕拉	tart	CVCC
تۆرت	蛋糕	tort	CVCC
تىنچ	安静	tintʃ	CVCC
قورق	害怕	qorq	CVCC
قەست	陷害	qɛst	CVCC
قەرز	债务	qɛrz	CVCC
قايت	返回	qajt	CVCC
سارت	维族	sart	CVCC
سۈرت	擦	syrt	CVCC
سورت	品种	sort	CVCC
قارت	拟声词	qart	CVCC
كورت	扑克	kort	CVCC
مارت	三月	mart	CVCC
يۇرت	故乡	jurt	CVCC
شەرت	条件	ʃɛrt	CVCC
شەرت	条件	ʃɛrt	CVCC
مەرت	大方	mɛrt	CVCC

续表

现代维吾尔语例词	汉译	转写形式	音节结构
يالت	闪	jalt	CVCC
شارت	拟声词哗哗	ʃart	CVCC
خورت	打呼噜声	xort	CVCC
مرت	拟声词	mirt	CVCC
مورت	拟声词	mort	CVCC
مۇرت	尸体	murt	CVCC
تورت	点心	tort	CVCC
پەرت	拟声词闪躲	pɛrt	CVCC
گرت	拟声词啃骨头	girt	CVCC
غارت	拟声词开门	ʁart	CVCC
غرت	拟声词	ʁirt	CVCC
گورت	拟声词	gort	CVCC
غورت	拟声词	ʁort	CVCC
قۇرت	奶疙瘩	qurt	CVCC
سرت	外面	sirt	CVCC
شرت	拟声词吸鼻子	ʃirt	CVCC
شۇرت	拟声词	ʃurt	CVCC
جارت	拟声词扯东西	ʤart	CVCC
جرت	拟声词	ʤirt	CVCC
يرت	拟声词	Jirt	CVCC
ۋارت	拟声词放屁声	vart	CVCC
ۋۇرت	拟声词	vurt	CVCC
پوست	站岗	post	CVCC
موست	拟声词	most	CVCC
مەست	醉鬼	mɛst	CVCC
غۇرت	拟声词喝水声	ʁurt	CVCC
شۇرت	拟声词	ʃurt	CVCC
غرت	拟声词	ʁirt	CVCC
غرس	拟声词树枝折断	ʁirs	CVCC
غرت	拟声词	ʁirt	CVCC
دادا	父亲	dada	CVCV

续表

现代维吾尔语例词	汉译	转写形式	音节结构
ھەدە	姐姐	hɛdɛ	CVCV
موما	奶奶	moma	CVCV
ھاسا	拐杖	hasa	CVCV
كاسا	屁股蛋	kasa	CVCV
شوتا	梯子	ʃota	CVCV
تاغا	麻袋	taʁa	CVCV
ساما	蓝天	sama	CVCV
جوزا	桌子	dʒoza	CVCV
سايە	影子	sajɛ	CVCV
شاما	茶叶（泡后）	ʃama	CVCV
كاما	洞	kama	CVCV
يۆلە	扶起来	jølɛ	CVCV
يارا	伤口	jara	CVCV
قالا	烧	qala	CVCV
سالا	替人说话	sala	CVCV
مارا	偷看	mara	CVCV
دورا	模仿	dora	CVCV
كۆرە	不如	kørɛ	CVCV
يازە	写	jazɛ	CVCV
كەلە	来	kilɛ	CVCV
بارە	去	barɛ	CVCV
كەرە	进	kirɛ	CVCV
تىقە	塞	tiqɛ	CVCV
سالە	放	salɛ	CVCV
ئىچە	喝	itʃɛ	CVCV
يىيە	吃	jijɛ	CVCV
ماڭە	走	maŋɛ	CVCV
دىيە	说	dijɛ	CVCV
يۇيە	洗	jujɛ	CVCV
بالا	孩子	bala	CVCV
كالا	牛	kala	CVCV

续表

现代维吾尔语例词	汉译	转写形式	音节结构
تالا	外	tala	CVCV
دالا	郊外	dala	CVCV
قاقɛ	弹	qaqɛ	CVCV
قالɛ	留	qalɛ	CVCV
ساتɛ	卖	satɛ	CVCV
لالɛ	山花	lalɛ	CVCV
لاما	喇嘛	lama	CVCV
لاتا	没骨气的男人	lata	CVCV
ساپا	乐器	sapa	CVCV
چۈپɛ	拟声词	ʧypɛ	CVCV
سۈرɛ	古兰经语句	syrɛ	CVCV
سۆرɛ	拉	sørɛ	CVCV
شولا	影子	ʃola	CVCV
شɛپɛ	动静	ʃɛpɛ	CVCV
كɛپɛ	小屋	kɛpɛ	CVCV
مɛپɛ	轿车	mɛpɛ	CVCV
ياپɛ	盖	japɛ	CVCV
پاپا	矮人	papa	CVCV
قويɛ	放下	qojɛ	CVCV
كۆلɛ	笑	kylɛ	CVCV
سزɛ	感觉	sizɛ	CVCV
تارا	梳	tara	CVCV
تɛرɛ	种	tɛrɛ	CVCV
تۆرɛ	站起来	turɛ	CVCV
تۈرɛ	卷起来	tyrɛ	CVCV
پسɛ	白癜风	pisɛ	CVCV
سپɛ	洒水	sipɛ	CVCV
سزɛ	知觉	sezɛ	CVCV
ساڭا	给你	saŋa	CVCV
ماڭا	给我	maŋa	CVCV
دانا	智仁	dana	CVCV

续表

现代维吾尔语例词	汉译	转写形式	音节结构
خانا	房子	xana	CVCV
چانا	坎	tʃana	CVCV
يانا	返回	jana	CVCV
يەنە	还	jenɛ	CVCV
پانا	庇护	pana	CVCV
بانا	借口	bana	CVCV
خەنە	涂指甲红的植物	xenɛ	CVCV
چىنە	陶器	tʃinɛ	CVCV
كاما	洞	kama	CVCV
تاما	滴	tama	CVCV
تانا	绳子	tana	CVCV
سانا	数	sana	CVCV
يىيە	吃	jijɛ	CVCV
قىيە	剪	qijɛ	CVCV
سىيە	尿	sijɛ	CVCV
ياقە	点着	jaqɛ	CVCV
تاقا	关	taqa	CVCV
مەمە	婴儿语吃奶	mɛmɛ	CVCV
يايە	摊开	jajɛ	CVCV
بېرە	给	berɛ	CVCV
تېرە	种/皮	terɛ	CVCV
كېرە	进去	kirɛ	CVCV
قىرە	刮	qirɛ	CVCV
شىرە	小桌子	ʃirɛ	CVCV
كالا	牛	kala	CVCV
نالە	懊悔	nalɛ	CVCV
خورما	蜜枣	xorma	CVCV
خۇما	上瘾	Xuma	CVCV
كاما	洞口	kama	CVCV
تۈنە	熬夜	tynɛ	CVCV
دانە	个	danɛ	CVCV

现代维吾尔语例词	汉译	转写形式	音节结构
پاكا	矮子	paka	CVCV
باكا	免费/无事	baka	CVCV
تانه	否认	tanɛ	CVCV
برە	一个	birɛ	CVCV
بولە	快点	bolɛ	CVCV
بوپا	包袱	bopa	CVCV
بدە	苜蓿	bidɛ	CVCV
بوتا	小骆驼	bota	CVCV
بوغا	小鹿	buʁa	CVCV
بالا	灾难	bala	CVCV
بلە	知道	bilɛ	CVCV
بولە	快	bolɛ	CVCV
بورا	席子	bora	CVCV
بۇرا	转	bura	CVCV
باسە	压	basɛ	CVCV
بوشا	放松	boʃa	CVCV
بازا	基地	baza	CVCV
بزە	一点	bizɛ	CVCV
باھ	价格	baha	CVCV
باق	养	baqa	CVCV
بېجى	税务	bedʒi	CVCV
پاچە,	零售	patʃɛ	CVCV
داكا	纱布	daka	CVCV
دوقا	额头鼓起来	doqa	CVCV
توسۇ	挡住	tosu	CVCV
توشۇ	运	toʃu	CVCV
تاشە	沸腾	taʃɛ	CVCV
تاما	指望	tama	CVCV
تاپە	找	tapɛ	CVCV
تەگە	嫁	tɛgɛ	CVCV
تېكە	小山羊	tekɛ	CVCV

续表

现代维吾尔语例词	汉译	转写形式	音节结构
تاقا	关	taqa	CVCV
توقى	织	toqi	CVCV
توسە	挡住	tosɛ	CVCV
توش	搬运	toʃɛ	CVCV
توزە	飘	tozɛ	CVCV
تاشە	溢出来	taʃɛ	CVCV
تاجى	皇冠	tadʒi	CVCV
چاچى	轮子	tʃatʃi	CVCV
چاچە	撒去	tʃatʃɛ	CVCV
يايە	摊开	jajɛ	CVCV
ياپە	盖住	japɛ	CVCV
ياتە	躺下	jatɛ	CVCV
يۇقە	粘	juqɛ	CVCV
يۇتە	咽下	jutɛ	CVCV
يۈتە	咽	jytɛ	CVCV
يىمە	不吃	jimɛ	CVCV
مەرە	咩咩叫	mɛrɛ	CVCV
كەرە	展开	kɛrɛ	CVCV
ھەرە	锯子	hɛrɛ	CVCV
سازى	音声	sazi	CVCV
كارى	关心	kari	CVCV
بارى	全部	bari	CVCV
پارى	暖气片	pari	CVCV
تارى	琴弦	tari	CVCV
غارى	洞	ʁari	CVCV
خارى	受苦	xari	CVCV
شارى	气球	ʃari	CVCV
زارى	痛苦	zari	CVCV
غورا	没熟的杏子	ʁora	CVCV
كورا	锅	kora	CVCV
مۆرە	肩膀	mørɛ	CVCV

续表

现代维吾尔语例词	汉译	转写形式	音节结构
كۆرە	大盘	kyrɛ	CVCV
كۆرە	不如	kørɛ	CVCV
قازا	死	qaza	CVCV
ۋاپا	忠诚	vapa	CVCV
جاپا	找麻烦	ʤapa	CVCV
يالا	添	jala	CVCV
يارا	伤	jara	CVCV
مارا	偷看	mara	CVCV
جازا	惩罚	ʤaza	CVCV
تازا	好	taza	CVCV
خاپا	生气	xapa	CVCV
تارا	梳头	tara	CVCV
قارا	黑	qara	CVCV

附录3　现代维吾尔语单辅音腭位图

（腭位图对应单辅音序列：/t/、/d/、/g/、/k/、/l/、
/r/、/s/、/ʃ/、/z/、/ʒ/、/dʒ/、/n/、/tʃ/）

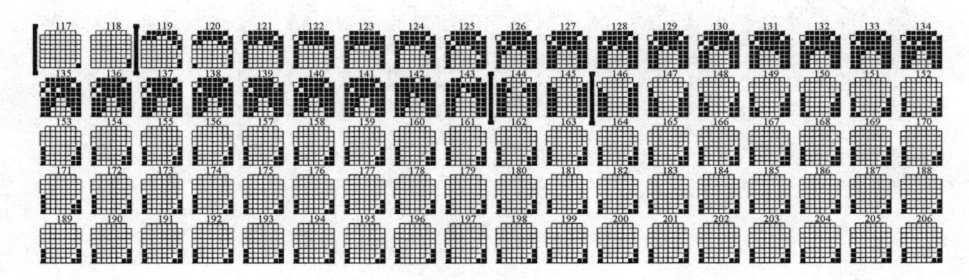

舌尖中辅音 /t/

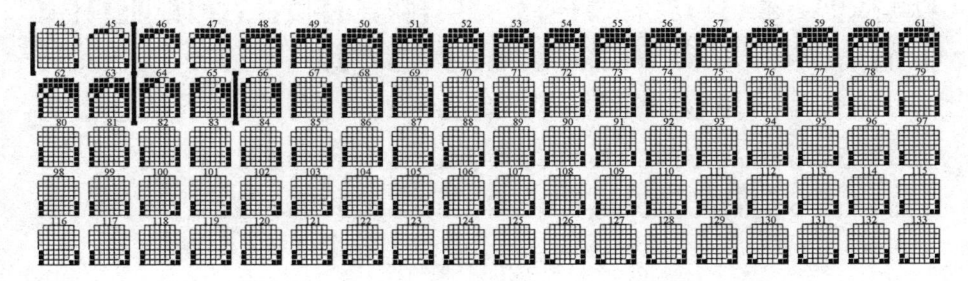

舌尖中辅音 /d/

舌后辅音 /g/

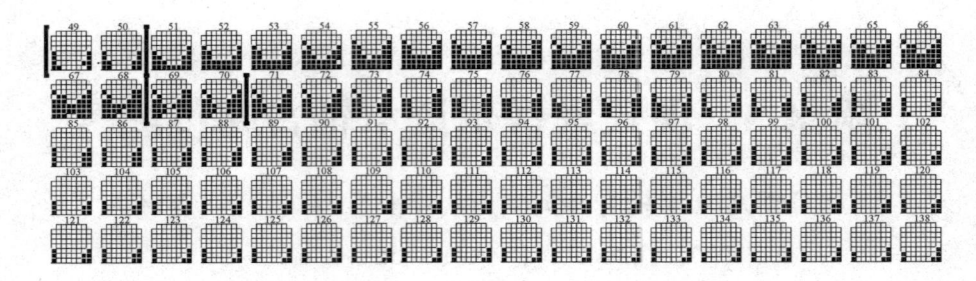

舌后辅音 /k/

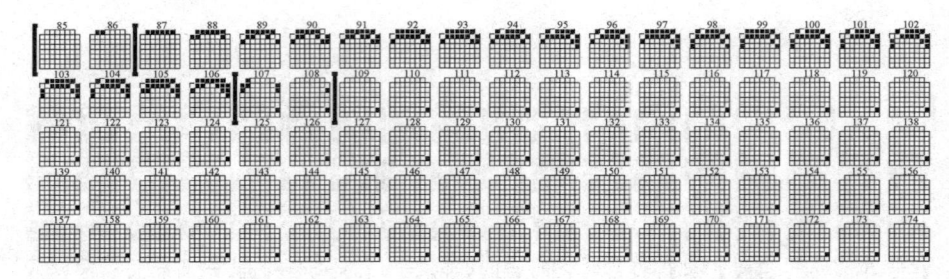

舌尖中辅音 /l/

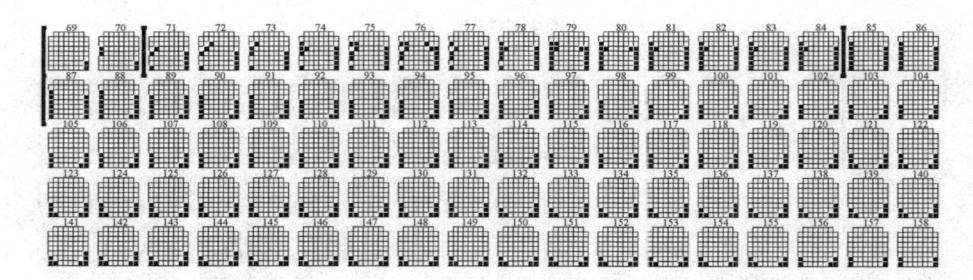

舌尖中辅音 /r/

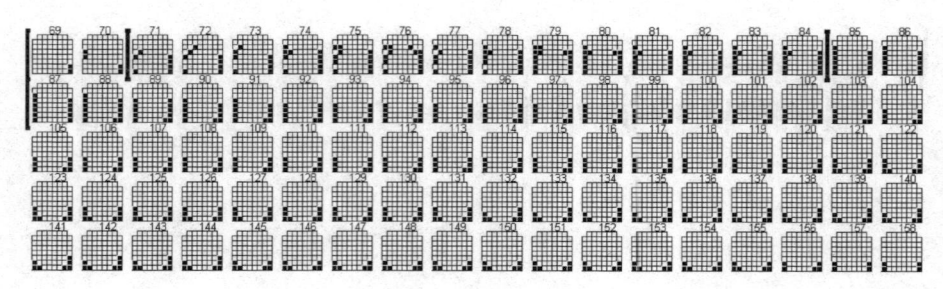

舌尖前辅音 /s/

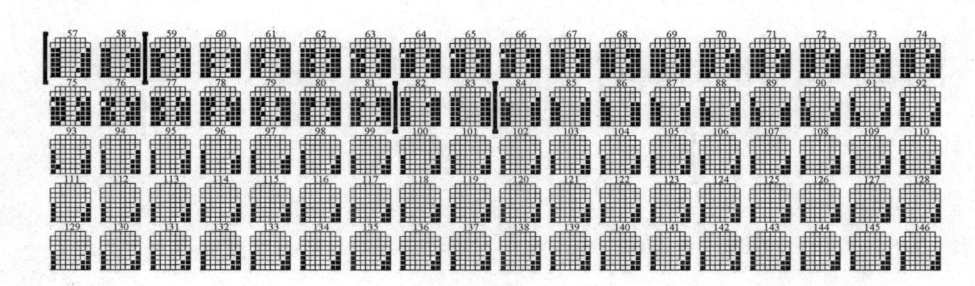

附录3 现代维吾尔语单辅音腭位图 | 299

舌前辅音 /ʃ/

舌前辅音 /ʐ/

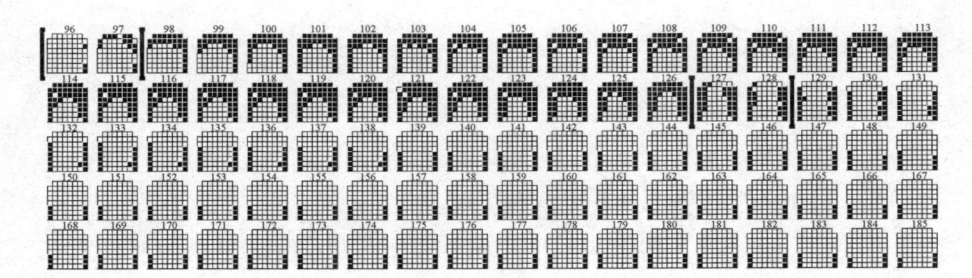

舌后辅音 /ʒ/

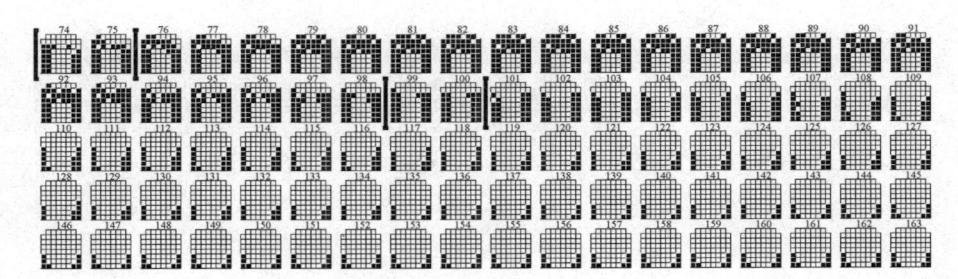

舌后辅音 /dʒ/

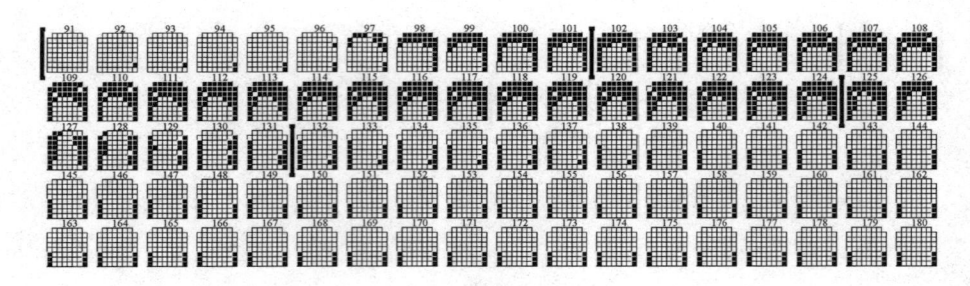

舌尖中辅音/n/

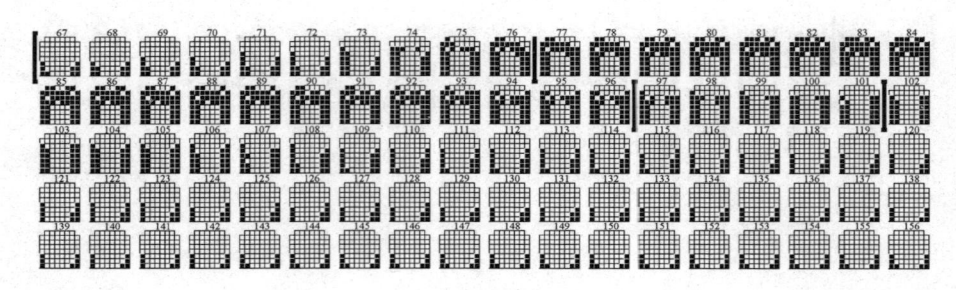

舌前辅音/tʃ/

附录 4　现代维吾尔语音位组合腭位图

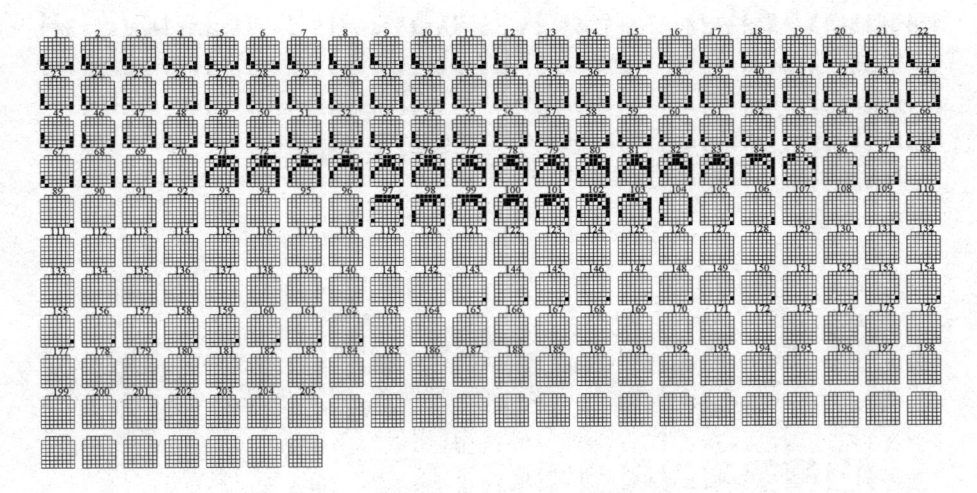

/dada/

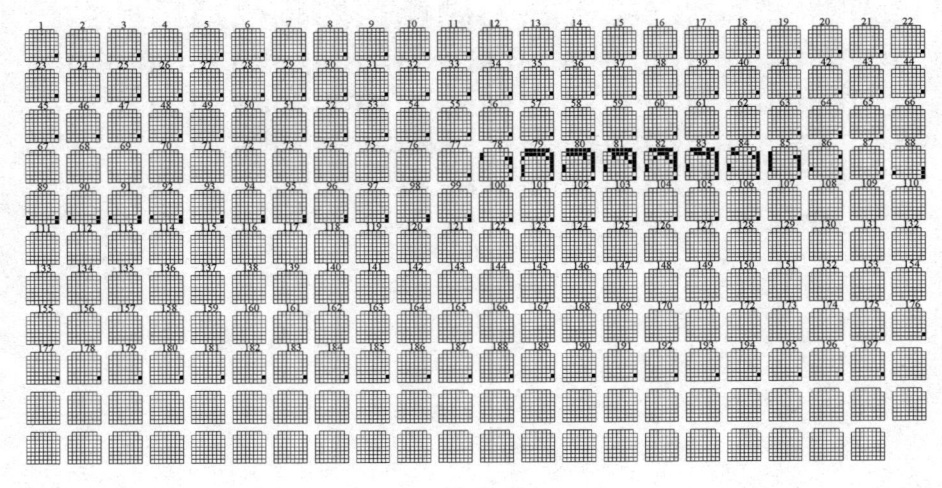

/dadu/

/dɑdi/

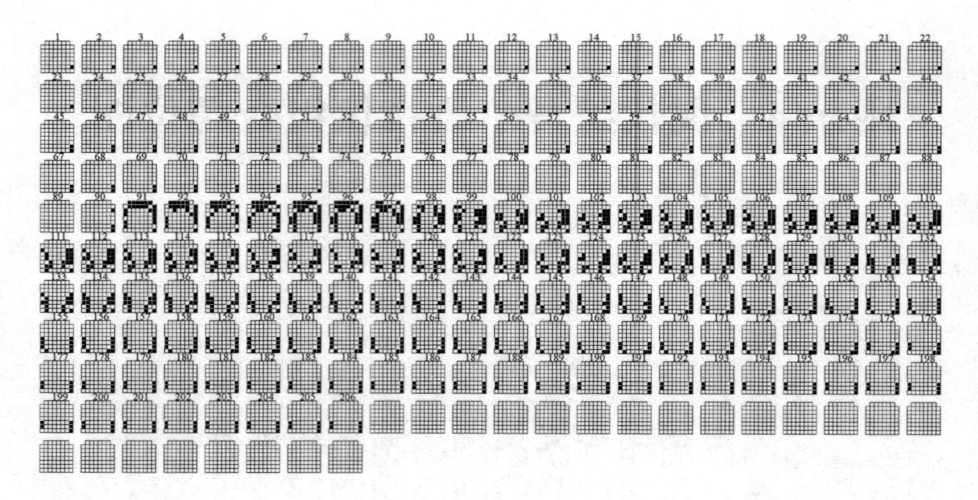

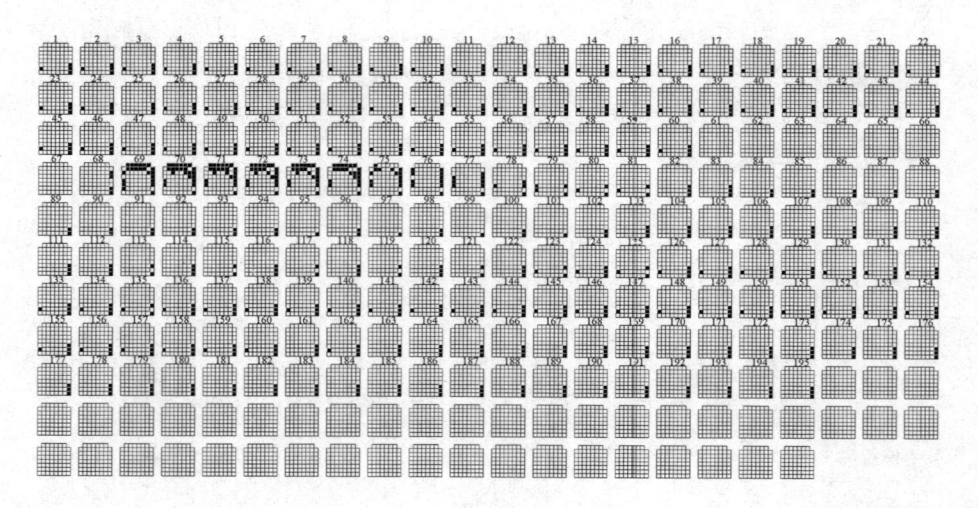

/dɑdɛ/

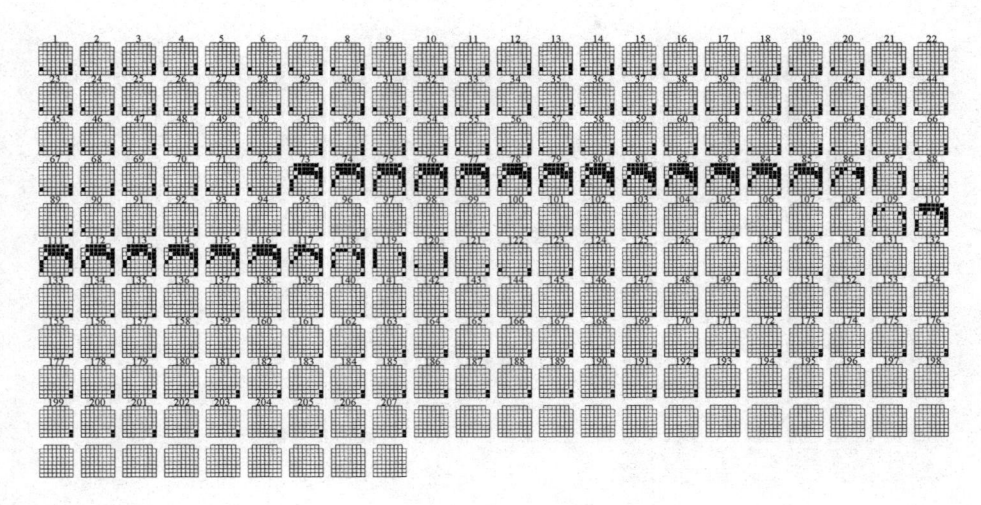

附录 4 现代维吾尔语音位组合腭位图

/dodo/

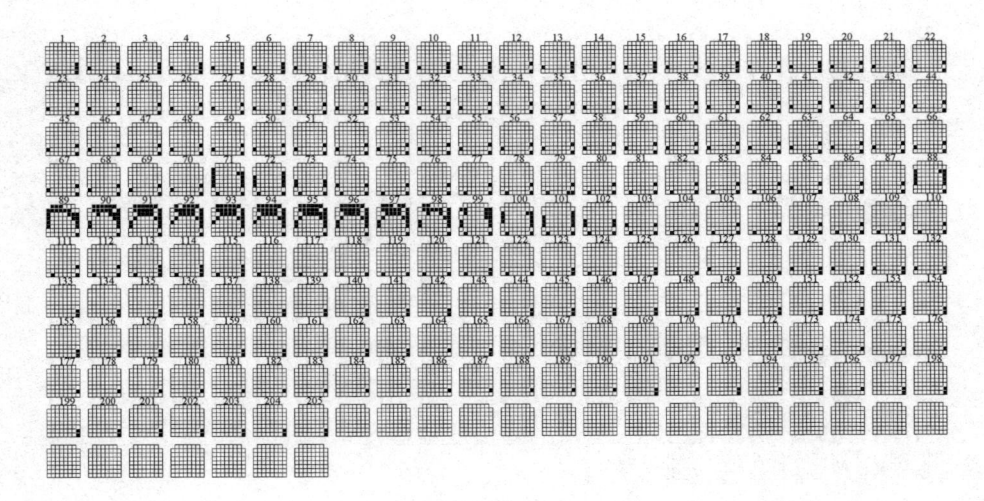

/dudu/

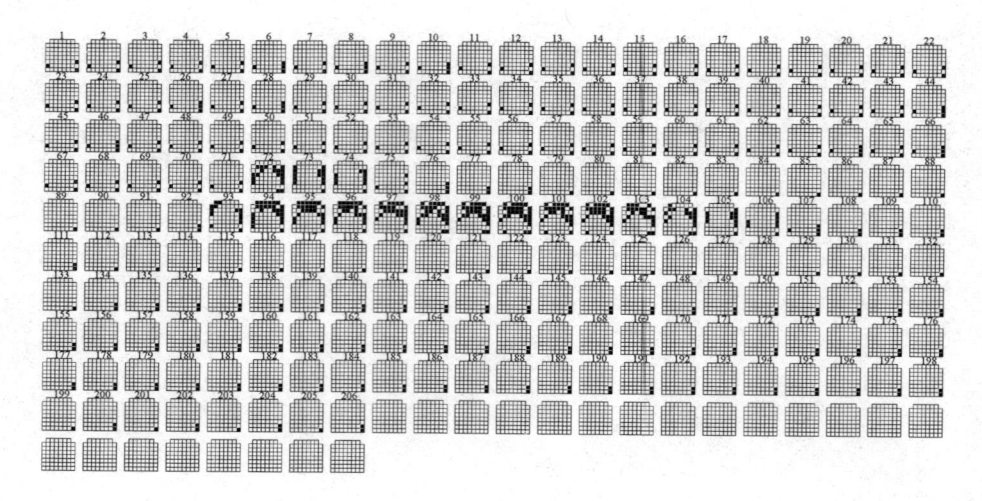

/tata/

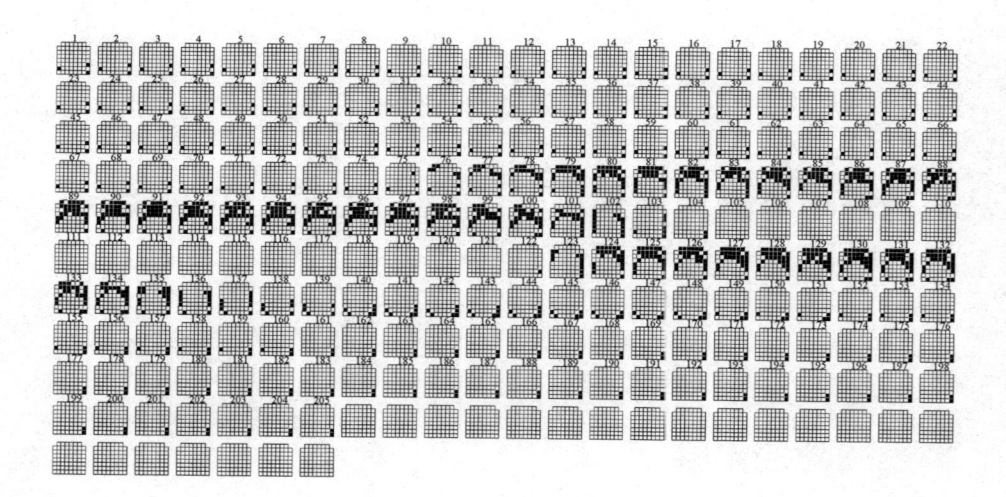

/tatu/

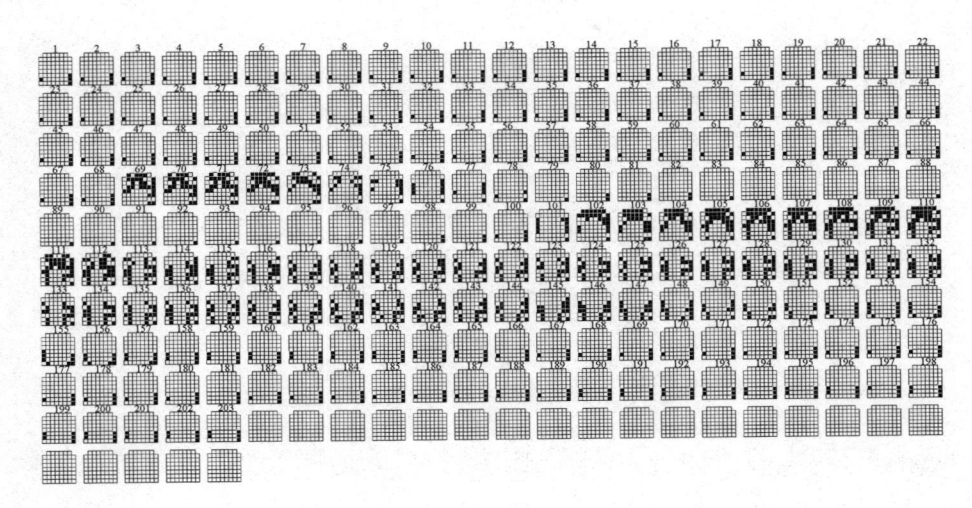

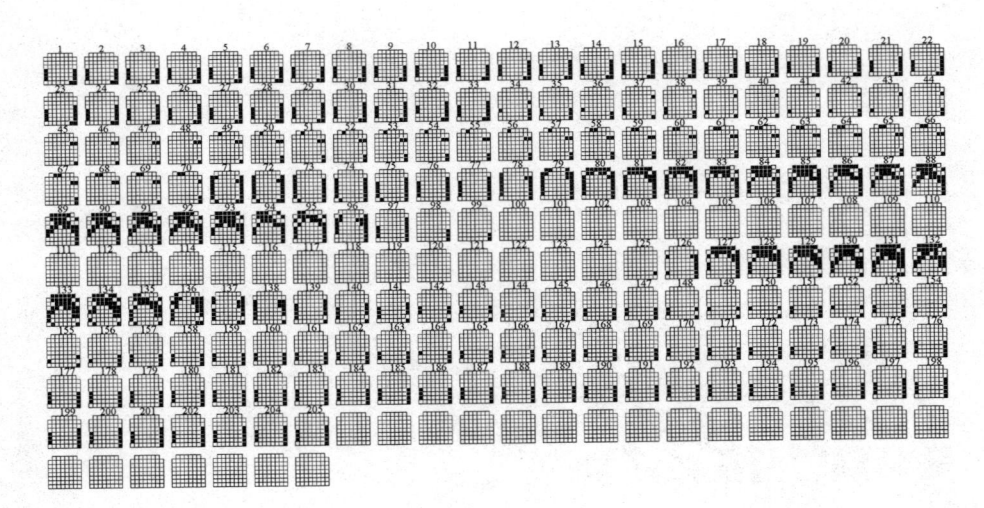

附录4　现代维吾尔语音位组合腭位图　| 305

/tɑti/

/tɑtɛ/

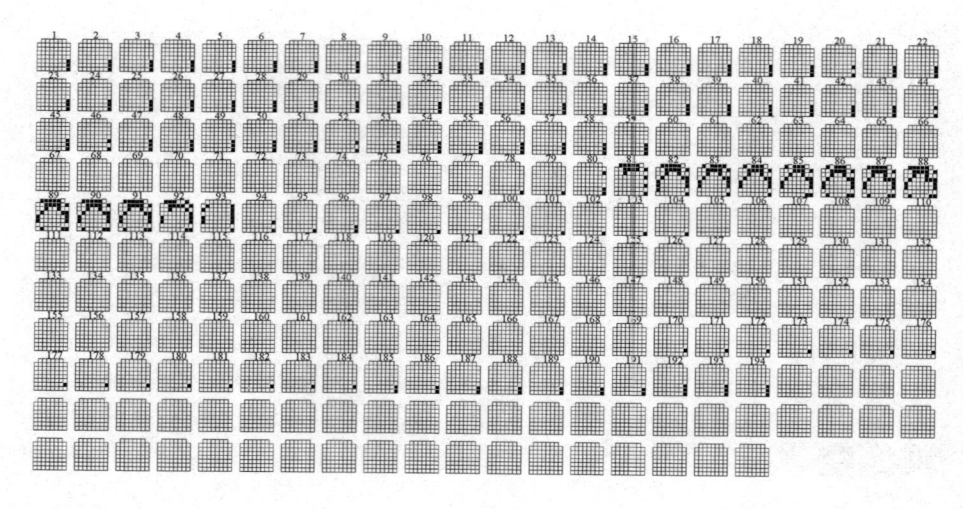

/toto/

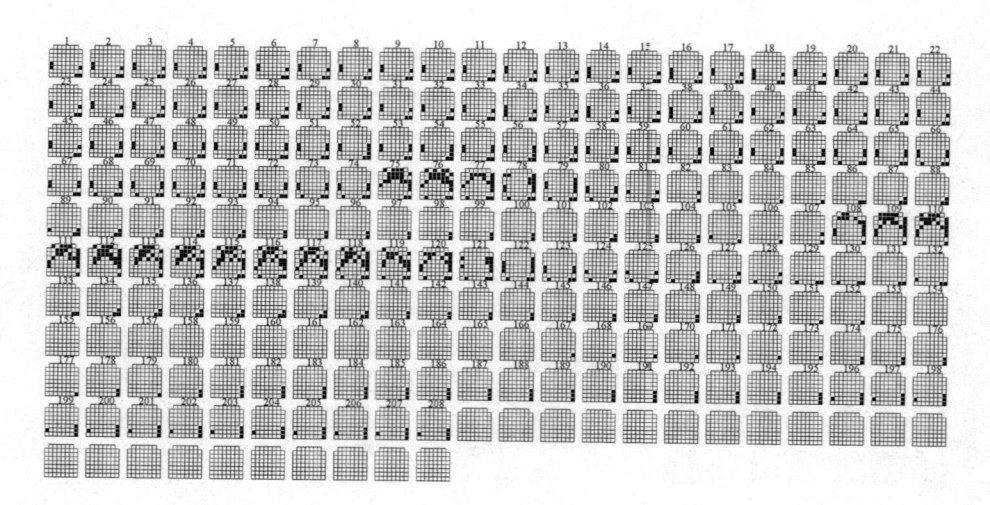

/tutu/

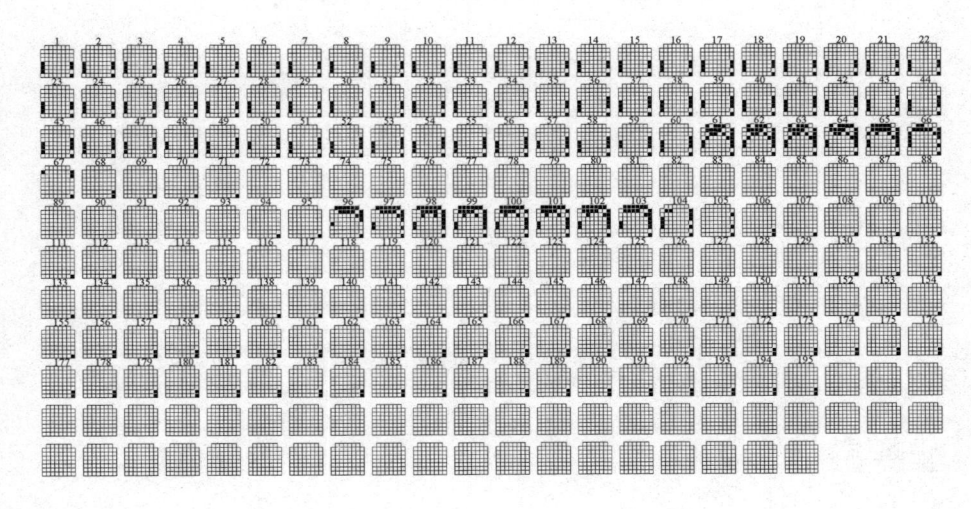

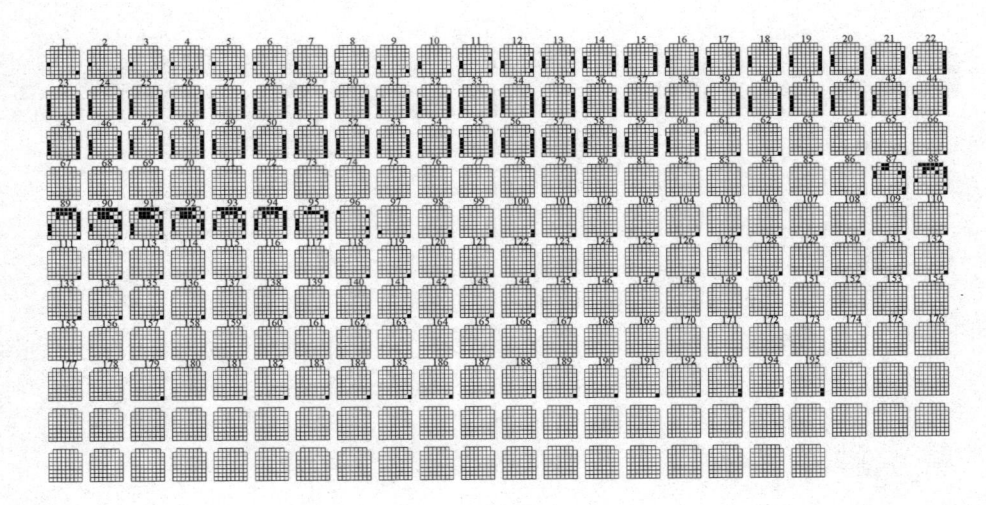

附录4　现代维吾尔语音位组合腭位图 | 307

/nɑnɑ/

/nɑnu/

/nɑni/

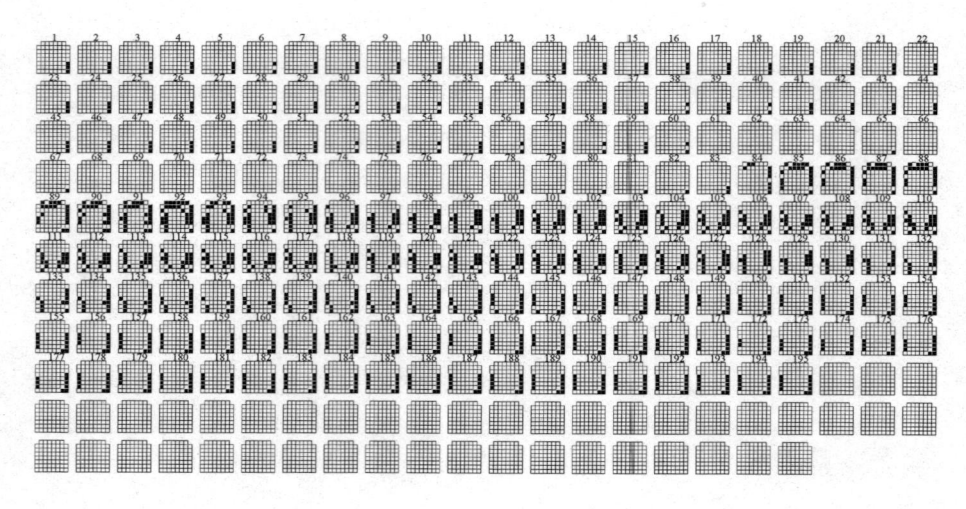

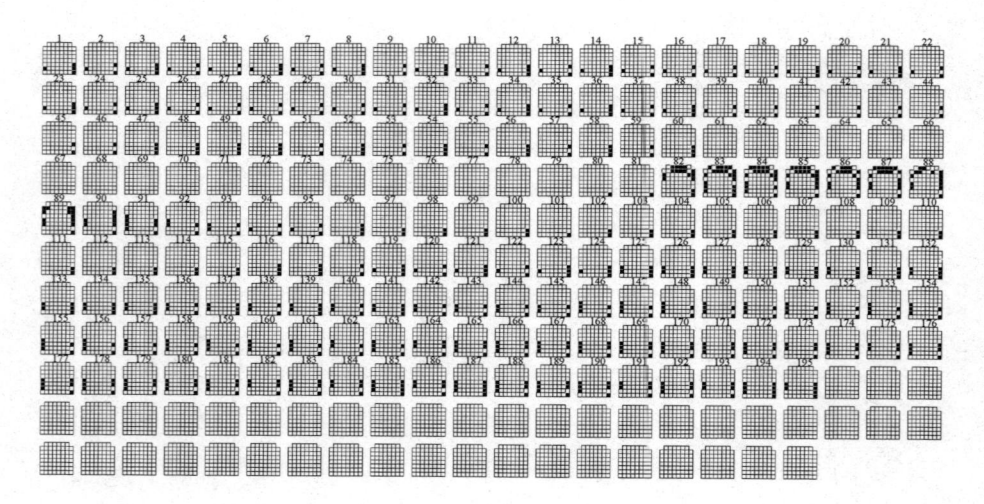

/nɑnɛ/

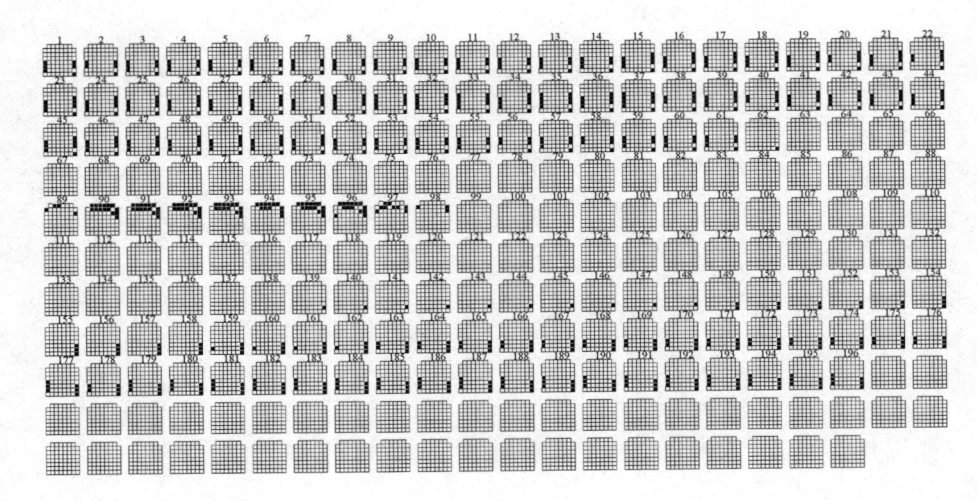

附录4 现代维吾尔语音位组合腭位图 | 309

/nono/

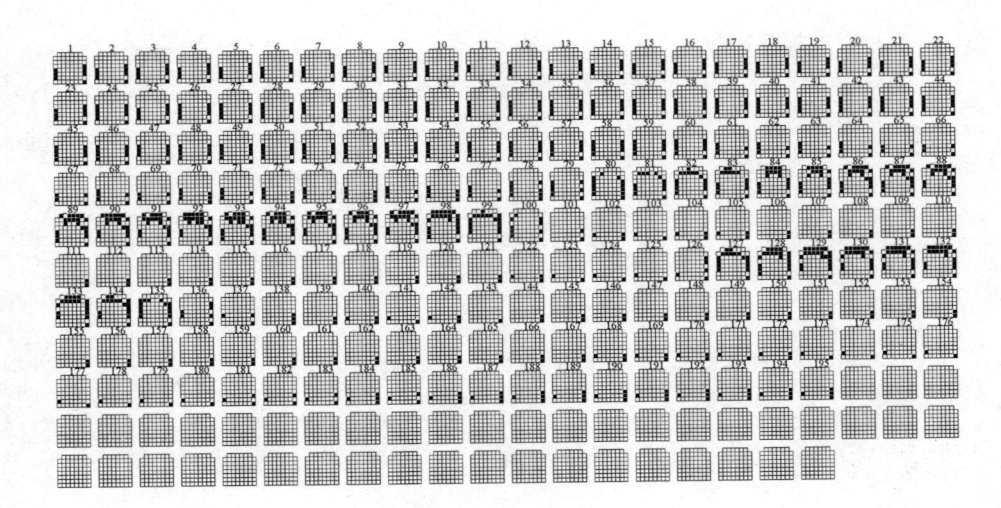

/nunu/

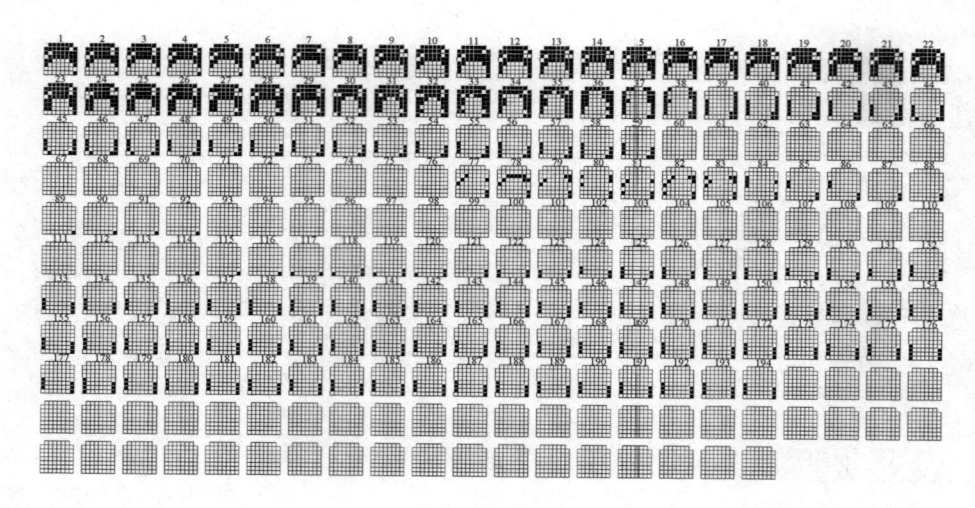

/rara/

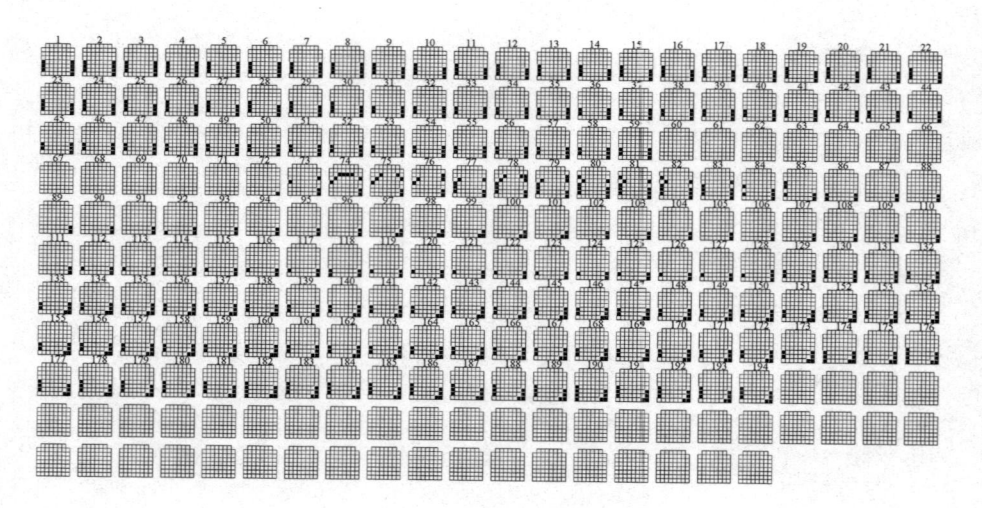

/raru/

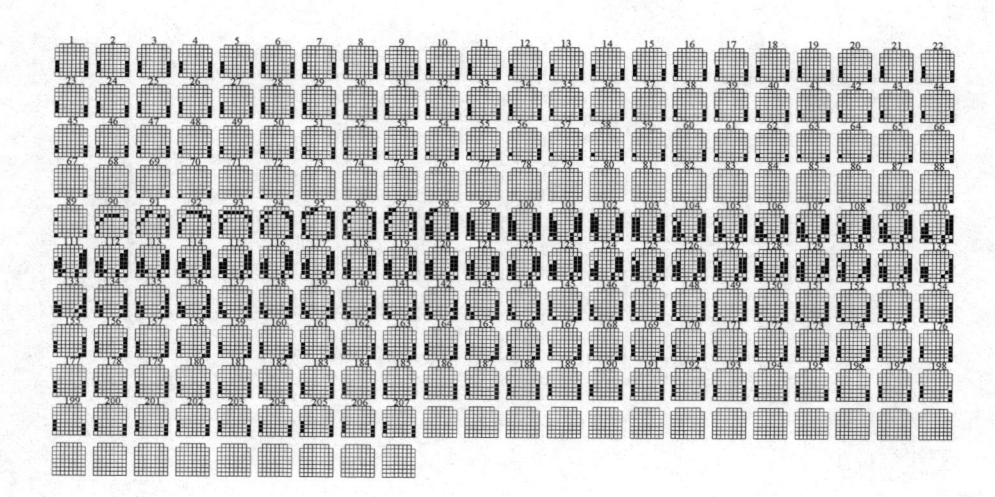

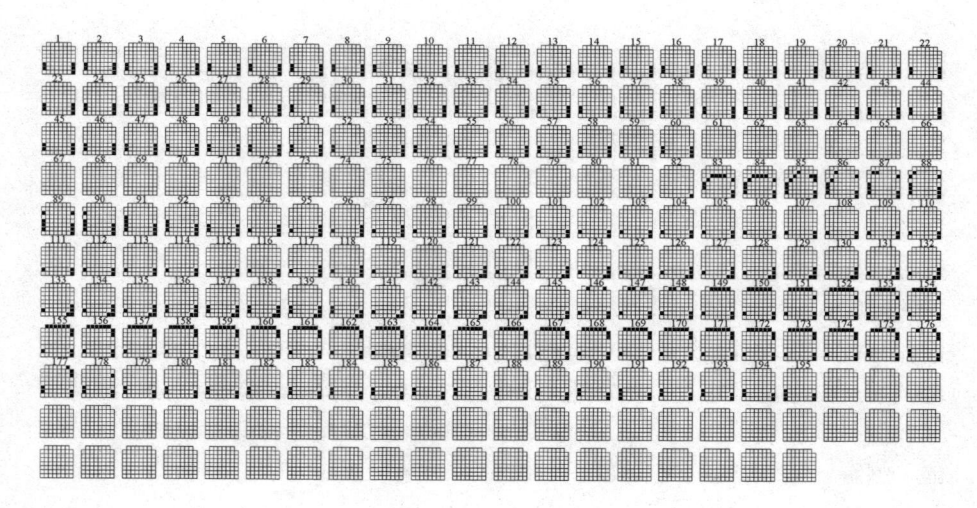

附录 4　现代维吾尔语音位组合腭位图　| 311

/rɑri/

/rɑrɛ/

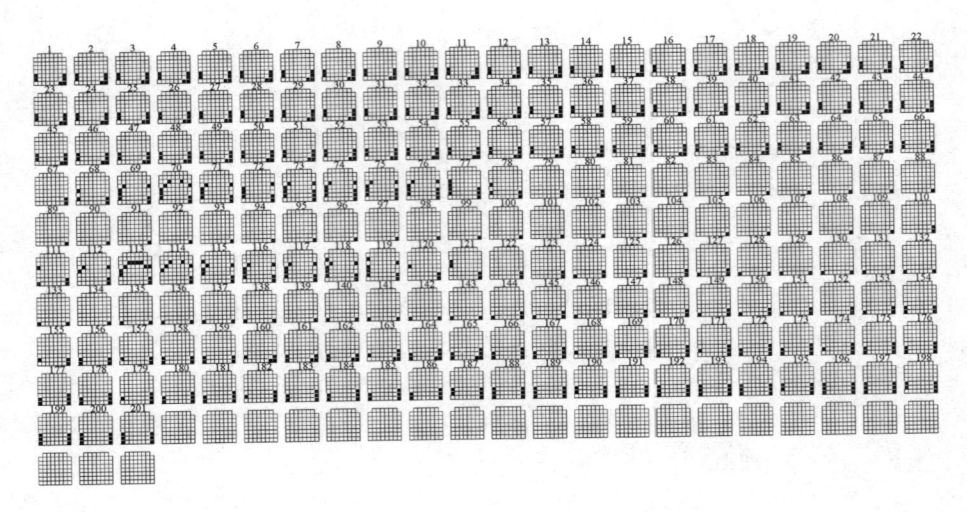

/roro/

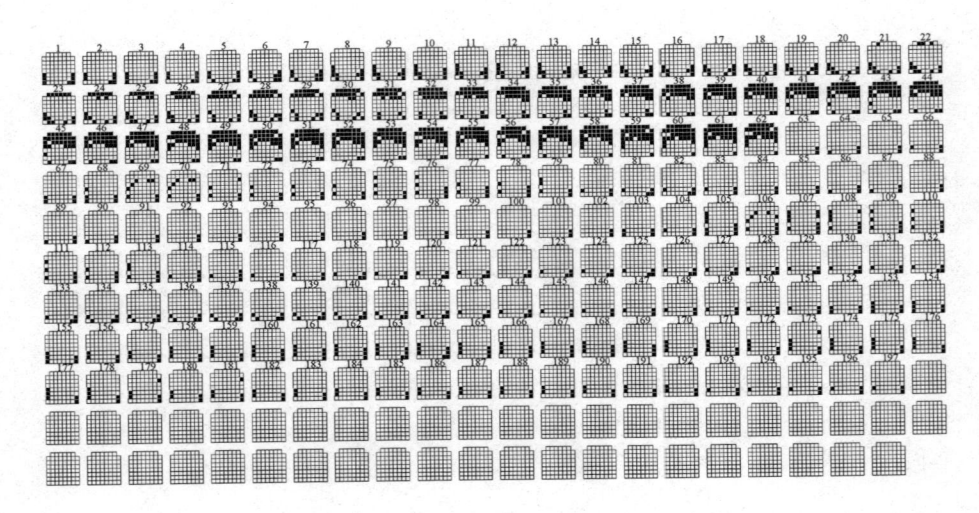

/ruru/

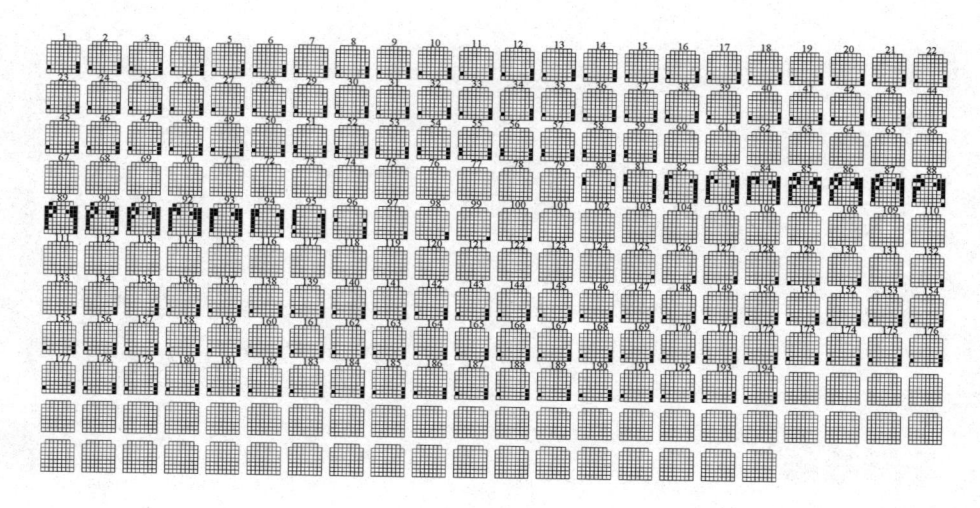

附录4　现代维吾尔语音位组合腭位图　　313

/sasa/

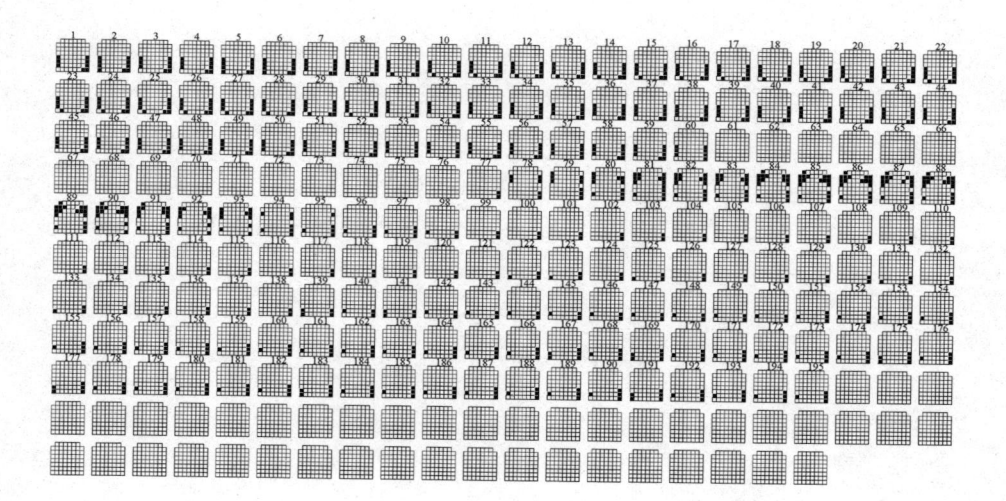

/sasu/

/sɑsi/

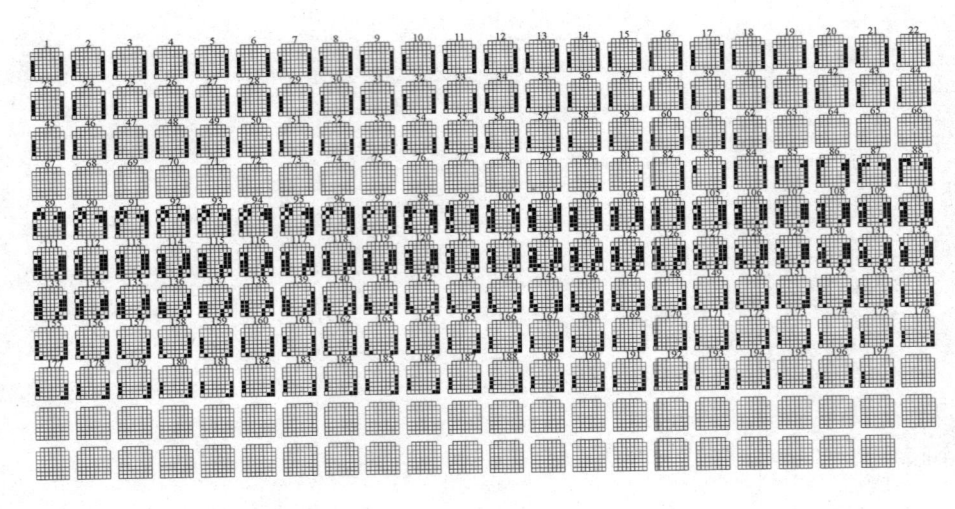

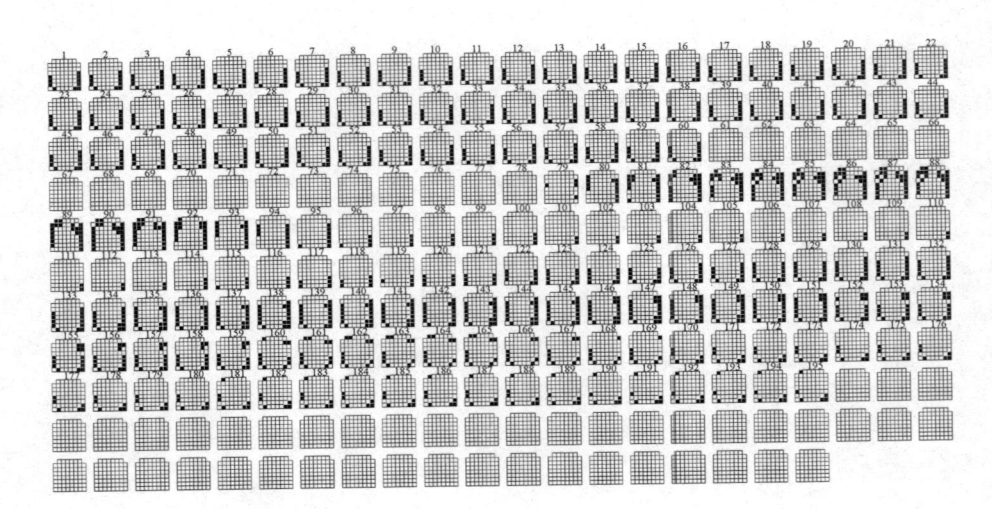

/sɑsɛ/

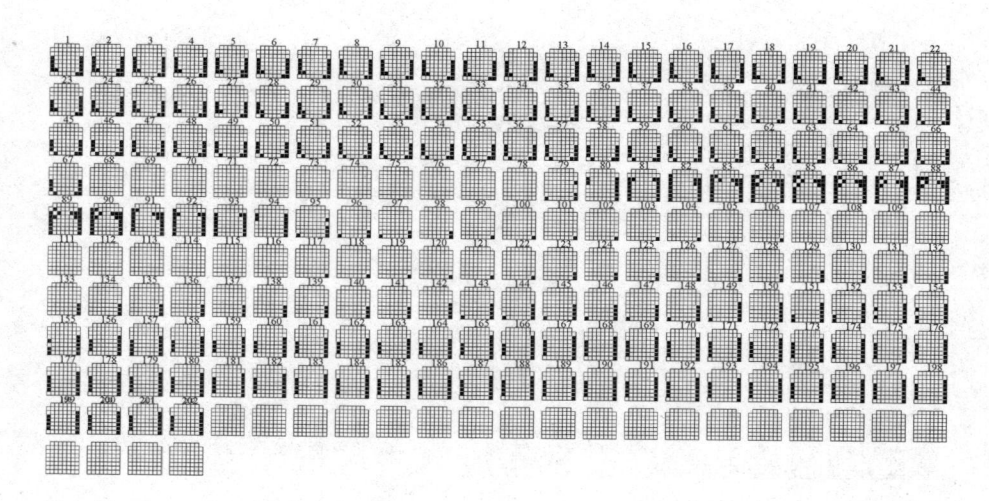

附录 4　现代维吾尔语音位组合腭位图

/soso/

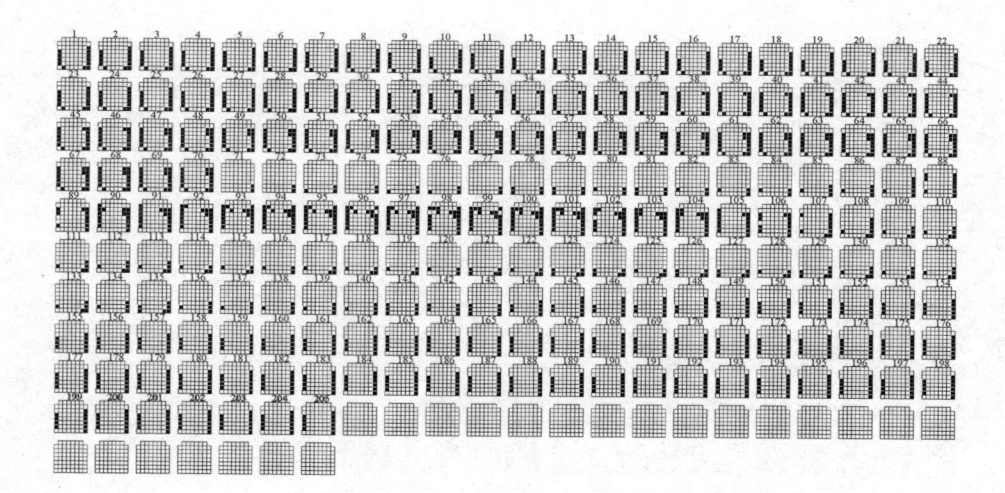

/susu/

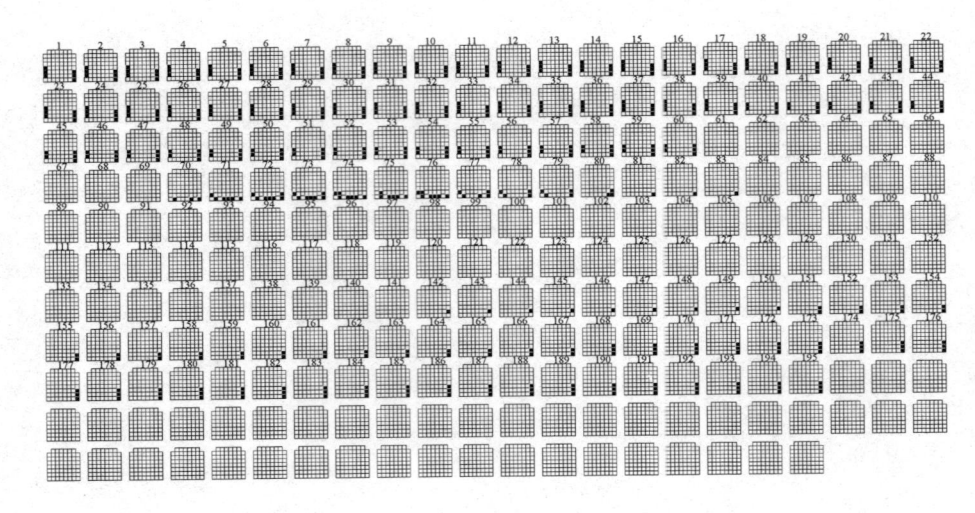

/gaga/

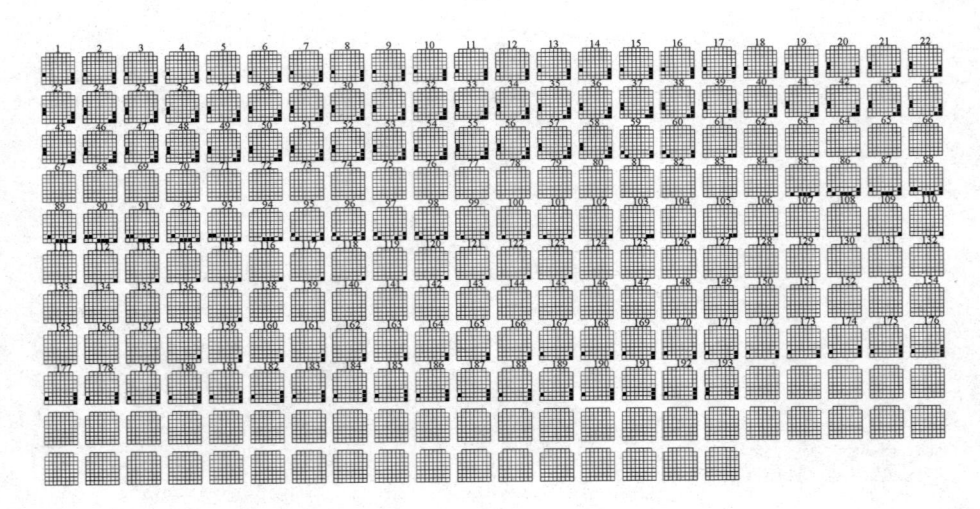

/gagu/

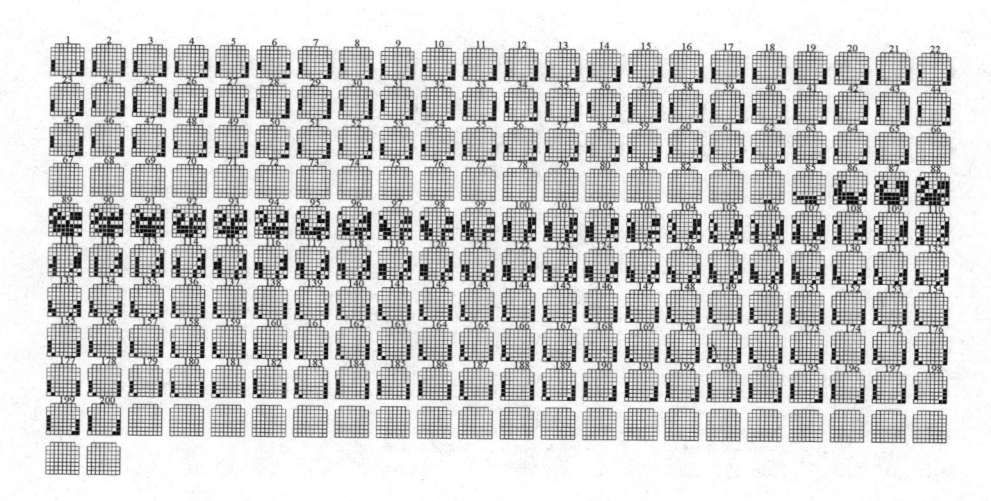

附录4 现代维吾尔语音位组合腭位图 | 317

/gɑgi/

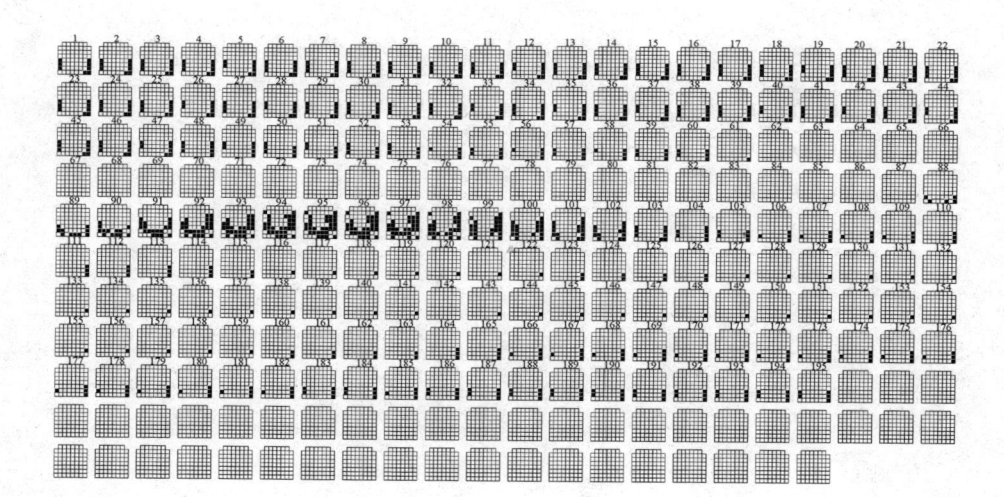

/gɑgɛ/

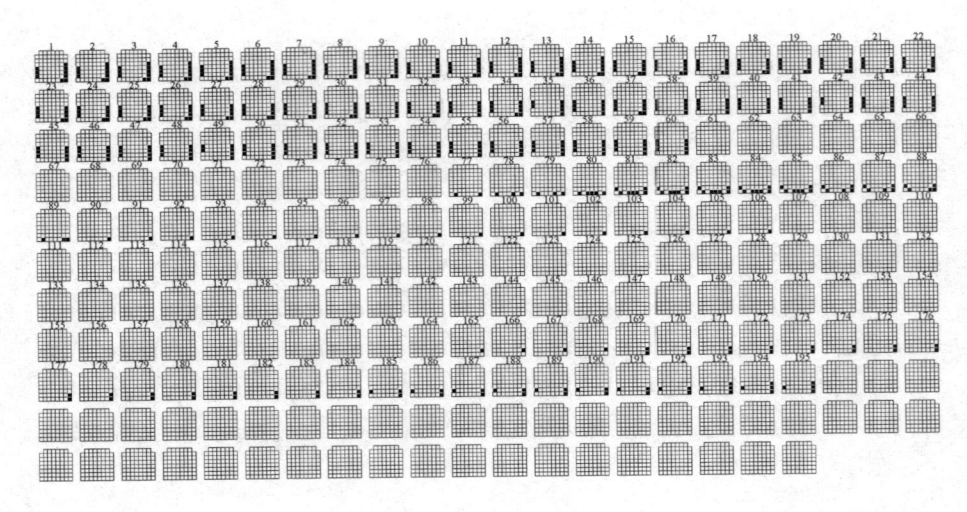

/gogo/

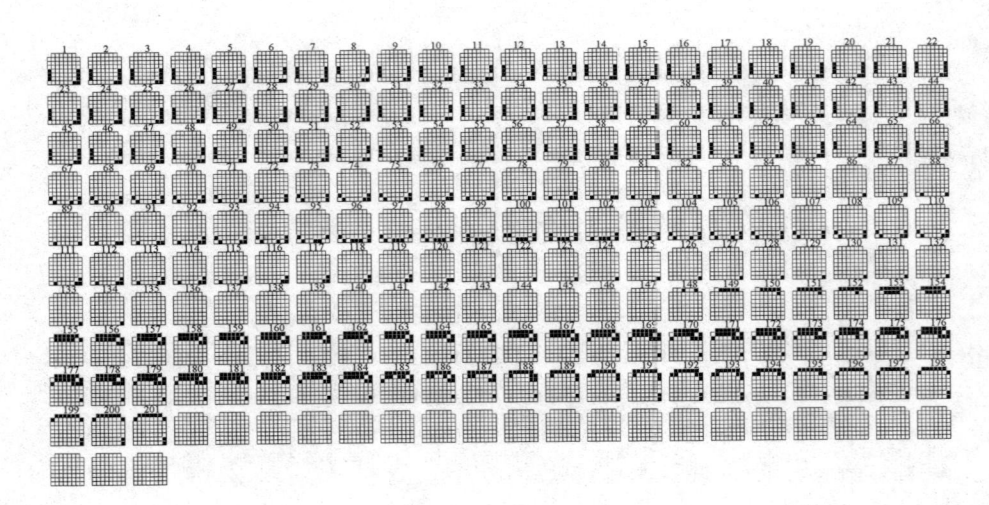

/gugu/

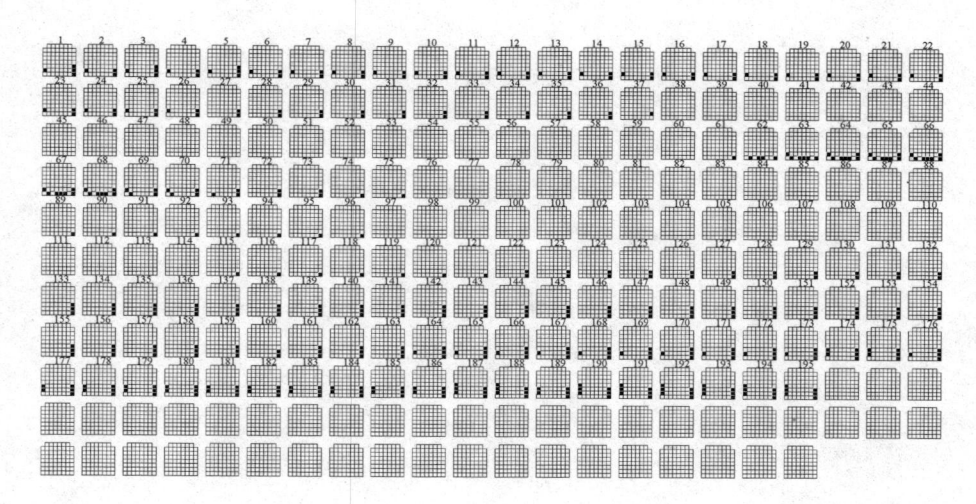

附录4　现代维吾尔语音位组合腭位图 | 319

/kaka/

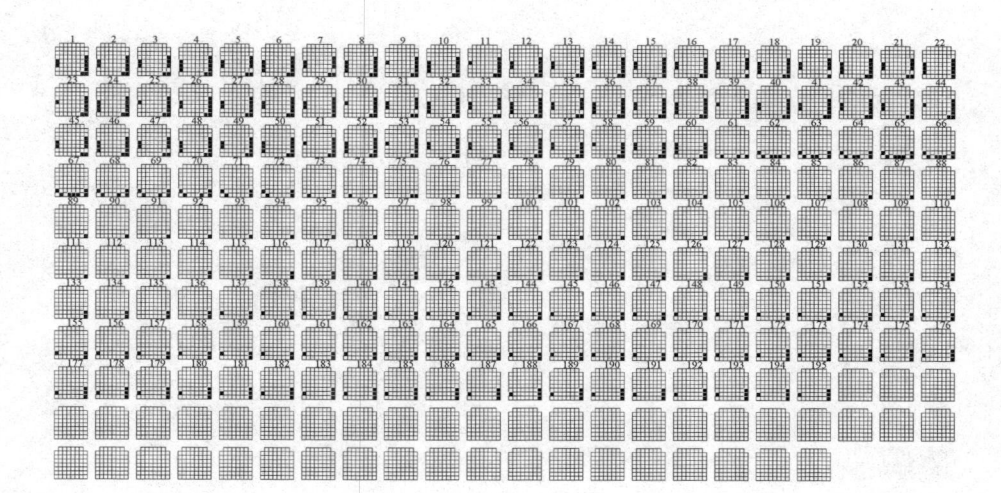

/kaku/

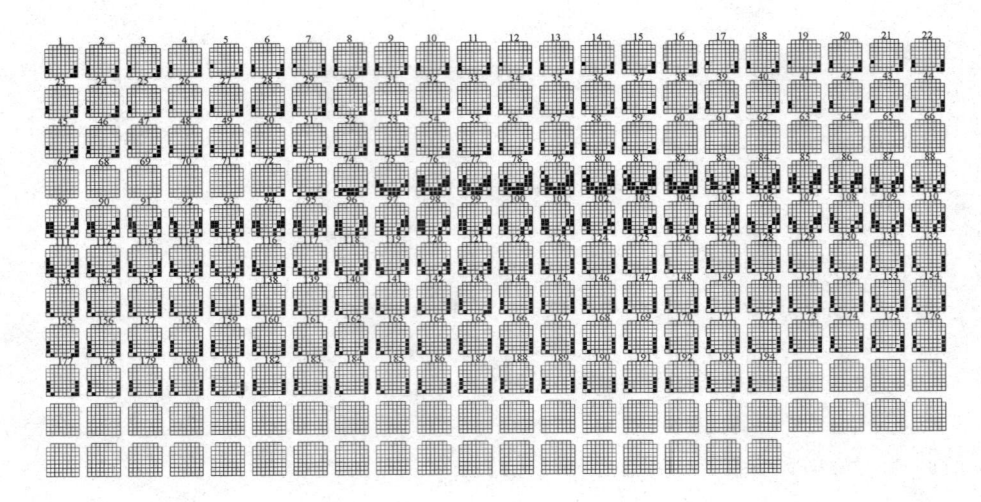

/kaki/

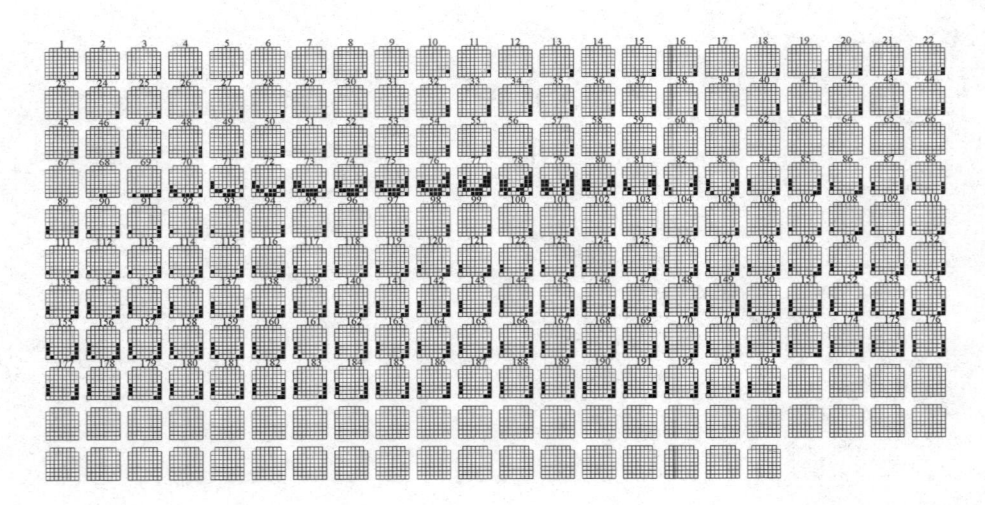

/kakɛ/

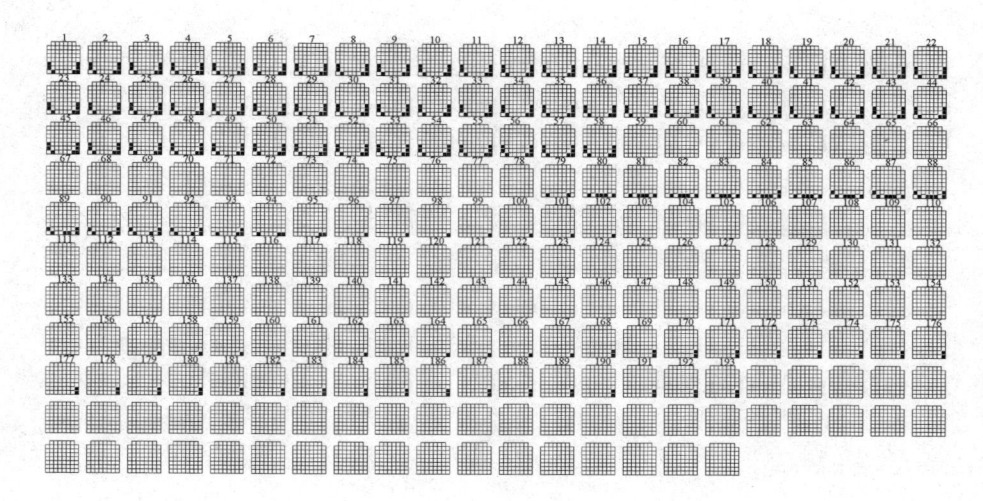

附录4 现代维吾尔语音位组合腭位图 | 321

/koko/

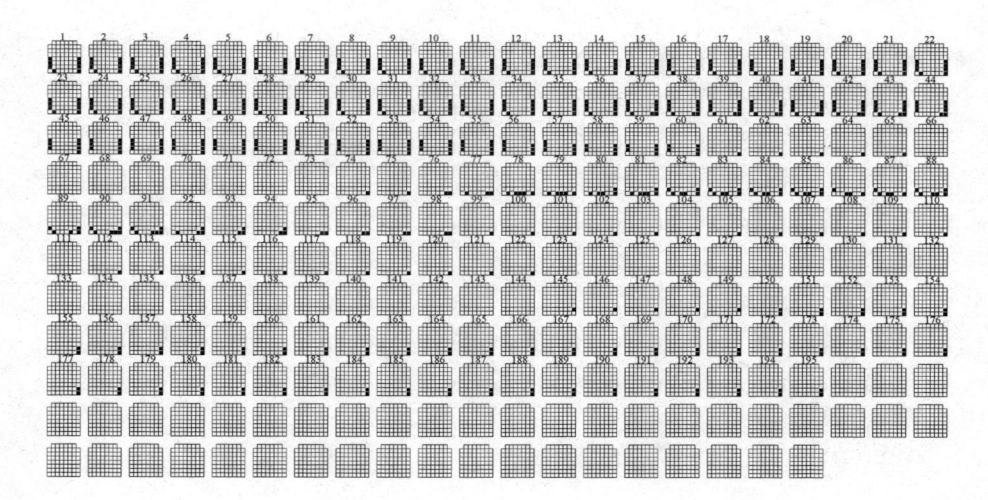

/kuku/

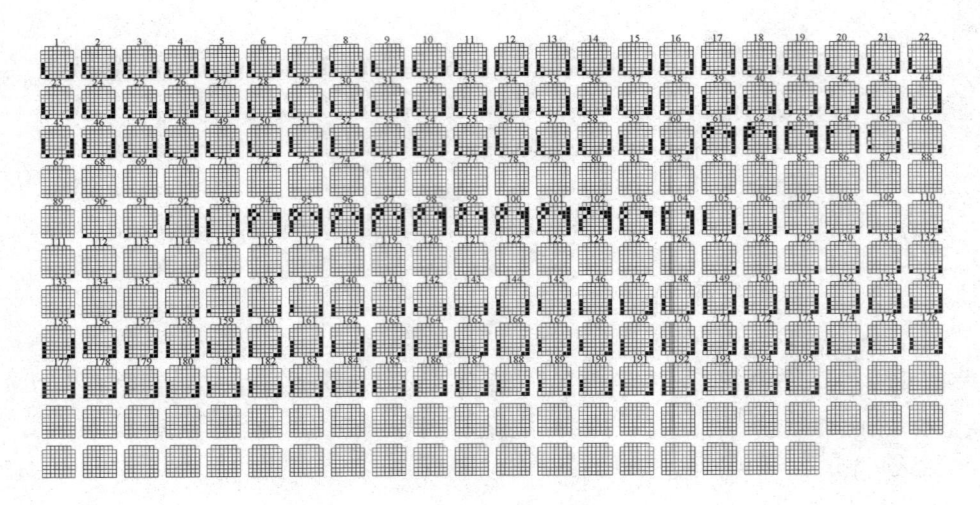

/zaza/

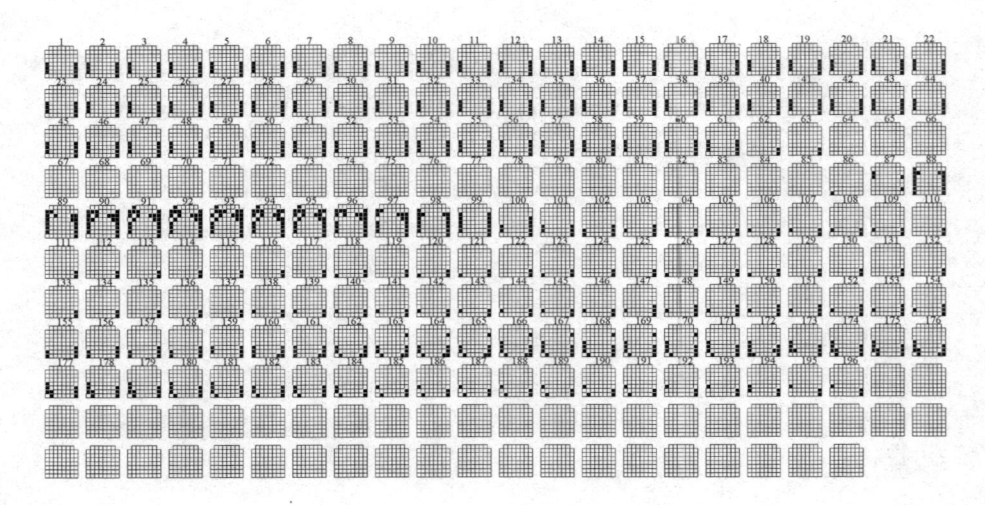

/zazu/

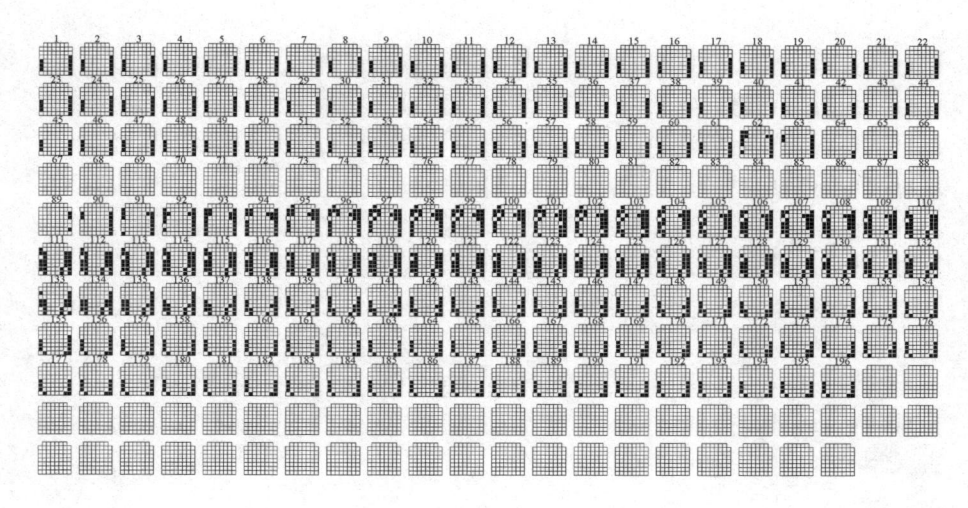

附录 4　现代维吾尔语音位组合腭位图　| 323

/zadi/

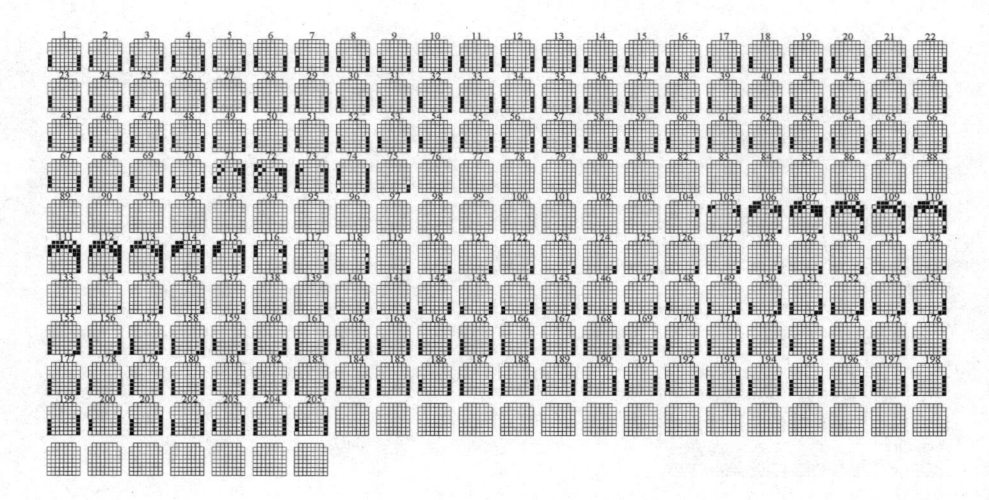

/zaʒɛ/

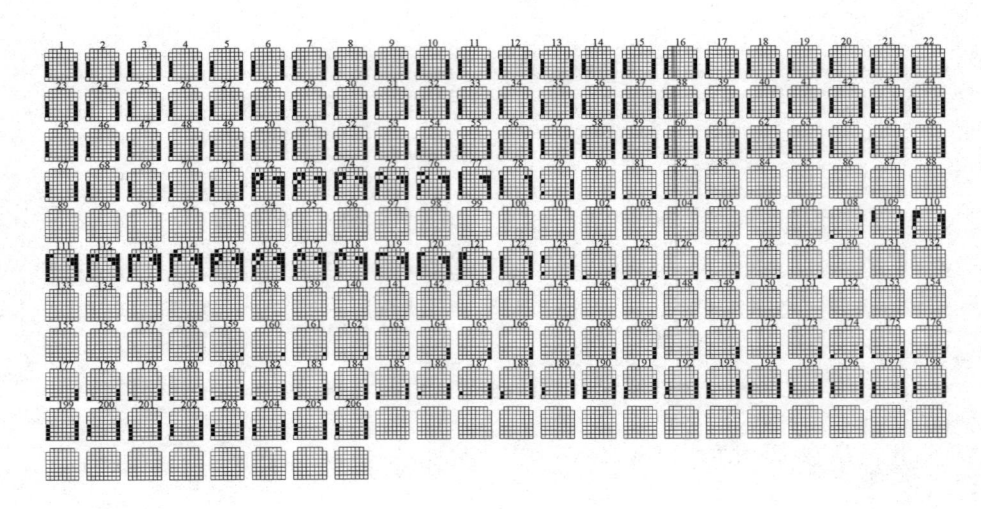

/zozo/

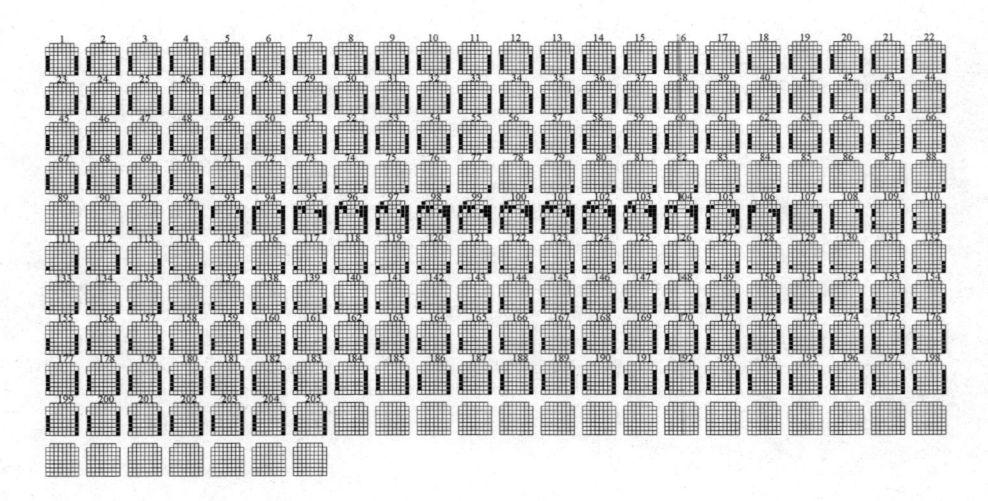

/zuzu/

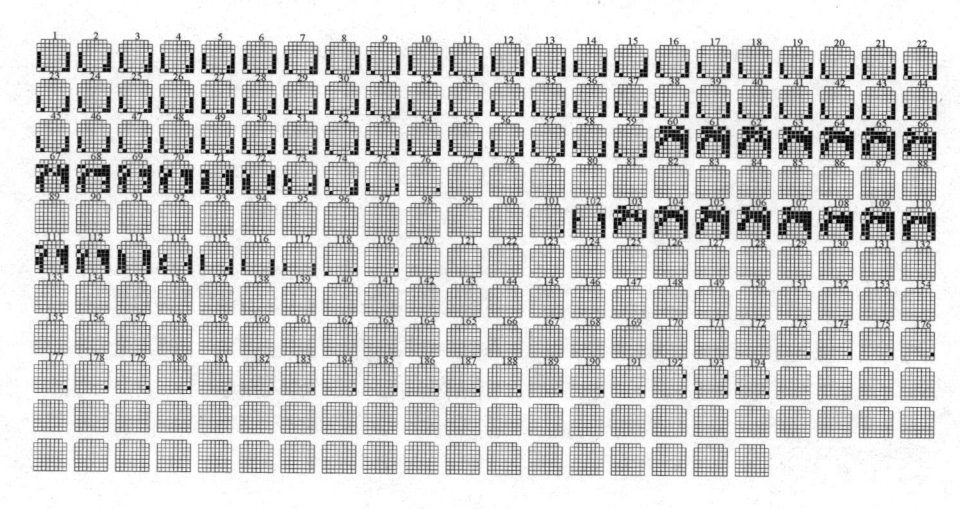

附录4 现代维吾尔语音位组合腭位图 | 325

/ʤaʤa/

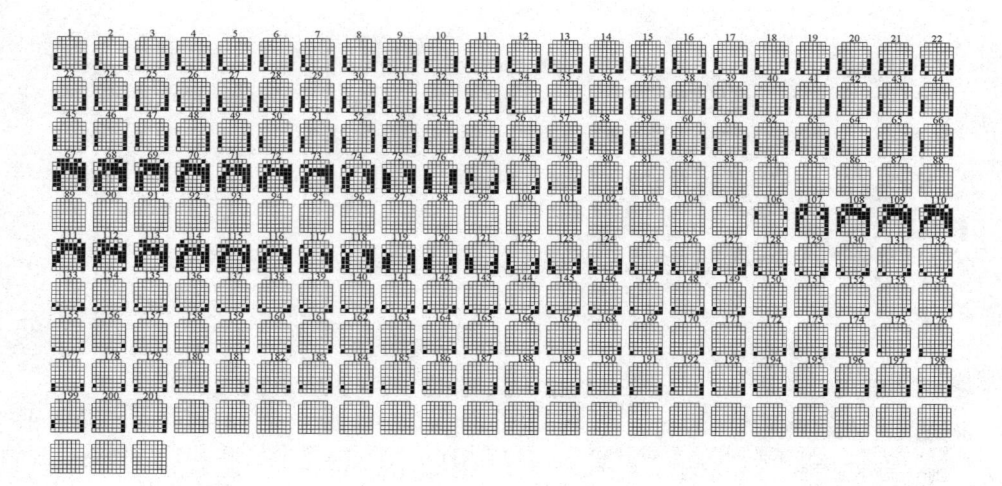

/ʤaʤu/

/dʒadʒi/

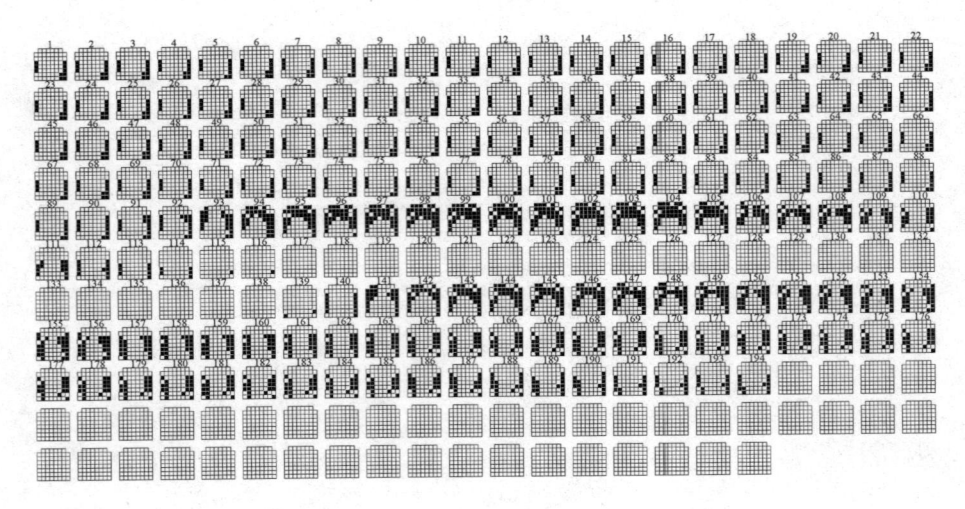

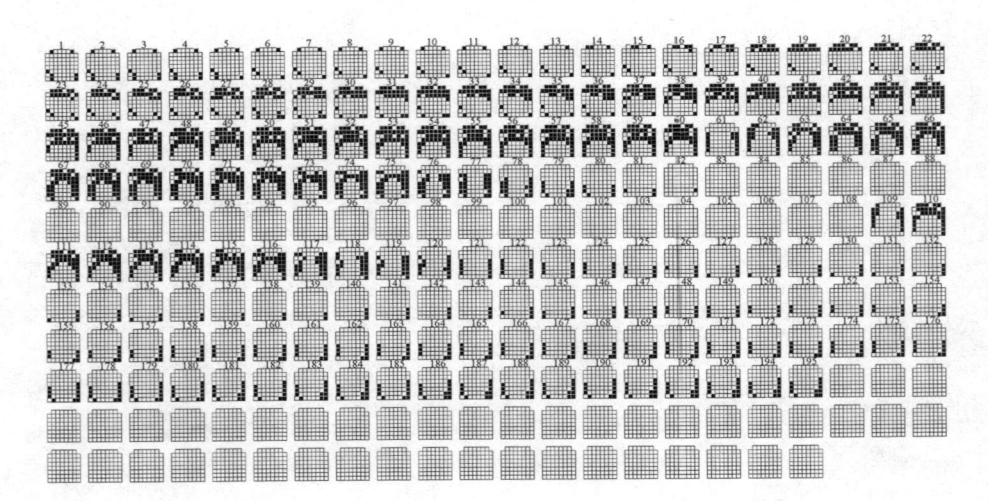

/dʒadʒɛ/

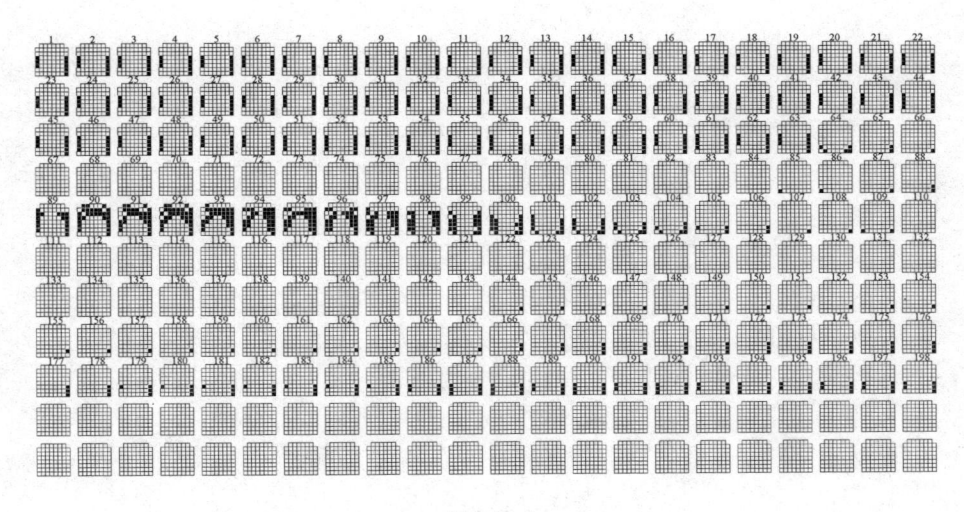

附录 4　现代维吾尔语音位组合腭位图

/ʤoʤo/

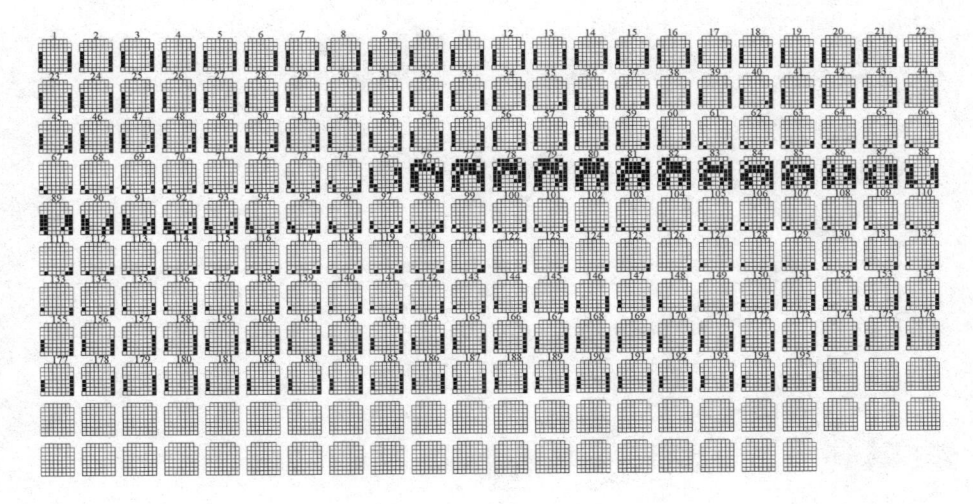

/ʤuʤu/

/ʧaʧa/

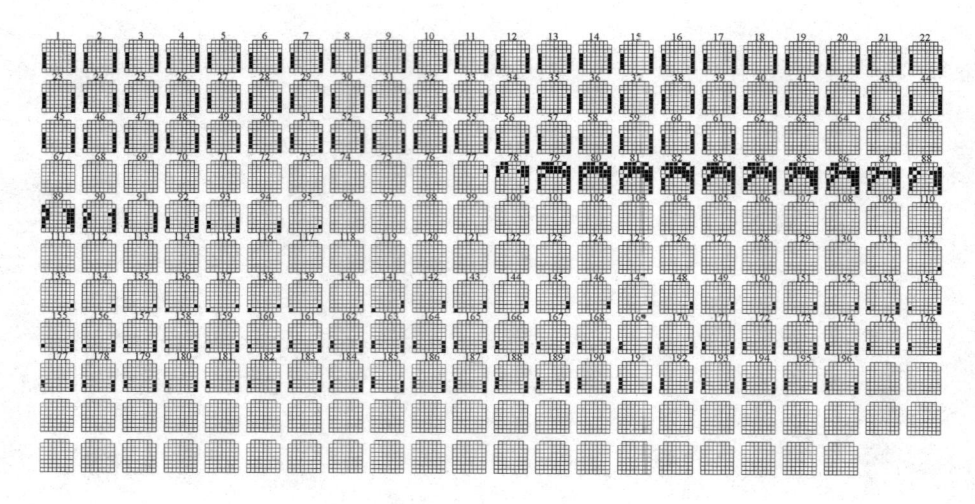

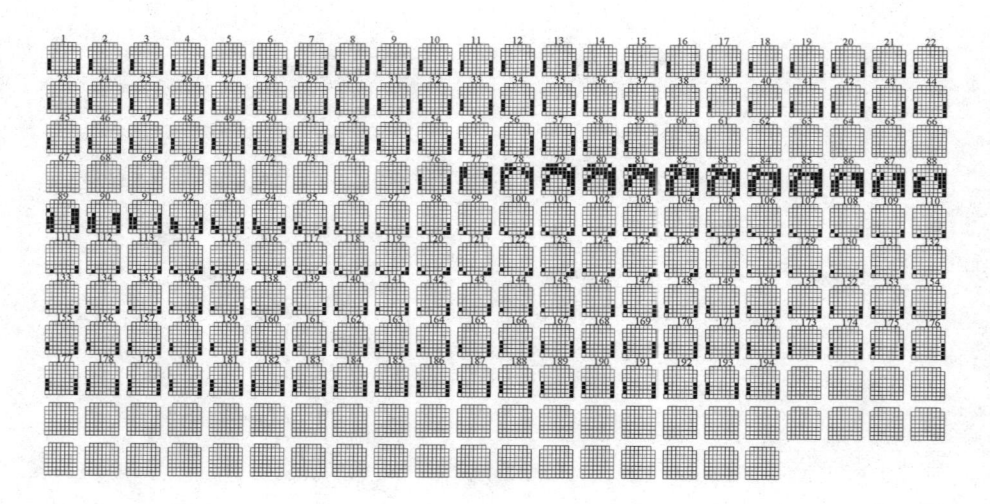

/ʧaʧu/

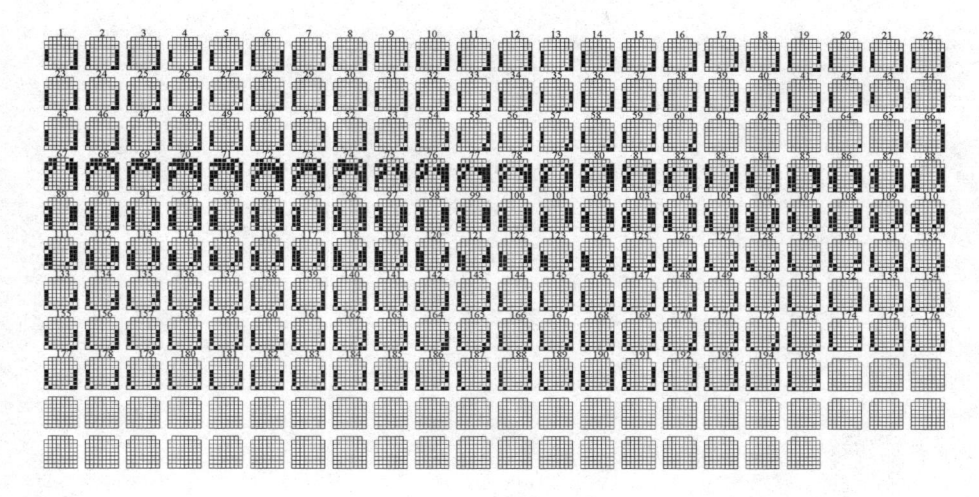

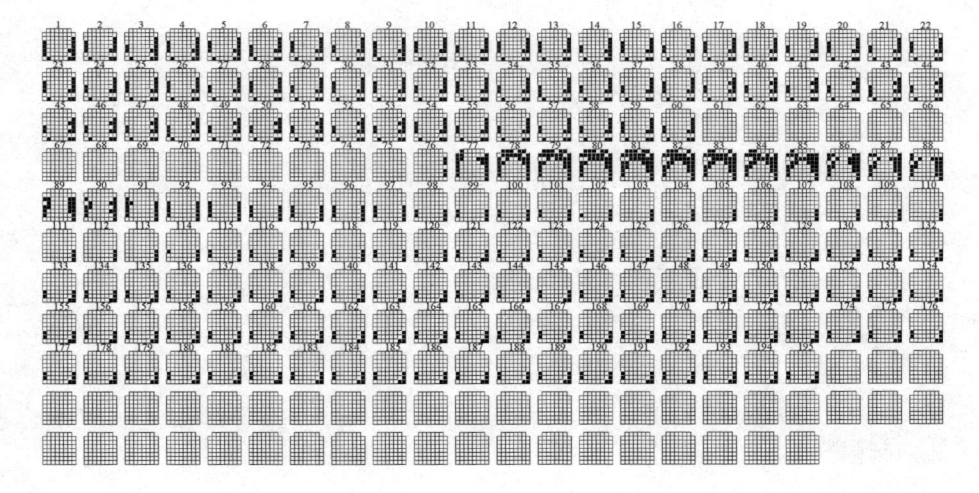

附录4　现代维吾尔语音位组合腭位图 | 329

/tʃatʃi/

/tʃatʃɛ/

/tʃotʃo/

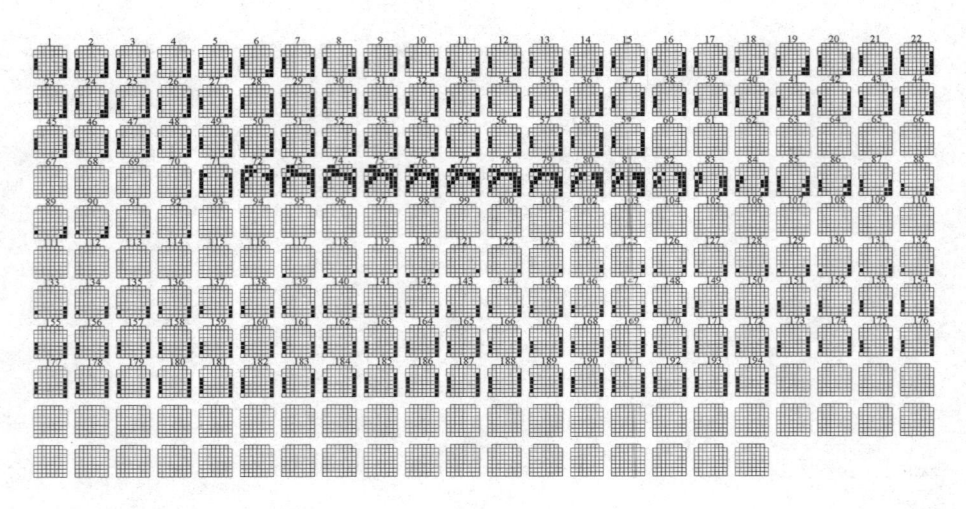

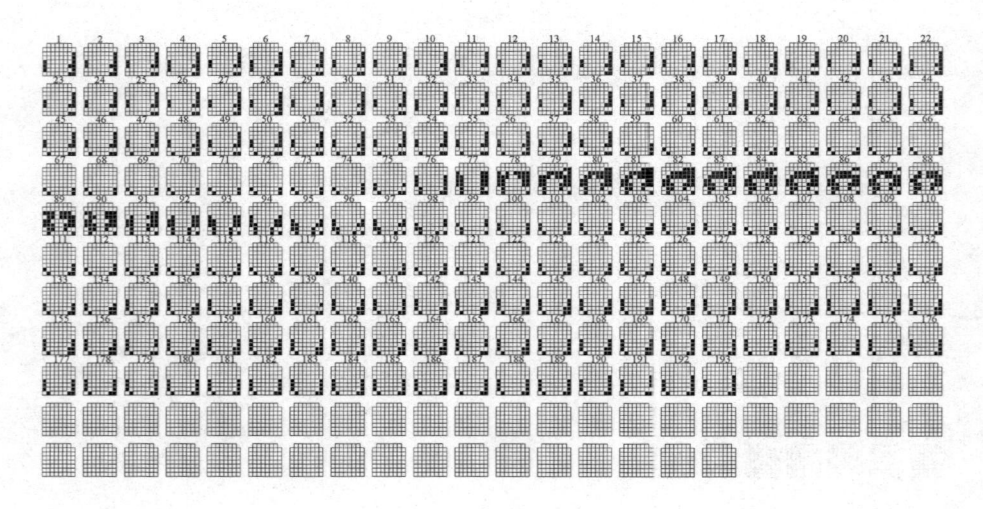

/tʃutʃu/

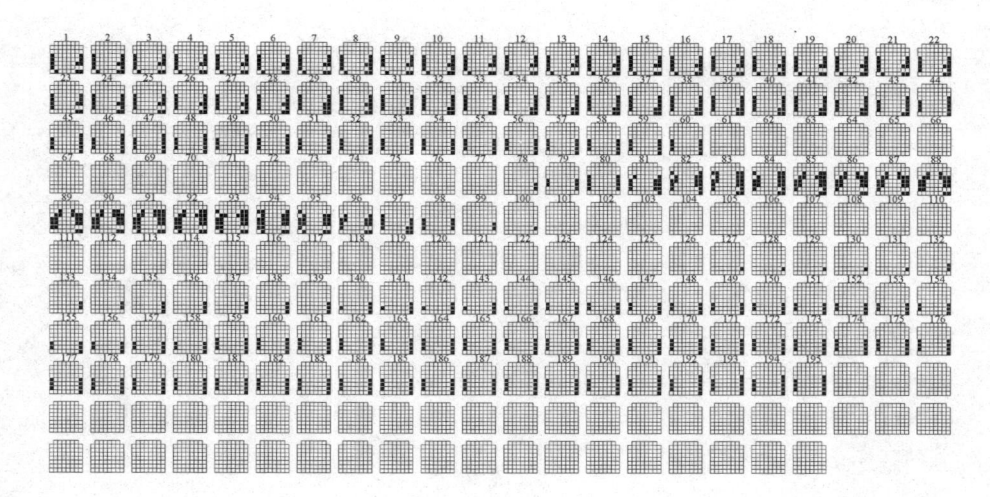

附录4 现代维吾尔语音位组合腭位图 | 331

/ʃaʃa/

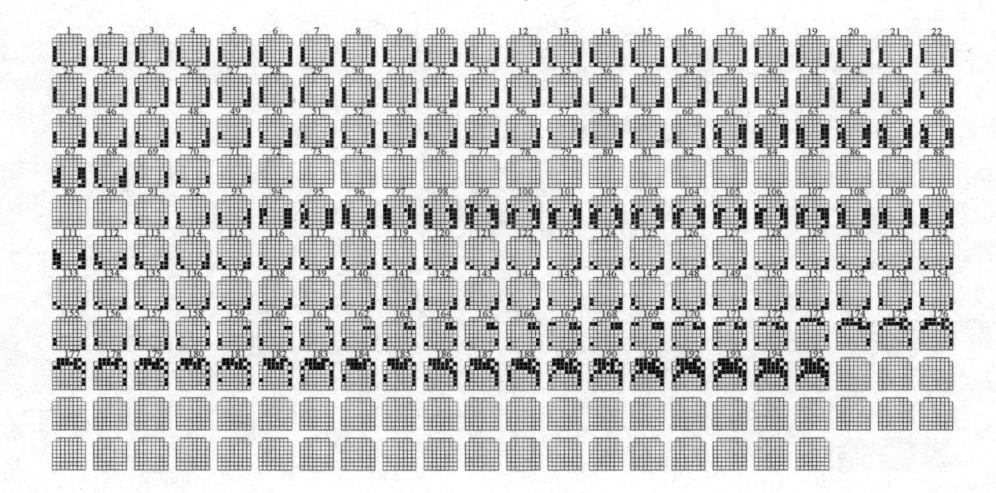

/ʃaʃu/

/ʃaʃi/

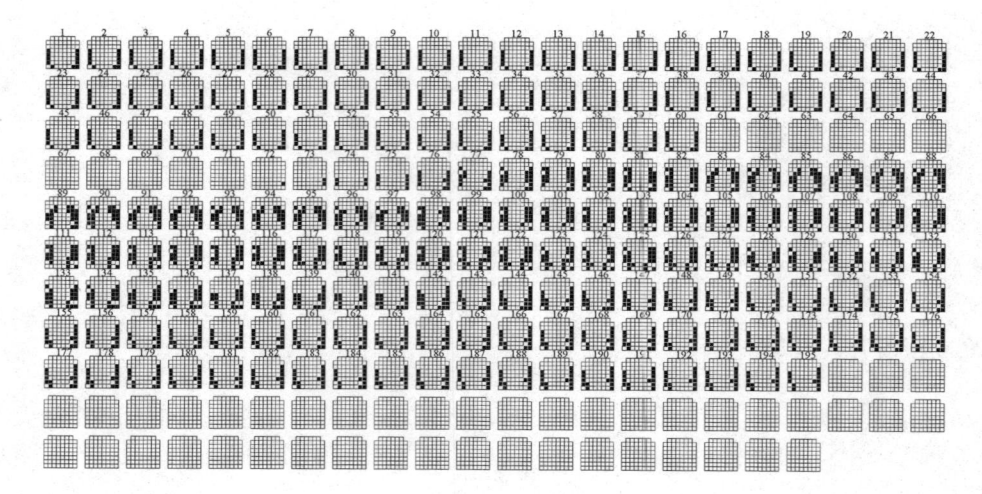

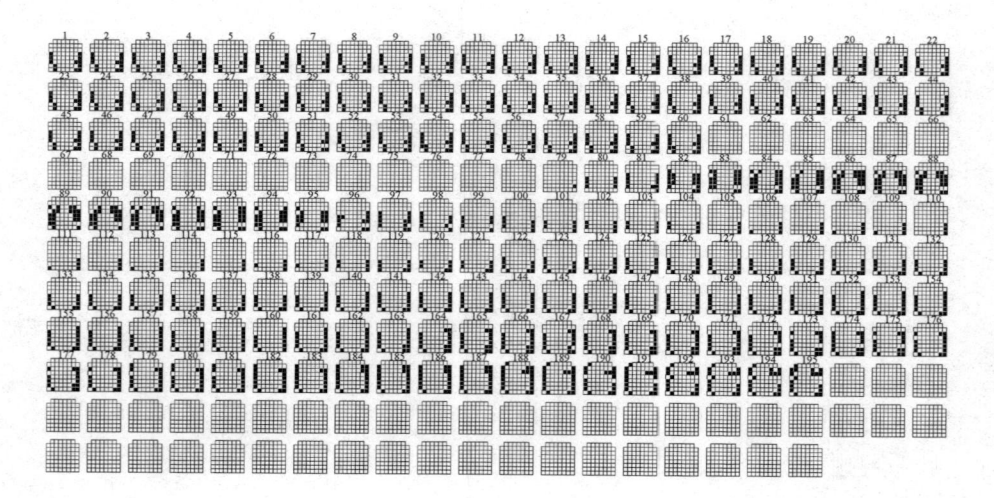

/ʃaʃɛ/

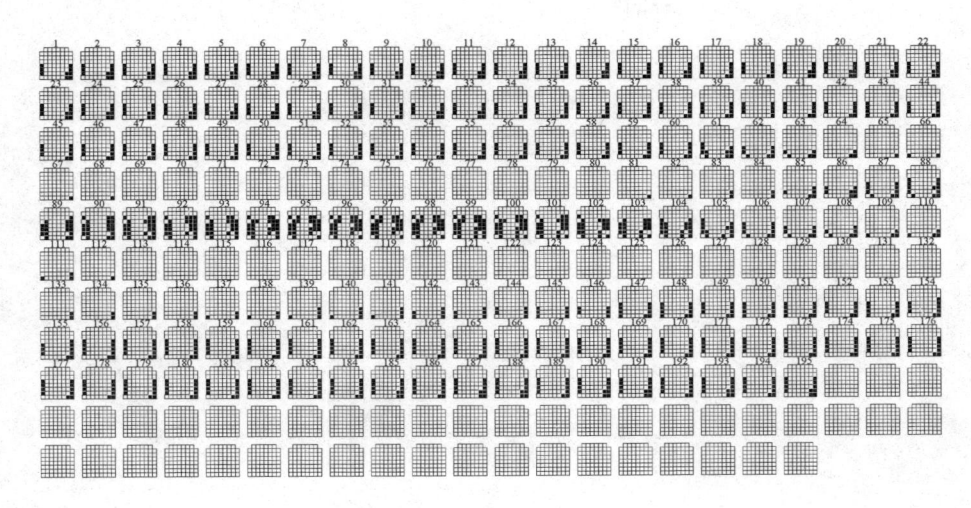

附录 4　现代维吾尔语音位组合腭位图

/ʃoʃo/

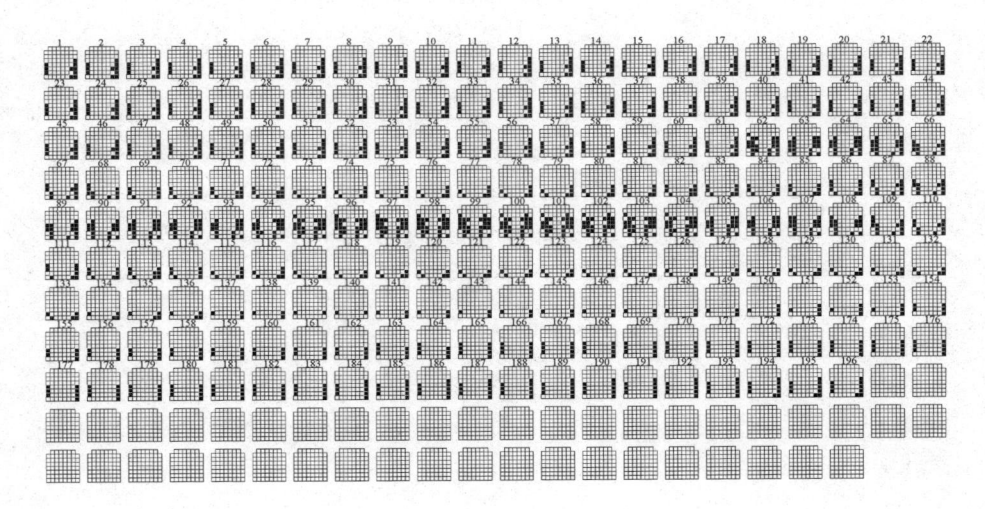

/ʃuʃu/

/ʒaʒa/

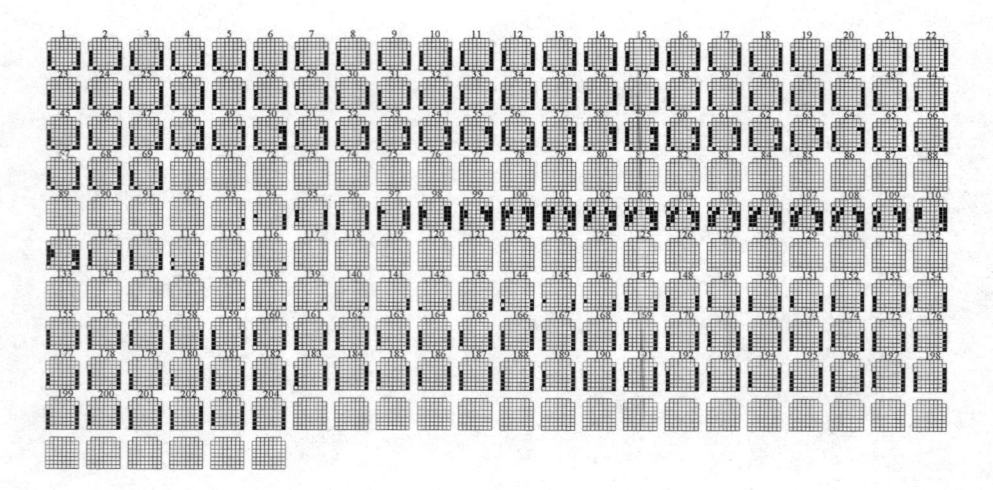

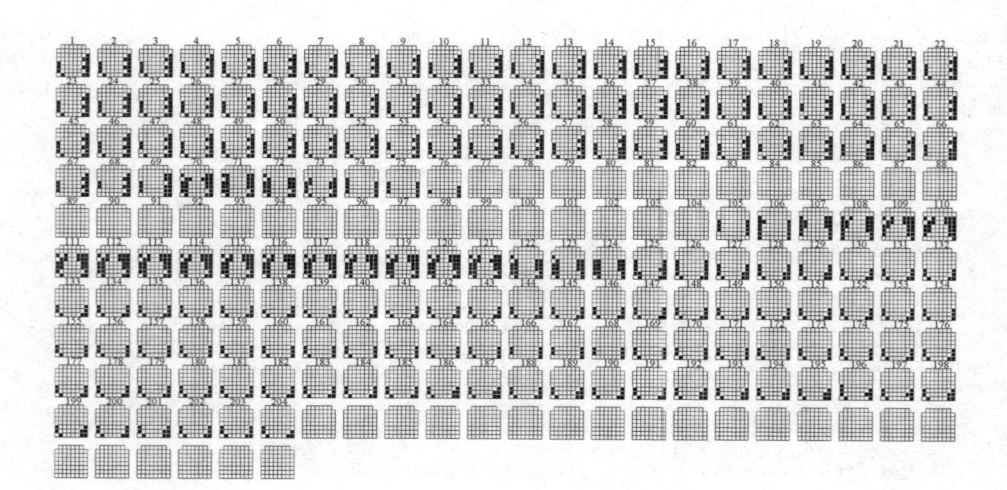

/ʒaʒu/

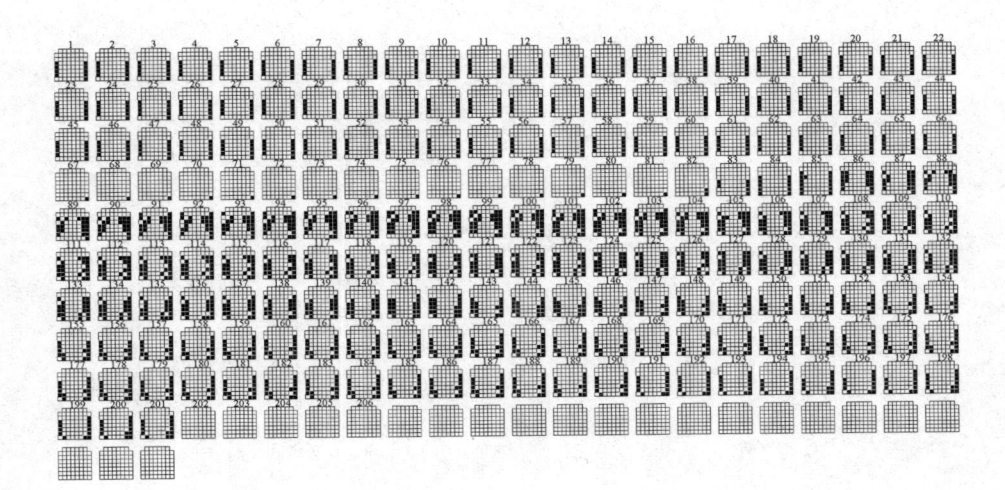

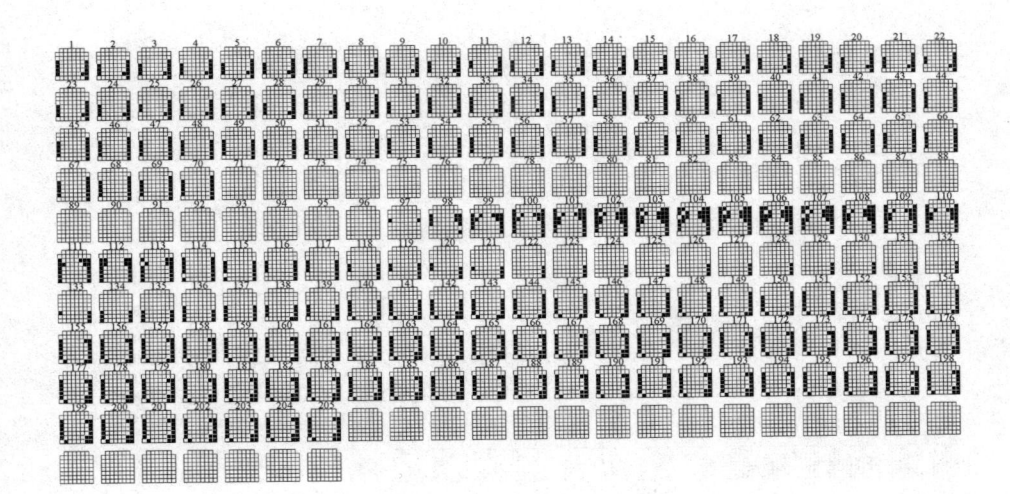

附录4　现代维吾尔语音位组合腭位图

/ʒɑʒi/

/ʒɑʒɛ/

/ʒoʒo/

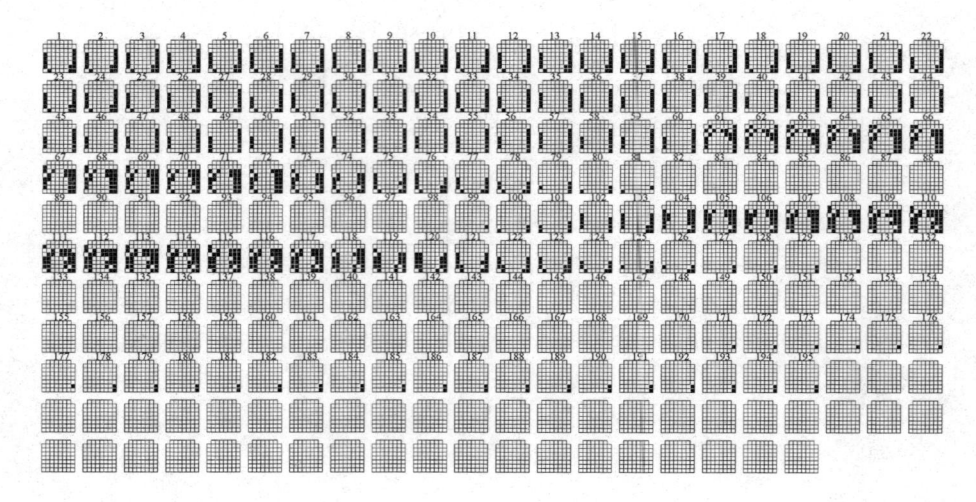

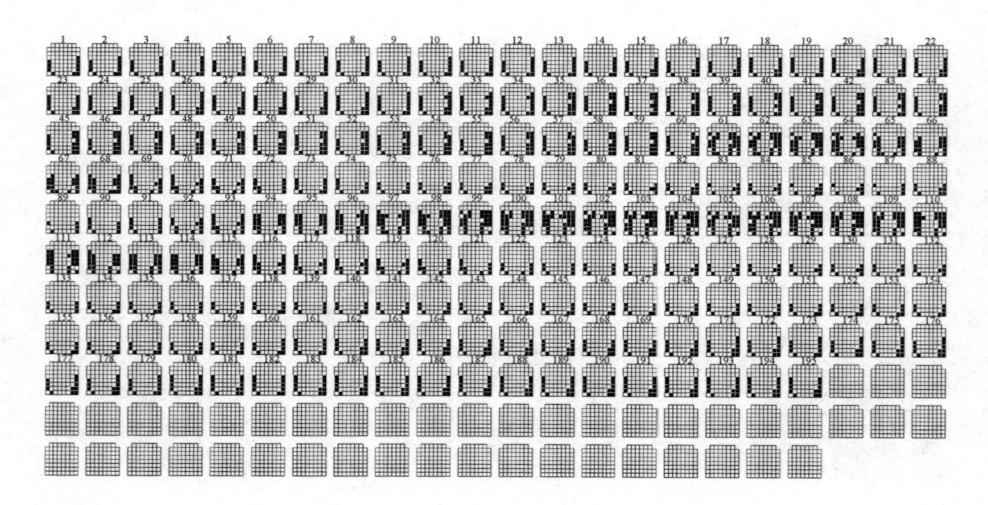

/ʒuʒu/

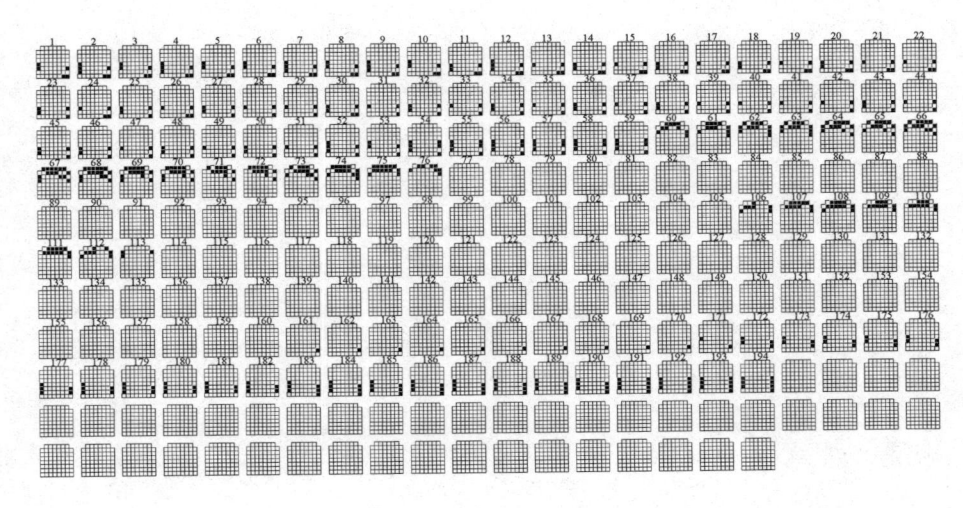

附录 4　现代维吾尔语音位组合腭位图　|　337

/lala/

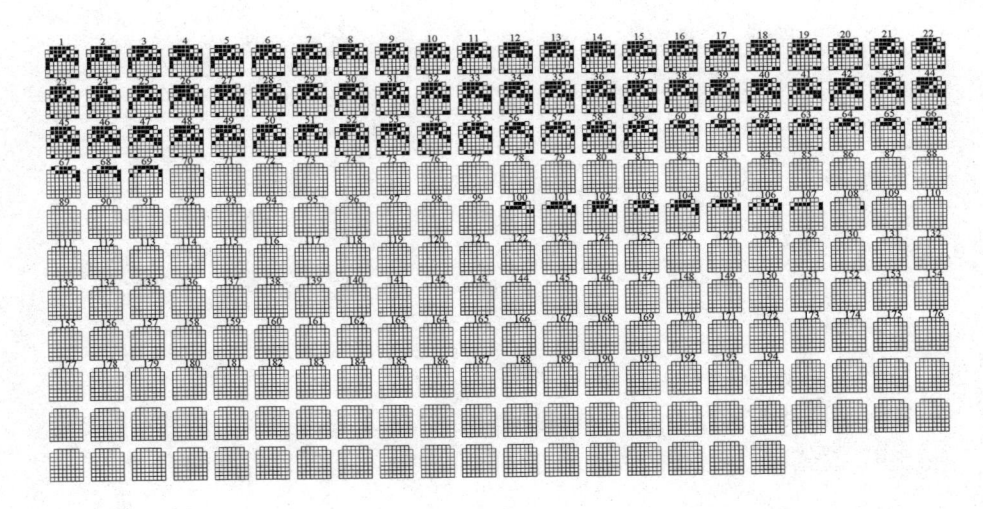

/lalu/

/lɑli/

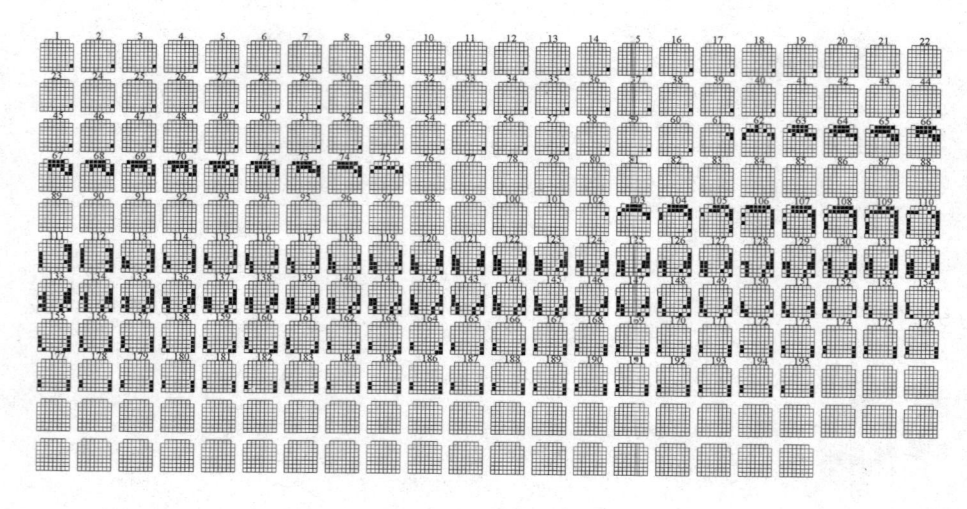

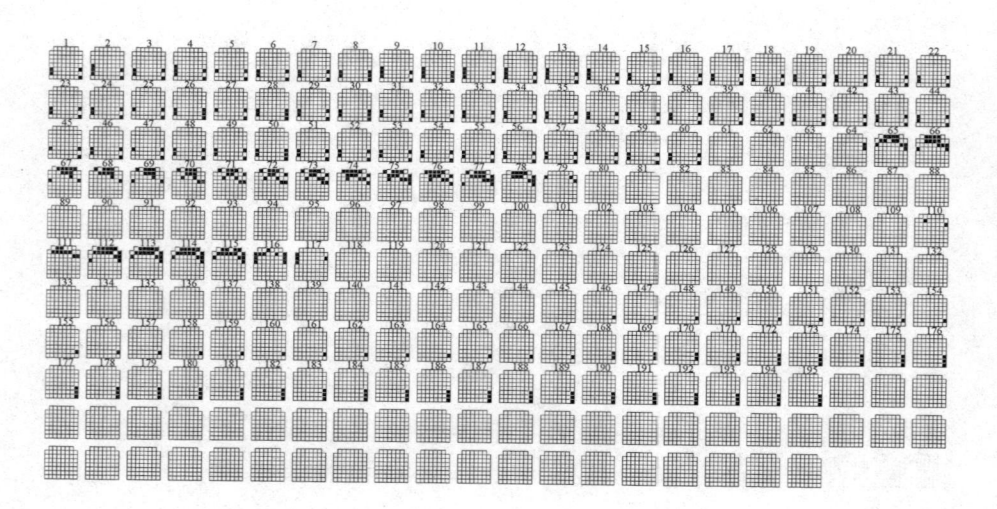

/lɑlɛ/

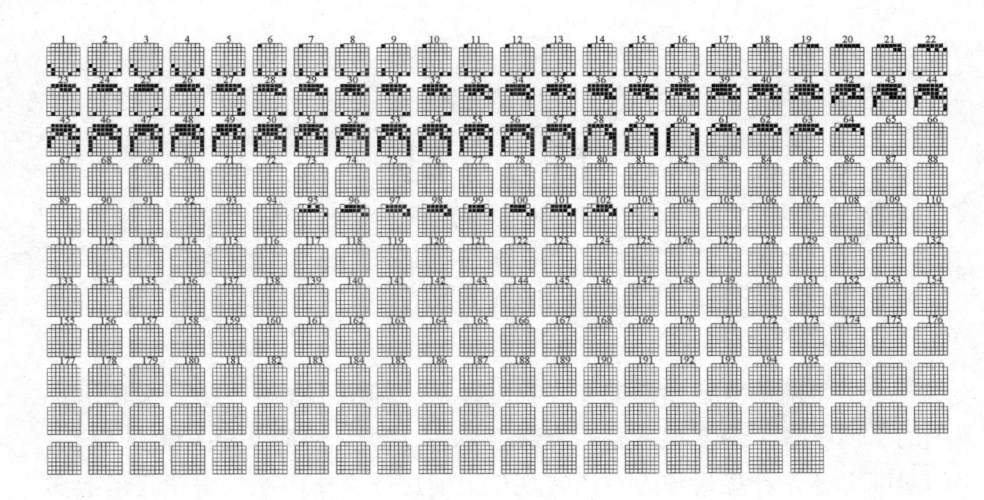

附录4 现代维吾尔语音位组合腭位图 | 339

/lolo/

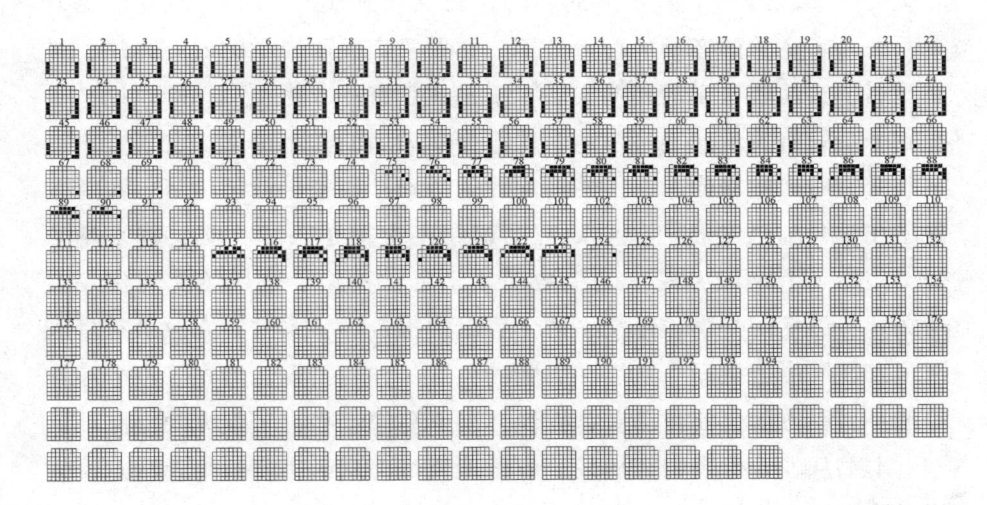

/lulu/

后　　记

　　十多年前的复旦读博期间，我是师从导师申小龙教授学习文化语言学的，博士学位论文虽然是研究维吾尔古文献（回鹘文献）语法现象，但实际上还是在探讨依附在语言现象上的民族文化内涵。引领我走上实验语音学研究道路的，是我入职西北民族大学后跟随于洪志教授做博士后研究的那段经历。两年多的时间，我从熟悉实验语音学研究仪器开始，补习了实验语音学的理论知识，掌握了实验语音学的研究方法，进而开展了实验语音学的相关实验，于是陆续有了发表在国际会议论文集中的十余篇有关现代维吾尔语实验语音学方面的学术论文，有了近十万字的博士后出站报告，有了主持完成的国家社科基金西部项目，我感到自己在维吾尔语实验语音学研究的道路上走得越来越扎实、越来越顺畅。作为一个"民考民"的少数民族学者，我除了采用英文写作发表论文外，包括博士学位论文、博士后出站报告等一系列研究成果都是采用国家通用语言撰写、发表和出版的，这一方面给自己增添了不少写作难度，另一方面也使自己获益匪浅，汉语写作水平有了很大的提高。

　　本书从发音生理特征出发，解构现代维吾尔语语音的生理特点，较清晰地解析现代维吾尔语元辅音的发音特性，从历时语言学角度对维吾尔语遗留语音问题进行阐释，对增音、语音脱落、语音合并以及具有阿尔泰语系共有特征的元辅音和谐律的产生及演变等方面进行了深入的生理分析，提出了它们在生理上的发音特征及其演变规律。

　　任何研究都是站在前人的"肩膀"上得以实现的，本研究同样得益于很多研究者的成果和数据，为此，我要感谢书中所有引用文献的作者们，也要感谢给我启发和思路的同事们，还要感谢我的几位导师的学术引领，更要感谢我的家人们的帮助和支持。没有他们，我不会有今天的成就。

特别要指出的是，拙著的顺利出版得到了西北民族大学中国民族信息技术研究院（中国民族语言文字信息技术重点实验室）的资金支持，在此向重点实验室的各位领导致以谢意。